KB210797

어른의 서유기

어른의 서유기

철들고 다시 읽는,
원숭이 부처 되는 기똥찬 이야기

✦ 성태용 지음 ✦

정신세계사

◆ 이 도서는 한국출판문화산업진흥원의 출판콘텐츠 창작 자금 지원 사업의 일환으로
국민체육진흥기금을 지원받아 제작되었습니다.

어른의 서유기

ⓒ 성태용, 2019

성태용 지은 것을 정신세계사 김우종이 2019년 1월 31일 처음 펴내다. 배민경이 다듬고, 변영옥이 꾸미고,
이한수가 그리고, 한서지업사에서 종이를, 영신사에서 인쇄와 제본을, 하지혜가 책의 관리를 맡다.
정신세계사의 등록일자는 1978년 4월 25일(제1-100호), 주소는 03785 서울시 서대문구 연희로2길 76
한빛빌딩 A동 2층, 전화는 02-733-3134, 팩스는 02-733-3144, 홈페이지는 www.mindbook.co.kr,
인터넷 카페는 cafe.naver.com/mindbooky 이다.

2021년 2월 15일 펴낸 책(초판 제2쇄)

ISBN   978-89-357-0427-9 03220

이 도서의 국립중앙도서관 출판시도서목록(CIP)은 서지정보유통지원시스템 홈페이지(http://
seoji.nl.go.kr)와 국가자료공동목록시스템(http://www.nl.go.kr/kolisnet)에서 이용하실 수
있습니다.(CIP제어번호: CIP2019002265)

차 례

1. 첫 이야기

안녕하세요? 이야기꾼 성태용입니다.

이 책에서만큼은, 오랫동안 강단에서 동양철학을 강의해 왔다는 이력 대신 "저는 이야기꾼입니다"라고 소개를 드리고 싶습니다. 제 얼굴에 스스로 금칠을 하는 셈인지 모르겠지만, 이야기를 감칠맛 나게 잘한다고 생각하고 있거든요. 어릴 때부 터 동생들을 옛날이야기로 울렸다 웃겼다 하곤 했고, 지금도 강 의를 이야기하듯이 재미있게 한다는 평을 듣고 있습니다. 결코 자화자찬만은 아니라고 강조하는 바입니다!

이렇게 첫인사부터 제가 이야기꾼임을 강조하는 이유는, 앞으로 서유기를 이야기하듯이 풀어나가려 하기 때문입니다. 딱딱하지 않은, 힘들이지 않고도 재미있게 읽어나갈 수 있는 서 유기 이야기를 만들어볼 생각입니다. 그러니까 여러분도 편하 게 읽어주시기를 바랍니다. 형식에 구애받지 않고, 서유기를 통 해 할 수 있는 이야기를 중간중간에 곁들이면서, 또 서유기에 숨겨져 있는 의미도 되새겨가면서… 그렇게 진행해갈 생각입 니다. 그렇게 이야기를 해나가는 데는 서유기만큼 적절한 소재 도 없는 것 같습니다. 서유기는 겉만 읽어서는 알 수 없는, 깊은 의미가 담긴 책이기 때문이지요.

무슨 말이냐구요? 서유기야 뻔한 책 아니냐구요? 삼장법사 모시고 손오공, 저팔계, 사오정이 인도 가서 불경 구해오는 이야기라는 것은 다 안다구요? 거기다 손오공이 슈퍼보드 타고 한 번에 십만 팔천 리 획 날아갈 수 있다는 것도 안다구요?

에구… 그렇다면 저팔계가 여자와 먹을 것 밝히는 것도 알고, 거기다 사오정이 좀 귀가 어둡다는 것도 잘 아시겠군요? (참고로 말씀드리면 사오정 귀 어둡다는 것은 허영만 화백의 〈날아라 슈퍼보드〉라는 만화에서 만들어진 이야기입니다. 서유기에는 전혀 그런 이야기 없습니다!)

서유기에 참으로 이해가 깊으신 것 같지만, 그렇게 읽으시면 그게 바로 서유기를 수박 겉핥기로 읽는 것이라는 말씀! 제가 이렇게 직설적으로 말한다고 노여워하거나 쑥스러워하지는 마세요. 대부분 그렇게 읽고들 있으니까요. 그렇기에 저의 서유기 이야기가 꼭 필요하고도 빛날 수 있는 것입니다.

서유기가 참 재미있다는 사실을 부정하는 사람은 아무도 없겠지요? 그러니까 〈날아라 슈퍼보드〉 등으로 각색되어 어린이들 사이에서도 큰 인기를 누릴 수 있었던 거죠. 그러나 그 재미 속에 불교와 도교의 깊은 가르침이 담긴, 한 권의 경전이라고 할 수 있는 책이기도 합니다. 제가 대학 시절에 제대로 번역된 서유기를 읽다가 무릎을 치면서 '야, 서유기가 이런 책이었구나!' 하고 놀란 대목이 있어요. 우선 그걸 소개해드리기로 하지요.

손오공이 도술을 배워서 천상을 어지럽히다가 석가모니 부처님과 내기를 하여, 근두운을 타고 열심히 날았는데도 부처님 손바닥을 벗어나지 못합니다. 그렇게 붙잡혀서는 오행산 밑에 깔려 고통을 당하다, 삼장법사에게 구함을 받고 불경을 가지러 인도로 떠나게 되지요.

그 여행길에서 만나는 첫 번째 장애가 있어요. 바로 여섯 도둑을 만나는 겁니다. 그런데 그 여섯 도둑의 이름이 어떤지 아세요? 당연히 모르시리라 예상합니다. 여러분들 깔본다고 골내지 마세요. 전통문화를 오랫동안 팽개쳐왔던 세월 덕분에 우리 온 국민이 그 분야에서는 무식하다는 말을 들어도 할 말이 없는 상황이니까요. 저야 전공이 전공인지라 좀 아는 것뿐이구요.

본래 이야기로 돌아가죠. 여섯 도둑의 이름은 이렇습니다. ― 안간희眼看喜, 이청노耳聽怒, 비후애鼻嗅愛, 설상사舌嘗思, 신본우身本憂, 의견욕意見欲. 어? 왜들 얼굴을 찌푸리세요? 아하! 한자로 줄줄이 써대면 어쩌냐구요? 실수, 실수! 한자라면 손오공 근두운 타고 도망치듯 내빼는 분들이 많다는 것을 몰랐네요. 얼른 쉽게 우리말로 이름의 뜻을 풀어보기로 하죠.

첫 번째 도둑 안간희는 '눈 안', '볼 간', '기쁠 희'고요, 두 번째 도둑 이청노는 '귀 이', '들을 청', '성낼 노'입니다. 그다음은 '코 비', '냄새 맡을 후', '사랑 애'… 이쯤 하면 아시는 분은 아시겠죠? 그렇습니다. 이 도둑들 이름의 첫 글자를 모으면 안이비설신의眼耳鼻舌身意라는 인간의 여섯 감각기관이 됩니다. 가운데 글자는 그 감각기관의 역할과 활동을 나타내는 글자고요, 마지막 글자는 기뻐하고 성내고 하는 인간의 정서를 말하고 있습니다. 굳이 이름을 풀어서 말한다면 이렇게 되겠네요.

눈은 보고 기뻐한다.

귀는 듣고 성낸다.

코는 냄새 맡고 사랑한다.

혀는 맛보고 생각한다.

몸은 본디 근심한다.

뜻은 보고 욕심낸다.

이렇게 여섯 도둑의 이름에서 무언가를 느끼고, 이 여섯 도둑이 나오는 대목의 제목을 보고 나면 바로 무릎을 칠 수밖에 없습니다. 제목이 무엇이냐고요? "마음 원숭이가 바른길로 돌아오니, 여섯 도둑이 자취가 없네!"(心猿歸正 六賊無蹤) 이 정도 되면 불교적 상식이 있는 분들은 다들 짐작이 가실 겁니다.

'손오공은 사람의 마음을 나타낸 것이로구나! 그리고 손오공이 첫 번째 만나서 물리치는 도둑이 바로 이 여섯이라는 것은 그냥 도둑 물리치는 이야기가 아니겠군. 여섯 감각기관의 유혹을 이겨내며, 감정의 파도를 다스리는 것이 수행의 출발점이라는 말이로구나!'

이런 감탄을 터뜨리기 마련이라는 것이지요. 스님들 법문에 자주 등장하는 이야기가 있지 않던가요? 심원육창心猿六窓 — '마음 원숭이와 여섯 창문'이라는 이야기 말입니다. 바로 여기서도 마음을 원숭이에 비유하고 있지 않습니까? "원숭이 같은 마음이 여섯 감각기관이라는 창문으로 들어오는 경치에 팔려서 제자리를 찾지 못하고 날뛰는구나. 여섯 창문으로 들어오는 경치는 바로 마음을 훔쳐가는 도둑이니라. 그 도둑에게 마음을 뺏기지 말아라!" 하는 설법 들어보신 적 없으신가요? 바로 이 이야기를 하고 있는 것이지요.

이렇게 느끼고 나서 서유기를 다시 보면 확 달라집니다. 불교를 중심으로 하고, 도교 가미하면서 인간의 수행 과정을 그려내고 있다는 게 눈에 들어오지요. 중간중간에 등장하는 마왕이나 요괴도 수행 과정에서 나타나는 여러 장애들을 상징적으로 보여주는 경우가 많구요. 단순히 손오공 여의봉 휘두르는 것을 감상하는 태도와는 차원이 달라지게 됩니다. 당연히 서유기를 읽는 재미도 달라지지요. 이 이야기를 계속 들으시면 여러분도 그런 눈을 뜨시게 될 겁니다. 확실히요!

그렇다고 딱딱한 강의를 할 생각은 없다는 점을 이미 앞에서 말씀드렸습니다. 서유기의 가치가 바로 이렇게 깊은 내용을 재미있는 이야기로 만들었다는 데 있지 않습니까? 그것을 제가 재미없고 딱딱하게 만든다면 정말 우스운 꼴이 되겠지요. 그저 설렁설렁, 이리저리 헤매가면서 삼장법사 일행과 긴 여행을 하는 기분으로 이야기를 풀어가겠습니다. 서유기를 통해 우리 인생살이, 세상살이의 여러 구석을 살펴가는 그런 여행이라고나 할까요?

혹시 불교와 도교를 배경으로 한 이야기라 하여 종교적으로 거부감을 느낀다든가, 나도 학생들처럼 상식이 부족하니 듣기 힘들 것 같다 걱정하시는 분들… 없으시겠죠? 불교와 도교는 우리 문화와 함께하고 있습니다. 그것을 이해한다는 것은 곧 우리 문화에 대한 이해라고 생각해주시길 바랍니다.

아는 분한테 들은 이야기입니다. 한 독실한 크리스천 학생이 외국의 신학대학으로 유학을 갔어요. 그 대학 학생들이 "너는 한국에서 왔다는데, 한국은 전통적으로 불교 문화의 흐름이 길게 이어져왔다고 들었다. 그러니 네가 불교, 특히 한국 불교에 대해 우리에게 간단히 소개를 해다오" 하고 주문을 했다네요. 그에 대해 이 학생 당당하게 "난 크리스천이라 불교는 모른다!"고 대답했답니다. 그래서 졸업할 때까지 독실하고 당당한 크리스천으로 존중을 받은 것이… 아니고! 제 나라 문화도 모르는 무식한 학생으로 무시를 당했다네요. 그렇습니다. 한국에 살면서 "난 종교가 달라, 불교는 몰라!"라고 말하는 것은 자랑이 아닙니다. 이게 상식으로 자리 잡았으면 좋겠어요.

불교인들이나 다른 종교인들도 마찬가지입니다. 저는 불교인들에게도 "바이블은 한번 읽어 보셔야 합니다" 하고 권하지요. 세계적으로 그렇게 큰 교세를 지니고 우리나라에도 많은 신자가 있는 종교에 대해 전혀 모른다는 것 역시 부끄러운 일입니다. 함께 살아가는 사람들에 대해 이해하려는 자세를 전혀 갖추지 않고 오직 자기의 생각이나 믿음에만 빠져 있는 사람들을 부처님이 좋아하실까요, 예수님이 좋아하실까요?

이런 생각을 하는 제가 종교적 편향성을 가지진 않았으리라는 믿음으로, 마음을 열고 이 이야기를 읽어주시기 바랍니다. 불교나 도교에 대한 상식이 없어 걱정하시는 분들도, 제가 쉽게 풀어 설명해드릴 예정이니 전혀 걱정하실 필요 없답니다. 믿어주십시오!

그런 믿음으로 읽다 보면 평상시에는 잘 안 보이던 인생살이, 세상살이의 기막힌 구석들을 발견하시게 될 겁니다. 상식적으로 가볍게 넘어갔던 일들 속에 숨어 있는 깊은 의미도 발견할 수 있을 거고요. 이건 서유기가 워낙 훌륭한 이야기이기도

하고, 또 저의 탁월한(?) 해설이 서유기의 본 모습을 더더욱 탁월하게 드러낼 것이기 때문에… 이크, 이야기를 시작하기도 전에 돌팔매를 맞게 생겼네요. 본론으로 돌아갑니다.

아무튼 세상살이에는 삼장법사 일행이 만나는 무서운 요괴보다도 더 기막힌 장애물들이 많아 보입니다. 삼장법사 일행이 모든 장애를 극복하며 씩씩하게 나가는 서유기를 읽어가면서, 우리도 용기를 내어 험한 세상을 헤쳐가는 지혜를 얻어보면 어떨까요? 그것이 바로 오늘 하루 우리가 지어가는 '우리만의 서유기'가 아닐까 하네요.

제가 서유기에 관심을 쏟아온 세월이 꽤 되기에, 여러분과 서유기를 통해 만나는 이 자리가 매우 큰 의미로 다가오고 가슴이 뛰기도 합니다. 그런 저의 감회를 담아서 시 한 수 읊어보기로 하지요.

현장은 서쪽으로 그리 힘들게 갔는데
달마는 왜 동쪽으로 왔는가?
글자 없는 경전의 가르침, 온 누리에 이미 충만한데
번거롭게 오고 감, 모두 부질없다.

부질없는 짓 하염없이 하는 것이
본디 우리 집안의 가풍이런가?
오고 간 그 길에 잣나무 무성하다.

내 집 뜰 저 나무도 잣나무 아니런가?

어허, 우리 집 잣나무는

단풍도 고와 좋을시고!

그럴듯하죠? 그런데 무슨 의미냐구요? 잣나무 단풍이 곱다는 것은 또 무슨 소리냐구요?

하하~ 그건 좀 생각을 해보셨으면 하는 대목입니다. 첫 이야기에 좀 신비감을 남기려는 시도 아니냐고 비난하진 마세요. 진짜 신비하고 재밌는 이야기는 이제부터 시작이니까요.

2. 돌원숭이 태어나다 (개도 다리 밑에서 주워왔나?)

'꽃 열매 산'(花果山)이라고 아시는지?

하늘 땅이 처음 나뉜 아득한 그 옛날,

동승신주東勝神洲 바닷가의 오래국傲來國.

뭐 거기가 어디냐구?

부산의 남쪽, 서울의 북쪽이며

세계의 중심인 곳에 있는 나라라던가?

하여간 거기에 있는 화과산,

천하의 명산이라네.

그 꼭대기에 신령스런 바위 하나

둘레는 1년의 날수에 맞는

세(3) 길 여섯(6) 자 다섯(5) 치,

높이는 24절기에 맞는 두 길 네 자… 기타 등등.

이상하고 신기한 바위,

그 바위가 천지의 정기를 받아

알 하나를 낳았단다.

그 알이 부화해서 한 마리의 원숭이 나왔네.

바로 뒷날 천하에 이름을 날리는 손오공,

날 때 눈에서 금빛 광채가 하늘까지 뻗쳐

옥황상제님을 놀라게 한 비보통非普通 돌원숭이.

그 광채는 음식을 먹으면서 감춰지고

평범하게 원숭이 무리에 끼어서

원숭이 짓 하면서 살게 되었지.

이 돌원숭이의 앞날은 어찌 될까?

점 한 번 쳐볼까나?

점 칠 필요 없다네.

오승은이 지었다는 서유기에

그 원숭이 행적이 다 나온다네.

그 책 읽기 귀찮으면

우리 이야기 계속 들으면 되구,

그것도 저것도 귀찮다면

그대는 정말 *Ungujerable*한(구제불능인) 사람!

남의 이야기가 아니야.

그대의 뿌리, 그대 마음의 정체를 밝히는 일이니까

꾹 참고 들어보시게!

모습만 사람이라고 다 사람인가?

사람다운 사람, 참사람이 되는 것은

돌원숭이가 사람 되는 것만큼 어려운 일이라네!

어떠세요? 혹 서유기를 아직 읽지 못한 분들을 위해서 간단히 신파조로 읊어보았습니다. 좀 청승맞다고 흉보는 분들이 있을지 모르지만, 앞으로도 계속 이런 식으로 한 수씩 읊조리고 갈 작정입니다.

드디어 손오공의 출생 대목입니다. 우선 탄생 축하 노래부터 불러줄까요?

"왜 태어났니. 왜 태어났니. 이 험한 세상에 왜 태어났니."

에고고, 이건 축하 노래가 아니구나. 전에 학생들이 이 노래를 생일 축하곡으로 장난스럽게 부르는 모습을 보았지요. 아주 재미있다고 생각했는데 무심코 튀어나오고 말았네요. 축하 노래라고 하기는 좀 염세적인 느낌이지만, 그래도 이 세상이 만만한 것이 아니라는 점, 또 나는 무엇을 위해 생겨났을까를 묻는다는 점이 재미있지 않나요?

이태백은 "하늘이 나라는 존재를 낳았으니 반드시 쓸 데가 있으리라!"(天生我才必有用)＊라고 호기롭게 말했지만, 그렇게 말하는 뒷면에는 자기 존재의 의미를 확인하고 싶은 큰 갈망이 있는 것이겠지요? 가끔씩은 내가 있는 이유에 대하여 물어보는

＊ 이백의 〈장진주將進酒〉라는 글에 나오는 구절입니다. 술 권하는 글이지요. 송강 정철의 〈장진주사將進酒辭〉는 다들 아시지요? "한 잔 먹세근여. 또 한 잔 먹세근여…." 그런 종류의 글입니다. 시작이 아주 멋있지요. "그대는 보지 못하였는가? 황하의 물 하늘에서 쏟아져 내려와, 바쁘게 달려 바다에 이르러선 다시 돌아오지 못하는 것을! 그대는 또 보지 못하였는가? 높은 집 밝은 거울 속의 슬픈 백발을. 아침에는 푸는 실 같더니 저녁에는 눈같이 희어졌구나." 한번 찾아서 읽어보세요.

마음을 갖는 것도 필요하지 않을까 싶네요.

아무튼 이 세상에 나온다는 것은 신비로운 일이죠. 옛날에는 성인이나 위인급에만 탄생이라는 말을 썼는데 요즘은 모두 탄생이라고 통일되었더군요. 아무튼 출생이든 탄생이든, 제가 좋아하는 우리말로 태어남이든 간에, 그보다 더 놀랍고 신비한 일은 없겠죠? "없던 존재가 이 세상에 있게 된다." 이보다 더 놀라운 일이 어디 있겠어요?

그런데요, '없던 존재가 있게 된다'는 말을 좀 곱씹어보면 상당한 문제가 있어요. 여러분, 없던 것이 갑자기 있게 되는 모습을 본 적이 있나요? 그런 일은 신의 창조 이야기에서나 가능하지요. 존재하는 것들은 모두 어떤 모습으로 있다가 다른 모습으로 바뀌어갈 뿐입니다. 우리가 보고 듣고 하는 세계에는 그런 것들밖에 없어요. 닭이 생겨나는 것도, 없던 것이 있게 되는 것이 아니라 달걀 속에 있던 어떤 가능성이 현실적인 모습으로 변화되어 나타나는 것뿐이죠. 섭씨 100도의 끓는 물이 있으려면 100도 이상의 어떤 것이 이미 있어서 물을 가열해줘야만 가능하구요. 그렇다면 우리의 태어남도 없던 것이 생기는 것이 아니라, 어떤 잠재되어 있던 가능성이 새로운 모습으로 나타나는 것이라고 해야 하지 않을까요?

제가 기억하는 재미있는 코미디가 있어요. 제가 재미있다고 하는 것은 보통 좀 썰렁한 이야기지만, 한번 또 여러분을 시원하게 할 각오를 하고 풀어놓겠습니다.

이미 작고한, 정말 신화시대의 코미디언이라 할 수 있는 구봉서 씨가 철학교수로 나왔어요. 강의 첫 시간, 강단에 서서 칠판에 '철학'이라고 쓰더니 학생들에게 "여러분은 철학이라는 것에 대해 아는가?" 하고 묻더군요. 학생들이 어리둥절하면서도 "잘 모르는데요" 하니까 구봉서 교수 왈, "그것도 모르는 사람들에게 어떻게 철학을 가르쳐!" 하곤 획 나가버렸어요.

다음 시간에 들어와서 똑같은 질문을 던졌죠. 학생들은 전번에 황당하게 당한 기억이 있어 "예, 압니다!" 했죠. 그랬더니 글쎄, "다 아는데 뭘 가르쳐!" 하고 또 획~.

세 번째 시간, 똑같은 질문에 이제 학생들이 작전을 짜곤 몇 학생은 안다고 하고 몇 학생은 모른다고 했죠. 그러자 구봉서 교수, "그럼 아는 사람이 모르는 사람 가르쳐줘!" 하곤 바람과 함께 사라지다. 획~.

역시 썰렁했나요? 제가 썰렁하단 소리 들을 각오하고 이런 이야기를 한 데는 이유가 있습니다. '안다', '모른다'는 문제도 간단히 줄이면 '있음'과 '없음'의 문제거든요. 모른다는 것은 '앎이 없는' 것이죠. 그런데 알게 되면, 없던 앎이 갑자기 생겨나는 것인가요? 없던 것이 있게 되는 것인가요? 어려운 한자로 말해 '무無'에서 '유有'가 나오는 거냐는 말이에요.

이렇게 말하기는 힘든 점이 있죠? 소크라테스의 산파술이라든가 플라톤의 상기설 같은 것은 이런 어려움을 피하기 위해 나온 설명들이지요. 알게 된다는 것은 앎을 만들어내는 것이 아니라, 뱃속에 있는 태아가 산파의 도움으로 태어나듯이, 이미 가능성으로 있던 앎을 이끌어내는 것입니다. 앎이란 인간이 본디 가지고 있었는데 잊었던 무엇을 다시 기억하게 만드는 것이라는 말이죠. "모든 중생이 본디 부처"라는 불교의 말도 같은 틀에서 이해할 수 있는 거구요.

이크! 너무 철학교수 티를 내버렸네요. 급정거!

제가 하려는 이야기는, 없던 것이 있게 될 수는 없다면, 여러분은 태어나기 이전에 대체 무엇이었느냐는 거예요. 몸뚱이는 엄마와 아빠의 결합에 의해 생겨난 깃이라 할 수 있겠지요. 그럼 여러분의 정신 또는 마음은 어디서 온 것일까요? 몸뚱이가 생기면 정신은 그 몸뚱이의 작용으로 자연스럽게 있게 되는 것일까요? 그렇게 믿어져요? 또 그렇게 믿고 싶어요?

아닐 겁니다. 나라는 존재는 몸뚱이 이상의 어떤 의미를 지니고 있다, 나는 우연히 존재하게 된 것이 아니라 무언가 꼭 그래야 할 이유가 있어서 여기 있게 된 것이다… 대개 이렇게 생각하기 마련이지요. 그래서 윤회설, 영혼불멸설 같은 것이 생겼을 거예요.

딴 이야기로 또 한참을 빠졌네요. 본래 이야기, 손오공의 태어남으로 다시 돌아가보죠. 이 돌원숭이의 태어남은 참으로 신비해요. 화과산 정상의 신령스런 바위가 알을 까고, 그 알에서 나왔다? 보통 어른들은 아이들에게 "넌 다리 밑에서 주워왔다"고 하잖아요? 저처럼 어릴 때부터 영특했던(?) 사람은 다리 밑에서 주어왔다고 하니까, 뿌리를 찾겠다는 열망으로 그 다리 밑에 찾아가겠다고 떼를 써서 어른들이 아주 혼이 났다더군요. 사실은 다리 밑에서 우리 엄마 아빠가 엿장사 하고 있다고 하기에 엿 얻어 먹으려구 가자 했던 거지만. 나중에 어른이 되고 나서 생각해보니, 다리 밑에서 주워왔다는 말은 아마도 엄마 다리 밑에서 주워왔다는 말인 것 같아요. 그렇다면 우리는 모두 엄마 다리 밑에서 주워온 사람들인 셈이죠.

그런데 이 손오공은 엄마가 없네요. 아니, 있다면 돌멩이가 엄마?

"불쌍해라. 돌멩이가 엄마라니!"

이런 동정은 우리네 시각일 뿐이고, 자세한 이야기를 보면 손오공이야말로 정말 비보통非普通 돌원숭이라는 것이 생생하게 느껴지네요. 1년의 날 수와 24절기 등에 맞는 치수를 가진, 우주의 운행을 상징하는 돌멩이에서 태어났단 말씀이지요. 그러니까 손오공은 부모의 정기가 합해서 생긴 것이 아니라 하늘과 땅의 정기를 이어받은, 그런 돌원숭이입니다. 나중에 이야기가 더 나아가면 알게 되겠지만, 이 돌원숭이는 인간의 몸뚱이에 깃들어 있는 마음, 즉 어디서 온지 모를 마음 또는 정신이란 것을 상징하고 있다고 할 수 있겠어요.

우리 마음을 원숭이에 비유하는 표현은 불교에 자주 등장하죠. 앞에서 잠깐 마음 원숭이 이야기를 했듯이, 망아지처럼 날뛰는 뜻과 원숭이처럼 나부대는 마음을 의마심원意馬心猿이라 하거든요. 지금은 일단 거기까지만 이해하시고, 이제부터 손오공을 그냥 원숭이가 아니라 내 마음의 대역이라고 생각하면서 다음 이야기로 넘어가볼까요?

3. 돌원숭이, 원숭이 왕이 되다

원숭이들 개울에서 멱감으며 놀다가

갑자기 개울물의 근원에 호기심을 느꼈네.

찾아 찾아 올라가 보니

바위에서 큰 물이 솟아올라 폭포 되어 떨어지는 곳이…

그 폭포의 장관, 한 시원詩猿(시 짓는 원숭이)은 이렇게 그렸도다.

"물줄기 곧바로 삼천 척을 날아 내리니(飛流直下三千尺)

은하수가 하늘에서 떨어지는가?"(疑是銀河落九天)

(원숭이 시인 이름은 원태백이라 하더라.)

이 물은 어디로 통했을까?

그 속에 들어갔다 나오는 사람

우리들 왕으로 모시자!

시끌 와글 원숭이들 뜻을 모았네.

그때까진 그저 평범한 돌원숭이였던 손오공,

자루 속의 송곳이 그 참모습을 보이듯

용감하게 폭포 속으로 뛰어들었다.

원래 출생이 특이한 비보통 원숭이였지.

큰 일을 맞으니 비로소 그 영웅본색 드러난다.

눈 감고 풍덩 뛰어든 폭포 속,

폭포가 주렴처럼 앞을 가린 그 속,

딴 세상이 열려 있구나.

푸른 소나무에 매화 꽃향기 그윽한 곳,

'화과산의 복된 곳, 폭포로 주렴을 드리운 골짜기'(花果山福地水簾洞)

주소가 친절하게 돌벽에 새겨져 있구나.

"딴 세상 예 있구나. 인간 세상이 아닐세"(別有天地非人間)로다.

(역시 원태백이 '산중에서 속인의 물음에 답하다'라는 제목으로 지은 시라더라.)

돌원숭이 돌아나오고, 이 소식 들은 원숭이 무리,

약속대로 돌원숭이를 왕으로 모셨다.

그 이름도 위대한

'훌륭한 원숭이 왕'(美猴王)으로…

아! 돌원숭이 손오공,

◆ 두 시 모두 시선詩仙으로 알려진 이백李白(호는 太白)의 시입니다.

廬山瀑布 여산의 폭포를 읊음

日照香爐生紫煙 향로봉에 햇빛 비치니 자줏빛 연기가 일어나는데

遙看瀑布掛前川 멀리서 폭포를 보니 냇물을 걸어놓은 듯

飛流直下三千尺 물줄기 곧바로 삼천 척을 날아내리니

疑是銀河落九天 은하수가 하늘에서 떨어지는가?

山中答俗人 산중에서 속인의 물음에 답하다

問余何意棲碧山 무슨 생각으로 푸른 산 속에 사냐고?

笑而不答心自閑 웃음으로 대답을 대신하네. 마음 스스로 한가로워라.

桃花流水杳然去 복사꽃 띄운 냇물 아득히 흘러가니

別有天地非人間 딴 세상 예 있구나. 인간 세상이 아닐세.

드디어 출세했구나.

왕 노릇 하는 재미는 얼마나 좋을까?

　서유기는 엄청 긴 이야기입니다. 그걸 모두 따라간다는 것은 불가능하기도 하지만 너무 지루합니다. 자연히 좀 건너뛰는 방식으로 이야기를 할 수밖에 없어요. 그렇지만 처음부터 건너뛰면 진도 못 따라오는 분들도 있을 것 같아 앞부분은 자세히 이야기하는 것으로 방침을 정했습니다. 여러분이 서유기의 분위기에 좀 익숙해지면 속도를 내기로 하지요.

　자, 드디어 손오공이 원숭이 왕이 되는 대목입니다. 어떻게 해서 원숭이 왕이 되는지는 앞의 주저리를 읽어보시면 알겠지요? 그런데 원숭이 시인 원태백猿太白이나, 그 원숭이가 지었다는 시가 좀 의심스럽다구요? 아하, 그건요, 성아무개라는 원숭이 학자가 지은 〈서유기의 뒷이야기〉 — 원기 9023(구만두세)년, 미정출판사 刊 — 에 나오는 이야기라네요. 이태백이라는 인간 시인이 비슷한 시를 읊었는데, 누가 먼저 지은 거고 누가 표절을 한 것이냐에 대해서는 아직도 정확하게 가리지 못했다는군요. 원숭이들은 뒤의 시, "딴 세상 있네, 인간 세상은 아닐세"라는 구절은 인간 세상 아닌 원숭이 세상을 말한 것이요, 따라서 원태백이가 먼저 지은 것이 틀림없다고 우기고 있다는데요. 하하~

　자, 본론으로 들어가서… 원숭이들은 호기심이 많다 하죠? 그 호기심이 끝까지 나아가지 못하는 것이 흠이지만요. "호기심은 모든 발견의 아버지다"라고 누가 이미 말하지 않았나 모르겠네요.

어떤 일이나 사물의 근원을 찾는 호기심은 참으로 소중한 것입니다. 우리 이야기의 이 대견한 원숭이들은 개울물의 근원을 찾아 결국 수렴동을 발견하는 큰 성과를 이루는군요. 그 발견의 과정에서 우리 돌원숭이가 결국 그 비범함을 드러내게 되구요. 얼마나 놀라운 돌원숭이인가요? 남들이 모두 궁금해하면서도 우물쭈물하는 일에 몸을 던지는 그 용기! 대중의 열망을 짊어지고 거센 폭포로 뛰어드는 우리 돌원숭이의 모습을 그려보세요.

조그만 몸뚱이지만 결코 작다고 할 수 없는, 그 듬직한 모습이 감동적으로 다가오지 않습니까? 저만 그런가요? 제가 이렇게 느끼는 것은 우리나라의 소위 지도자들이라고 나서는 사람들에 대한 실망과 분노가 크기 때문인 것도 같네요. 옛날에는 어땠는지 모르지만, 요즈음의 지도자입네 하는 분들, 정말 염증이 나게 하는 분들 너무 많습니다. 그중 대표주자가 정치인들 아닐까 싶군요. 오죽하면 이런 우스개가 있었겠어요?

어떤 모기가 배탈이 났어요.

다른 모기들: "어디서 먹구 왔니?"

배탈 난 모기: "국회 식당에서 먹구 왔다"

다른 모기들 이구동성: "야! 거긴 순 불량식품만 모여 있는 거 몰라? 배탈 나는 게 당연하지!"

한 번은 썰렁하게 웃을 수 있지만, 다시 생각하면 그런 사람들을 대표로 뽑은 우리 자신이 좀 처량해지는 우스개입니다. 자신은 바르지 않으면서 남을 바르게 이끌겠다는 이상한 정신

병에 걸린 사람들이 정치인 가운데 특히 많은 것 같아요. 그러나 그런 사람들을 욕하고 비난하기 이전에, 그들을 대표로 뽑은 우리 자신에 대한 반성부터 해야겠죠.

그런 점에서, 용감한 돌원숭이를 약속대로 왕으로 모신 원숭이들 너무 이쁘지 않나요? 아마 우리나라 상황 같았으면 온갖 유언비어 조작하고 음모를 꾸며서 뒤통수 때리느라 한바탕 난리가 났을 텐데 말이에요. 왕으로 모시기로 정한 것이 분명하고, 또 돌원숭이가 용감하게 뛰어들어 수렴동을 발견한 것도 명백한데, 어떻게 뒤통수를 때리느냐고요? 순진하셔라. 저도 순진하기는 하지만, 이런 경우 어떻게 뒤통수를 치는지는 하도 많이 봐서 잘 압니다. 한번 가상으로 뒤통수 칠 방법을 만들어볼까요?

1. 저 돌원숭이는 출신 성분이 불분명하다. 돌에서 나왔다는 설이 가장 믿을 만한데, 그렇다면 머리도 돌대가리일 것이 틀림없다. 무식한 놈이 용감하다는 말도 있지 않으냐. 폭포로 뛰어든 것도 용기가 아니라 무식해서 그 위험을 모른 것일 뿐이다. 또 폭포를 쉽게 뚫고 들어간 것도 출신이 돌이라서 그 무게 때문에 잘 가라앉은 것일 뿐이다. 우리가 얘를 왕으로 모신다면 결국 그 출신이 돌이라는 점을 높이 인정하는 꼴이 된다. 어찌 똑똑하고 영민하고 신중하고 사려 깊은 우리 원숭이들이, 단지 돌 출신으로 무게가 무거워서 공을 세운 자를 왕으로 모신단 말이냐!

2. 개가 수렴동을 발견하여 왕이 되려 한 것은 사전에 계획되고 조작된 음모이다. 개는 돌 출신이니 물에 들어가면 잘 가라앉는단다더라. 예전에 우연히 여기까지 와서 수영도 못하는 주제에 까불다가 폭포 속으로 가라앉아서 수렴동을 발견했다던가? 그러고는 슬그머니 개울물의 근원을 찾아보자고 우리를 선동했고, 또 그 속을 뚫고 들어갔다 나오면 왕을 시키자고 선동했다. 증거? 개울 물의 근원을 찾아보자고 먼저 촐랑댄 놈들, 그놈들이 개하고 구석에서 수군거리는 것을 본 애들이 있다. 또 그놈들이 폭포 들어갔다 온 원숭이를 왕 시키자고 맨 먼저 소리친 것을 본, 분명하고도 뚜렷하고도 확실한 목격자들이, 줄줄이 여기저기 방방곡곡에 수도 없이 널려 있다. 그러니까 이 사건은 저 돌원숭이가 왕 되려고 사전에 치밀하게 조작한 일이다. 수렴동 발견한 것은 괜찮은 일이니까, 조작한 죄는 용서한다 치자. 그러나 절대 왕 시키는 것은 안 된다. 그저 상금 몇 푼 쥐여주면 될 일에 왕을 시키다니 말이 되는가? 왕 선출은 다시 해야 한다. 횡설수설…

이런 식으로 유언비어 퍼뜨리고, 그걸 원숭이 삼대 일간지에 슬슬 흘리면 된다는 말씀…. 아마도 곰곰이 생각하면 그런 근거 없는 유언비어나 중상모략에 나도 모르게 춤을 춘 적이 있음을 깨닫게 되실 겁니다. 그 사람은 원래 색깔이 좀 빨갛다는 식의 색깔 뒤집어씌우기 같은 유언비어는 중상모략의 방식 중에서 아주 단골 메뉴죠.

그런 이상한 소문에 홀리면 그다음부터 제대로 보이는 것이 없게 됩니다. "아, 원래 걔는 그런 애니까…" 하는 식으로 왜곡되기 마련이거든요. 한번 잘 생각해보세요. 그런 근거 없는 소문에 홀려 선입견을 가지고 사람이나 사건을 본 적이 없는가를요. 아마 이 시대를 살아온 우리 모두 다 그런 잘못을 한두 번은 범했을 겁니다, 그런 의미에서 우리 모두 묵념! 이크, 실수! 여기서 왜 갑자기 묵념이 나옵니까요~

아무튼 돌원숭이가 왕 되는 이 대목은 지도자의 자질과 기준, 또 올바른 지도자를 뽑는 일의 어려움을 생각하게 하네요. 시대와 대중의 요청을 그 한몸에 짊어지고 과감한 결단으로 앞장서는 사람… 또 아무도 가지 않았던 길을 처음으로 가는 용기를 가진 사람… 이런 사람이 지도자 아닐까요?

원래 뭔가를 처음 하는 것은 참으로 어려운 일이지요. 전 가끔 "누가 해삼을 처음으로 입에 넣을 생각을 했을까?" 하는 엉뚱한 생각을 해봅니다. 제가 처음 해삼을 봤을 때 엄청 느물거리고 징그러워 보였거든요. 지금은 생각만 해도 입에 침이 고이지만요. 그런 해삼을, 먹는 사람 아무도 없는데 처음 입에 넣고 맛을 본 사람은 정말 용기 있다는 생각이 들어요. 이건 결코 작은 일이 아닙니다. 그 뒤로 얼마나 많은 사람들이 해삼의 덕을 보았겠어요? 식품으로, 약으로… 참고로 말씀드리면 해삼은 신장에 좋답니다. 제가 해삼 맛을 알게 된 것도 신장을 도와주는 약으로 먹으면서입니다. 흐음… 침이 넘어가네요.

또 헤맸군요. 지도자의 자질과 앞장서는 용기 등을 이야기하다가 해삼까지 주저리주저리…. 평소에는 혼자 잘난 척, 혼자 깨끗한 척하다가 정작 어려운 문제가 생기면 꼬리를 말고, 숨죽이고 있다가 문제 잘 해결되면 와르르 뛰어나와 다 내가 한 일이라고 떠드는 사이비 지도자가 즐비한 세상. 그런 세상에 대해 엄하게 호통 한번 쳐본다는 것이 이야기를 물 간 해삼처럼 흐물흐물하게 만들었네요.

아무튼, 사기도 아니고 조작도 아닌, 진정한 공적으로 왕이 된 우리 돌원숭이, 왕 노릇도 잘하겠죠? 그 재미는 또 얼마나 좋을까요? '인사가 만사'라고 외치며 영의정, 좌의정, 무슨 판서, 무슨 판서 벼슬 골고루 내리고~ 그것보다 우선 채홍사採紅使 내려보내 이쁜 애들 뽑아서 삼천 궁녀로 두고~ 히히힛.

헤엑! 제가 무슨 말을 하고 있었나요? 실수, 실수! 이건 서유기 원전에 없는 얘깁니다. 〈서유기의 뒷이야기〉에도 없는 것 같아요. 에고, 요놈의 입이 방정이지… 그런데 침까지 질질 흘리고 있었다고요? 아닙니다! 이건 아까 해삼 얘기하다 흐른 겁니다. 정말이라니까요! 음? 얼굴이 벌게졌다고요? 이건 비뚤어진 원숭이 세상보다 못한 우리 모습을 꾸짖노라 열 받아서 그런 거예요!

4. 원숭이 왕, 덧없음을 느끼고 출가를 결행하다

왕 노릇 하는 재미도 좋아라.

구색 갖춰 원숭이 신하를 거느리고

온갖 환락을 즐기면서

천년만년 살기를 기약하였네.

그러나 어느 날 우리 원숭이 왕,

동쪽으로 유람 나가 병든 원숭이를 만나고

서쪽으로 유람 나가 죽은 원숭이 장례를 보고…

어헛? 이건 원전에 없는 얘기네.

어디서 들은 것 같기는 한데, 어디서 들었더라?

아무튼 어떤 계기가 있어

이 즐거움이 영원하지 않다는 것을,

죽을 수밖에 없는 운명이라는 것을,

한마디로 말해 모든 것이 덧없다는 것을 느끼게 되었네.

우리 원숭이 왕, 비탄에 잠겼구나.

아아! 모든 것이 헛되고 또 헛되도다.

원숭이 신하 가운데 똑똑한 자 있어

한 가닥 희망을 주는구나.

염라대왕의 관할을 벗어난 세 종류의 존재가 있다고…

부처와 신선과 신성神聖이라고…

모두 이 세상에서 찾을 수 있다고…

비보통 원숭이인 원숭이 왕,

크게 기뻐하고 큰 뜻을 품었네.

반드시 그들을 만나 뵙고

생사를 벗어나는 길을 찾겠노라고.

아아! 찬탄하지 않을 수 없구나!

우리 원숭이 왕의 큰 뜻을!

이것이 바로 보리심이니

모든 부처의 씨앗이로다.

덧없는 것에 대한 하염없는 사랑도

또 본디 우리 집안의 가풍이지만

그 사랑은 떠남에서 시작되는 것…

슬픈 이별에서 시작하는 것…

이별의 슬픔을 단호히 잘라버리는데

떠남의 멋도 있는 것…

조강지처, 조강지첩, 조강지애첩들을 비롯한 모든 애희愛姬들에게

진한 작별의 키스를 하고

돌아올 땐 호두 알만 한 다이아몬드 사다 주기로 굳게 약속하고

에? 이건 아니고…

반드시 죽음을 벗어나는 길을 찾아 돌아오겠다는 다짐으로

원숭이들의 성대한 환송을 빌으며

드디어 위대한 항해를 시작하도다.

아아!

죽음을 극복하기 위한 커다란 결단으로

기약 없는 여정을 출발하는 자리.

엄숙하게 원숭이 왕의 장도에 평안을 기원하자!

오늘은 좀 이야기가 심각해질 것 같죠?

원숭이 왕이 된 우리 돌원숭이… 원숭이 왕이래도 왕은 왕! 당연히 권세가 있고, 그에 따르는 환락도 있겠죠? 제가 장난기로 삼천궁녀니 뭐니 했지만, 서유기 원전에도 원숭이 왕이 즐겁게 나날을 지냈다고 나오니까 일단 환락의 나날을 보낸 것으로 하고 넘어갑시다.

그러던 어느 날 원숭이 왕이 '덧없음'을 깨닫게 되었다네요. 위에서 출가수행하여 석가모니불이 되기 이전의 고타마 싯다르타 태자가 네 대문을 다니면서 삶의 괴로운 실상을 본 이야기 ─ 사문유관四門遊觀이라 하죠? ─ 를 했지만, 원숭이 왕이 덧없음, 특히 모든 생명이 죽을 수밖에 없음을 절실히 느낀 것도 분명 무슨 계기가 있었을 겁니다. 우리 중생들은 특별한 계

기 없이는 그저 머릿속으로만 아는 데서 그치기 십상이니까요.

여러분께도 한번 여쭤보죠. 모든 사람이 죽는다는 것을 모르는 분 있어요? 없죠? 그런데 여러분, 그 죽음을 절실히 느끼면서 하루하루를 보내고 있나요? 우리는 살아가고 있다고 말하지만, 그와 동시에 어떤 면에서는 죽어가고 있잖아요?

인도의 대서사시인 《마하바라타》는 이러한 우리의 모습을 세상에서 가장 이해할 수 없는 불가사의라고 말하고 있죠. 모든 사람이 죽는다는 것을 모든 사람이 알면서도, 모든 사람이 자기 자신만은 죽지 않을 것처럼 사는 것 — 이것이 참으로 불가사의입니다.

아, 하실 말씀 있다구요? 모든 사람이 불가사리처럼 죽지 않고 살려고 발버둥치니까 그래서 불가사리라고 하는 거 아니냐구요? 좀 제대로 아세요! 불가사리가 아니라 불가사의^{不可思議}입니다. 생각할 수도, 따져 말할 수도 없는 신기하고 이상한 일이라는 거죠.

그런데 전부터 자주 손을 드시던데 성함이 어떻게 되시죠? 음, '나칠계' 씨라구요? 거참 이름도 희한하시군요. 음… 형님 이름이 혹시 저팔계 아닌가요? '저'와 '나', '팔계'와 '칠계'… 모습도 많이 닮으신 거 같은데… 조금 기다려보세요. 댁의 형님뻘 되는 저팔계 등장할 겁니다. 예쁜 여자 끼고 나올 거예요.

이번에는 저 때문이 아니라 나칠계 님 때문에 좀 헤맸군요. 계속해볼까요? 우리는 우리 자신도 결국 죽는 존재라는 것을 망각하고 살지만, 그래도 가끔 가까운 분이 돌아가시거나 바로 눈앞에서 충격적인 죽음을 보거나 하면 죽음을 심각하게 느끼게 되죠. 사랑했던 사람이 세상에서 없어져버린다… 또는 방금까지 생생하게 살아 있던 존재가 갑자기 죽어버리는 것을 눈앞에서 본다… 당연히 큰 슬픔이나 충격이 오죠. 그러면 대개는 '죽음이란 무엇일까? 나도 죽을 텐데 죽음으로써 모든 것이 끝나는 길까? 아니면 어떤 다른 형태로 모습이 바뀌어 존재가 이어져나가는 걸까?' 하는 등등의 의문을 품게 됩니다.

그렇지만 얼마 지나지 않아 무엇에 쫓기는 바쁜 일상의 반복 속에서 그러한 물음은 퇴색되고, 또 그럭저럭 반복되는 삶을 살아가기 마련입니다. 알 수도 없는 골치 아픈 문제를 잡고 씨름하기엔 너무도 할 일이 많다는 핑계를 대고, 마음 구석에 슬며시 근본적인 물음을 묻어버립니다. 그러나 그게 묻어놓는다고 해서 묻혀버릴 문제가 아니죠. 가끔 그놈이 고개를 쳐들고 나를 빤히 바라보는 때가 있어요.

까닭 없는 불안에 사로잡힐 때가 있죠? 까닭이 없는 것이 아닙니다. 우리가 묻어두었던 그 근본문제가 우리를 빤히 바라보고 있기 때문인 경우가 많습니다. 근본적으로 우리가 덧없음의 바다에 떠 있는 외로운 섬이라는 사실, 그것이 우리를 불안하게 만드는 겁니다.

어이구, 심각해라~ 그렇지만 여기서 심각하지 않을 도리가 없죠. 이왕 심각해진 김에 우리가 마음 구석에 묻어두고 싶은 '죽음'이라는 것을 한번 정면으로 마주 보기로 할까요?

겁난다구요? 바로 거기서 시작해봅시다. 왜 겁이 나나요? 죽음에 대해서 무엇을 알기에 겁이 납니까? 죽음에 대해서는 사실 아는 사람이 없어요. 어떤 생명이 끝난다는 사실밖에는,

그 죽음의 세계가 어떤지 아는 사람은 아무도 없습니다.

오죽하면 이런 농담이 있겠어요? "죽음의 세계야말로 가장 행복하고 평안한 세계이다. 왜냐고? 거기 가면 아무도 돌아오지를 않더군. 그 세계가 얼마나 좋으면 한 사람도 돌아오지를 않겠어?"

말 되죠? 죽은 사람은 수도 없이 많지만, 죽어본 사람은 없거든요. 그러니 아무도 죽음 뒤의 세계는 알 수 없죠. 오히려 그 '알 수 없다'는 사실이 우리를 겁나게 하는지도…. 그렇지만 알지 못하면서 겁낸다는 건 좀 우습지 않아요?

《장자莊子》에는 이런 이야기가 있어요. 중국 춘추전국시대, 여희麗姬라는 여인이 미모로 뽑혀 왕궁으로 들어가게 되었대요. 뽑혀갈 때는 부모를 떠난다는 것이 슬프고 겁나 죽을 듯이 울었다는군요. 뒤에 왕의 총애를 받아 호화롭게 살게 되고는, 떠날 때 죽을 듯이 울었던 것을 부끄럽게 생각하면서 웃었다던가요? 마찬가지로 안 죽으려고 발버둥치던 사람이 죽음의 세계에 들어와서는 왜 안 죽으려고 발버둥쳤던가를 부끄러워하지는 않을까요?

또 이런 이야기도 있죠. 장자가 여행길에 동굴에서 노숙을 하게 되었대요. 그런데 그 동굴 가운데 해골이 있었다네요. 장자는 해골을 툭툭 치면서 "너는 어쩌다 죽었느냐? 나쁜 짓 하다 형을 받아 죽었느냐?" 하고 중얼대다 해골을 베고 잠이 들었대요. 그런데 꿈속에서 해골의 주인이 나타나서는 "너는 죽음의 세계가 얼마나 편한지 모르면서 네 기준으로 함부로 떠드는구나!" 하고 꾸짖더래요. 장자가 "내가 염라대왕을 만나 청을 해서 너를 다시 살게 해준다면 어떻겠느냐?" 하고 떠보았답니다. 해골 임자는 "내가 무엇 때문에 다시 그 시끄럽고 고통스러운 삶의 세계로 돌아가겠느냐?" 하고 거절했다는군요. (그래서 결국 못 살아났다더라, 아니 안 살아났다더라!)

이것두 말 되시요? 우리가 죽음 뒤의 세계에 대하여 전혀 모르면서도 겁을 내는 것은 아마도 일단 너무 막막해서이기도 하고, 또 살아 있는 지금에 대한 강한 애착이 있기 때문이기도 할 겁니다.

흐음, 나칠계 님. 죽음의 세계가 전혀 알 수도 없고, 또 어쩌면 아주 좋은 세계일 수도 있으니 죽음의 문제 같은 건 접어 두고 잘 먹고 잘 살면 되는 거 아니냐구요? 에구, 그게 쉬워요? 장자도 죽음의 문제에 대해 고민 고민하다 나름대로 삶을 달관하는 경지에 올라서 그런 이야기를 한 거라구요. 고민도 안 해 보고 그렇게 쉽게 달관이 돼요? 한 대만 더 맞으면 죽겠다 할 정도로 한번 맞아보실래요? 죽음에 대한 공포를 생생하게 느끼게시리… 그렁저렁 살겠다는 것은, 삶을 전혀 음미하지 않겠다는 뜻이에요. 그런 삶은 돼지의 삶과 다름없다구요. "배부른 돼지가 되기보단 배고픈 소크라테스가 되겠다"는 말도 있잖아요?

어허? 또 손을 드시네요? 왜 두 가지 선택밖에 없냐구요? '배부른 소크라테스'도 있지 않냐구요? 아이고, 정말 사람 짜증 나게 하시는 분이시네요. 말꼬리 잡지 마세요! 이렇게 고상한 저 같은 사람이 나칠계 님 같은 분 상대하다 보면 부르던 배도 푹 꺼져요!

그래서 저 지금 배가 고파져서 이야기할 기운도 없지만…

원숭이 왕이 출가를 결행하는 엄숙한 대목이니 다시 한번 힘을 내서 나가볼게요. 그렇지만 나칠계 님! 계속 그런 식으로 나오지 않으시기를, 간절히 부탁드릴게요.

아무튼 우리 원숭이 왕은 무상無常함을 느끼고, 죽음을 벗어날 수 있는 길을 찾아 출가를 결행합니다. 우리가 늘 구석으로 밀어놓고 마주 보기 싫어하는 죽음의 문제에 정면으로 도전장을 낸 것이죠.

바로 이 정신! 근본문제와 정면으로 승부를 하려는 정신이 중요합니다. 서유기에서는 이를 '보리심'이며 부처의 씨앗이라고 찬양하고 있지요. 제가 돌원숭이 왕이 네 대문을 다니면서 이런저런 일을 보았다고 슬며시 부처의 출가 이야기를 끌어들였지요? 그건 부처의 출가와 원숭이 왕의 출가를 전혀 다른 것으로 보지 말아달라는 주문입니다. 덧없는 것들에 대한 미련을 과감히 떨치고, 근본적인 문제에 정면으로 도전하는 정신! 바로 이것이 출가의 의미라 할 수 있으니까요.

싯다르타 왕자는 그 출가를 통해 부처가 되었지요. 우리 원숭이 왕은 어떻게 될까요? 살짝 귀띔해드리지만 역시 부처가 됩니다. 사상 최초의 원숭이 출신 부처? 그렇다고 할 수도 있겠지만, 의미를 따져 말하자면 그렇지도 않네요. 우리가 사람 모습으로 살고 있지만 참 사람 구실을 못한다는 사실을 인정한다면, 사람 비슷한 원숭이와 다름없겠죠? 그러니까 우리가 부처 되는 것은 바로 원숭이가 사람 되는 것과 다를 게 없다고 말씀드리면 화내시려나요?

그런데요… 서유기에는 염라대왕의 관할을 벗어나는 존

재를 세 가지 이야기하고 있거든요. 선인仙人과 부처와 신성神聖이라고. 그 가운데서 선인과 부처는 잘 알겠지만 신성은 무엇인지가 좀 불분명하죠? 아마 위대한 인격을 이룬 불후의 존재들을 말하는 것 같습니다. 공자, 예수 같은 분들을 가리키는 것이라고 보면 되겠지요.

음? 그분들도 다 죽지 않았느냐고요? 그렇지요. 우리가 보는 눈으로 보면 죽었지요. 뭐 그렇다면 부처는 죽지 않았나요? 그렇지만 부처를 죽었다고 하지는 않지요? '열반에 드셨다'고 하잖아요. 그렇습니다. 그런 위대한 인격을 이룬 분들은 이미 우리와는 존재의 의미가 다를 거라고 봐야 합니다. 우리 같은 존재와는 차원이 다른 영역에 들었기에, 그분들이 이 세상에서 자취를 감추는 것을 우리 존재와 똑같은 죽음으로 보아서는 안 되는 것이죠. 우리처럼 죽어서도 계속 고통의 윤회를 계속한다거나 소멸한다거나 하는 식의 변화가 아닌, 뭔가 다른 변화로 이해해보자구요. 그래서 부처는 열반에 드셨다고 하고, 예수는 부활로써 그 죽음이 죽음이 아님을 보이셨다고도 하지요.

그렇게 염라대왕의 관할을 벗어난 세 종류의 존재가 있고, 그중에 서유기에 주로 나오는 것은 부처와 선인입니다. 그 두 존재가 추구하는 것은 상당히 다르지요. 불교가 깨달음에 의해 윤회를 벗어나는 길을 이야기한다는 것은 다 아시죠? 그러니까 불교에서는 이 몸을 그대로 유지하면서 영원히 산다는 이야기는 없습니다. 몸이란 것은 형태 있는 것이요, 무상한 것이니까 당연히 없어질 수밖에 없다고 이야기하죠. 오히려 그대로 산다면 큰일이라고 생각하는 것이 불교의 입장입니다.

영원히 산다… 굉장히 좋을 것 같지요? 그런데 곰곰 생각하면 좀 문제가 있어요. 에? 또 나칠게 님, 무슨 헛소리냐구요? 영원히 살 수만 있다면 무슨 짓이라도 하겠다구요? 그렇게 쉽게 말하지 마세요.

우선 제가 물어보죠. 어떤 모습으로 영원히 살고 싶으세요? 지금 모습이 별로 잘생긴 것 같지도 않고, 또 이미 30대 중반은 넘으신 것 같은데… 그 모습 그대로 영원히 계속 사실 거예요? 아님 좀더 나이 먹어서, 수염 좀 멋있게 기른 신선풍의 모습이 되어서 영원히 사실 거예요? (흠, 나이 먹는다고 신선풍으로 될 것 같지는 않지만. 히히) 갸우뚱하시는 모습이 좀 고민스러운 것 같군요.

그래요. 영원히 사는 것이 좋다고 쉽게 말할 수만은 없는 지점이 있죠. 엘리엇이 지은 〈황무지〉라는 시의 머리글에 이런 이야기가 나옵니다.

한 아폴론 신전의 무녀가 아폴론 신의 사랑을 받았지요. 아폴론 신은 그 무녀에게 소원 하나를 들어주겠다고 했습니다. 그때 무녀는 별생각 없이 죽지 않게 해달라고 청했습니다. 그래서 죽지 않게 되었죠. 그런데 문제는 죽지는 않는데, 끝없이 늙어만 간다는 겁니다. 그래서 완전히 쪼그랑 바가지로 늙어서 몸까지도 쪼그라 붙어 조그맣게 되어버렸지요. 얼마를 살았는지도 모를 쪼그랑 바가지 모습이 희한해서, 결국 조롱 속에 갇혀 서커스단의 구경거리로 끌려다니게 됩니다.

서커스 구경 온 아이들이 놀리며 묻습니다. "무녀야, 넌 뭘 원하니?"

그에 대한 무녀의 답은 "난 죽고 싶어!"입니다.

얼마나 역설적인 이야기예요? 죽지 않게 해달라던 소원과는 정반대의 소원을 말하게 되었다는 것이요. 늙어 볼품없어지고 고생하면서도 영원히 사는 것은 오히려 저주라고 할 수밖에 없겠지요? 그러니까 영원히 산다는 데에는 당연히 여러 조건이 덧붙어야 하는 겁니다.

우선 어떤 고정된 모습으로 영원히 산다는 것은 지겹기 짝이 없을 것 같죠? 그러니까 가장 멋있는 대표 모습(?)은 따로 있더라도, 다른 여러 모습으로 변화할 수도 있는 신통력을 가지고 재미있는 짓을 많이 벌일 수 있어야 좋겠네요. 여러분도 한번 어떤 조건을 붙여야 영원히 살더라도 지겹지 않고 재미있을지 생각해보세요.

아무튼 이런 우리의 가장 소박한 소망, 죽지 않고 영원히 살고 싶다는 소망이 모여져 이루어진 것이 신선사상이라 할 수 있습니다. 그리고 그것은 일반적으로 도교道敎와 뗄 수 없는 관계를 지니고 있지요. 우화등선羽化登仙, 지금 이 존재를 뛰어넘어 선인이 된다는 의미겠죠? 그렇게 되는 것이 도교의 큰 목표라고 할 수 있으니까요. 대체로 도교에서는 연단술煉丹術 등을 통해 이런 경지를 이루고자 합니다. 도교 이야기는 손오공이 금단대도金丹大道 배울 대목에서 좀 자세히 살펴볼 예정이니, 여기서는 그 큰 분류와 특징만을 이야기하고 넘어가기로 하죠.

우선 도교는 도가道家사상과는 조금 구별해야 합니다. 도가道家라고 하면 노자와 장자를 중심으로 하는 사상의 흐름을 말하지요. 그러한 사상을 한편으로 이어받으면서, 다른 한편으

로 신선사상과 민속신앙 등을 받아들여 이루어진 것이 도교라
할 수 있습니다.

그 모습은 이루 말할 수 없을 정도로 다양하죠. 삼국지에
나오는 관운장을 모시는 신앙도 큰 흐름을 이루고 있습니다. 병
을 치료하고 재앙을 없애며, 궁극적으로는 신선이 되어 늙지 않
고 영원히 살려는 목표 아래 주술, 부적술, 연단술 등의 다양한
종교 형태를 지니고 있는 것이 도교입니다. 그 가운데서 그래도
큰 줄기를 말하라면 내단內丹, 외단外丹의 술術이 있고, 곁가지로
는 방중房中의 술도 도교의 한 모습이라 할 수 있지요.

내단이란 호흡수련 등을 통해 몸속에 금단金丹을 이룬다는
목표를 추구하는 것이죠. 우리나라에도 단학丹學 바람이 좀 불
었잖아요? 바로 그것이 내단의 방법입니다. 몸속에 단약丹藥을
만들어 우화등선을 추구하는 방법이죠.

외단은 여러 신기한 약재 — 수은이나 납 같은 금속재도 포
함되는 경우가 많습니다 — 를 제련하여 금단을 만들어 먹어서
불로장생을 추구하는 것을 말합니다. 정말 좋은 약도 있겠지만
위험한 금속재도 섞어서 만드는 약이기 때문에 잘못 먹으면 큰
일 납니다. 중국 역대 황제의 뼈를 조사해보면 많은 경우 납중독,
수은중독의 자취가 있대요. 아마도 오래 살려고 도사들이 바치는
금단 많이 먹어서 그랬을 것이라는 게 일반적인 해석입니다.

그다음 방중은요, 히히… 남녀 간의 성행위를 통해서 불로
장생을 추구하는 거죠. 흐음, 꼬박꼬박 졸고 있던 나칠계 님의
눈이 갑자기 초롱초롱해졌네요. 밝히시기는…. 졸다가도 어떻
게 그런 소리는 들으시는지 신통력이라고 해도 좋을 경지네요.

아무튼 남녀 간의 성행위는 가장 원초적인 욕망에서 나오는 행위이면서도 음양의 화합을 이루는 행위라고 할 수 있잖아요? 그러니까 그 행위를 우주 자연의 이치에 맞게 일정한 법식法式에 따라 하면 무병장수, 불로장생을 얻을 수 있다는 겁니다.

나칠계 님, 또 손을 드시네. 그렇게 질 아는 깃 보니까 지도 꽤 밝히는 것 같다구요? 그러면서 왜 칠계 님만 웃음거리로 만드냐구요? 아이고, 그래요. 저 밝혀요. 많은 분들이 관심 있는 것 같기에 청중을 위한 봉사 차원에서 좀 이야기를 했더니… 뭔 말을 못하겠네요. 그래도 계속 나칠계 님의 방해공작에 놀아날 수는 없으니 꿋꿋하게 이야기를 진행해보겠습니다.

원숭이 왕이 죽음을 넘어서겠다는 결심으로 떠나는 것은 일단 도교적인 길을 생각하게 합니다. 죽지 않겠다는 생각은 바로 신선이 되기를 추구하는 것과 가장 쉽게 연결되니까요. 서유기에서는 술법을 배워 그 신통력으로 염라대왕의 손길을 뿌리치는 방식으로 나타나지만, 그것도 도교의 방식과 비슷합니다. 결국은 불교적인 깨달음에서 완전한 해결책을 구하게 되지만, 역시 시작은 소박한 인간의 욕망과 가장 잘 연결되는 도교적인 방식을 출발점으로 삼고 있다고 할 수 있겠네요.

그래서 원숭이 왕은 모든 신하와 백성 원숭이들과 크게 한판 환송잔치를 벌이고 망망대해에 뗏목을 띄웁니다. 일엽편주一葉片舟도 안 되는 일엽뗏목이네요. 망망대해에 뗏목… 좀 가슴이 뭉클해지는 감동이 오지 않아요? 이룰 수 있을지 누구도 장담하지 못할 큰 뜻을 품고 떠나는 그 길. 일상의 삶에 편안히 머무는 쪽을 택하는 우리와는 달리 보장도 없는 험한 길을 택한 이들의 모습은 언제나 그랬을 겁니다. 실패한 사람들도 무수히, 아니 성공한 사람보다 비교도 안 될 정도로 많았겠지요. 망망대해에서 난파해버린….

그러나 그런 무수한 용기 있는 분들의 덕으로 우리는 진리의 한 조각이나마 맛보면서, 덧없고 덧없는 이 세상에서 한 줄기의 빛을 찾을 수 있는 것이 아닐지요. 이런 분위기에 어울리는 시 한 수가 갑자기 생각나 읊어드리면서 이 장을 마치렵니다. 이섭李涉이라는 중국 당唐대 시인의 〈등산登山〉이란 시입니다.

終日昏昏醉夢間　종일토록 몽롱하게 취한 꿈결 사이에
忽聞春盡强登山　문득 봄이 다 지나간다는 소릴 듣고 억지로 산에 올랐지.
因過竹院逢僧話　대나무 우거진 암자 지나다 스님 이야기를 듣게 되었네.
偶得浮生半日閑　뜬구름 같은 삶에 모처럼 얻은 반나절의 귀한 시간….

5. 원숭이 왕, 어디를 헤매고 있나

얼마나 많은 풍파를 헤쳤던가?

죽을 고비를 얼마나 넘겼던가?

그런 이야기는 생략하고…

원숭이 왕이 처음 도착한 곳은

바로 우리 사는 세상 남섬부주南贍部洲였다네.

원숭이의 기본 재주가 바로 흉내 내기.

사람 흉내 내기로 인간 세상을 배워가며

남섬부주의 인심을 살핀다.

그런데 이 남섬부주 사람들 하는 짓 봐라!

본받을 게 하나도 없구나.

덧없는 것에 골몰하여

온갖 쾌락 추구하고

허영과 거짓이 가득하구나.

에잉! 원숭이 세상만도 못하네.

이런 곳에 어찌 죽음을 벗어날 오묘한 도가 있겠는가?

실망한 원숭이 왕

또다시 배를 띄웠구나….

또 큰 바다를 다시 건너니

서우하주西牛賀洲라는 대륙에 도달하기 바로 전

그러니까 아직 남섬부주인 셈인데…

이리저리 다니다 보니

거기서 발견한 자태도 수려한 큰 산,

숲속에서 들리는 구성지고 오묘한 노래,

우와아! 기뻐라!

신선이 여기 계시구나.

숲속으로 달려 들어가 보니

땔감 짊어지고 도끼 든 나무꾼….

나무꾼이면 어떠냐?

도가 있는 곳에 스승이 있지.

"스승님, 제자 절 받으세요!"

도를 구하는 마음 가득 찬 원숭이 왕,

넙죽 절을 올렸네.

에엣? 스승님? 나 그냥 나무꾼인디…

얼굴 벌게진 나무꾼 손을 홰홰 젓는다.

그렇다면 그 도의 기상이 가득 찬 그 노래는요?

으응, 그 노래?

가까운 곳에 신선 한 분이 계시는데

그분께 배운 거여.

마음이 괴롭거나 몸이 피곤할 때 부르면 참 좋거든.

그래요? 그럼 그 신선은 어디 사는데요?

음, 공짜로 가르쳐주기는 좀 아깝지만

절 받은 빚도 있느니 특별히 가르쳐주지.

으흠~~

그래도 좀 바로 가르쳐주긴 아까우니

다음 시간에…

기대하시라, 개봉박두!

　　자, 드디어 원숭이 왕이 '스승 찾아 삼만 리' ― 실제로는 삼만 리 훨씬 넘지만 ― 머나먼 여행을 거쳐 스승 계신 동네에 도달하는 대목이네요. 이 대목에 오게 되니 알 수 없는 말들도 몇 개 나오네요. 남섬부주니 서우하주니 하는 말들 말이에요. 그걸 설명하기 위해선 고대 인도와 불교에서 생각하는 세계의 모습에 대해 조금 이야기해야 할 것 같습니다. 그리고 영대방촌산靈臺方寸山이니 사월삼성동斜月三星洞 같은 뭔가 뜻이 있을 것 같은 이름들도 있죠? 그것도 좀 해설해야 할 듯하구요. 이래저래 좀 딱딱해질 것 같아 걱정이긴 하지만, 딱딱한 것을 말랑하게 만드는 것이 이야기꾼의 재주겠죠?

　　원숭이 왕이 어디를 헤매고 있었나요? 아하~, 윗글에 이미 서우하주에까지 도착했다고 말하고 있군요. 원숭이 왕이 태어난 곳은 동승신주東勝神洲(또는 東勝身洲), 거기서 일단 남섬부주로 갔다가 다시 서우하주로… 그런 여정이군요. 그 동네들이 어떤 동네들인가를 설명하기 위해서는 간단히 불교에서 말하는 세계의 모습을 살펴볼 필요가 있습니다.

불교에서는 이 세상이 네 개의 큰 대륙으로 이루어졌다고 봅니다. 아니, 이건 불교 고유의 것이 아니라 고대 인도 사람들의 생각을 그대로 받아들인 거라고 보아야 하겠지요. 아무튼 네 개의 대륙은 그 놓인 위치에 따라 동승신주, 서우하주, 남섬부주, 북구로주北俱蘆洲라고 합니다.

그럼 이 네 개의 대륙은 어디에 있는 걸까요? 옛날 인도인들의 생각에 따르면 세계의 중심에는 수미산須彌山이라는 산이 있다 합니다. 그 가장 아래쪽에 바람 바퀴가 있고, 그 위로 물 바퀴, 쇠 바퀴가 겹쳐 있다 하죠. 그 쇠 바퀴 위로 아홉 개의 산과 여덟 개의 바다가 둘러싸고 있다네요. 그러니까 산과 산 사이에 바다가 있는 셈이죠. 그 여덟 바다의 가장 바깥쪽 바다의 사방에 바로 우리가 말하는 네 개의 대륙이 있다는 겁니다. 중심에 있는 수미산의 허리 사방에 사천왕四天王이 살고 있으며, 꼭대기에는 제석천帝釋天의 33천天 궁전이 있답니다. 이것이 바로 하나의 세계라고 보는 것이 고대 인도인의 세계관이었고, 그것이 불교에 그대로 들어왔죠.

그렇다면 이러한 세계가 하나뿐이라고 생각했느냐? 아닙니다. 이러한 하나의 세계가 천 개 모이면 하나의 소천세계小千世界가 되고, 이 소천세계 천 개가 모이면 하나의 중천세계中千世界가 되며, 중천세계 천 개가 모이면 하나의 대천세계大千世界가 됩니다. 하나의 대천세계 속에는 소천, 중천, 대천이라는 세 개의 천千세계가 있다고 해서 삼천대천세계三千大天世界라 부르죠. 그러면

이 삼천대천세계에는 과연 몇 개의 세계가 있는 셈일까요? 히힛~ 한번 계산해보세요. 1,000×1,000×1,000=???

그럼 또 이런 삼천대천세계가 하나만 있느냐? 아닙니다. 이 우주에는 무수한 삼천대천세계가 있다는 겁니다. 참 대단한 상상력이죠? 현대 천문과학의 우주론을 뺨치는 상상력! 인도인의 무한한 상상력에 경의를 표할 수밖에요.

여기서 잠깐 여러분의 생각을 한번 들어봐야겠네요. '인도'에 대해 어떻게 생각하세요? 무엇이 떠오르나요? 불교, 요가, 그리고… 기타 등등. 그렇죠? 대개 종교적이고 정신적인 방면에 관련된 것들이 떠오르죠? 아마도 종교로는 불교를 통해 우리에게 큰 영향을 주었고, 현대에 들어와서는 요가를 통해 잘 알려진 것 같네요.

요가 하니까 생각나는 것이 있군요. 인도에서 가장 뛰어난 요기, 즉 요가 수행자는 누구일까요? '꼰다리 또꽈'라네요. 하하. 그런데 이런 유머가 있다는 것 자체가 요가에 대한 편견이라는 것도 아울러 말씀드려야겠어요.

초기에 보급된 요가는 주로 요상한 자세를 통해 육체적 기능을 조절하는 것이었죠? 그건 요가의 한 부분이며, 또 아주 기초적인 것입니다. 요가의 궁극은 그런 기본적인 수련을 거쳐 결국 신과의 합일, 또는 완전한 자아의 실현을 체험하는 명상에 있다는 것을 알아주세요.

인도에 대해 알려진 것이 주로 이러한 것들이어서 인도는 당연히 종교적이고 금욕적이며, 명상적인 방면에 치중하는 문화를 가졌다고 생각하기 마련입니다. 그러나 인도는 그렇게 하나의 측면만 가진 것이 아니에요. 어떤 분이 인도에 다녀와서 제게 두 가지 선물을 주시더군요. 하나는 해골 염주였어요. 염주 알 하나하나가 해골 모양인 염주요. 재료도 짐승 뼈로 되어 있고요. 그걸 돌리면 자연히 생의 무상함을 생각하게 되기 마련이죠. 눈감고 조용히 해골 염주를 돌리며 명상에 잠겨 있는 제 모습… 하하, 그럴듯하죠?

그런데 다른 하나는 정말로 전혀 다른 것이었죠. 무엇이냐? '카마 수트라 수투파'의 기념우편엽서였어요. '까마 수트라'는 번역하면 '애욕의 경'이라는 뜻입니다. 그 애욕의 경에 나오는 성행위의 여러 체위를 묘사한 조각들로 사면을 장식한 탑, 그것이 바로 '카마 수트라 수투파'입니다. 현대의 포르노그래피 저리 가라 할 정도의 적나라한 모습들이 사면을 꽉 채운 탑이죠. 음, 나칠게 님의 눈이 반짝반짝해지는군요. 이번 여름휴가 인도로 결정하신 거 아닌지 모르겠네요.

해골 염주와 카마수트라 스투파, 얼마나 대조적인가요? 그런 두 가지의 모습이 인도에는 다 있다는 거죠. 고대 인도인들은 해탈解脫을 궁극적인 가치로 여기기는 했지만, 그 밖에도 사회적 의무와 애욕의 추구 등을 중요한 가치로 여겼어요. 최고 계급이었던 브라만들은 인생을 네 단계로 구분해 살았다더군요. 어릴 적 스승의 지도를 받아 규범과 의무를 배우는 시기, 어른이 되어 자손을 두어 가정생활을 하는 시기, 일선에서 물러나 숲에 머물면서 청정한 생활을 하는 시기, 하나의 숲에 머무는 것마저 버리고 떠돌며 수행하는 시기. 그 마지막 시기에 추구하는 것이 완전한 해탈이라면 가정생활을 영위하는 시기에 추구하는 가장 중요한 가치가 바로 '까마', 즉 애욕이었다는 말입니다. 그래서 인도의 창녀는 상당한 자부심과 권위의식을 지녔었다는 말도 있어요. 인생의 중요한 가치에 대해 자신들이 전문가라는 점에서요.

자, 이제 옆길로 새는 것은 멈추고 본 줄기로 돌아옵니다. 우리 원숭이 왕은 우선은 큰 바다를 건너 남섬부주로 갔네요. 남섬부주는 어떤 땅이냐? 바로 우리 인간들이 살고 있는 땅입니다. 섬부주는 음역이기에 어떤 경전에서는 염부제閻浮提라고 번역되어 있기도 합니다. 범어로는 jambu-dvipa입니다. 염부나무가 많아서 염부제라고 한다네요.

그리고 인간들이 사는 이 세상을 통틀어 사바세계라고 부른다는 것을 아시죠? 절에서 축원할 때 "사바세계 남섬부주 해동 대한민국…" 하는 말 들으신 적 있으시잖아요? 여기 나오는 인간 세상의 총칭인 '사바세계'에는 참고 견뎌야 살 수 있는 곳이라는 의미가 있습니다. 음~ 너무 염세적이지 않냐구요? 그렇게만 생각하지 마세요. 일단 이렇게 참고 견뎌야 살 수 있다고 생각하고 나면 오히려 맘이 편해지거든요. 이 세상에서 즐거움을 누리고 살 수 있다고 믿었던 사람들이 오히려 나중에 울고불고 원망하는 일이 더 많습니다. 원래 참고 견뎌야 살 수 있다고 생각했던 사람들은 오히려 담담해져서 큰 절망도 않거든. 그러다 보면 오히려 작은 일에도 기쁨을 느낄 수 있기도 하구요.

좀 억지 같나요? 아니에요. 세상에 너무 큰 기대를 하는 것이야말로 오히려 불행의 시작일 수도 있어요. 그렇다고 "세상은 본디 괴로운 거야!" 하면서 울상으로 살아가라는 말은 아니라는 거, 여러분도 잘 아시죠? 저를 아시는 분들은 종종 제가 항상 웃는 얼굴이라고 칭찬해주신답니다. 음, 그런 아부성 발언에 속지 말라구요? 또 착각은 커트라인이 없다구요? 그러지 마세요. 저 나름으로는 편안한 얼굴로 살아가는 비결을 지니고 있답니다. 이 자리를 빌려 살짝, 정말 살짝 공개하겠습니다. 여러분이 모두 귀를 쫑긋하면서 기대하고 있다는 판단 아래! 제가 세상을 좀 편하게 사는 가장 기본적인 좌우명은⋯

"내일로 미룰 수 있는 일을 오늘 하지 말자!"

우악! 반응들이 모두 이상하군요. 저를 바라보는 눈초리가 완전히 비난 일색.

오직 나칠게 님만 헤벌쭉 감동한 모습! 에고, 내가 내 무덤을 팠구나! 나칠게 님에게 감동을 준다는 것은 수많은 다른 분들의 돌팔매를 맞는다는 이야기!

그렇지만 여러분! 좋게 봐주세요. 자신에 대해서 저처럼 이렇게 숨김없이 드러내는 사람이 어디 있겠습니까? 워낙 본성이 너무너무 천진한 저이다 보니 제 단점이 될 수 있는 이야기도 숨김없이, 솔직하게 털어놓는 경향이 있어요. 앞으로도 종종 이렇게 제 모습을 천진무구하게 드러내는 일이 있을 것이라는 운명적인 예감이 강력하게 오는군요. 으윽! 저를 바라보시는 눈초리가 또 험악해지시네. 아고고~ 얼른 본론으로 들어갑시다.

우리네 세계 남섬부주에 도착한 원숭이 왕은 괴물 흉내를 내서 사람들을 놀래키고는 그 가운데 기절한 사람 옷을 뺏어 입고, 사람 사는 곳에 잠입하는 데 성공했다네요! 그리고 원숭이 특기인 흉내 내기로 사람 사는 모습을 배우면서 몇 년을 살았는데… 그 과정에서 본 우리 남섬부주 인간세상의 모습은 어땠을까요? 결코 좋은 모습이 아니었답니다.

원숭이 왕이 막 남섬부주에 도착해서 인간 사회를 익혀갈 무렵 매우 충격을 받았던 사실이 있다 하더군요. '싸담 후시엔'이라는 조그만 마을의 폭력배가 온 마을을 공포의 도가니로 몰아넣고 설치는 것을 보던 이가 있었으니, 그는 바로 '조져 부셔'라는 전국적인 조직망을 가진 조폭 두목! 그가 무자비한 방식으로 싸담 후시엔을 제거하고 그 마을까지 자신의 조직망에 흡수하는 일이 마침 그때 벌어졌다던가요? '폭력 제거를 위한 특별 폭력주간'이라는 현수막까지 걸고 거창하게 일을 벌였다는데, 그동안은 거리에서 눈에 띄는 사람은 애고 어른이고 가릴 것 없이 패버렸대요. 우리 원숭이 왕, 그 웃지 못할 피 튀기는 싸움을 목격하고 개탄을 금치 못했다는 기록이 〈서유기의 뒷이야기〉라는 책에 기록되어 있다는군요. 거기에 기록된 원숭이 왕의 탄식 가운데 몇 구절은 정말 우리의 가슴을 울립니다.

"사람을 살린다는 명목으로 사람을 죽이고, 폭력을 통해 폭력을 해결한다 하는구나! 한 생명이라도 죄없이 죽는 모습을 차마 못 보는 마음이 근본이 되어야 할 텐데, 생명을 가치 없이 여기는 풍조만이 세상을 휩쓸겠구나. 조그만 것 훔친 이는 도둑으로 몰려 죄를 받고, 무수한 생명을 죽인 자는 영웅으로 세상에 군림하네. 누가 까마귀의 암수를 가리리오. 아아! 끝없는 전도몽상顚倒夢想의 세계여! 차라리 우리 원숭이 세상이 이보단 낫구나."

이런 남섬부주 세상의 모습에 환멸을 느낀 원숭이 왕, "이런 곳에 내가 찾고자 하는 도^{道}가 있을 리 없다!"고 결론을 내리곤 또다시 다른 땅을 찾아 배를 띄우네요. 최상의 것을 구하는 이의 구도심은 끝이 없어라! 또다시 큰 바다를 건너는 원숭이 왕의 용기에 박수를 보내야 하겠죠? 여기서 고상한 말씀 한마디로 초를 치지 않을 수 없군요.

아아! 어찌 한 번의 떠남으로 원하는 땅에 이를 수 있으리.
이곳이구나 하는 순간 이곳이 아닐세.
떠나고 또 떠나고, 마침내 떠남조차도 떠나는 그곳.
송곳 세울 땅도 없는 그곳에
머묾 없이 머무는 그날은 또 언제일까?
그곳을 찾아, 그날을 향해
오늘도 떠나고 또 떠나네.
배를 저어가자 험한 바다 물결 건너 저편 언덕에 짠짠~
산천경개^{山川景槪} 좋고 바람 시원한 곳,
희망의 나라로~ 박자 좋고 음정 좋고!

헉! 실수! 스톱! 정지! 마이크만 잡으면 노래방인 줄 아는 이놈의 버릇이 문제네요. 하긴 어떤 분은 음주운전을 하다 경찰 단속에 걸렸는데, 경찰이 들이댄 음주측정기를 잡고는 한 곡 멋있게 뽑았다는군요. 그 정도면 정말 구제불능이겠죠?

암튼 헤매니즘은 여기서 중지하고, 원숭이 왕은 계속 갑니다요. 가고 또 가고, 그러다 보니 남섬부주를 거의 넘어가 서우하주라는 대륙에 가까워질 무렵 참으로 산천경개 좋아 선기^{仙氣}

가 넘치는 산을 발견하네요. 오랜만에 맑은 기분으로 산세를 살
피는 원숭이 왕의 귀에 들려오는 노랫소리!

바둑 구경에 도낏자루 썩었구나.
오늘은 나시 꽝꽝 나무를 찍는데
구름은 골짜기 어귀에서 천천히 흘러가네.
나무 팔아 산 술 한 되에
걸림 없는 웃음 속에 마음이 길러지네.
풀 우거진 길 위로 가을 하늘 높아
달을 벗 삼아 솔뿌리 베고 누웠는데
깨어나니 어느새 새벽하늘이 밝아오누나.
…(중략)…

잔재주 부릴 줄 모르고 이리 재고 저리 잴 줄도 몰라,
영예도 욕됨도 뛰어넘어
욕심 없는 맑은 마음으로 삶을 이어간다.
곳곳에서 선인의 세계와 도의 경지를 마주하며
고요히 앉아 황정경黃庭經(도교의 경전)을 읽는다.

　　오랜만에 이렇게 속기俗氣를 벗어난 노래를 들은 원숭이
왕, 얼마나 반가웠겠어요. 한달음에 달려 내려가 노래의 근원을
찾아봤죠. 그런데 이리 봐도 나무꾼, 저리 봐도 나무꾼… 그러
나 도를 구하는 사람은 겉모습에 매어서는 안 되는 법이죠. 아
니, 도를 구하는 사람 아니라도 그건 마찬가지입니다. 어떤 사

람이 좋은 말을 하면 그 말의 좋은 점을 취하면 되죠.

　우리는 좋은 말을 들어도 그 말을 한 사람의 신분이나 나이, 전력 같은 것에 얽매어 그 배움을 거부하는 경우가 많지 않습니까? 심지어 말로 따져서 안 되고 이치에 꿀리면, 그 사람의 신분이나 나이 등을 구실로 입을 막아버리려고 하기도 하죠. 옛날엔 나이 어린 사람과 이치로 따져 안 되면 "이런 대가리에 피도 안 마른 것이!"라든가, "호적초본에 잉크도 안 마른 것이!" 하면서 반 욕설로 몰아치는 고명한 수법을 쓰는 분들이 꽤 많았지요. 이런 식으로 그 사람이 어떤 사람이니까 그 사람의 주장은 어떻다는 식으로 몰고 가는 논법을 '사람에의 추리'라고 합니다. '우물에 독 타기' 식의 논법이라고도 하구요. 근원에 대해 나쁜 인식을 주어서 사람의 판단력을 마비시키는 방식입니다.

　큰 선거 때 한번 유심히 관찰해보세요. 이 '우물에 독 타기' 식의 논법이 얼마나 애용되는지를요. 그 사람 전력이 어떻다, 장인이 부역을 했다더라, 아버지가 친일파였다더라, 여자관계가 복잡하다더라, ~더라, ~더라, ~더라. 이런 말들은 그 사람에 대한 판단의 보조자료로 조심스럽게 쓰일 수는 있어도, 그 사람의 정견이나 공약 등을 비판하는 주된 근거로 쓰여서는 안 되지요. 근거 없는 소문으로 어떤 사람을 매도하고 공격하려는 비열한 수법에 속아서는 안 되는데, 우리 국민은 너무도 쉽게 그러한 비열한 수단에 마음이 움직여버리는 경향이 있는 것 아닐까요?

　험! 역시 철학교수답게 유식하죠? 어험! 오랜만에 태가 나네요. 그리고요~ 제가 가끔 피치 못해서 좀 야한 이야기를 한다든가, 품위 없는 말을 쓰더라도 "교수라는 사람이 그런 말 하면 돼요?" 하는 식으로 공격하지 마세요. 그러한 공격도 역시 같은 방식의 논법이니까요. 교수는 뭐 그러면 안 된다는 법 있나요? 이 정도 말씀드렸으니 이젠 좀 맘 놓고 떠들어도 되겠죠? 하하.

각설하구요, 일반 사람도 그런데 도를 구한다는 사람이야 더 말해서 무엇하겠어요? 불치하문不恥下問 정도가 아니죠. 문둥이, 거지에게도 절하고 듣는 겸손이야말로 구도자의 근본자세 아닐까요? 우리 원숭이 왕은 몇 개의 바다를 건널 정도로 구도심에 불타는 원숭이인데 말할 필요가 없겠죠? "노 신선님! 제자 인사드립니다" 하고 가르침을 청했네요. 그 경과는 앞에서 이야기했고… 그 겸손한 구도심의 결과로 원숭이 왕은 나무꾼에게 선기 넘치는 노래를 가르쳐준 진짜 신선이 계신 곳을 듣게 됩니다. 이름도 요상한 동네네요. '신령스런 누대, 사방 한 치 산'이라니요? 그 속에 있는 '기운 달에 삼형제 별 뜬 골짜기'는 또 뭐랍니까?

6. 마음 동네를 찾아서

나무꾼 의젓하게 스승 계신 곳 가리킨다.

여기서 저쪽으로 칠팔십 리 가면

'신령스런 누대, 사방 한 치 산'(靈臺方寸山)이 있고,

그 속에 '기운 달에 삼형제 별 뜬 골짜기'(斜月三星洞)가 있어.

바로 거기서 신선 한 분이 제자들 가르치고 계신다네.

후아, 이름도 이상한 곳에 사시네요.

동네 이름처럼 이상한 분은 아니겠지?

이번은 확실히 잘 찾은 모양일세,

기상도 맑은 동자가 미리 마중까지 나와 있구나.

이끄는 대로 따라가 스승 뵈오니

풍모도 멋있어라.

이리 봐도 저리 봐도 완연한 신선 도사,

무릎이 저절로 땅에 닿고

입에서 저절로 말이 나온다.

"사부님! 사부님!"

스승도 기분이 좋다.

원숭이 닮은 놈이지만, 도를 구하는 정성이 눈에 보인다.

흠, 기특하구나.

그래도 어디서 온 누군지, 신상명세를 밝혀보아라!

뭐라구? 바다를 두 개나 건너왔다구?

돌에서 태어나 성도 이름도 없다구?

어허! 하늘 땅의 정기를 받은 놈이로구나.

그래 그럼 내가 성과 이름을 주마.

원숭이 닮았으니 원숭이 손猻 자에서

짐승을 뜻하는 옆부분 뗀 손孫 씨로 하고,

내 문하제자 항렬 돌림자에 따라 가운데는 오悟 자로 하여

이름은 오공悟空이라 하거라.

좋아라! 좋아라!

천지를 부모로 삼은 이 몸,

성도 없고 이름도 없더니

최고의 진리, 공空을 깨닫는다는

앞날을 점지하는 듯한 이름을 얻었네.

기쁨에 가득 찬 원숭이 왕,

이제는 이름도 어엿한 손오공!

기쁨이 큰 만큼 각오도 새롭구나.

　　앞서 소개해드린 제 좌우명, "내일로 미룰 수 있는 일은 오늘 하지 말자"에 감명받은 분은 설마 없으시겠죠? 조심하셔야

합니다. 미룰 때는 기분 좋지만, 미뤘던 내일이 한꺼번에 몰려 올 때는 눈앞이 캄캄해지는 거 아시죠? 지금 제가 그동안 미뤄 뒀던 이 원고 쓰느라 진땀 흘리고 있는 것이 그 살아 있는 예라 고나 할까요?

그런데 저기서 진땀 흘리며 달려오는 건 또 누군가요? 아 하~ 진짜 신선 도사 찾아서 달려가고 있는 우리 원숭이 왕이군 요. '신령스런 누대, 사방 한 치의 산' 속에 있는 '기운 달에 삼 형제 별 뜬 골짜기'를 찾아가고 있네요. 그런데 원숭이 왕아! 어 디로 어떻게 찾아가면 되는지는 알고 가는 거야?

흐음~ 잠깐 무대 뒤로 가서 서유기 저자하고 이야기를 좀 하고 왔습니다. 그 동네가 어떤 동네인지 상세히 듣고 왔어요. 그 비밀스러운 비밀을 공개합니다.

'신령스런 누대, 사방 한 치의 산'과 '기운 달에 삼형제 별 뜬 골짜기' 둘 다 마음을 가리키는 말이랍니다. '신령스런 누대' 라는 말은 마음이 신령하여 모든 일의 중심이 된다는 것을 뜻 한대요. 가장 오래전에 이 말은 쓴 기록을 찾아보니 장자 책의 〈경상초庚桑楚〉 편에 나온다 하구요. '사방 한 치'라는 말도 우 리 마음이 우리 가슴의 좁은 곳에 머무른다는 것을 뜻한다네요. '방촌方寸'이라는 말로 마음을 가리킨 예들이 고전에 많이 나온 다는데, 그러고 보니 저도 "사방 한 치 되는 사이에서 선과 악이 다툰다"는 식의 표현을 읽어본 것 같아요.

다음으로 '기운 달에 삼형제 별 뜬 골짜기'라는 말은 '마음 심心' 자를 깨뜨려서 푼 거래요. 한자를 보세요. 점 세 개는 삼형 제 별이구요. 비스듬하게 굽어서 삐친 획은 기운 달의 모습이죠? 이런 것을 글자를 깨뜨린다(破字)고 하죠. 심心 자의 경우는 좀 특별히 글자의 모양만을 깨뜨려본 것입니다. 한자는 상형문자이기 때문에 각각의 의미를 지닌 글자들을 두 개, 세 개 모아서 다시 한 글자를 만들기 때문에 글자를 깨뜨려서 의미를 풀기도 하고, 다른 재미있는 해석을 하기도 합니다.

예를 들어 '좋을 호好' 자를 깨뜨려보면 '계집 여女' 자와 '아들 자子' 자가 합쳐진 것이지요? 그렇게 깨뜨려보아서 '좋을 호' 자의 의미를 "여자가 아들을 안고 있을 때가 가장 좋은 때다"라고 푸는 거죠. 비슷하게 '편할 안安' 자는 "여자는 집에 들어앉아 있어야 편안하다"고 풀기도 하죠. 에고고, 하다 보니 시대에 뒤처진 예가 나왔네요.

이렇게 글자를 깨뜨려 의미를 푸는 파자와는 반대로, 각각의 의미를 가진 글자를 합쳐서 새로운 글자를 만들 수도 있겠죠? 요즘, 아니 조금 전의 세대에선 그런 방식으로 장난을 하기도 했지요. '수풀 림林' 자 밑에다 '사내 남男' 자와 '계집 여女' 자를 나란히 써놓고 "이게 무슨 자냐?" 하고 묻는 거예요. 답은? '뻔할 뻔' 자라네요.

그런 글자 가운데는 이런 것도 있어요. '女+男+女'를 조합해서 嬲라는 모양의 글자를 만들고 '황홀할 황' 자라고 하더군요. 하하. 그런데요~ 이건 완전히 뜻을 잘못 붙였어요. 여자 사이에 낀 남자가 황홀하다니! 무슨 천만부당한 말씀을! 제 생각에는 그건 아마도 지옥 비슷한 상황이 아닐까 싶은데요. 음? 제 개인의 잘못된 의식구조가 드러나는 것이라구요? 여자한테 맨날 당하고 사는 사람이 틀림없다구요? 무슨 말씀을! 제가 여성

팬들의 열렬한 성화에 좀 시달리기는 하지만, 그래도 그것을 큰 즐거움으로 여기고 있답니다.

제가 하는 이야기는 다 철학적 근거가 있는 이야기랍니다. 주역周易의 괘를 보세요. 음陰 사이에 양陽이 끼어 있는 괘는 감坎 괘(☵)죠. 그런데 감괘는 자연 속에서는 물(水)에 해당하고 험난함, 어려움의 뜻을 지니고 있어요. 반대로 양 사이에 음이 끼인 괘는 이離괘(☲)인데, 이괘는 불(火)에 해당하며 빛난다는 뜻을 지니고 있어요. 동양 최고의 고전인 주역에서도 여자 사이에 낀 남자는 어렵고 험난함을 겪는다 하고 있잖아요? 반대로 남자 사이에 끼인 여자는 빛나구요. 남자 사이에 있는 여자를 일컫는 홍일점紅一點이라는 말도 빛난다는 뜻을 지니고 있지요. 반면 여자 사이에 끼인 남자를 빛난다고 표현하는 경우는 없는 걸로 보아서도 제 주장은 틀림없습니다.

그리고 결정적인 증거가 또 있어요! 위의 '女+男+女'로 이뤄진 글자가 장난으로 요즘 만들어진 글자가 아니라는 것, 모르셨죠? 자전에 보면 요嬲 자라고 나옵니다.(좀 상세한 풀이가 있는 큰 자전을 찾아보시는 게 좋을 것 같네요. 아! 요즈음 핸드폰이나 컴퓨터로 검색하는 자전에는 다 있더군요.) 그 풀이를 보면 '계집이 사내 희롱할 요' 자라고 하네요. 그러니까 이런 상황의 남자는 여자에게 놀림을 당하는 불쌍한 존재라는 것이 분명하지 않나요? 물론 반대의 글자도 원래 있어요. '男+女+男'로 이뤄진 요嫐 자는 '사내가 계집 희롱할 요' 자입니다. 잘 아셨죠? 제 이야기 듣다 보면 남들이 모르는 이야기 하나 둘씩은 반드시 건지기 마련입니다.

에고, "잘난 척에 도낏자루 썩는 줄 모른다"는 말이 꼭 제 경우네요. 심心 자 설명하다가 여기까지 나갔군요. 하여튼 '신령스런 누대 사방 한 치 산'의 '기운 달에 삼형제 별 뜬 골짜기'는 결국 '마음 산'의 '마음 골짜기'라는 뜻이네요. 천고의 비밀은 마음에 숨겨져 있다는 것입니다. 여러분, 제가 좀 가볍게 이야기한다고 해서 가볍게 듣지 마세요! 마음! 결국 거기에 모든 비밀이 담겨 있다는 말을 깊이 새기셔야 합니다.

그렇다고 마음을 너무 신비스럽게 생각하거나, 모든 것과 독립된 불변의 실체로 생각하지는 마세요. 마음은 물질보다도 더 빨리 변하는 것이며, 주변 세상과 별개로 존재하지도 않는 것이 분명하니까요. 세상 문제를 모른 척하고 오직 마음만 잘 먹으면 된다는 태도는 참 위험하죠. 경제적인 곤란 등 실제 문제로 괴로워하고 있는 사람에게 무조건 "마음먹기 달렸어" 하고 말하는 것은 참 무책임한 소리가 될 수 있어요. 세상 문제에 눈감고 마치 최면 걸듯이 마음을 마비시키는 짓이 될 수도 있으니까요. 그렇지만 자신의 문제를 해결하고, 또 세상의 문제를 해결하기 위한 움직임의 출발점은 언제나 마음일 수밖에 없다는 것도 또 분명하잖아요? 그래서 마음이 강조되는 것이라고 우선 이해하고 넘어가기로 해요.

아무튼 원숭이 왕, 나무꾼에게 들었던 대로, 영특하게도 잘 찾아갔다네요. 그래서 가까이 왔구나 싶은 곳에 도착하니 기상도 맑은 동자가 마중하네요. 원숭이 왕은 점잖게 스승이 계시냐고 묻고, 동자는 "스승님은 출타 중이십니다" 하고 대답하는 광경, 그걸 읊은 시가 있어요.

松下問童子　소나무 아래 동자에게 물으니

言師採藥去　스승은 약을 캐러 가셨다네.

只在此山中　이 산속에 계시기는 하지만

雲深不知處　구름이 깊어 계신 곳 알 수 없다네.✦

　엥? 분위기는 그럴듯한데, 이건 서유기 본래 이야기가 아니로군요. 실수, 실수! 본래 이야기는 동자가 미리 스승의 명을 받고 마중 나온 것까지입니다. 신통도 해라. 스승이 도사인 것이 틀림없군요. 우리 원숭이 왕이 보통 원숭이가 아닌 것도 틀림없으니, 비보통非普通 스승과 비보통 제자의 만남! 이 정도의 무대장치는 기본이겠죠?

　사실 무대장치라고 할 것도 없어요. 정신적으로 높은 경지에 있는 분들에게 이 정도의 예지력은 기본사항이 아닐까 싶네요. 자신에 대한 집착과 물욕을 벗어난 마음에는 자연스럽게 세상의 이치가 드러나고, 그 이치에 따르는 만물의 변화도 훤히 보이는 것이 아닐까요? 자신과 중요한 관계가 있는 존재에 대해 감응을 일으키고, 그런 존재가 가까이 다가옴을 느끼는 것도 아주 자연스러운 일상적인 반응이겠구요.

　물론 그런 초능력 자체를 욕심내서 구하려 한다면, 그건 남이 갖지 못한 어떤 물건을 탐내는 것과 마찬가지의 탐심일 겁니다. 그런 탐심으로 구해 얻는 초능력은 존경할 필요도 없

✦ 중국 당대의 가도賈島가 지은 '은자를 찾아갔으나 만나지 못하다'(尋隱者不遇)라는 시입니다. 시인 가도와 한유韓愈가 시구에 관해 논하다가 남긴 퇴고推敲라는 고사는 지금도 널리 쓰이고 있지요.

고, 그런 초능력을 가진 사람이 인격적으로 위대할 리도 없다는 점은 분명하죠. 남이 지니지 못한 어떤 도구를 하나 더 지닌 사람 정도로만 보면 됩니다. 그런데 세상이 그런 초능력 자체를 신비하게 포장하고, 그거 있으면 엄청난 것처럼 과장을 하는 바람에 초능력 병 걸린 사람들을 많이 만들어내고 있는 게 아닌지… 몹시 걱정스럽습니다.

에? 자기가 초능력 없으니까 괜히 초능력 무시하는 쪽으로 몰고 가는 것 같다구요? 제가 그래도 EBS에서 주역 강의를 한 사람입니다. 주역이 미래를 점치는 것을 기본으로 하는 책이라는 거 아시잖아요? 제가 이래 봬도 상당한 예지력을 가진 사람이라구요. 예를 들어 제가 백 년 안으로 죽을 거라는 사실을 분명하게 예지하고 있죠.

갑자기 썰렁하고 살벌한 분위기가 되네요. 전 분명한 사실을 말했는데 왜 그렇게 이상한 눈으로 보시는지 이해가 안 되네요. 신통력이라고 해서 너무 희한한 것만을 기대하진 말라고 말씀드렸는데. 사실을 사실대로 아는 것, 그것이야말로 참 지혜이고 신통력 아닌가요? 그런 점에서 사실을 꿰뚫어 보는 제 눈을 존중해주시면 안 될까요?

에궁, 여전히 싸늘한 눈길들! 좋습니다. 저의 탁월한 능력을 언젠가 알아주실 날이 있으리라 믿고, 정말 여러분의 기대를 충족시켜줄 신통력 가진 스승을 소개하기로 하지요. 손오공 올 것을 미리 알아 마중을 보내는 신통한 스승! 우리의 원숭이 왕, 그 뜨거운 구도의 여정 끝에 훌륭한 스승을 만나네요. 축하, 축하! 그리고 우리 원숭이 왕을 제자로 맞은 수보리須菩提 조사님도 축하, 축하!

　우선 우리 삶에 모범이 될 만한 스승을 만난다는 것은 그 이상의 복이 없을 큰 복이죠. 배울 대상이 있다는 것이 얼마나 좋아요? 배우는 동안 우리는 끊임없이 발전하기에, 배울 게 없다는 사람이야말로 가장 불행한 사람이지요. 그러니까 우리가 그 큰 복을 누리기 위해서는 끊임없이 자신의 부족함을 느끼고 더 배우겠다는 열망을 갖는 것이 중요합니다. 그런 열망을 가진 눈은 늘 신선한 활기로 가득 차 있습니다. 반대로 배울 것이 없다는, 권태롭거나 오만한 마음을 지닌 사람의 눈은 시커멓게 죽어 있으며, 언제나 짜증스러운 시선으로 세상을 보기 마련이죠. 한마디로 말해서 한쪽은 나날이 살아나가는 사람이라면, 다른 쪽은 나날이 죽어가고 있다고도 말할 수 있겠어요.

　그렇지만 배우려는 열망을 가졌다고 해도, 그 열망이 올바른 지향 없이 아무거나 취하려고 날뛴다면 큰 문제입니다. 갈팡질팡 어수선하고 이상한 헤매니즘이 되어버리는 거죠. 이건 제가 주창하는 헤매니즘과는 전혀 다른 겁니다. 사이비 헤매니즘에 속지 맙시다! 올바른 방향을 모색하기 위한 적절한 헤매니즘은 참아줄 수 있지만, 계속 헤매는 것으로 끝나면 정말 곤란하거든요. 헤매니즘은 올바른 머묾을 위한 전 단계라고나 할까요? 마지막으로는 참으로 무엇을 배워야 하는가를 올바로 선택해야 합니다. 문제가 무엇인지를 제대로 파악한 사람은 답을 반은 아는 것과 다름없습니다. 마찬가지로 무엇을 배울 것인가를 제대로 잡은 사람은 반 이상 배운 것이라고 말할 수 있어요.

　좀 쉽게 예를 들어볼게요. 저는 학생들에게 매우 너그러운 선생이고, 학생들과 스스럼없이 친하게 지내는 편입니다. 그렇지만 선생의 입장에 서면 좀 엄해집니다. 그래서 학생들이 아무질문이나 툭툭 던지면 거기에 대답을 해주기보다는 제대로 된질문을 하라고 타이르거나 유도를 하죠. 선생에게 질문을 하려면 무엇이 핵심인지 한 번쯤 생각을 해보라구요. 그렇게 스스로생각을 해보고 물음을 던질 때, 선생은 제대로 된 답을 줄 수가있고, 또 제자도 받아들일 준비가 되어 있어 잘 소화해내게 되죠. 이건 그대로 배움의 문제에도 적용됩니다.

그저 이걸 보면 이걸 배우고 싶고 저걸 보면 저걸 배우고싶은 사람은, 사실 배우고 싶은 게 아니라 아무것도 배우고 싶지않고 또 배울 수도 없는 사람입니다. 자기가 가고자 하는 길이 어떤 길인가를 한 번이라도 진지하게 생각을 해본다면 그럴 수가없으니까요. 자기의 길에 대해 큰 방향이 정해지고, 그 길을 가기위해서 무엇이 필요한가를 찾는 자세가 배움이 제대로 이루어지기 위한 첫 번째 조건이라고 할 수 있습니다. 그 조건이 갖추어지지 않으면 그야말로 지리멸렬~ 부산한 호기심으로 이 문전 저문전 기웃거리다 한세상 다 가고 마는 거죠. 그래서 쓸데없이 아는 건 많은데, 아무짝에도 쓸모없는 그런 사람 되기 쉽죠.

음? 갑자기 제가 켕기는 구석이 있네요. 제 안사람이 저 보고 "아는 거 많아서 먹고 싶은 것도 많겠수!" 하던데…. 저도 쓸데없이 아는 거 많아서 결국 먹고 싶은 것만 많은 사람인가요?제 병은 너무도 자기 반성능력이 뛰어나다는 점인 것 같네요. 갑자기 좀 힘이 빠져버리는 기분이지만, 그렇지만 적어도 아는 거많다는 것은 인정받은 셈이고, 또 자기 반성능력이 뛰어나다는 점도 자연스럽게 드러난 판이니 다시 힘을 내보죠. 하하.

한마음으로 스승을 찾고, 또 배울 것을 올바르게 배우는 제자의 자세는 지금까지 우리 원숭이 왕이 보여줬고, 또 앞으로도 보여줄 참이라네요. 그러니까 이제 제자가 스승 만나는 얘기는 그만두고 스승의 입장을 이야기해보죠.

스승으로서 훌륭한 제자 만나는 것은 제자가 좋은 스승 만나는 것 이상의 큰 복입니다. 생각해보세요. 사람으로서 가장 기본적인 소망 가운데 하나는 훌륭한 자식을 두는 것이죠? 자식이란 자신의 자연적 생명을 잇는 자입니다. 그렇다면 제자는 자신의 자연적 생명을 바탕으로 성취한 또 다른 생명의 상속자 아니겠어요?

그렁저렁 한세상 살아서 성취랄 게 딱히 없는 사람이라면 그것을 이을 사람을 찾으려는 열망도 별로 강하지 않을 겁니다. 자신의 자연적 생명을 잇는 자식에게 자신이 삶에서 얻은 것들 적당한 선에서 물려주고, "네 인생 니 꺼니까 잘 살아봐라" 하면 되죠. 그런데 자식에게 전하려 해도 마음대로 전해지지 않는, 심성과 자질이 갖춰지지 않으면 물려줄 수 없는 어떤 성취를 이룬 사람은 그것을 물려줄 제자를 찾기 위해 애를 태울 수밖에 없는 겁니다.

자식이 바로 그러한 자질과 심성을 갖추었다면 그 이상의 복이 없겠지만, 그게 그리 쉬운 것 같지 않더라구요. 저의 경우만 봐도 제 아들 녀석이 "아빠 먹는 거 하고 자는 거는 도저히 못 따라가겠어요!" 하면서도, 그게 얼마나 어렵고 힘든 일인지를 전혀 이해 못하는 것 같아요. 그저 가소롭다는 듯이 말할 뿐,

그걸 계승해보겠다는 마음조차 먹지 않는 것 같으니. 아! 나는 불행한 아빠~. 언제나 나는 내 '삼쾌三快'를 계승할 제자를 찾을 수 있으려는가!

참! 제가 스스로 먹는 거, 자는 거, 그리고 고상한 표현으로 배설하는 거는 잘한다 하여 '삼쾌 신생'이라 한다는 말씀 드렸던가요? 쾌식快食, 쾌면快眠, 쾌통快通의 삼쾌 말입니다. 그런데 슬프게도 요즘 나이 먹으면서 이 삼쾌가 좀 자신 없어졌어요. 스스로 삼쾌 선생이라고 했던 것이 오만이었음을 반성하고 있죠. 하지만 특별한 건강법 챙기지 않고 이 세 가지로 건강 유지해왔다는 점에서는 그런대로 평가를 받아야 한다고 생각합니다.

보통 건강을 도모하는 여러 비법들이 있지만, 그러한 비법이라는 것은 알고 보면 비법이 아니라 건강을 해칠 우려가 많은 편법인 경우가 많죠. 건강의 왕도는 무엇이겠어요? 가장 일상적으로 하는 일들을 잘하는 것이죠. 그리고 가장 일상적인 것을 꼽으라면 뭐겠어요? 위에서 말한 세 가지 아닐까요? 그런 점에서 제가 그 세 가지를 잘한다는 것은 좀 오만이기도 하지만, 그래도 지금까진 그 세 가지 잘해서 별문제 없이 살아왔다는 점은 좀 평가해달라는 말씀입니다.

아무튼 먹고 자고 싸는 그런 일상적인 것 소홀히 하면서 무슨 보약 먹고, 특별한 짓을 해서 건강해지려는 태도는 마음 자체가 건강하지 않은 것이죠. 건강하지 않은 마음에서 건강한 몸이 나올 리 있겠어요? 그러니까 여러분도 삼쾌를 달성하려는 노력을 기울이세요! 사실은 그 세 가지보다도 좀더 일상적이고 근본적인 것이 하나 더 있기는 하군요. 무얼까요? 숨쉬기입니다.

숨쉬기가 뭐 어려우냐고 묻는 분들이 계실 것 같군요. 그렇지만 숨 잘 쉬기 정말 어렵습니다. 그리고 숨 잘 쉬는 것이야말로 몸 건강과 마음 건강에 가장 중요한 일이라고 말씀드려도 될 것 같네요. 불교의 수행법 가운데서도 가장 기본적인 것이 호흡 관찰이라는 거 아시죠? 숨을 고르게 쉬면서 숨을 헤아리는 수식數息과 숨을 관찰하여 의식이 숨을 따라가는 수식隨息이 바로 그것입니다. 그리고 도교 수행에서는 호흡법이야말로 처음이자 끝이라 할 만큼 중요하지요.

그렇게 불교와 도교에서 숨쉬기를 중요시한다는 것, 괜스레 그런 것이라고 치부할 수 없는 일입니다. 잠시라도 멈출 수 없는 것이 숨쉬기죠. 물론 심장 뛰는 것도 마찬가지지만, 그것은 내 뜻대로 되지 않는 것이니까 노력을 기울일 수 없습니다. 잠시도 쉬지 않으며 쉴 수도 없는 것, 그 가운데 내 의지가 작용할 수 있는 숨쉬기에 마음을 좀 써보세요. 분명 후회하지 않는다고 장담할 수 있습니다!

이런 권유를 드리면서 슬그머니 부탁 하나 드리지요. 제가 예전에 스스로 '삼쾌 선생'이라고 했던 것은 오만이라 하더라도, 그래도 계속 '삼쾌'를 달성하고자 하는 열망을 담아서 스스로 '삼쾌 선생'이라고 자칭하더라도 너그럽게 봐주세요. 그리고 여러분도 저 만난 인연으로 다 함께 삼쾌를 달성하고, 나아가 숨쉬기까지 잘하도록 노력해보기로 하지요. 그렇게 된다면 여러분과 저의 만남이 더더욱 값진 것이 되리라 믿습니다.

갑자기 노사연 씨가 부른 노래가 떠오르네요. "우리 만남은 우연이 아니야♪♬" 그다음의 노랫말이 뭐죠? "그것은 우리의 바람이었어 ♪ ♬" 정말 훌륭한 노랫말입니다. 여러분과 저의 만남도 우연이 아닙니다. 거기엔 우리의 바람이라는 필연이 있었고, 그것이 우리의 만남을 빛나고도 값진 것으로 만들어나가리라 믿습니다.

드디어 우리 이야기의 본 줄거리에도 정말 값진 만남이 나오는 대목이죠? 수보리 조사와 원숭이 왕의 만남입니다. 눈 밝은 수보리 조사의 눈에 비친 원숭이 왕의 모습은 어땠을까요? 비록 인간이 아닌 원숭이의 모습이지만 그 뜨거운 구도심이 환히 보였을 겁니다. 원숭이이기에 잘생겼다고 할 수는 없겠지만, 얼굴과 모습에는 마음이 드러나는 법이거든요. 살아온 자취가 담기기 마련이구요. 그래서 사십 넘은 얼굴은 스스로 책임져야 한다는 말도 있죠. 또 행동거지 하나에도 마음은 담겨 나오기 마련이죠. 그래서 숨기려야 숨길 수 없는 것이 바로 마음입니다.

그러니까 여러분! 앞으로는 "넌 내 마음을 몰라"라든가 "내 마음 나도 몰라!" 하는 말 쉽게 하지 맙시다. 얼굴에, 모습에, 행동에, 말씨에 이미 내 마음 환하게 드러나 있다고 믿는 편이 속 편합니다. 그리고 그게 진실에 가까울 것이구요. 저를 보세요. 얼마나 의젓하고 준수하고 고상합니까? 그러면서도 여러분의 재미를 위해 가끔 좀 썰렁한 농담까지 섞어가면서 애쓰는 열정적인 모습…. 저의 마음이 여러분의 눈에 환히 비치지 않습니까?

여러분이 저의 참되고 열정적인 모습을 금방 알아보시듯, 눈 밝은 수보리 조사도 원숭이 왕의 바탕을 꿰뚫어 보았겠지요? 얘기를 들어보니 천지의 정기를 받은 출생도 범상치 않고. 죽음을 극복하겠다는 큰 뜻을 품은 것도 가상하고. 앞날의 훌륭한 성취를 기약할 만한 제자 하나 들어왔구나! 에고, 이뻐라! 귀여워라! 훌륭한 제자를 보는 스승의 마음, 여러분 아시나요? 저는 그래도 직업이 직업이라 조금은 느낍니다요.

그렇지만 스승의 어려움 가운데 하나는 그렇게 이쁘고 귀여워도 그것을 함부로 다 드러내면 안 된다는 겁니다. 자칫 건방져지기 쉽죠. 아직은 철없는 제자니까요. 그런 조심스러움에 기쁜 맘에 속으로 웃으면서도 짐짓 근엄하게, 담담한 표정으로 입문식을 겸하여 우리 원숭이 왕에게 이름 석 자를 내립니다. 앞으로 엄청나게 유명해지는 손오공孫悟空이란 이름을!

수보리 조사께서는 한 번에 척! 지어주셨지만, 도인의 가벼운 한마디에도 깊은 뜻이 숨어 있는 법! 역시 심오한 의미가 담겨 있다고 봐야 하겠지요? 삼쾌 선생의 오랜 작명 경력에서 나오는 성명풀이를 해봐야겠네요. 음? 정말 작명도 하느냐구요? 그렇게 저를 무시하는 발언을 하십니까! 작명이야 기본 중에도 기본이죠. 다만 작명을 잘 안 해줄 뿐, 실력이야 자타가 공인하고 있는 바라는 것을 이 자리를 빌려 엄숙히 밝혀두는 바입니다.

그런데 제 작명법은 분명한 원칙이 몇 가지 있습니다. 우선 작명에도 현실이 반영되어야 한다는 것이 기본 중의 기본입니다. 어렵게 말하니까 그렇고요, 간단하고 쉽게 말해 요즘은 한글 시대이니만큼 한글 중심으로 이름을 지어야 한다는 겁니다. 예전에 한문이 중심이던 세상에서는 한자의 뜻이 무척 중요했죠. 그렇지만 이제는 아닙니다. 한자 뜻만 생각하고 지으면 정말 웃기는 이름 많이 나오죠. 김치국金治國, 고생만高生滿, 우동집虞東緝, 구만두具萬斗, 임신중任新中, 고소한高昭漢, 구수한具秀漢, 조구만趙俱滿, 주동희朱棟熙, 하지만河祉滿, 성교중成嶠重, 비연태費然泰… 기타 등등.

이름은 굉장히 중요합니다. 언제나 그 이름으로 불리며, 또 자신도 그 이름으로 자신을 생각하기에 거기서 오는 암시가 성격 형성에도 큰 영향을 미치죠. 그래서 결과적으로 운명에도 영향을 끼치겠지요. 그런데 그 이름을 위와 같이 우습게 지어보세요. 예전 같으면 한자 뜻을 생각하는 경향이 강하니까 좀 봐줄 수 있겠지만 이젠 아니란 말입니다. 소리에서 오는 영향이 이제 더 크게 된 셈이지요.

그렇기 때문에 이름을 짓는 원칙이 또 하나 생겨납니다. 글자 그대로 발음되는 이름을 지어야 한다는 것이죠. 예를 들어 주근래朱勤萊 같은 이름은 읽을 때 '주글래'가 됩니다. '석희'는 '서키'로 발음되죠. 가능하면 이렇게 발음이 글자 그대로 나지 않는 이름은 피하는 것이 좋습니다. 연음법칙과 구개음화 같은 것들을 고려하며 지어야 한다는 말입니다.

이런 몇 가지 원칙 지키면서, 가능하면 한자로 표기할 경우 뜻도 좋은 이름을 두어 개 지어놓고, 아기의 부모나 어른들이 여러 번 불러보면서 가장 느낌이 좋은 이름을 선택하면 좋을 것 같습니다. 왜 그러냐 하면 아기에 관해서 가장 관심이 많고 잘 아는 사람들이 짓는 이름이 그 아기에게 가장 어울리는 이름이라고 생각해서입니다. 이름은 그 이름이 가리키는 대상에 어울려야 합니다. 질그릇에는 질그릇에 어울리는 이름을 붙여야지, 거기다 고려청자에 어울리는 이름을 붙여서야 되겠어요? 아무리 거창하고 좋은 의미의 이름을 지어도 어울리지 않으면 오히려 해가 된다고 봅니다.

요새와 같은 다원적인 사회에서는 자신의 소질만 잘 계발하면 어느 분야에서건 성공할 수 있는데, 구시대적인 발상으로 오히려 타고난 소질을 가로막는 이름을 짓는다고 생각해보세요. 돈 들여서 잘 짓는다는 게 오히려 앞길 가로막는 결과! 아이와 정감이 통하지 않는 작명가가 지은 이름에는 이렇게 어울리지 않는 이름이 많다고 하대요.

제가 작명을 잘 안 해드리게 되는 것도 이런 작명의 원칙을 지키기 때문입니다. 저한테 작명 부탁하면 저는 이런 원칙을 잘 설명해드리고, 부모나 조부모가 두 개 정도의 이름을 지어서 식구들이 계속 불러보라고 권합니다. 그리고 그 가운데 맘에 드는 것으로 하라고요. 그래도 정 결정하기 힘들어하면, 삼쾌 선생 비결에 의해 두 개의 이름 가운데서 하나를 골라드린 경우는 몇 번 있습니다. 어떤 비결이냐구요? 그건 영업상(?) 비밀에 속합니다요. 하하.

자~ 이제 저의 작명 실력에 대해 믿음이 가시죠? 음? 믿음이 싹 가신다구요? 백 년 안에 죽는다는 것을 내다본다는 예지력 비슷하게 뭐 하나 시원스럽고 신통한 게 없다구요? 에고! 제발 그렇게 무슨 희한한 것 찾는 버릇부터 좀 고치세요. 진리란 평범한 데 있는 거랍니다. 평범한 가운데 비범함을 갖춘 삼쾌 선생의 참모습을 알아주셨으면 좋겠네요. 이제 그 실력을 손오공 이름 풀이를 통해 보여드리기로 하죠.

자! 손孫이라는 성姓은 무슨 의미냐 하면… 원숭이 손猻 자가 있어요. 거기서 짐승을 뜻하는 犭변을 떼어내고(큰 개 '견' 자입니다) 성을 삼았으니, 이는 동물적인 차원을 벗어난 존재로 거듭나라는 가르침으로 보아야 하겠죠. 우리 인간이란 본디 신과 동물의 중간이라고 하잖아요? 원숭이 왕은 이미 그냥 평범한 짐승인 원숭이로 사는 것을 거부하고 구도의 길에 오른 존재, 그러니 이미 동물적인 차원을 넘어서려는 의지가 확고합니다. 그런 뜻을 살려서 성을 내린 것이라고 해석해두죠. 거기에 손孫 자를 깨뜨리면 '자子+계系'가 되는데 자子는 남자아이요, 계系는 어리고 가늘다는 뜻이 있습니다. 이는 바로 영아嬰兒로 돌아가는 것을 숭상하는 도교와 신선도에 부합한다는 거죠.(이것은 서유기 원전에 나오는 수보리 조사의 풀이입니다.)

그다음 '오悟' 자는요… 하핫. 돌림자라네요. 이름 짓는데 항렬 있잖아요. 조사 문하의 제자들에게 내리는 돌림자가 마침 '오' 자였다는군요. 그런데요, 이 조사 문하의 돌림자를 전부 보면 그게 정말 의미심장합니다. 광대지혜진여성해영오원각廣大智慧眞如性海穎悟圓覺의 열네 자인데, 이걸 뜻에 따라 묶으면 광대지혜廣大智慧, 진여성해眞如性海, 영오원각穎悟圓覺이 되겠습니다. 크고 넓은 지혜, 진여의 성품 바다, 훌륭하고 완전한 깨달음… 그런 뜻이 되죠. 전부 합해 말하면 본래적인 완전한 진여 성품을 깨달아 성취한다는 불교의 근본 가르침을 요약한 것이 이 열네 글자! 그러니까 우리 원숭이 왕도 이런 가풍을 지닌 불교의 품으로 들어오게 되었음을 이 '오' 자가 상징적으로 말해주고 있네요.

마지막으로 '공空'은 무엇을 깨달을 것이냐에 대한 목표 제시라고 할까요? 오공悟空이라면 바로 "공을 깨닫는다"는 뜻이 되죠. '공'이 불교의 가장 근본적인 가르침이라는 건 다 알고 계시겠죠? 여기서 그 뜻을 풀이한다는 것은, 저야 못할 것이 없지만 지면이 허락하지 않겠네요. 모든 존재들이 똑 떨어진 자기만의 알맹이가 있는 것이 아니고, 천 겹 만 겹으로 서로 의존해 있다는 연기緣起의 실상을 한마디로 표현한 것이 '공'이라고 할까요? 연기와 공은 동전의 앞뒷면과 같다고 보면 될 겁니다. 그리고 불교에서 말하는 깨달음이란 그러한 연기의 실상을 깨닫는 것입니다. "연기를 본 자는 여래를 본다"는 말도 있죠.

어? 나칠계 님, 그거 하나도 어려울 거 없는 거라구요? 엥? 세상이 온통 꽝이란 것을 깨닫는 것이 바로 공을 깨닫는 것이라구요? 로또 복권 샀다가 꽝 해본 사람은 다 아는 사실을 너무 어렵게 말하지 말라구요? 아우~ 정말 저 힘 빠지게 하지 말고, 좀 자중해주세요!

자, 나칠계 님 땜에 흐트러진 시선, 다시 모아주세요. 손오공의 이름 한 자 한 자를 풀어보았죠? 그럼 그런 글자들로 채워진 손오공의 전체 이름에 담긴 의미를 새겨보죠.

"이제 짐승의 세계를 벗어나 구도자의 길을 걷게 된 그대, 불사不死의 도를 향해 나아가도다. 온 누리의 참된 모습을 바르게 깨달아 도를 성취하라!"

대충 이런 의미를 담고 있다고 보면 되지 않을까 싶네요. 뭐 꼭 이름이란 게 딱 하나의 의미만 가지는 것은 아니지만요.

아무튼 이제 원숭이 왕은 이름을 얻었습니다. 이름을 얻는다는 것은 새로운 존재로 이 세상에 다시 태어나는 것과 같은 의미를 갖습니다. 뭐, 이미 있었는데 이름 얻는 것으로 다시 태어난다는 것은 무슨 말이냐구요? 그 물음에 제가 대답하는 것보다는 김춘수의 시를 소개해드리는 것이 좋겠네요. 아마 이름을 얻는다는 것의 의미가 팍팍 느껴질 거예요.

꽃 (김춘수)

내가 그의 이름을 불러주기 전에는
그는 다만
하나의 몸짓에 지나지 않았다.

내가 그의 이름을 불러주었을 때
그는 나에게로 와서
꽃이 되었다.

내가 그의 이름을 불러준 것처럼
나의 이 빛깔과 향기에 알맞은
누가 나의 이름을 불러다오.
그에게로 가서 나도
그의 꽃이 되고 싶다.

우리들은 모두

무엇이 되고 싶다.

너는 나에게 나는 너에게

잊혀지지 않는 하나의 눈짓이 되고 싶다.

어떠세요? 원숭이 왕이라고 불리던 것과 손오공이라는 이름으로 불리는 것의 차이가 느껴지세요? 앞으로는 우리도 원숭이 왕이라는 칭호 대신 손오공이라는 이름으로 부를 겁니다.

7. 어떤 걸 배울래? 골라잡아!

이름을 얻고 제자가 된 손오공,

배울 것도 많아라.

차분하게 바닥부터!

청소하고 밭 가꾸며

물 긷고 꽃 기르고 나무 심고…

경을 배우고 도에 대해 토론하며

그렇게 보낸 세월 어언 6, 7년…

어느 날 수보리 조사 대중을 크게 모으고

높은 선禪과 도道의 경지를 설파하다.

그동안 남모르게 닦아온 손오공…

환하게 마음이 열리니 그 기쁨 말할 수 없다.

손과 발이 저절로 들썩이네.

원숭이 식으로 촐랑촐랑~

눈 밝은 조사님,

이 모습 지나치실 리가 없지.

"야! 이 사람같이 생긴 녀석아!

미쳤느냐, 가려움증이냐?

몸은 왜 그리 들썩이느냐?"

"무슨 말씀을 그렇게 하세요~

조사님 오묘한 설법 듣다 보니

기쁨이 넘쳐 저절로 손발이 들썩이네요."

"엥? 이 녀석 봐라!

무언가 얻은 게 있구나!

내 문하에 온 지 몇 년이냐?"

"뒷산에 복숭아 일곱 번 익어서 따 먹었구만요."

"어허, 그래? 7년이 흘렀구나.

그동안 착실히 바탕을 닦은 듯하니

본격적으로 도를 배운다면 뭘 배우고 싶으냐?"

"헤헤… 무엇이 있는지 알아야

뭘 배우고 싶다고 말씀드리죠.

도대체 가지고 계신 게 어떤 건가요?"

"그래, 일러줄 테니 잘 들어보아라!

'도道'라고 부르는 문 안에는

360개의 갈래 길이 있고

그 길마다 다 수행의 성과가 있느니라."

"다 드시긴 힘들 테니

대표적인 거 몇 개만 차례로 설명해주시죠."

"험! 그러자꾸나.

우선 첫 번째로 '술術'이라 부르는 문이 있다.

신선을 청해서 모시거나,

괘를 뽑아 점을 치는 등등 이러저러한 술법으로

흉한 것을 피하여 길한 쪽으로 나아가는 이치를 일 수 있느니라.

이거 가르쳐주기 아까운 건데… 배울래?"

"그 방법으로 죽음을 피하고 오래 살 수 있나요?"

"택도 없지!"

"그럼 그런 건 안 배울래요!"

"호~ 이놈 봐라. 욕심은…

그렇다면 다음으로는…"

자, 우리 손오공 이제 본격적으로 배움의 길로 접어듭니다.

우선 기초부터 착실히! 기초가 없으면 아무것도 안 되거든요. 건물을 짓더라도 기초가 튼튼해야 하듯이… 바닥 잘 다지지 않고 고층건물 올리면 어떻게 되는지는 잘 아시지 않아요? 하루아침에 폭삭 무너질 수가 있습니다요.

우리 손오공은 그런 일 없이 착실히 기초공사 합니다. 무려 장장 7년 동안이나… 도대체 몇 층짜리 건물 올리려고 그렇게 오래 기초공사를 하느냐구요? 헤헤~ 그렇게 기초공사 하는 동안의 갑갑함을 참지 못하고 조급하게 잔재주 피우는 길로 나가면, 그런 사람은 크게 되기는 틀린 겁니다.

한마디 더 보탠다면, 공부를 하든 수행을 하든 그 발전이라는 것이 하루 하면 하루 나아지는 것처럼 덧셈식으로 이뤄지진 않는다는 사실을 꼭 알아두세요. 한동안은 진보가 있는지 없는지 모를 정도로 갑갑한 세월이 계속됩니다. 그러다가 어느 날 확 달라지는 비약이 일어나죠. 차곡차곡 양적으로 쌓아오는 과정이 계속되다 보면 차츰차츰 질적인 변화가 그 속에서 일어나게 됩니다. 그런데 그 질적인 변화는 하루 하면 하루 한 만큼 표가 나는 것이 아니라서, 어느 날 임계점을 완전히 넘어섰을 때 확연히 느껴지는 거죠.

그런 질적 변화를 통해 '비약飛躍'을 경험한 사람과 그렇지 못한 사람은 삶의 질이 달라집니다. 비약에 이를 때까지 꾸준히 노력하지 못하고 중도에 포기한 사람은 다시 처음부터 시작해야 하는 불행이 따르죠. 비약을 경험한 사람은 다음에 한 단계 높은 자리에서 시작하게 되니까, 이런 일이 계속되다 보면 하늘과 땅만큼 차이가 나게 되는 겁니다.

이런 질적인 변화가 일어나려면 시간이 필요해요. 맛있는 술이 익으려면 시간이 필요하듯… 오래 묵은 포도주 같은 거 있잖아요. 술뿐이 아니죠. 저는 요새 어떤 분이 보내준 50년 묵은 천량차千兩茶라는 것을 마시고 있는데 정말 좋아요. 주로 호남성湖南省에서 나는 차인데 보이차와는 또 다른 풍취가 있어요. 그런데 우리나라에 유통되는, 몇십 년 묵었다고 하는 천량차나 보이차가 거의 가짜라고 하더군요. 천량차는 그 원산지에 가보면 그렇게 오래 묵은 것이 유통되는 일이 없다고 한다니까, 거의 확실한 이야기입니다. 보이차도 비슷한 상황인 것 같구요. 그렇다면 우리나라에 유통되는 그 많은 가짜들은 결국 어떤 속성법을 써서 만든 사이비라는 이야기죠.

사이비라도 맛만 좋으면 되는 거 아니냐구요? 천만의 말씀! 절대 사이비가 제맛을 내는 경우는 없어요. 자칫하면 몸에도 해롭구요. 사이비가 진짜 노릇을 하면서 한 근에 몇백만 원씩 하고 있으니, 그 비싼 돈 들여서 스스로 제 몸 해치는 꼴을 생각해보세요. 그런 쓸데없는 사치로 몸 해치지 말고, 그냥 적당히 좋은 차 구해 마시는 것이 낫죠.

그렇다고 그렇게 오래된 고급의 차나 술이 필요 없다는 말은 아닙니다. 각 분야마다 기준점이 되어줄 최고의 것들은 꼭 필요해요. 우리가 추구해야 할 최고의 기준이 없다면 올바른 노력도 불가능해지니까요.

이번엔 차 이야기로 헤맸군요. 그렇지만 차 이야기는 좀 헤매더라도 충분히 의미가 있습니다. 올바른 차문화茶文化를 갖는 것은 우리 육체 건강과 정신 건강에 상당히 중요한 문제니까요. 혹 다음에 기회가 된다면 차 이야기로 헤매니즘의 정수를 보여드리기로 하고, 재빨리 본 이야기로 다시 가보겠습니다.

자~ 우리 손오공, 무려 7년이나 묵묵히 배웠습니다. 차곡차곡 쌓여온 것들이 어떤 질적인 변화를 이룰 시점도 되었겠죠? 그런데 이런 질적인 변화를 이루는 데 올바른 스승의 역할은 정말 결정적입니다. 잔뜩 고인 물이 나갈 곳을 찾지 못할 때 한 곳을 툭 틔워주듯, 가스가 꽉 찬 방에 불씨를 던지듯~ 엥? 무슨 폭발사고 낼 일이 있냐구요? 아고~ 말이 그렇다는 겁니다. 먼저 그 길을 걸었던 사람, 한 발 먼저 깨우친 사람의 조그만 도움은 잘못된 길로 접어드는 것을 막아줄 뿐 아니라, 그 결정적인 변화의 순간을 이룩하는 촉매제 역할을 한다는 거죠. 심한 경우는 먼저 깨달은 이의 이런 촉매가 없으면 질적 변화를 일으키지 못하기도 하니까요. 그게 바로 스승의 중요성입니다.

다행히 손오공은 올바른 스승 수보리 조사를 모시고 있네요. 그리고 그 스승께서 손오공의, 무언가 터지기 직전의 꽉 찬 마음에 라이터 불을 착~ 켜 대었네요. 꽝!!! 손오공 마음에 무엇인가가 폭발! 그 폭발의 여파로 손과 발이 촐랑촐랑! 가볍게 표현하느라 말은 이렇게 하지만, 어떤 깨달음에서 오는 기쁨을 어찌 말로 표현하겠어요. 덩실덩실 어깨춤이 절로 나는 그 희열은 아는 사람이나 아는 거죠. 유식하게 표현하자면, "자기도 모르게 손이 춤을 추고 발을 구르게 되는도다!"(不知手之舞之 足之蹈之)

바로 이런 순간에 다시 제자를 한 단계 더 높은 차원으로 올바르게 인도하는 것도 스승의 역할! 요 사람 닮은 녀석아! 뭐 쪼금 깨달았다고 촐랑대지 마라! 훠얼씬 더 좋은 거 많단다. 한 번 골라잡아 배워볼래? 거창하게 구미를 돋구어놓고는 하나씩 보따리를 풀어 보입니다. 그 첫 번째 보따리~ 술術의 문門이라… 이건 무슨 문일까요? 기대되시죠?

음~ 나칠계 님 목울대가 움직이시네요. 거 이름도 좋은 문이라구요?

동동주의 문, 맥주의 문, 꼬냑의 문, 소주의 문… 얼른 설명해달라구요?

에고! 한자 좀 함께 읽어보세요. 그런 술이 아니라, 술법術法, 기술技術이라 할 때의 술입니다. 아무리 한글세대라 해도 그 정도는 아셔야죠. 제발 우리 문화를 이해할 정도의 한자 공부는 좀 하도록 해보세요.

그렇게 말하는 삼쾌 선생은 한자깨나 아시는 것 같다구요? 물론입니다. 전 한문 읽기를 나칠계 님이 밥 먹듯이 해온 사람입니다. 한때는 제가 걸어다니는 사서삼경이라고 불렸다는 사실을 아시는지? 이크, 이건 과대포장이군요. 취소! 그렇지만 제가 한문을 거의 전공으로 했다고 말할 수 있을 만큼 한문, 한자와 친숙한 것은 틀림없습니다.

물론 저는 한자 교육을 강조한다든가 현실 생활에서 국한문 혼용 주장을 펴는 사람은 아닙니다. 오히려 한자로 되어 있는 말이라든가 외래어를 이쁜 우리말로 바꾸는 일이 시급하다고 생각하는 사람입니다. 그렇게 해야 우리 말살이가 풍요롭게 되고, 그것이 우리의 정서를 아름답게 만드는 길이라고 생각하고 있어요. 괜스레 어려운 한자어나 외래어를 즐겨 쓰시는 분들, 저는 솔직히 좀 싫어합니다. 저의 한학 스승께서도 늘 주장하셨습니다. "'앞지른다'고 하면 될 것을 굳이 '추월追越한다'고 쓸 필요가 뭐 있나? '유린蹂躪한다'는 말의 유린을 한자로 아는 사람 몇이나 돼? 자전 찾아보면 '짓밟을 유', '짓밟을 린'이라고 나오지 않는가? 그럼 '짓밟는다'고 쓰면 될 일이지… 쯧쯧." 한학을 하시면서도, 이렇게 분별없이 한자 쓰기를 즐기는 풍조를 꾸짖으셨지요.

그런데 술術이라는 말은 우리말로 옮기기가 좀 어려워요. 술수術數, 방술方術 등의 말이 있지만, 그것도 한자어인데다 뜻을 정확히 전달하지 못하는 측면이 있죠. 그래서 그냥 '술의 문'이라고 하고 보니 좀 착각이… 아무튼 용서하시구요.

앞에서 말했듯이 술術이란 여러 가지 특별한 방법을 가리키는 말입니다. 서유기에서 말하는 것으로는 방술方術이란 말이 적합하겠네요. 술수術數라 하면 권모술수權謀術數가 떠올라서요. 그런 방술을 들자면 매우 종류가 많겠지요? 강신술, 부적술, 점술… 기타 등등. 여기서 수보리 조사님은 흉한 것을 피하고 길한 쪽으로 나아가게 할 수 있는 모든 술법을 다 가리킨 것 같습니다.

자~ 수보리 조사께서 손오공에게 첫 카드를 내밀었습니다.

"이런저런 술법이 있는데, 너 이거 한번 배워볼래? 이거 배우면 흉한 일 피해서 길한 일만 할 수 있고, 험한 꼴 당하는 일 절대 없다. 잘하면 로또 같은 것도 척 당첨될 수 있을지 몰라. 그렇다면 잘 먹고 잘사는 일에 지장 없지 않겠니? 이거 말이야, 그냥 아무나 가르쳐주는 거 아니다. 이거 가르쳐달라고 매달리는 사람 수도 없이 많단다. 거절하느라구 땀깨나 흘리고 있지. 어제도 자격도 자질도 없는 애들이 줄줄이 보따리 싸들고 와서 매달리더라. 척 보니까 로또 복권 숫자 찍는 데 써먹으려는 녀석들 같아서 그런 거 모른다구 시침 떼느라 혼났어. 너야 그런 데다 써먹으려는 애가 아니라는 걸 믿기 때문에 가르쳐달라면 가르쳐줄 생각이 있는데… 배울 생각 있니?"

하하~ 이런 식으로 슬 떠보는 거죠. 오~ 나칠게 님! 눈이 반짝반짝! 그거 정말이냐구요? 그런 술법을 배우면 로또 복권 당첨 숫자 찍을 수 있냐구요? 에구, 꼭 저런 분들이 있어요. 그런 분들에게는 안 가르쳐준다고 하잖아요. 그래두 지성이면 감천이라구 손이 발이 되도록 사정하면 가르쳐줄지도 모른다구요? 몰라요. 알아서 하세요. 어? 정말 짐 싸들고 나서시네.

정신 좀 차리세요! 이건 까마득한 옛날이야기예요. 서우하주의 수보리 조사님을 어떻게 찾아가려구 그리 정신없이 설치시는 거예요!

여러분! 이게 문젭니다. 무언가 희한한 것을 배위서 한방에 모든 문제를 해결하려는 터무니없는 욕심! 그런 욕심으로 도를 배우려 하면 꼭 이상한 사람 하나 나오기 좋습니다. 눈이 이상하게 돌아가서 지하철 속에서 "~~~믿으세요!!" 하는 사람들 말이에요. 그 사람들도 따져보면 그래서 나오는 겁니다. 그들이야 나칠계 님처럼 로또라든가 그런 거 하려고 하는 사람들 아닌데 어째서 같이 취급하느냐구요? 겉보기야 그런 것 같죠. 고상한 신앙에 너무 빠지다 보니 자기 자신도 그런 것처럼 믿기도 하고.

그러나 마찬가지예요. 우리의 삶이라는 것이 얼마나 허전하고 불안하고 두려움에 가득 차 있는 거예요? 더구나 오늘날처럼 정신없이 바쁘게 돌아가는 세상에서는 정말 한 치 앞을 내다볼 수 없는, 내일을 장담할 수 없는 불안이 늘 있죠. 그러니 어떤 문제로 큰 고통을 당하게 되면 무언가에 매달려서 한번에 모든 문제를 날리고 싶은 생각이 들게 마련이에요. 자기의 차분한 노력으로는 도저히 해결할 수 없다는 중압감에 억눌려, 죽자사자 어떤 초월적인 힘에 "절 좀 살려 주세요!" 하고 매달리는 거죠.

그런데 문제는요… 그렇게 일심으로 죽자사자 매달리면 반응이 온다는 거예요. 우선은 자신을 모두 내던져버렸기에 마음이 편해지죠. 포기하거나 체념하면 마음이 편해지는 것과 마찬가지입니다. 그리고 좀더 곤란한 것은, 어떤 계시라든가 신비한 체험이 일어나기도 하고 또 자신을 억누르던 문제가 해결되기도 한다는 겁니다. 병이 낫는 경우도 있구요.

그건 좋은 일 아니냐구요? 계시를 받는다든가, 병이 낫는다든가 하는 일을 왜 곤란하다구 하냐구요? 물론 그 자체가 곤란한 일은 아니에요. 문제는 그런 일을 체험하는 사람의 마음자세가 건강하지 못하면, 그러한 좋은 체험이 독으로 변한다는데 있습니다. 그러한 현상은 마음이 집중되면 언제나 일어날 수있는 일이거든요.

쥐한테 물릴 때 "만석!" 하고 외치면 정말 만석꾼 부자가 된다는 말이 있어요. 저는 그 말 맞다고 생각하는데요, 쥐한테 물려본 적 있으세요? 여자분들은 쥐만 봐도 질겁을 하는데, 심지어 물린다면 어떻겠어요? 남자도 마찬가지죠. 그 펄쩍 뛸 상황에서도 "만석!"을 외치는 집념이 있는 사람이라면 왜 만석꾼 안 되겠어요?

"모든 것은 마음이 짓는다"는 말이 있는데, 쥐에 물릴 때도 부자 될 생각을 놓치지 않는 사람이 부자 안 될 수 있겠느냐는 겁니다. 오매불망 화두를 놓치지 않는 수행자의 경지를 넘어선 그 집념이면 못할 일이 없겠지요. 또 마찬가지로 마음이 집중되고 편해지면 웬만한 병은 낫게 마련입니다. 화가 나거나 걱정이 많을 때 뭘 먹으면 체하기 쉬운 것처럼, 몸과 마음은 연결되어 있으니까요. 그래서 어떤 사교邪教 같은 데 빠져서 이상한 주문이라도 열심히 외우면 신기하게 병이 낫는 경우도 있는 거죠.

그런데 이때부터가 문제입니다. 건강한 삶을 통한 차분한 노력으로 문제를 해결하려 하지 않고, 무언가를 통해 한 방에 모든 것을 해결하려는 잘못된 생각을 가진 사람들이 '와! 여기 매달리면 모든 게 되는 거구나!' 하면서 푹 빠져 허우적허우적 ~ 그렇게 된다는 겁니다. 그래서 상식도 무시하고, 가정도 팽개치고, 눈빛도 이상하게 변하고, 안 믿는 불신자들을 불쌍한 놈들이라고 깔보는 광신병 환자 하나 출생신고 하는 거죠.

이야기가 갑자기 사이비 종교 쪽으로 헤맸네요. 이 힘든 세상에서 희한한 방법으로 요리조리 나쁜 일을 피하고, 한방에 뭔가를 해결하려는 사고방식이 서로 비슷하기에 좀 풀어놓은 거니까 이해해주세요. 이 정도 이야기했으니 이 '술의 문'에서는 근본적인 문제를 해결할 수 없다는 사실을 대강 아시겠죠?

결정적인 한마디를 더 붙여볼까요? 장자 책에 이런 말이 있어요. 인생이란 것이 천하명궁 예羿가 활을 겨누고 있는 앞을 오락가락하고 있는 것과 같다구요. 안 맞는 것이 오히려 이상한 거죠. 그러니까 수많은 재앙을 당하는 것이 우리 인생의 피할 수 없는 운명이라는 겁니다.

예라는 사람이 얼마나 명궁이냐구요? 옛날 옛적 요堯임금 때 하늘에 열 개의 태양이 떠서 만물이 지글지글 타는 난리가 났다네요. 그때 활로 아홉 개의 태양을 쏘아 떨어뜨린 전설적인 천하명궁이 바로 예입니다. 그런 명궁이 겨누어 쏘려는 앞에 알짱거리면서 안 맞기를 바라고 온갖 술수를 다한들, 언제까지 피하겠어요? 어떻게 요리조리 재주를 피워 자잘한 재앙은 피한다 해도, 재앙 가운데도 가장 왕재앙인 죽음의 화살을 결코 피할 수 없는 거죠. 그러니까 그런 잔재주 피우려는 생각 일찌감

치 버리고 재앙이 오더라도 허허 웃으며 넘길 수 있는 큰마음이 오히려 더 나은 겁니다.

그런데 수보리 조사는 슬쩍 손오공 앞에 이 '술의 문'을 내밀었네요. 나칠계 님 같은 분이라면 '우와! 바로 이거야!' 하면서 덥석 물었겠죠? 그렇게 되면 술의 문도 제대로 못 들어가보고 그걸로 끝입니다. '흠~ 이놈은 그릇이 괜찮은 줄 알았더니 이거 완전히 간장 종지 같은 놈 아냐? 쯧쯧… 요새 애들은 다 이런가?' 하면서 시시껄렁한 잡술 몇 가지 가르쳐주는 시늉하다가, "이만하면 너 한 몸 사는 데는 지장 없을끼다. 그만 집에 가보지 않을래?" 그러는 거죠. 그래서 정말 뭔가 얻은 줄 알고 의기양양해서 집에 돌아가 몇 년 잡술 쓰다 보면 어느 날 그 잡술도 영 안 되기 마련이죠. 왜냐하면 욕망에 의해 성취된 능력은 일시적으로 집중력이 있을 때는 잘 되지만, 결국 마음이 흐려지면 없어지기 마련이거든요. 그럼 어떻게 되느냐? "내가 이래 봬도 옛날에는 말이야…" 하면서 허풍 떠는 사기꾼 하나 나오는 걸로 끝나는 겁니다.

그렇지만 우리 손오공이 어떤 원숭이입니까? 이런 낚시에 걸릴 리 없죠. 원래의 목적을 한시도 잊은 적이 없는 성실한 구도자!

"그걸로 죽음 피할 수 있어요?"

이 물음 한 방으로 술의 문이라는 낚싯바늘을 날려버린 거죠. 수보리 조사님, '어? 이놈 봐라!' 하시면서도 얼마나 속으로 기뻐셨을까요? 첫 번째 낚시에 걸려버렸다면 또 한 번 속으로 땅이 꺼지게 한숨 쉬시며, '왜 이리도 올바로 정신 박힌 놈이 없노~' 탄식하셨을 겁니다. '흠~ 역시 내가 사람, 아니 원숭이 하나는 제대로 봤구나' 하시는 수보리 조사의 모습이 훤하게 보입니다.

그래도 이 한 번의 시험으로 완전히 통과되었다고 볼 수는 없는 일! 아마도 몇 번 더 낚시를 던져올 것이 뻔히죠. 데기 영감님들 의심병이 심하고, 특히 뭔가 한다 하는 분들은 거기다 좀 고약한 심술보까지 하나 차고 있는 경우가 많다는 거 다 아시죠? 그 심술보에서 나오는 다음의 낚싯바늘은 무엇일까요?

8. 길은 큰 길을 걸어야지

술의 문을 거부당한 수보리 조사님,

다음 카드를 차례로 내놓으신다.

"흠, 유流자문은 어떠냐?

유가, 불가, 도가, 음양가, 묵가 같은 것들인데

경을 읽거나 염불을 하거나 하는 것이지."

"그럼 그걸로 장생불사할 수 있나요?"

"좀 힘들게다.

벽 속에 기둥을 세우면 좀 튼튼하기는 하겠지만

결국 썩어서 무너지기 마련이지."

"그럼 그것두 싫네요"

"그럼 정靜자문은 어떠냐?

항상 고요하고 깨끗함을 위주로 하여

참선하고 좌관坐觀하는 등의 공부를 하는 것인데."

"장생불사는요?"

"굽지 않은 흙벽돌이 물에 젖으면 쉬 허물어지는 것 같아 좀 부실하지."

"그것두 싫어요!"

"그럼 동動자문은 어떠냐?

음陰을 취하여 양陽을 돕고 배꼽을 문질러 기를 기르고

여인의 월경을 이용한 약을 만든다든가 하는 것들인데."

"장생불사는요?"

"물속 달을 건지는 격이라 헛수고에 그칠 뿐이지."

"싫네요!"

"에잇! 돼먹지 못한 원숭이 놈아!

이것도 저것도 다 싫으면 도대체 어쩌자는 거냐!"

수보리 조사 발연대노勃然大怒하고 계척戒尺으로 손오공 머리를

세 번 때리고 뒷짐 지고 들어가 문을 닫아버린다.

여러 다른 제자들 수군수군~

"저 원숭이 놈 욕심만 많아 조사님 성질 돋웠구나."

그러나 손오공, 짐작 가는 게 있다.

세 번 때린 것은 삼경을 가리키는 것이요,

뒷짐 지고 들어가 문을 닫아버린 것은

아무도 없을 때 뒷문으로 오라는 것 아니겠어?

가슴이 두근두근, 홀로 삼경을 기다린다.

뒷문으로 가니 역시 문이 열려 있어

조사님 앞에 나가 절하고 장생불사의 도를 청한다.

조사님 정말 기쁘고도 기쁘다.

이렇게 영민하게 암시를 알아채고 오니

정말 연분이 있구나.

이리하야 드디어 손오공!

수보리 조사의 진전을 이어 장생불사의 도를 얻게 되도다.

수보리 조사가 제시한 술의 문을 손오공은 가볍게 거부했지요? "그걸로 장생불사할 수 있나요?" 하는 물음으로요. 애초에 손오공이 목적으로 했던 것이 무엇이었던가요? 죽음을 극복하는 것이었지요? 그 원래의 물음을 잊지 않고 계속 지니고 있다는 점이 중요합니다. 그런 면에서 큰 지향을 갖는 것보다 더 중요한 일도 없는 것 같습니다.

불교에도 그런 큰 지향이 있지 않나요? 바로 사홍서원四弘誓願이죠. 네 가지 큰 지향, 그것을 향해 꾸준히 나가는 자세가 바로 불자라는 증거 아닐까 싶어요. 그런데 제가 슬쩍 엿본 것으로는 요즈음 불자들은 법회가 끝날 때마다 사홍서원을 하곤, 너무도 거룩한 서원이라서 세속에 가지고 나가기가 죄스러운지 바로 부처님 앞에 맡겨놓고 가는 것 아닌가 싶어요. 그 거룩한 목표는 절에 와서만 한 번 꺼내 들고, 세속에서는 세속적 목표에 매진하고… 그렇게 이중적인 생활을 하는 것은 아닌지? 왜냐하면 불자로서의 당당한 윤리 규범을 가지고 생활하는 분들을 별로 보지 못한 것 같아서 말이에요. 진정한 불자라면 언제나 앞에 말한 네 가지 큰 목표를 마음에 새기고, 그 큰 목표가 그의 삶을 이끌어가야 하지 않을까 싶네요. 에고, 진실한 불자님들에게서 돌팔매 날아오는 것 같아 중지!

물론 손오공은 아직 불교적인 가르침을 접하지 못하였고, 진정한 진리에 대한 추구를 일으키지도 못한 상태입니다. 그저 죽음이 없는 영원한 삶이라는 목표를 지니고 있을 뿐이죠. 그거야말로 궁극적인 목표가 아니냐구요? 글쎄요. 그건 좀 관점이 다를 수 있습니다. 진리를 깨닫는 것과 장생불사라는 목표는 다른 것이거든요. 불교의 목표는 진리를 깨닫는 것이지 장생불사는 아닙니다. 이 차이에 대하여는 나중에 자세히 이야기하도록 하지요.

아무튼 손오공은 조그만 이익이라든가 신통력 같은 것은 거부하고 시종일관 장생불사를 외칩니다. 첫 번째 술의 문을 거부당한 후에 수보리 조사가 줄줄이 제시하는 여러 길들을 보세요. 우리 세상에서 뭐 좀 한다는 분들이 내세우는 길들이 다 들어 있는 거 같지 않나요?

우선 유流자문부터 볼까요? 유교니 불교니 도교니 하는 모든 사상들이 다 여기 들어가네요. 삼교구류三敎九流란 표현을 쓰던가요? 삼교는 보통 유불선儒佛仙을 말하고 구류는 기타 여러 사상이나 학파를 지칭하는 표현이죠. 이것들을 통틀어서 유流자문이라 하네요. 중요한 것은 여기에 불교도 들어가고 도교도 들어간다는 겁니다. 서유기가 불교와 도교를 중심으로 하고 있는데, 어찌 그것들을 유자문에 넣어서 폄하하는가를 생각해봐야 합니다.

여기서 말하는 것은, 세속화된 종교나 사상으로서의 유교와 불교를 뜻합니다. 수보리 조사의 설명을 보세요. 경을 읽거나 염불을 하거나 등등…. 그것들이 어느 정도 이익을 줄 수는 있지만 결코 장생불사를 이룰 수는 없다고 하지요. 그 비유가 참 재미있어요. 흙벽 속에 기둥을 세우는 셈이라네요. 벽을 지탱하는 데 조금은 도움이 되겠지만, 결국 썩어서 함께 무너질 것이랍니다.

다음은 무엇인가요? 정靜자문이네요. 세속에서 행하는, 주로 정적인 수양을 중심으로 하는 계통을 통틀어서 말하는 것이죠. 불교나 도교의 참선, 좌관 등이 바로 여기에 들어가구요. 그런데 수보리 조사의 표현으론, 이것도 굽지 않은 벽돌과 같다는군요. 비법을 제대로 담지 못한 정적인 수양만으로는 결코 장생불사를 이룰 수 없다는 것이죠.

그다음은 동動자문입니다. 정자문과 반대로, 움직임을 통한 수양을 말합니다. 여기엔 방중술도 들어가고 비약을 만들어 먹는 방법도 들어가고, 동적인 수양을 통해 기를 축적하는 방법들도 들어가는군요. 태극권太極拳 같은 권법은 동공動功, 즉 움직이며 하는 수양이라 하는데 그것도 여기에 들어가겠군요. 중국에서 유행하다 박해를 받고 있는 파룬궁도 여기 들어갈 수 있을 것 같구요. 그런데 수보리 조사는 이런 공부는 물속 달을 건지려는 것과 같은 부질없는 짓이라고 깎아내리고 있군요.

허참! 다 괜찮은 공부가 될 것 같은 것들을 왜 이렇게 깎아내리는지… 혹시 수보리 조사 심보가 본디 좀 괴악한 거 아닐까 의심하는 분도 계실 듯하군요. 그렇지만 여기엔 서유기의 중대한 배경 설정이 있습니다. 서유기의 배경은 불교가 주가 되고 도교가 종이 된다고 말씀드렸지요? 불교는 궁극적 목표이고, 가장 뛰어난 가르침입니다. 그리고 그 불교에 버금가면서 장생불사를 추구하는 가장 큰 길, 그것을 제시하는 것이 도교인데요. 그 도교 가운데서도 바로 금단대도金丹大道라는 정통의 수양만이 장생불사를 이룰 수 있는 길이라는 설정이 있다는 말씀이죠. 그리고 여기서 죽 들어 보인 술자문, 유자문, 정자문, 동자문 등은 그 정통이며 왕도라 할 수 있는 금단대도의 비밀스러운 가르침을 담지 못한 아류의 방식이라는 것입니다. 그래서 이렇게 평가절하하고 있다는 것을, 조금 뒤의 이야기를 통해 알게 되실 겁니다.

아무튼 이러한 여러 길들에 대하여 손오공은 "그걸로 장생불사할 수 있나요?" 하는 물음을 던지고, 안 된다고 히지 가차 없이 거부하죠. 그리고 수보리 조사 발연대노! 계척(스승이 제자를 훈육할 때 쓰는 도구, 또는 불교에서 의식의 진행을 위해 쓰는 도구)으로 머리를 세 번 때리고 뒷짐 지고 들어가셨다! 여기서 좀 견문이 넓으신 분들은 퍼뜩 생각이 나는 이야기가 있으시죠?

육조六祖 혜능慧能과 오조五祖 홍인弘忍 스님의 이야기 말입니다. 홍인대사가 대중에게 깨달은 자 있으면 와서 고하라 하니 신수神秀대사가 게송을 지어 벽에 붙이죠.

身是菩提樹 몸은 깨달음의 나무요
心如明鏡臺 마음은 밝은 거울 대臺이니
時時勤拂拭 부지런히 털고 닦아서
勿使惹塵埃 티끌 일어나지 않도록 하라.

혜능행자가 이에 대하여 다른 게송을 지어 써붙이죠.

菩提本無樹 깨달음 본디 나무가 없고
明鏡亦非臺 밝은 거울이라 해도 또한 대臺가 아니네.
本來無一物 본래 한 물건도 없는데
何處惹塵埃 어디에 먼지 티끌 일어나리!

홍인 스님, 나오셔서 짐짓 돼먹지 않은 글이라고 문질러버리시고는 저녁 무렵 슬그머니 혜능이 디딜방아를 찧고 있는 곳에 오시죠.

"방아는 다 찧었느냐?"

"예, 방아는 다 찧었는데 키질을 하여 알맹이와 쭉정이를 가리지 못하였습니다."

이에 홍인 스님은 지팡이로 방아공이를 세 번 두드리고 뒷짐 지고 가셨고, 혜능이 삼경에 뒷문으로 찾아가서 부처님 이래 전해 내려온 의발을 전해 받다!

《육조단경六祖壇經》의 연기를 밝히는 대목에 나오는 유명한 일화입니다. 무대는 좀 다르지만 거의 비슷한 내용이죠?

자, 그럼 서유기의 저자와 육조단경의 이야기 가운데 누가 누구 것을 표절한 것일까가 문제네요. 요즈음 표절 시비 얼마나 무섭습니까? 여기서 분명하게 누가 누구 것을 표절했는지 결단코 밝혀서 철저히 응징하고, 표절자는 모든 공직에 나오는 것을 근원적으로 봉쇄해야 하지 않겠습니까!

하하, 이런 이야기에서 표절을 논하기 시작하면 정말 너무 너무 많아서 끝이 없다는 말씀! 예를 들어 인도의 여러 성인들의 탄생설화는 비슷비슷한 것이 정말 많다네요. 이 성인의 탄생과 얽혀 있는 이야기가 저 성인의 탄생설화에도 등장하는 식으로요. 심지어 예수님 탄생과 부활도 이집트와 중동권의 여러 탄생, 부활 설화와 비슷한 점이 많다 하지요. 이 문제에 당혹한 기독교 교부들이, 이를 악마가 예수님의 탄생과 부활의 의미를 축소시키기 위해 미리 배포한 것이라고 설명하기도 했다는군요.

이런 것들을 다 표절이라 해야 할까요?

그와는 좀 다르지만, 여기 서유기와 육조단경의 이야기도 적절한 이야기를 적절히 써먹는 훌륭한 응용이라 보아야겠죠? 결단코 이것은 표절 시비의 대상이 아닙니다. 남이 정말 엄청난 노력을 통해 발명하거나 발견한 것을 슬그머니 제 것처럼 쓰는 비양심과는 구별되는 이야기니까요.

자~ 그래서 본디 목적을 잊지 않고, 조그만 샛길로 빠지지 않은 손오공! 수보리 조사가 내놓은 수수께끼의 관문까지 돌파하고 드디어 장생불사의 비법을 전수받게 됩니다. 이름하여 금단金丹의 큰 길이라! 불교와는 대비되는, 도교 수양법의 정수가 막 등장하는 장면입니다.

9. 금단을 제련하는 큰 길이라!

깊은 밤 야삼경에

수보리 조사가 손오공에게 금단金丹의 대도를 전한다.

무릇 정精과 기氣와 신神을 단련하는 것이

금단대도의 요체이니

사악한 마음을 없애고 맑게 정진해나간다면

신선도 될 수 있고 부처도 될 수 있느니라.

이때부터 손오공 마음에 선기仙氣가 깃들게 되어

부지런히 숨쉬기 공부하며 선도仙道를 닦는다.

이러한 수행이 3년 쌓이니

수보리 조사 한 걸음 더 나간 공부를 전한다.

72 지살수地煞數라는 온갖 술법을 배우고

구름 타는 공부 가운데서도 빼어난 공부인

근두운筋斗雲 술법까지도 배워

몸 한 번 뒤채는 사이 십만 팔천 리를 휘익 나르게 되네.

손오공 정말 출세했구나.

원숭이 왕 노릇보다 백 배 낫구나.

우쭐우쭐 손오공, 무서울 게 없어라.

어느 날 여러 제자들 앞에서 자랑을 좀 했겠다.

여러 가지 술법 가운데 둔갑술 같은 것을 보여주니

제자들 놀라서 와글와글~

수보리 조사 웬일인가 나와 보시곤 크게 놀라서

손오공 호출하신다. 무서운 개인면담!

당장 내 문하에서 떠나거라!

보물을 가진 자가 그것을 함부로 내보이면

재앙을 피할 수 없음이니

여기 있다가는 네 목숨이 위태로우리.

그리고 네가 아직 진리를 깨우치지 못한 주제에

법술에만 능통하였으니

앞으로 세상을 어지럽게 할 것이 틀림없다.

그 재앙이 나에게까지 미칠까 큰 걱정이구나.

만약 나에게서 이러한 재주 배웠다고

입이라도 벙끗한다면

네 녀석 뼈다귀를 뽑고 가죽을 벗기고 저승에서도 쫓아내

다시 태어나지도 못하게 하리라!

절대로 문하에 남길 수 없다는 수보리 조사의 호통~

손오공 어쩔 수 없어 은혜에 감사드리고

화과산 수렴동으로 돌아온다.

갈 때는 힘들었지만 이제는 금의환향?

훌쩍 근두운 타고 당당하게 돌아온다.

원숭이들아, 나 돌아왔다!

왕의 귀환이니 모두 나와서 맞거라!

자, 이제 손오공이 본격적으로 금단대도에 입문을 하는군요.

여기서 금단대도라 하는 것은 바로 도교道教의 핵심이 되는 공부라 할 수 있습니다. 도교에 대한 상식을 가지는 것은 불교를 이해하는 데도 상당한 도움을 줍니다. 중국에 불교가 전래되고 그것이 한반도에 이르기까지, 불교와 도교는 굉장히 밀접하게 서로 영향을 끼쳐왔거든요. 그래서 도교의 연원과 역사, 그리고 핵심적인 사상과 수양법 등에 대해서 간단히 살펴보기로 하겠습니다.

우선 도교란 어떤 종교인가가 궁금하시죠? 또 중국 춘추전국시대의 사상가인 노자와 장자 등의 사상을 도가사상道家思想이라 하는데, 그것과 도교는 어떤 관계인지도 알고 싶으시다구요?

앞에서 나온 금단대도라는 것에서부터 이야기를 풀어나가기로 하지요. 금단이라 하니 떠오르는 것 없나요? 한자로 써볼까요? '金丹', 황금의 단약이라는 말이죠. 단학丹學이라는 말 들어보셨나요? 혹 연세가 있으신 분들은 《단丹》이라는 선도소설을 아실 수도 있겠습니다. 그 '단'이라는 말이 바로 금단에서 나온 것입니다.

금단이라는 것은 원래 여러 희귀한 약재를 모아 단로丹爐라는 금단 만드는 화로에 넣고 오랫동안 법식에 맞게 정성껏 제련하여 만드는 단약을 말하는 거지요. 이렇게 만든 금단은 불로장생의 큰 효력을 가지고 있다고 믿어졌구요. 그 금단 만드는 법이 원시 도교의 중요한 비법이었다고 하네요.

그런데 그 금단을 만드는 약재가 중금속, 특히 수은이라든가 납 같은 것들이 많이 포함되어 있어요. 그래서 불로장생을 위해 금단을 먹었는데 거꾸로 그 부작용에 큰 고생을 하거나 심하면 생명을 잃는 경우도 꽤 많았다는기 봅니다. 도교에서 중요한 위치를 점하고 있는 갈홍葛洪이라는 분이 지은 《포박자抱朴子》라는 책에는 이런 금단의 종류가 많이 기록되어 있어요. 후세 도교에서 이 금단들을 기록대로 제조해서 시험해봤다는데, 그 결과는요, 가끔 효과가 있는 경우도 있었지만 많은 경우 심각한 부작용이 나왔다는군요.

이렇게 되면 좀 곤란하겠죠? 그러다 보니 실제 금단을 만들어 먹는 방법은 점점 쇠퇴하고 ─ 아예 없어진 것은 결코 아닙니다 ─ 새로운 장생불사의 방법이 제시되었습니다. 그런데 애초의 방법인 '금단'이 너무 오랫동안 성행한 탓에, 새로운 방법도 여전히 금단이라고 불리게 되었죠. 또한 구체적인 수행법도 금단을 제련하는 방식에 빗대어 설명되었구요. 말하자면 그것은, 바로 사람의 몸속에 금단을 만드는 방법이었어요. 이때부터 사람의 몸 밖에서 금단을 만드는 방식을 외단外丹, 사람의 몸 안에 금단을 만드는 방식은 내단內丹이라고 구별하게 되었죠.

그러면 내단을 만드는 방법은 뭘까요? 바로 수보리 조사가 말씀하신 정기신精氣神의 수양입니다. 외단과 비유하여 말하자면, 내단을 만드는 약재는 바로 사람의 정혈精血입니다. 이 약재를 제련하여 금단을 만들려면 무엇들이 더 필요할까요? 두 가지가 기본적으로 더 필요하죠? 바로 단로와 불입니다. 단로에 약재인 정혈을 넣고 불을 잘 때야 하잖아요? 여기서 단로는 사람의 몸이겠지요. 그다음 불 때기는요? 바로 호흡입니다. 꼭 호흡만은 아닐지 모르지만, 거의 호흡이 전부라 봐도 될 것 같네요.

자, 이제 개념이 좀 잡히시지요? 금단을 만드는 세 가지 요소는 무엇? 정혈이라는 약재와 몸이라는 단로, 그다음 호흡이라는 불 때기입니다. 이 세 요소 가운데 하나라도 없으면 금단을 이룰 수 없습니다. 그러니 우선 청정한 생활을 통해 정혈을 맑게 해야 합니다. 그다음 도인법導引法을 적절히 실행하고 알맞은 운동을 통해 몸이라는 단로를 튼튼하게 만들어야 합니다. 마지막으로 이렇게 약재와 단로를 갖춘 다음에는 법식에 맞게 오랫동안 정성을 기울여 불을 때야 하는데, 바로 그 불 때기의 핵심이 호흡인 거죠.

기본을 갖춘 다음에 이렇게 호흡 수행을 꾸준히 잘하면 몸속에 금단이 이루어져 불로장생을 이룰 수 있고, 궁극적으로는 신선이 되어 인간의 경지를 넘어설 수 있다는 겁니다. 바로 이것이 수보리 조사가 말한 금단의 대도라 할 수 있겠네요.

그런데 다시 하나의 문제가 있네요. 기본 약재가 정혈이라고 한다면 그것이 수보리 조사가 말한 정기신 가운데 정에 해당하는 것일 텐데, 그다음 기氣와 신神의 수양은 무엇을 말하는 것일까요? 그것은 후세에 발전한 금단 수행법을 좀 알아야 할 문제입니다. 자세히 설명하기는 지면이 부족하니까, 후세에 도사로 이름을 떨친 진단陳摶(당대에서 송대에 걸쳐 살았던 도사. 희이希夷 선생이라 불림)이라는 분이 그린 무극도無極圖를 함께 보면서 설명해드릴게요.

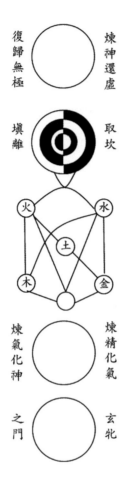

　　그림을 보시면 밑에서 두 번째 원 양옆으로 연정화기煉精化氣, 연기화신煉氣化神이라는 한자가 보일 거예요. 바로 금단 수행의 단계를 말해주고 있는 것이지요. 우선 정혈을 단련하여 기氣로 바꾸고, 다시 그 기를 단련하여 신神으로 변화시킨다는 뜻입니다. 수보리 조사가 정기신을 말한 것은 바로 이 금단 수행의 기본 골자를 설명한 것이라 할 수 있습니다.

그림을 보여드린 김에 좀더 설명해볼까요? 맨 위의 원 양옆으로는 무슨 글귀가 있나요? 연신화허煉神化虛, 복귀무극復歸無極이라 되어 있지요? "신神을 단련하여 허虛로 바꾸고 무극無極에 돌아간다"는 말이네요. 허虛라는 것은 도교에서 숭상하는 우주의 근원에 해당하니, 바로 인간의 정신을 단련하여 우주의 근원과 소통한다는 뜻이겠구요. 그 경지는 모습을 뛰어넘은 우주의 궁극이라 할 수 있는 무극無極에 돌아간다는 것이지요.

굉장히 심오한 이야기 같지요? 실제로 도교의 금단 수양법은 노장사상과 신선사상을 종합하여 매우 발달한 수행의 체계를 세우고 있습니다. 그리고 그 수행의 방법은 알게 모르게 불교와 서로 영향을 주고받으면서 발전해왔지요. 특히 앞에서 말한 불 때기에 해당하는 호흡의 수행법은 도교의 수행법 가운데 핵심을 이루면서 가장 정밀하게 체계화되었다고 할 수 있습니다. 불교에서도 수식數息과 수식隨息의 방법이 있으며 인도의 요가 수행법과 연관되어 매우 발달한 호흡 수행법이 정립되어 있지만, 그 이상으로 복잡하고도 세밀하게 체계화된 것이 도교의 호흡 수행법입니다.

서유기의 저자는 이 호흡 수행법을 중심으로 한 금단 수행법이 모든 수행의 근본이며, 이 수행이 깊어지면 부처도 신선도 다 될 수 있다고 말하네요. 불교와 도교를 아우르는 수행의 방법으로 금단수행, 또는 호흡 수련을 제시하고 있다고 할 수 있습니다. 과연 이 말이 맞는지는 좀 생각해봐야겠죠?

위빠사나 수행에서도 가장 기본이 호흡 관찰이라는 점에서는 불교 수행의 첫걸음도 호흡이라는 생각이 들기는 하지만,

불교와 도교의 근본 지향이 본디 좀 다르다는 점은 고려해야 할 것 같아요. 불교는 근본적으로 깨달음을 지향하는 종교죠. 진리에 대한 깨달음을 통해 윤회를 벗어난다는 것이 근본 아닌가요? 그러니까 신선이 된다든가, 장생불사한다든가 하는 데 목직을 두지 않는다는 것을 잊어서는 안 됩니다.

그에 반해 도교는 그 근본 목적이 '연년익수 우화등선延年益壽 羽化登仙'입니다. 수명을 늘려 오래오래 살고 인간의 한계를 뛰어넘어 신선이 된다는 말이죠. 굉장히 인간의 현실적인 욕망을 궁극적으로 추구하려는 지향성이 있습니다. 물론 청정淸淨과 무욕無慾을 강조하는 측면도 있지만, 그것도 다 장생불사를 위해서입니다.

그런 점에서 불교와 도교가 온전하게 조화를 이루기는 쉽지 않을 것 같은데, 서유기는 이 두 개의 축을 중심으로 전개된다는 점이 중요하죠. 이 두 축이 어떤 모습을 띠면서 서유기의 틀을 잡아가는지도 우리가 앞으로 조심스럽게 살펴야 할 부분인 것 같습니다.

10. 영생? 쉽게 할 이야기가 아니지!

그런데 수보리 조사가 전한 불로장생의 비법이라는 것이 금단대도라면, 수보리 조사라는 이름이 좀 안 어울린다는 생각이 들지 않으세요? 수보리는 불자들에게 아주 친숙한 이름이잖아요? 부처님의 십대제자 가운데 공空의 이치에 대해 가장 깊은 깨달음을 가진 제자, 즉 해공제일解空第一 수보리須菩提 존자와 혼동이 되어서 말이죠. 금강경 읽으면 바로 수보리 존자 등장하시잖아요? 서유기의 수보리 조사는 그 수보리 존자하고 이름은 똑같지만 실상은 전혀 다른 분이라는 것을 알아둬야겠어요.

서유기의 저자는 아마도 일부러 이렇게 이름을 정하지 않았나 싶어요. 서유기는 불교와 도교를 적절하게 뒤섞는 것이 기본이거든요. 그래서 금단대도를 배우면 부처도 신선도 마음대로 될 수 있다고 한 것이고요. 그렇지만 우리의 이야기에서는 불교와 도교를 그렇게 어중간하게 뒤섞지 않을 겁니다. 가릴 수 있는 데까지는 잘 가려보자구요.

가장 근본적인 차이는, 도교는 인간 욕망의 궁극인 불로장생을 꿈꾼다는 겁니다. 불교는 그런 색채가 적죠.

부처의 일화 하나 소개해드릴까요? 《장로니게경長老尼偈經》

에 나오는 일화입니다.

　한 여인이 자신의 아이를 잃고 거의 미친 상태에서 아이를 살릴 방법을 찾아다닙니다. 그러다가 부처님에게까지 찾아오게 되고, 애절하게 자기의 아들을 살려달라고 청합니다. 이때 부처님은 말합니다. "마을로 가서 겨자씨를 얻어와야 한다. 그런데 그 겨자씨는 반드시 죽은 사람이 없는 집에서 얻어와야 한다." 여인은 마을로 달려가서 죽은 사람이 없는 집에서 겨자씨를 얻으려고 했습니다. 그런데 아무리 찾아도 죽은 사람이 없는 집은 없었습니다.

　그녀는 부처님이 하신 말씀의 뜻을 깨닫고 결국 아이를 묘지에 안장합니다. 그리고 '마을에서도, 도시에서도, 신들의 세계에서도 벗어날 수 없는 진리, 참된 진리는 무상함, 덧없는 것'이라는 깨달음을 담은 게송을 읊조립니다. 그리고 다시 부처님을 만납니다. 부처님께서 겨자씨를 얻었느냐고 물어보자, 자신에게는 이미 겨자씨가 필요 없다고 말하며 부처님께 예경하고 출가하여 비구니가 됩니다.

　이러한 부처의 가르침에는 육체적인 영생에 대한 지향이 없습니다. 오히려 모든 것의 무상함을 깨닫는 것이 중요하게 여겨지지요. 진리에 대한 깨달음이 목표인 것입니다. 그런 점에서 불로장생을 꾀하는 도교와는 근본적으로 지향이 다르다 말할 수 있지요. 물론 불교도 기복적인 요소를 벗어날 길이 없고, 우리 인간의 욕망 성취를 약속하는 세속화의 모습도 띠곤 하지만, 애초부터 불로장생을 꾀하는 도교와 큰 차이가 있다는 것은 분명한 사실입니다.

도교는 본디 목적부터가 수명을 늘리고 신선이 되려는 목적을 가지고 있으며, 그 아래에 수많은 인간의 욕구를 달성하려는 방편들을 무수히 담고 있습니다. 그래서 여러 가지 술법이라든가 비법 등이 적극적으로 연구됩니다. 부적술, 강신술, 방중술, 기타 등등…. 이런 점들도 불교와 매우 대비되는 모습이지요. 불교는 이런 요소들에 대하여 매우 부정적이거든요.

물론 불교의 말기 형태인 밀교密教에서는 매우 많은 술법적인 요소를 찾을 수 있지만, 불교 일반적으로는 초능력이라든가 술법을 적극적으로 수용하지 않습니다. 육신통六神通 같은 것들을 인정하지만 그것은 수행의 과정에 나타나는 힘일 뿐, 그것 자체에 대한 추구가 목적이 되는 일은 없습니다. 오히려 여러 가지 술법들을 추구하는 것을 엄하게 금하고 있지요. 불교가 여러 가지 술법이나 신통 등을 내세우는 모습을 보인다면 그것은 세속화되고 타락한 측면일 뿐이고, 어느 정도는 도교의 영향을 받은 결과라고 할 수 있겠습니다.

자, 불교와 도교의 차이점은 일단 이 정도로 정리해두고요. 지금 우리 이야기의 초점은 손오공이 배운 것은 도교적인 수행법과 술법이라는 데 있었지요? 수행법은 금단의 술이라 한다면, 술법은 어떤 것들을 배웠을까요? 서유기에서는 손오공이 72가지의 술법을 배웠다고 합니다. 72지살에 해당하는 술법을 배웠다는 것이죠. 여기엔 둔갑술, 분신술 등이 포함됩니다. 그 가운데 하나만 있어도 슈퍼맨, 스파이더맨 등의 초인들이 하나도 부럽지 않을 테죠. 하하.

그리고 거기에 더해서 특별한 술법 하나를 배웁니다. 손오공의 술법 가운데 가장 자주 등장하는, 바로 '근두운筋斗雲'이라는 구름 타는 술법이죠. 애초에 구름 타는 술법을 배우긴 배웠는데 수보리 조사가 그게 구름을 타는 거냐, 구름에 기어오르는 거냐 비아냥대면서 제대로 된 구름 타기를 가르쳐주었으니 바로 그게 근두운입니다. 한 번 공중제비를 돌아 뛰어오르며 구름을 타면 단숨에 십만 팔천 리를 날아갈 수 있는 술법인 거죠.

요즘의 거리로 환산해볼까요? 1리가 4킬로미터니까 108,000×4=432,000. 그러니까 눈 깜빡할 사이에 432,000킬로미터를 날아가는 것이군요. 이 거리가 어느 정도인지 실감을 하시려면 지구의 둘레가 40,075킬로미터라는 것과 비교해보시면 됩니다. 대략 지구를 열 바퀴 남짓 도는 셈이 되겠네요. 흠! 나칠계 님, 눈이 반짝반짝하는 게 혹 그런 거, 아니 그런 재주의 백분의 일이라도 가르쳐줄 도사 찾아서 나서실 기세! 참으세요! 이런 신통한 재주 가졌다는 사람치고 제대로 된 사람 본 적이 없고, 그런 재주 찾아다닌 사람 잘되는 꼴 본 적이 없다니까요!

당신이 들은 게 부족해서 그런 거지 정말 그런 재주 가진 도사가 있는지 없는지 어떻게 아느냐구요? 에고~ 앞의 이야기 좀 읽어보세요. 제가 몇 번이나 이야기했잖습니까. 그런 재주를 바라는 것 자체가 하나의 욕망이라구요. 그런 재주를 탐내는 것은 결국 남들이 안 가진 신기한 물건 가지려는 탐욕과 다를 게 없어요. 그런 탐욕의 추구가 행복을 가져올 턱이 있나요? 하나 가지면 또 하나 가지고 싶은 끝없는 욕망이 계속될 뿐이라구요. 그런 탐욕의 끝에는 언제나 괴로움이 있을 뿐이라는 것이 부처의 가르침이구요.

흠~ 삼쾌 선생은 너무 고상한 척하는 게 문제라구요? 탐욕을 벗어나라고만 하면 어쩌냐구요? "소년이여, 야망을 가져라!"이런 말은 못 들어봤냐구요? 헤헷, 제가 왜 못 들어봤겠어요? 저도 무조건 욕망 버리라는 것엔 동의 못해요. 삶의 동력을 잃게 되면 큰일 나죠.

그렇지만 탐욕이라는 것이 고통의 뿌리라는 사실 또한 분명하지 않은가요? 대체 어쩌라는 말이냐구요? 앞에서 이미 말씀드렸죠? 서원誓願이 중요하다구요. 탐욕에 의해 사는 삶이 아니라 바로 서원이 삶의 동력이 되도록 해야 하는 거죠.

그렇다면 탐욕과 서원은 무엇이 다른가가 문제겠네요. 탐욕은 열심히 버리고, 서원은 열심히 세우면 되는 거 아니냐구요? 그렇게 생각하는 것이야말로 불교적인 정신과 어그러지는 겁니다. 부처와 중생이 둘이 아니라 했듯이, 탐욕과 서원도 둘이 아닙니다. 나라는 존재에 대한 집착(我相)을 버리지 못하고 모든 것을 자기의 소유로 끌어당기려 하는 것이 바로 탐욕입니다. 그것을 버리고 서원을 세우라는 게 아닙니다. 부처의 가르침을 통해 연기緣起의 진리를 알게 되면 아집, 아상이 없어지게 됩니다. 나와 너와 사회와 국가와 세계… 그것들이 무한한 연기성 위에 놓여 있다는 것을 알게 되면 자연히 나만을 위하던 욕망이 너와 사회와 국가와… 나아가 온 중생이 모두 잘되는 방향으로 확장됩니다. 그것이 바로 서원인 것입니다.

그런데 현실의 불교는 아직도 무조건 욕망을 버리라고 강조하고 있는 것 같아요. 앞에서 말했듯이 절에 와서나 사홍서원을 크게 노래하고, 세속에 나가서는 그저 욕망에 따른 삶을 살아가는 모습이 현실의 불자들 속에 드러나고 있는 문제점이 아닐까 싶네요.

다시 돌아와서, 여기서 문제는 손오공이죠? 아직 진리에 대한 깨달음은 없는 상태, 그저 불로장생이라는 세속적인 목표에만 매달리고 있는 손오공이 수많은 재주를 가지게 되었어요. 이게 복일까요, 화일까요? 이건 분명히 재앙입니다. 어린아이에게 칼을 쥐여준 것이나 마찬가지거든요. 진리를 알지 못하는 이가 힘을 가졌을 때, 그 위험성은 아무리 강조해도 지나치지 않겠죠?

그 위험성은 남을 해치는 것으로 바로 나타나지는 않을 수 있어요. 먼저 자신을 해치기 쉽다는 뜻입니다. 이런 옛말이 있어요. "사람은 죄가 없지만 보물을 가진 것이 죄다." 또 이런 말도 있지요. "진귀한 보물을 가진 자는 밤에 나다니지를 말아야 하고, 큰 임무를 맡은 이는 적을 가볍게 보지를 말아야 한다."

재주를 가진 것은 바로 보물을 가진 것과 마찬가지입니다. 그런데 진리를 알지 못하는 상태에서 어떤 재주를 가지게 되면 그것을 자랑하고 싶기 마련이지요. 그 재주를 통해 자신을 살찌우고 변화시키는 데 힘을 쓰기보다는 남들에게 자랑부터 하고 싶어지는 겁니다. 그래서 결국 그것을 탐내는 이들에게 해를 당하기 마련이라는 거죠.

수보리 조사는 우선 이 점을 크게 경계하고 야단을 칩니다. 그리고 그다음에는 "네가 분명 앞으로 이 재주로 큰 난리를 일으킬 것이다. 만약 이 재주가 나에게서 나간 것이 알려지면 나도 그 재앙에 휩쓸릴 것이다!"라고 말하면서 문하에서 축출

해버립니다. 진리를 깨우치지 못한 자가 재주를 지니고 있으면 얼마나 위험한 일이 벌어질 수 있는가를 경계하고 있는 것이지요. 그 위험성은 손오공이 문하 제자들에게 자신의 재주를 자랑하는 데서 이미 드러나고 있고요. 쓸데없이 자기 재주를 자랑하는 이는 '자신의 발전을 위한 배움'(爲己之學)을 목표로 하는 게 아니라 '남이 알아주기를 바라는 배움'(爲人之學)을 목표로 하기 때문입니다. 이건 《논어論語》에 나오는 공자 말씀입니다.

그렇게 남에게 자랑하기를 좋아하고, 그것을 통해 자신의 존재감을 확보하려는 존재는 애당초 도道와는 거리가 먼 것이죠. 좀 괜찮은 제자로, 차분하게 성장하기를 바랐던 제자가 출랑출랑 배운 재주를 자랑하는 모습을 보았을 때! 스승은 크게 상심할 수밖에요.

그 결과는 가르침의 중지입니다. 더 이상의 가르침을 내린다는 것은 서로 간에 재앙을 더할 뿐이죠. 그래서 벼락같이 야단을 쳐 내쫓아버립니다. "네가 이곳을 떠나면 반드시 옳지 못한 생각을 낼 것이다. 그러니 어떤 재앙을 일으키고 어떤 못된 짓을 한다 해도 결코 내 제자란 소리를 해선 안 된다. 그렇다면 결코 가만두지 않을 것이다. 네놈 껍데기를 벗기고…" 하는 엄중한 경고와 더불어서요.

흠~ 손오공, 낙동강 오리알 신세가 된 건가요? 그렇지는 않군요. 그래도 막강한 도술 원숭이가 된 거니까, 애초의 목적을 어느 정도 달성한 셈이지요. 이제 고향으로 간다 하더라도 체면 구길 수준은 훌쩍 넘었어요. 그래서 그렇게 어렵게 왔던 길을 근두운 타고 한 번에 휙!

11. 배운 재주 뽐내고 하늘 벼슬 얻었구나

고향에 돌아와도 그리던 고향은 아니더라?

화과산 수렴동 원숭이 왕국 어수선하다.

혼세마왕混世摩王이라는 요괴의 침략으로

망하기 직전이로다.

이때야말로 그동안 배워온 법술의 위력을 뽐낼 때.

단숨에 혼세마왕 때려잡고

왕의 위엄을 떨치도다.

이때부터 승승장구~

자신의 힘을 깨달은 손오공

힘자랑, 세력 쌓기 시작하도다.

오래국傲來國 무기창고 털어와 원숭이 군사 무장시키고,

여러 요괴의 두목들과 두루 사귀며

동해 용왕국에 쳐들어가 여의봉 강탈하고,

염라대왕의 명부에 이름 삭제하여

명실상부하게 영생을 얻는구나.

도를 모르는 자의 힘자랑 어디까지 갈까.

온 세상 시끄럽겠네!

용왕의 상소, 지장왕보살地藏王菩薩의 상소,

옥황상제에게 올라오도다.

마땅히 군대를 보내 토벌할 일이로되

무력을 앞세우기보다는 회유가 먼저지.

적당히 필마온弼馬溫이란 벼슬을 내린다.

낮은 벼슬에 불만 품은 손오공 난동을 부리고

결국 한판 무력 충돌…

이 원숭이 정말 만만치 않아서

하늘의 모든 장수도 감당을 못한다.

할 수 없어 다시 제천대성이라는

걸은 그럴듯하고 실속 없는 벼슬로 달랜다.

허울뿐이라지만 얼마나 위대한 벼슬 이름인가.

'하늘을 평정한 큰 성인'이로다.

성공을 거두고 고향에 돌아가지 않는 것은 비단옷 입고 밤길을 걷는 것과 같다는(衣錦而夜行) 말이 있더군요. 항우項羽의 말입니다. 옛날의 친했던 이들에게 자신의 출세한 모습을 보여 주고 싶은 마음을 표현한 것이라 할까요? 아무튼 원숭이 왕이었던 손오공, 번듯하게 성과 이름도 얻고 많은 도술도 배워서 돌아가게 됩니다. 도술을 배우다 가는 거니까 비단옷 입고 고향에 돌아가는 금의환향錦衣還鄕은 아니겠지만요.

아직 손오공은 큰 도를 끝까지 추구하지 못하고 파문되어 돌아간다는 것에 대한 큰 좌절감은 없는 상태입니다. 그저 선술仙術을 배워 불로장생하게 되고 많은 술법을 배운 자신이 장하기만 할 거예요. 그래서 어렵게 왔던 길을 근두운 타고 휙 돌아가는 것에서부터 의기양양~.

그런데 돌아온 원숭이 왕국 분위기가 이상하네요. 완전히 선생 상황! 알아보니 혼세마왕이라는 자의 침입으로 많은 원숭이들 잡혀가고, 남은 원숭이들 결사항전의 각오로 임하고 있는 상황이군요. 이런 위기야말로 그동안 닦아온 술법의 위력을 드러내기 정말 좋은 기회네요. 안성맞춤이랄까요? 손오공 한달음에 혼세마왕 본거지로 쳐들어가 여러 가지 술법으로 단숨에 혼세마왕 무찌르고, 포로로 잡혔던 원숭이들 구하여 당당하게 귀환! 그야말로 왕의 귀환입니다.

이 대목에 손오공의 술법들이 하나하나 소개되네요. 그 가운데 대표적인 것이 몸에 있는 털을 뽑아 작은 분신으로 둔갑시키는 술법이죠. 수많은 작은 손오공들 요괴에게 와르르 달라붙어 때리고 꼬집고 할퀴고…. 으흐흐~ 신기하고 통쾌해라.

이크, 이런 작은 일에 재미있어할 때가 아니군요. 이야기를 좀 바삐 진행해나가야 할 것 같아요.

이때부터입니다. 손오공이 자신의 힘에 취하기 시작하는 거죠. 얼마나 대단한가요. 한번 휘둘러보니 못할 게 없군요. 혼세마왕으로부터 얻은 국방의 소중함에 대한 교훈으로 오래국 무기창고를 통째로 털어오죠. 물론 술법으로 도둑질! 군사조련 열심히 시켜 사방에 위세를 떨치고, 세상의 한가락 하는 요괴 두목들과 친교를 맺어 든든한 울타리도 만들고 하는, 힘 있는 자들의 위세 떨치기 과정을 차례로 밟아가네요.

그러는 과정에 앞으로 절대 빠질 수 없는 손오공의 전용 무기 여의봉도 얻게 되죠. 온전한 이름으로 말하면 여의금고봉如意金箍棒이네요. '뜻대로 되는 금테 두른 몽둥이'라는 뜻이죠. 줄여서 '여의봉', 즉 뜻대로 되는 몽둥이입니다. 옛날 우禹임금이 대홍수 때 강바닥을 다지던 몽둥이라는 전설과, 용왕국에 쳐들어가 거의 강탈하듯 그것을 얻어내는 과정은 생략하고요. 그 이름이 가지는 의미가 심상치 않군요. 여기서 손오공을 대표하는 근두운과 여의봉의 의미를 한 번 새기고 넘어가야 할 것 같아요.

손오공은 마음을 상징화한 이름이라는 말씀, 앞에서 이미 드렸죠? 그 마음의 작용과 크기를 어떻게 그려내죠? 물론 그리려야 그릴 수 없는 것이 마음이긴 하지만, 그래도 흔히 하는 말이 있습니다. "세상에 무엇보다 빠른 것이 마음이다"라고요. 어디든 뜻을 두면 마음이 거기 간다고 하지요. 근두운은 아마도 잠깐 사이에 온 누리를 오가는 마음의 작용을 상징한 것이라 보아도 좋을 것 같습니다. '근두筋斗'란 말은 '곤두'란 말의 어원으로 몸을 뒤채어 재주를 넘는 것을 말합니다. 마음이 한 번 재주를 넘어 단숨에 십만 팔천 리를 달리는 것을 형용한다고 보아도 좋겠네요. 잠시도 가만히 있지 못하는 인간의 마음, 몸은 앉아 있어도 마음은 달리는 상태를 장자는 '좌치坐馳'라고 표현하죠. 그런데 그냥 달리는 게 아니지요. 곤두박질치며 달리는 겁니다. 그래서 곤두박질치며 타고 올라 날아가는 구름이 바로 근두운 아닐까 싶네요.

그다음, 여의봉은 무엇을 표현한 것일까요? 여러분도 쉽게 상상할 수 있죠? 마음의 크기가 얼마인가에 대한 물음, 그에 대한 답을 생각하면 될 것 같습니다. 마음을 펼치면 삼천대천세계에 가득하고, 모으면 겨자씨에도 들어간다고 하지 않습니까? 물론 여의봉은 그렇게까지 형용되지는 않습니다. 늘이면 하늘 땅을 떠받칠 정도로 커지지만 작게 하면 귓구멍에 집어넣을 정도로 작게도 할 수 있다 하지요. 더 작게도 할 수 있겠지만, 그러면 오히려 불편하니까 안 한다고도 볼 수 있겠네요.

이렇듯이 손오공을 대표하는 근두운과 여의봉 역시 사람의 마음과 밀접하게 연관된 비유입니다. 여러 술법에 능통하게 된 손오공이 이제 그 마음의 '힘'을 쓰기 시작하는 거지요.

그런데 마음의 힘은 정말 위대합니다. 그 마음의 힘을 제대로 쓰기 시작하면 얼마든지 큰일을 해낼 수가 있습니다. 이건 단정적으로 말해도 좋을 것 같네요. 우리가 그 마음을 한군데 모아 그 힘을 발휘하지 못해서 문제인 거지, 정말 마음을 모으기만 한다면 얼마든지 큰 힘을 낼 수 있다는 것은 의심할 여지가 없어요. 사실 술법이라든가 신통력이라는 것은 전부 이 마음의 힘을 부리는 것이겠지요.

그런데 여기 마음의 힘이 있고, 또 마음의 깨달음이 있어요. 힘이라는 측면에서 말한다면, 그것은 정말 단지 도구라고 할 수 있습니다. 그 힘을 '올바르게' 사용할 수 있게 하는 깨달음이 없으면 그건 정말 흉기처럼 큰 해독을 끼칠 수 있다는 사실을 잊으면 안 됩니다. 앞에서 말한 대로 어린아이에게 칼을 쥐여준 것과 같다는 말이지요.

지금 손오공의 상태가 그렇습니다. 마음의 '힘'을 사용하는 술법에는 두루 통했는데, 그 힘을 '올바르게' 사용할 수 있는 깨달음은 얻지 못한 상태지요. 그런 상태에서는 힘에 취하게 되고, 힘의 노예가 되기 마련입니다. 지금부터 벌어지는 손오공의 행태는 바로 힘에 취한 자가 벌이는 광태라 보셔도 될 것 같습니다.

자, 그럼 볼까요? 힘에 취한 이들이 우선 하는 짓은 무엇일까요? 부하를 거느리고 세력을 넓히는 것입니다. 힘에 의한 자기 영역의 확대라 할까요? 처음에는 침략해온 혼세마왕을 무찌르는 것에서 출발했지요. 거기에 머무른다면 무슨 문제가 있겠습니까만, 방향성을 갖지 못한 힘은 결코 자신을 지키는 수준에 머무르지 않습니다. 밖으로 확장하기 마련이죠.

그래서 자신의 부하들을 군대로 조직하고, 그 군대 조직을 위해서 무기가 필요하고, 그 무기를 조달하기 위해 주변에 있는 오래국의 무기창고를 술법으로 털고, 부하들의 무기는 장만했는데 자신에게 마땅한 무기가 없어 용왕국에 들어가 여의봉을 강탈하고…. 아주 차례가 잘 맞죠? 그림이 제대로 나오죠? 그런 겁니다. 조금씩, 아주 자연스럽게, 자신의 영역을 넓히는 힘의 확장 과정이 있게 되는 겁니다.

힘의 확장 과정에는 원칙이 있죠. "센 놈이 최고다!" 바로 이겁니다. 손오공 용왕에게서 여의봉 등을 강탈하고 하는 말 좀 보세요. "폐를 끼쳤군, 폐를 끼쳤어." 그걸로 입 싹 씻습니다. 힘약한 용왕들은 어쩔 수가 없지요.

염라국에 가서도 마찬가지입니다. 수명을 기록한 명부 가져오라 하여 자신의 이름 먹물로 싹 지우고, 가까운 원숭이들 이름도 싹 지우고…. 그래서 선술仙術로 불로장생하게 된 손오공이 이젠 완전히 자연의 수명의 기록부까지도 말소시켜 명실상부한 장생불사를 얻게 되는 겁니다. 여기서도 힘 약한 염라왕이나 지장왕보살은 그저 어쩔 수가 없습니다.

그렇지만 어쩔 수 없는 것은 힘 있는 자의 눈앞에서일 뿐이죠. 세상 일이 모두 힘만으로 되는 것은 또 아니니까요. 세상의 질서를 관장하는 최고의 존재가 있습니다. 세속에서는 왕이고, 온 세상을 말한다면 바로 하느님이지요. 도교적 세계관에서는 옥황상제가 바로 하느님입니다. 그 옥황상제에 힘없어 당한 어려움을 바로잡아 달라고 고발장을 내야 하겠죠? 그래서 용왕들과 염라왕들의 고발장이 줄줄이 접수되고, 그 고발장을 처리해야 하는 순서가 됩니다.

그런데 인간세상이나 하늘세상이나 '좋은 게 좋은 거'라는 풍조가 만연해 있는 모양이군요. 가능하면 시끄럽지 않게 넘어가는 방법에 대한 연구는 아래 세상이나 위 세상이나 마찬가지라는 거죠. 그래서 그 시끄럽게 구는 원숭이 토벌한다고 더 시끄러운 일 만들지 말고 적당히 벼슬 하나 내려서 회유하자는 건의가 있고, "오, 그거 기발한 생각이야!" 하는 찬탄이 나오고, 여차저차 손오공은 '필마온'이라는 벼슬을 받게 됩니다. 뒷골목 시끄럽게 하는 조폭 두목에게 적당히 치안대 감투 하나 씌워주는 격이죠.

하늘 세상에 어두웠던 손오공은 엉겁결에 그 감투 받아들이지만, 결국 미관말직이라는 것을 알게 되지요. 자존심 하나는 하늘 높은 줄 모르던 손오공은 발끈할 수밖에 없었고, 아예 감투 차버리고 내려와 스스로 '제천대성齊天大聖'이라는 큰 감투를 써버리죠. '하늘을 평정하는 큰 성인'이라는 뜻입니다. 골목대

장이 스스로 '천하제일 돌주먹'이라는 별명을 지은 격이라 할까요? 발칙하게 하늘을 제패한다니!

그래서 할 수 없이 '좋은 게 좋은 거'를 포기하고 토벌대를 보냈는데, 문제는 정말 이 원숭이가 만만치 않다는 겁니다. 토벌이 잘 안 되니까 다시 '좋은 게 좋은 거'라는 원칙이 득세를 하고, 그래서 이름뿐이고 임무는 없는 '제천대성'이라는 관직을 정말로 내려주게 됩니다.

그런데 이게 의미가 있긴 있습니다. 지금까지 개인적으로 선술을 닦아 어느 정도 경지에 올랐던 손오공이 이제는 정말 선인仙人기록부에 등재가 된 것이거든요. '선적仙籍'에 올랐다는 겁니다. 자신의 실력도 중요하지만 공적인 인정을 받는다는 것이 그 못지않게 중요하다는 사실 잘 아시지요? 비록 아직은 이름뿐이지만 공식적인 선인으로 등재된 손오공, 원숭이의 출랑대는 버릇 꾹 참고 지긋하게 선인 노릇 할 수 있을까요?

우리 한번 내기해보실래요? 저는 "결코 못한다!"에 걸겠습니다. 에고, 모두 여기에 걸면 내기가 안 되잖아요. 내기로 용돈 좀 벌려 했더니…. 나칠게 님께 눈치 보이네요.

12. 망나니 마음, 좌절을 겪고 괴로움의 감옥에 갇히다

할 일 없는 꿀보직 제천대성 손오공에게

소일거리로 복숭아밭 관리를 맡겼구나.

고양이한테 생선을 맡긴 격이니

원숭이한테 복숭아라!

제천대성 손오공의 하늘나라 뒤집기, 맹활약이 시작되네.

복숭아 틈틈이 다 훔쳐 먹고

서왕모西王母의 복숭아 잔치를 온통 망가뜨리고

태상노군太上老君의 금단을 다 훔쳐 먹고··· 기타 등등···

하늘 세상 온통 시끄럽게 되었구나.

여러 하늘 장수를 출동하여 원숭이 토벌 작전!

그러나 재주도 출중한 손오공 쉽게 당할 리가 없다.

웬만한 장수들로는 감당이 안 되네.

이랑진군二郞眞君과 관세음보살, 태상노군까지 출동하여

겨우 잡았구나.

후환을 완전히 없애려

태상노군의 팔괘로八卦爐에 집어넣고 불을 때었건만

거기에서 탈출하여 팔괘로까지 박살 내고

이제 아주 하늘 궁전 접수하여

내가 옥황상제 되겠노라 설친다.

감당이 안 되는 이 사태, 결국 부처님께 지원 요청을 하니

짜잔~

드디어 부처님 등장하시도다.

난동을 부리는 손오공에게 부처님 물으신다.

바라는 것이 무엇이기에 이리 소란을 떠는 거냐.

손오공 당당히 대답한다.

옥황상제는 누가 맡아놓고 하라는 법 있느냐?

힘 있는 놈이 최고다!

그러니 힘센 내가 하늘나라 접수하여

옥황상제 하리로다.

부처님 혀를 차신다.

허허, 사람 닮았지만 아직 사람 못 된 이 원숭이 놈아.

그 자리는 힘으로 하는 것이 아니로다.

무한한 세월에 훌륭한 업을 쌓아서 그 자리에 오르는 것이야!

그런데 네가 그리 힘세다 자랑하는데

얼마나 세단 말이냐?

손오공 으스댄다.

내 재주야 셀 수도 없지만

일흔두 가지의 둔갑술에,

근두운이라는 신통한 재주도 있단다.

한번 곤두 쳐서 십만 팔천 리를 날아가지.

이만하면 옥황상제 할 만하지 않으냐?

부처님 슬쩍 도발을 하신다.

네 재수가 그러하다년 시합을 해보자꾸나.

네가 내 손바닥을 빠져나가면

내가 책임지고 옥황상제에게 천궁天宮을 비우라 하여

네가 접수하게끔 해주겠노라!

그렇지만 내기에 지면 각오해라!

다시 요물 수준으로 떨어져 하계下界로 내려가야 한다.

그 상태를 벗어나려면 몇 겁劫은 고생해야 할 것이야!

손오공 기쁘기 짝이 없다.

이런 내기에 질 리가 있나!

덥석 미끼를 물어버리네.

그리하여 부처님과 손오공의 내기 성립~

이 친구 옥황상제보다 끗발이 높은 거 같으니

내기에 이겨 천궁 접수하는 일만 남았구나.

내기 시작!

부처님 손바닥을 내미신다.

손오공 몸을 솟구쳐 그 위에 살포시 내려앉아~

하나 둘 셋!

손오공의 장한 근두운 술법~

바람개비처럼 돌면서 십만 팔천 리를 나간다.

한참을 달려가던 손오공 앞에

푸른 하늘을 떠받친 다섯 개의 기둥 등장!

아! 이것이 하늘을 받치고 있는 걸 보니

여기가 세상 끝이로구나!

그렇다면 다녀간 기념으로 표시를 해야지.

가운데 기둥에 멋있게 휘갈긴다.

"제천대성 손오공, 이곳에 다녀가시다!"

그리고 개처럼 다리 한 짝 들고 영역표시까지.

으~ 시원하다!

그리고 다시 휙~ 날아돌아와 부처님 앞에 선다.

나 하늘 끝까지 다녀왔다.

그러니 옥황상제에게 빨리 하늘나라 비우라 해라!

부처님 슬쩍 웃으시며 손바닥을 내미신다.

그 가운뎃손가락에

선명하게 먹물도 채 마르지 않은 글씨.

"제천대성 이곳에서 꼴값 떨다 가다!"

원숭이 오줌 냄새까지 진동하누나!

이게 무슨 말이냐, 이게 무슨 괴사냐.

놀란 손오공, 근두운 펼쳐 달아난다.

부처님 손바닥 뒤집어 한 대 갈기신다.

그 한방에 완전히 $K.O.$ 넉다운!

하늘 밖으로 튕겨져나가 하계로 처박힌다.

부처님 손가락이 화, 수, 목, 금, 토 오행五行의 산으로 바뀌어 그 아래 손오공을 완전히 눌러버린다.

아, 불쌍한 손오공.

돌에서 태어난 주제에, 원숭이 주제에,

신선의 명부에 이름까지 올리고

하늘 높은 줄 모르고 설쳤더니

떨어지는 것에는 날개가 없다!

단번에 하늘에서 땅으로 처박혀 오행의 감옥에 갇혔네!

한때의 영화 꿈만 같아라.

부처님 자비로 목숨은 건졌다 하지만

언제나 이 감옥 벗어날까?

당나라 현장법사, 언제나 오시려는가?

　　손오공 잡으러 출동하는 여러 장수들은 모두 도교에서 받들어지는 신들입니다. 그 신들이 다 위계가 있지요. 웬만한 신들은 손오공을 제대로 감당하지 못해 결국 이랑진군이 나서지요. 그것도 관세음보살의 추천에 의해서요. 불교와 도교의 결합이 엿보이는 대목이죠. 이랑진군은 도교에서 관구이랑^{灌口二郎} 또는 관구신^{灌口神}으로도 불리는, 옥황상제의 조카로 여겨지는 신입니다.

　　태상노군에 대해서도 좀 설명을 해야 할 것 같아요. 도교에서는 일반적으로 삼청^{三淸}을 가장 높은 신으로 받듭니다. 서울 삼청동의 그 삼청 맞습니다. 거기에 삼청전이 있었기에 동네 이름이 그렇게 붙었지요. 삼청이란 옥청^{玉淸} 원시천존^{元始天尊}, 상청^{上淸} 영보천존^{靈寶天尊}, 태청^{太淸} 도덕천존^{道德天尊}을 말합니다. 이중

태청 도덕천존을 보통 태상노군이라 부르죠. 그리고 그 화신이 바로 노자老子라고 합니다. 거꾸로 말하면 노자가 신격화된 것이 바로 태상노군이라 할 수 있겠네요.

손오공이 어찌나 드세던지 이랑진군이 나서도 손오공을 압도하여 궁지에 몰아넣기는 했지만 완전히 잡지는 못합니다. 이때 관세음보살과 태상노군이 나서고, 그중에서 태상노군이 하늘에서 금강탁金剛琢이라는 것을 던져 손오공 머리를 맞혀서 결국 포박을 하게 됩니다. 그리고 팔괘로라 하는, 태상노군이 금단을 제련하는 단로에 집어넣어 완전히 태워 죽이려 합니다.

그렇지만 손오공이 본디 보통 원숭이인가요? 또 설정상으로도 인간의 마음을 상징하는 존재잖아요. 인간의 마음은 물에 들어가도 젖지 않고 불에 들어가도 타지 않는 것이거든요. 거기다 손오공은 하나만 먹어도 불로장생한다는 하늘의 복숭아를 밭떼기로 훔쳐 먹었죠? 또 신선 가운데 최고라 할 수 있는 태상노군의 금단을 싹쓸이로 훔쳐 먹었거든요. 죽으려야 죽을 수 없고, 죽이려도 죽일 수 없는 몸이 된 거죠. 그래도 태상노군의 팔괘로라면 좀 위협이 될 수도 있겠는데, 손오공은 불기운을 몰아내는 바람의 방위인 손巽방으로 영민하게 피해서 재난을 면하지요. 아무튼 참 대단한 비보통 원숭이입니다.

그런데 이 비보통 원숭이 손오공이 바로 여러분 마음을 나타내는 존재임을 다시 한번 떠올려보세요. 여러분의 마음도 얼마든지 이렇게 엄청난 힘을 가질 수 있다는 겁니다. 물론 손오공이 이렇게 난동을 부리는 것은 마음이 제 갈 길을 찾지 못한 상태를 나타내는 것이기에, 그것을 부러워할 이유는 없지만요. 서유기에서는 손오공의 이때 모습을 이렇게 묘사하고 있네요.

"슬기롭고 날쌔니 고금에 누가 이에 비길 수 있으리. 불에 들어가도 타지 않으니, 물에 들어간다고 빠져 죽을까! 어진 이로 될 수도 있고 악한 사가 될 수도 있으니, 마음먹는 대로다. 착할 땐 부처와 신선도 될 수 있고, 악할 때는 짐승으로 털 덮어쓰고 뿔까지 내민다. 무한한 신통변화로 천궁을 소란케 하니, 뇌신雷神과 신병神兵도 잡지 못하는구나!"

　　손오공이 천궁을 어지럽히는 대목이 무슨 의미인가를 슬그머니 드러내고 있죠? 마음 선하게 먹으면 부처 신선이요, 악하게 먹으면 짐승이라는 거죠. 그런데 어떤 쪽으로 가더라도 그 힘을 다하게 되면 엄청나게 세다는 것은 틀림없다는 말입니다. 그래서 하늘의 신장들도 감당이 안 되지요. 결국 서방의 석가여래 부처님께 구원요청을 보내게 됩니다.

　　그러면 여기서 부처님이 등장하시게 된 배경을 한번 살펴볼까요? 지금까지 손오공이 날뛰고, 그것을 제압하여 잡아들이려 한 싸움은 세속적인 힘의 논리였다고 보시면 될 것 같네요. 그런데 결국 그렇게는 해결이 안 되어 진리의 힘을 빌리게 되는 거죠.

　　또 다른 측면에서 생각을 해볼까요? 손오공은 인간의 마음이지요. 특히 깨달으면 지혜가 되고, 깨닫지 못한 상태에선 어리석음이라 불리는 마음의 지적知的인 측면을 가리킵니다. 그 마음이 난동을 부리네요. 그 난동은 세속적인 힘으로는 제압이 되지 않습니다.

우리가 마음을 다스리려고 할 때를 생각해보세요. 수단이 여러 가지 많지요? 세상에서 마음 다스리는 수단들만 해도 엄청 많지 않던가요? 술법들은 또 어떤가요? 무슨 무슨 마인드컨트롤, 두뇌계발법… 각자 장점도 있겠지만, 진정한 큰 길로 이어지지 못한다면 모두 잡술에 그치고 맙니다. 수단과 기술에만 매달리면 오히려 본질을 잃어 도(道)로부터는 십만 팔천 리 떨어지게 되지요. 손오공이 잘못된 길에 들어선 것과 마찬가지입니다.

그럴 때 그것을 제압하여 올바른 길로 이끌 수 있는 것은 결국 무엇일까요? 참된 지혜요, 참된 깨달음입니다. 부처님의 등장은 바로 그런 의미로 볼 수 있지요. 진리를 깨닫지 못하고 힘만 가진 마음의 난동을 온전하게 제압하는 길은 부처님의 참된 가르침밖에 없는 것이니라! 대충 이런 의미로 보시면 됩니다.

자~ 그래서 길들지 않고 함부로 날뛰는 마음 원숭이가, 참된 깨달음의 화신인 부처님과 대면하게 됩니다. 그런데 이 어리석은 마음이 부처님의 참된 깨달음을 바로 알아볼 수 있겠어요? 그럴 수만 있다면 얼마나 좋을까요? 우리 중생들이 부처님 법 만나자마자 거기에 감복하여 들어갈 수 있다면 무슨 걱정이겠어요? 더구나 손오공 상태는 제힘에 취하고, 저 잘난 맛에 하늘 높은 줄 모르는 상태이니까, 당연히 부처님 보기를 우습게 여길 수밖에요.

부처님의 물음! 가볍게 압축하면 "너는 무엇 때문에 이 난리냐?" 하는 물음에 저는 좀 전율이 일었네요. "너는 무엇을 위해 그리 바쁘게 바쁘게 달려가고 있니?" 하고 물으시는 것 같았거든요. 그런데 이에 대한 손오공의 대답이 정말 걸작입니다.

살짝 서유기의 글을 의역해볼까요?

하늘나라 영소보전靈霄寶殿은
옥황상제만 가질 수 있는 것이라더냐?
이 세상의 왕위도 남에게 물려줄 수 있는 것처럼
힘센 자가 높은 지위에 올라야 하는 것이니
나에게 양도함이 마땅하리라.

　참으로 대단한 기개지요? 《사기史記》의 진섭세가陳涉世家에
"왕과 제후 그리고 장수와 정승의 씨가 따로 있겠는가?"라는 말
이 나오는데, 이 말을 하늘의 지배자에까지 적용하고 있네요.

　맞아요! 신분질서는 얼마든지 바뀔 수 있어요. 또 바꾸려
는 노력이 나쁠 것도 없고요. 세상에 신분이 아예 없다면 모를
까, 자신이 좀더 높이 올라가려는 것 자체를 부정적으로만 볼
건 아니겠죠. 그런데 문제는 그것을 바꾸는 기준이 무엇이냐는
겁니다.

　손오공은 무얼 내세우고 있지요? 힘입니다. 힘센 자가 위
에 선다는 단순한 논리를 내세우고 있습니다. 힘도 여러 종류의
힘이 있을 수 있는데, 그 가운데서도 아주 단순무식한 힘을 내
세우고 있는 것이지요. 세상의 신분구조가 딱 결정되어 요지부
동인 것도 문제지만, 이렇게 단순무식한 힘을 내세우는 세상은
과연 어떨까요? 그야말로 아수라장이 될 수밖에요.

　손오공이 말한 대로 "옥황상제는 누가 정해놓고 하라는
법 있나? 힘센 자가 최고다. 그러니 힘센 내가 옥황상제 해야겠

다!" 하는 방식, 거기서 앞부분은 부정할 필요가 없겠죠? 옥황상제 씨가 따로 있느냐는 식의 생각은 인류 역사에서 매우 중요한 발전의 계기가 되기도 했겠죠? 핏줄에 의해 신분이 결정되는 사회를 벗어나려면 이런 생각이 있지 않으면 안 됩니다.

태생에 의해 신분이 결정되는 사회야말로 가장 불합리한 사회라 할 수 있지 않겠어요? 나의 노력과는 전혀 상관없이 태어나면서부터 나의 신분이 결정되는 사회, 참 불합리한 사회인데도 불구하고 그런 사회가 얼마나 오랫동안 인류 역사를 지배해왔던가요? 아직도 이런 잔재가 완전히 청산되지는 않았다고도 할 수 있겠습니다.

그러니 손오공의 말 가운데 앞 이야기는 좋다 이겁니다. 문제는 뒷부분이라 했죠? "힘센 놈이 최고다!" 이 말을 받아들이면 이건 거의 짐승의 수준으로 떨어지는 셈이 됩니다. 무조건 힘이 지배하는 세상, 그건 핏줄이 지배하는 세상보다 더 험한 세상이 될 수도 있을 거 같아요. 힘이라는 것은 인간의 본질적인 부분이 아니잖아요?

사람이 사람다운 까닭은 어디에 있을까요? 이 물음에 대한 답을 어떻게 내놓느냐에 따라 어떤 원칙으로 세상을 꾸릴 것이냐의 답도 달라질 것 같네요. 자, 여러분이 내놓을 수 있는 답을 한번 생각해볼까요? 이 물음에 답을 하려면 사람이 다른 존재들, 특히 동물들과 구별되는 특성을 생각해보게 되지요? 그게 무엇일까요?

서양 철학에서 가장 일반적으로 내놓은 답은 "사람은 이성적인 동물이다"입니다. 사람에게만 고유하게 있는 것은 '이성理性'

이라는 말입니다. 이건 사람의 지적인 부분을 가장 중시하는 답이라 할 수 있겠네요. 또 "정치적인 동물이다"라는 답도 있습니다. "언어를 사용한다"는 답도 있지요.

중국 제자백가 가운데 하나인 묵자墨子는 "사람은 노동하는 동물이다"라고 규정힙니다. 다른 동물들은 무기니 옷이나 하는 것들을 타고나는 데 의존하지만, 사람만은 노동을 통해 그런 것들을 만들어내고 사용하는 동물이라는 뜻이죠. 그래서 묵자는 노동의 산물을 낭비하거나 노동력을 감소시키고 약화시키는 것을 엄청나게 싫어합니다. 묵자가 유교의 예禮나 음악音樂을 비난하는 것은 그 때문이죠.

이에 반해 유학儒學에서는 일반적으로 사람을 '도덕적인 동물'로 규정합니다. 인간만이 남을 진정으로 생각하고 나와 남을 함께 고려할 수 있는 도덕적인 마음을 지니고 있다는 것이죠. 그러니까 그러한 도덕을 중심으로 세상을 만들어야 하고, 덕 있는 사람이 높은 지위에 가야 한다는 주장을 하게 됩니다.

학생들 가르치면서 "인간이 다른 동물과 구별되는 특징은 무엇인가?"를 물어본 적이 있지요. 앞에서 이야기한 것들과 같은 답이 줄줄이 나왔습니다. 그런데 정말 기발하고도 발칙한(?) 답도 나와서 많은 사람들을 웃게 한 일이 있었습니다. 무어냐고요? "사람은 발정기가 따로 없는 동물이다!"라는 답이었어요. 하하.

맞기는 맞는 이야긴가요? 흠, 나칠계 님은 정말 전적으로 동의하신다는 표정이군요. 나칠계 님의 상태를 잘 알겠습니다. 나칠계 님 주변으로는 여성 접근금지 표시를 붙여드려야 할 것 같네요. 전혀 아니라구요? 여성을 존중할지언정 절대 위험한 생각을 한 적은 없다구요? 표정과 발언 내용이 너무 다른데 어느 것을 존중해야 할지 판단이 잘 안 서네요. 하하!

그건 그렇고, 앞에 든 이야기들을 종합해보더라도 인간이 인간다운 까닭 가운데 힘이라는 것은 없군요. "인간은 힘센 동물이다"라는 인간의 정의는 없다는 겁니다. 그렇다면 '힘'으로 세상의 질서를 세우자는 주장은 인간을 인간답게 만드는 길이 아니겠지요? 그리고 손오공의 이야기가 얼마나 터무니없고 억지스러운 이야기인가도 드러나는 것이겠구요.

이런 손오공의 억지 주장에 대해 부처님은 이렇게 타이르십니다. "이 어리석은 축생도 못 벗어난 원숭이 아저씨야! 옥황상제는 1,750겁의 수행을 쌓으신 분이야. 너 따위 갓 도술 익혀 힘자랑하는 녀석이 엿볼 상대가 아니란다." 요컨대 힘으로 되는 게 아니라는 거죠. 네 힘이 정말 얼마나 센지는 모르겠지만 그 자리는 오랜 수행으로 닦인 인품과 도력과 선행의 과보 같은 것이 없으면 앉을 수 없는 자리라는 것입니다. 정말 차분하게 타이르시는 부처님! 그런데 천둥벌거숭이 손오공이 들어먹을 리가 없다는 게 문제이겠죠? 그래서 부처님이 슬쩍 손오공을 도발하여 내기로 들어가시는 겁니다.

그 전에 부처님의 차분한 타이름과 관련된 근본적인 요소 하나를 살펴보고 가기로 할까요? 수행이라는 말로 표현하셨지만, 이를 넓은 의미로 해석하면 '업業'이라고 할 수도 있겠습니다. 부처님의 말씀을 업에 의해 세상의 신분질서가 정해진다는 의미로 이해할 수도 있다는 말이지요. 그러니 업이라는 것의 의미와, 그것으로 세상의 신분질서를 합리화하는 태도가 어떤 문제는 없는 것인지 한번 살펴볼 필요가 있습니다. 업을 중심으로 불교를 이해하는 분도 꽤 많은 것 같으니까요.

불자들이 가장 입에 많이 올리는 말이 바로 '업' 아니던가요? "에고, 전생의 업이 많아서…"라든가, "이게 무슨 업인지", "다 업보야!" 하는 말들 심심치 않게 하시잖아요? 그만큼 업이라는 게 우리 의식의 바탕에 깊게 깔려 있습니다.

그 업 또는 업보業報란 것은 어떤 의미일까요? 업은 '행위'란 뜻이라는 사실 다 아시지요? 그리고 업보란 행위의 결과, 또는 그 결과로 오는 과보를 말합니다. 인과응보란 말은 불교에서 기본적으로 받아들이는 말이지요. 인과응보가 없다면 세상은 완전히 콩가루 집안이 될 겁니다. 인과응보가 있다는 믿음 아래 우리는 현재를 이해하고 미래를 설계하는 것이니까요.

그런데 이 인과응보가 어떤 수준에서 이루어진다고 말하는가를 살펴보는 게 중요합니다. 기본적으로는 업을 어떻게 이해하느냐를 살펴보는 것이겠지요. 업이 결과를 낳는다면, 그 업이라는 것을 어떻게 보느냐에 따라 인과응보의 해석이 엄청나게 달라집니다.

예를 들어볼까요? 까마귀가 휙 날아가는 바람에 까마귀가 앉아 있던 배나무 가지가 출렁이고, 그래서 배가 뚝 떨어졌습니다. 그 배가 마침 그 아래를 지나가던 뱀의 머리를 정통으로 가격(?)하고, 또 재수가 없어서 뱀이 치명상을 입었고, 그래서 뱀이 죽었습니다. 뱀은 죽어서 사냥꾼이 되었고, 까마귀는 죽어서 멧돼지가 되었습니다. 사냥꾼이 사냥감을 쫓다가 우연히 비탈길에 바위를 건드렸고, 그 바위가 굴러 우연히 산자락을 유유히

산보하던 멧돼지를 덮쳐 깔아뭉개고, 그 결과 또 우연히 멧돼지
가 죽었습니다. 그렇게 또 그렇게… 이런 우연의 연쇄가 결코
우연이 아니고, 모두 인과응보이니라! … 이것이 불교에서 가
르치는 업의 사상일까요? 업보란 그런 것일까요?

　　전혀 아닙니다. 업이나 업보를 그런 식으로 해석하면 정말
우리는 움츠러들기만 할 겁니다. 발걸음 하나 옮길 자리가 없어
요. 우리 발밑에 얼마나 많은 생명들이 있는데, 그런 생명들 밟
아 죽이면 그것이 업보가 되어 또 나를 괴롭힐 테니까요. 그런
것은 불교의 업 사상이 아닙니다. 자이나교라는, 불교와 비슷한
시대에 시작한 인도의 종교에서는 이와 비슷한 업설業說을 가지
고 있지요. 그들은 무의식으로 짓는 업까지 업보를 낳는다고 생
각해서 철저한 무소유를 실천하려 합니다. 재가 신도들도 마찬
가지라서 가능하면 농업을 직업으로 선택하지 않습니다. 농사
를 짓다 보면 어쩔 수 없이 살생을 하게 된다는 거죠. 그래서 그
들은 상업을 직업으로 택하는 경우가 많았다 하는군요.

　　불교의 업설은 이와 다릅니다. 업을 업이게끔 하는 가장
중요한 요소는 '의도'라고 보는 것이 불교 업설의 특징이지요.
어떤 행위를 할 때 목적의식이나 의도를 가지고 했느냐가 중요
하다는 것입니다. 즉 어떤 생명을 해쳤다 하더라도 생명을 해치
려는 의도가 없는 우연한 일이거나 피치 못할 일이라면 업으로
여겨지지 않거나, 업이 성립된다 하더라도 아주 약한 업이 된다
는 거지요.

　　그러니까 "까마귀 날자 배 떨어져~"가 업보의 연쇄를 낳
지는 않는다는 뜻이 됩니다. 부처님 가르침을 믿는 불자들은

"까마귀 날자 배 떨어져~"식의 업을 지을까 전전긍긍할 필요 없이 어깨 펴고 사셔도 된다는 말씀이죠. 그리고 그런 우연성으로 일어나는 업보가 지금의 나를 지배하고 있지는 않을까 하는 두려움을 가질 필요도 없구요.

여기서 한 걸음 더 나가서, 좋은 업을 쌓아서 좋은 결과를 누리고 잘 살자는 것이 불교의 목표인 것처럼 생각되는 풍조에 대해 한번 짚고 넘어가야 할 것 같네요.

나칠계 님, 모처럼 손을 번쩍 드시네요. 말씀해보세요.

"삼쾌 선생, 괜한 걱정을 하지 마세요. 그런 잘못된 믿음 같은 건 가지고 있지 않아요. 저는 오직 부처님께 열심히 빌고 기도하면 다 들어주신다는 그런 건강한 믿음을 가지고 살고 있어요! 전번에도 주식 투자한 거 잘되라고 기도 붙이고 열심히 빌었더니 정말 대박이 났거든요. 전 이렇게 부처님께 기도하면 무엇이든 이룬다는 건강한 믿음 지니고 있으니 걱정 마세요!"

헉! 정말 제가 괜한 걱정을 하고 있었네요. 제 걱정은 이런 것이었거든요. 불교의 목적은 좋은 업 쌓아서 이 세상에 좋은 복 누리고 내생에는 좋은 세상 태어나자는 것이 아닌데, 지금의 불교는 그런 모습이 아닌가 하는 것이었어요. 그런데 나칠계 님 말씀 들으니 그런 걱정조차 사치라는 것을 정말 절실하게 느꼈습니다.

나칠계 님, 그 믿음이 옳은 믿음이라면 정말 부처님 가엾어 어쩌나요? 수많은 불자들의 수많은 기도 들어주시노라, 정말 잠시도 못 쉬실 것 같아요. 완전 노예 신분? 깨달아 부처 되면 모든 중생의 기도에 일일이 봉사하는 노예 같은 거 되는 건가요? 에고, 갑자기 믿음이 막 흔들리네요.

에잇! 나칠계 님의 수준 잘 알았습니다. 그렇지만 저는 제 수준에서 걱정을 계속하렵니다. 불교는 좋은 업 쌓아 좋은 결과 보자는 종교 아닙니다. 그리고 업에 의해 신분을 합리화하는 종교도 아닙니다! 지금 사회적으로 높은 신분에 있는 사람들은 전생에 훌륭한 업 쌓은 사람이니까, 괜히 시비 걸지 말고 나도 지금 생에 좋은 업 쌓아서 내생에는 그렇게 높은 신분 되자는 종교도 아닙니다! 불교가 그런 식으로 이해되어서는 안 되는데, 좀 그런 경향이 있다는 게 제 걱정입니다!

그럼 불교의 목적은 무엇이냐고 물으신다면, 누구나 다 아는 답이 있지요. 불교는 깨달음을 목적으로 하는 종교잖아요. 그리고 업보를 중심으로 하는 것이 아니라 '괴로움의 윤회를 벗어남'을 중심으로 하는 종교잖아요.

그거 너무 고상한 목표고, 또 현실에 맞지 않아 그렇게 불교를 말하면 현실에 발붙일 곳이 없다고요? 저는 그렇게 생각하지 않습니다. 오히려 불교가 그런 종교이기에 현실에 의미가 있고, 또 현실에 힘을 발휘할 수가 있다고 믿거든요.

좀 어려운 이야기죠? 통과! 다음에 손오공 빌미 삼아 쉽게 이야기할 기회가 있을 겁니다요. 본 줄거리를 이어나가 보지요.

잘 아시는 대목이죠? 손오공이 아무리 날고뛰어도 부처님 손바닥을 벗어나지 못한 이야기. "지가 뛰어봤자 부처님 손바닥 안이지!" 하는 말들 하지 않아요? 바로 여기가 그 출처지요. 그렇지만 늘 쓰면서도 사실은 출처는 잘 모르시더라구요. 그러니까 잘 아는 것 같으면서도 정작 모르는 이야기였던 셈이네요.

아무튼 손오공 열심히 근두운 타고 날았는데도 부처님의 손바닥을 벗어나지 못합니다. 와~ 부처님 손바닥은 얼마나 넓기에! 십만 팔천 리 날아가는 근두운으로 한참 가도 못 벗어난단 말인가! 부처님의 신통력은 광대하기도 하구나! 이렇게 감탄해야 하는 대목인가요?

물론 그렇기도 하지요. 부처님의 신통력을 우리가 어찌 감히 엿볼 수 있겠어요? 그렇지만요… 부처님이 그 신통력으로 손바닥을 좌악~ 늘려 펴서~ 손오공 근두운보다 더 빨리 늘려 펴서~ 손오공 날아가는 그 앞에 손가락을 턱 세우셨구나! 이렇게 생각하다 보니 좀 이상한 그림이 떠오르네요. 부처님 손이 마치 문어발처럼… 으윽! 이건 좀 불경스런 상상이군요.

그런 불경한 상상을 하는 것보다는 좀 비유적인 표현으로 이 대목을 이해하는 편이 좋겠습니다. 손오공은 애초에 무엇을 상징한 존재였던가요? 바로 사람의 마음입니다. 원숭이처럼 나부대는 마음, 즉 마음 원숭이였거든요. 절에서 가끔 들으신 분도 있을 '마음 원숭이의 여섯 창문'이라는 비유에 나오는 그 원숭이죠. 그리고 좁게는 마음 가운데 지적^{知的}인 측면을 가리키기도 하구요. 물론 깨달으면 지혜지만, 그렇지 못한 상태에서는 어리석음이기도 한 그 마음의 측면을 손오공으로 형상화한 것입니다.

그렇다면 부처님은 여기서 어떤 존재일까요? 부처님은 바로 깨달은 마음입니다. 부처님의 원래 뜻이 무엇인지는 다 아시지요? 붓다^{Buddha}의 뜻은 '깨달은 이'이고, 이것이 우리말에서 부처가 되고, 거기에 존칭이 붙어 부처님이 되었다는 얘기는 기본

상식! 여기서 손오공과 부처님을 대비하면 바로 앞에 이야기한 구도가 됩니다.

손오공은 무한한 가능성의 일부를 개발하여 하늘 높은 줄 모르고 날뛰고 있는 상태의 마음이겠죠. 그리고 부처님은 무한한 마음의 가능성을 온전히 실현한 존재, 깨달은 마음을 가리킨다고 보면 되겠습니다. 가진 힘을 조금 개발하여 저 잘난 맛에 취해 있는 마음이 어찌 완전한 깨달음에 도달한 마음을 넘어서겠습니까? 그게 바로 손오공이 부처님 손바닥을 벗어나지 못하는 장면으로 그려지는 것이겠지요.

그리고 조금 능력을 드러낸 마음과 완전히 깨달은 마음은 양적인 수준에서 차이가 나는 것이 아니라 아예 차원이 다른 것입니다. 양적인 차이라면 어떻게 애를 써서 상대해볼 마음을 먹을 수가 있겠죠. 그렇지만 질적인 차이, 차원이 다른 이야기에는 어찌 상대할 수가 없습니다. 그것은 불교에서 신神과 부처님 사이에 넘어설 수 없는 차원의 다름이 있는 것과 마찬가지입니다.

불교에 나오는 많은 신들이 있죠? 범천梵天, 제석천帝釋天 등의 신 말입니다. 그들은 대부분 인도 신화에 나오는 신들이죠. 그리고 불교가 전파되면서 여러 지역에서 믿어지고 있던 신들도 다 불교를 옹호하는 신으로 받아들여졌죠. 그래서 절에 산신각도 있고, 용왕각도 있고, 어떤 절에는 칠성님 모신 전각도 있는 것 같던데… 아닌가요? 그런 신들을 다 모시다 보면 부처님 지위가 좀 위태롭지 않을까 생각되지 않나요? 그런 신들과 부처님의 차이가 신통력이 누가 더 높은가 하는 데 있다면 어찌 될까 싶네요. "당신이 나보다 좀 세기는 하지만 그래도 한판 붙어볼 만은 하지 않을까?" 하는 발칙한(?) 생각을 할 수도 있지 않겠어요?

그렇지만 그런 차이가 아닙니다. 앞에서 이야기했지요? 좋은 업을 쌓아서 좋은 위치에 가는 것은 그 한계가 있습니다. 아니, 한계가 없다고 말해야 할까요? 어디가 가장 높은 곳이다 싶으면, 바로 그 위가 있습니다. 수명이 억겁인 세상이 있으면, 억겁하고도 한 겁을 더 사는 세상이 있습니다. 신통력이 이 정도면 최고다 싶으면, 그보다 조금 더 높은 신통력이 있습니다.

이렇게 "조금 더 세게, 조금 더 높게!"를 추구하는 길에는 끝이 없다는 것이지요. 그것이 업보를 가지고 다투는 세상의 이야기이며, 바로 윤회의 세상 이야기이며, 우리 중생계의 모습입니다. 그리고 신들조차 그 윤회의 세계를 벗어나지 못한 존재입니다. 우리가 상상할 수 없을 정도의 수명과 신통력을 가졌다 뿐이지 차원이 다른 존재는 아니란 말씀이죠.

부처님은 그런 세상에서 '조금 더' 높고 '조금 더' 힘센 존재가 아닙니다. 한 끗발을 다투는 그러한 세계를 아예 벗어나신 분입니다. 윤회의 세상에서 조금 더 높고, 조금 더 훌륭한 지위를 차지하신 분이 아니라 온전히 그 윤회의 사슬을 끊어버리신 분입니다. 그런 점에서 차원이 다르다는 것입니다. 그러하기에 모든 신들이 부처님께 귀의하여 그 가르침을 받습니다.

물론 부처님이 우리와 본디 종자가 다른 분은 아니기에, 우리도 깨달음을 얻으면 그분과 같은 존재가 될 수는 있습니다. 그렇지만 그것은 역시 우리가 한 차원을 넘어서야만 가능한 일입니다. 불교는 그렇게 완전히 차원이 다른 존재로의 비약을 말하는 종교지요.

그러니까 손오공이 아무리 재주가 출중해도, 신과 같은 힘을 지녔다 하더라도 절대로 부처님을 넘어설 수 없는 것이죠. 깨닫지 못한 어리석은 마음이 어찌 깨달은 온전한 마음을 넘어설 수 있겠어요? 그게 바로 부처님 손바닥을 벗어나지 못하는 손오공의 처지입니다.

자~ 그래서 깨닫지 못한 주제에 조그만 힘에 취해 날뛰던 마음 원숭이가, 도저히 넘어설 수 없는 벽을 만났습니다. 그동안 날뛴 과보를 받아야 하겠지요? 이제 인고의 세월을 좀 보내야 할 것 같군요.

그런데 그 인고의 세월은 오행의 산 아래에서 보내야 한다네요. 오행은 일주일에서 일, 월, 즉 해와 달을 뺀 것이죠. 화, 수, 목, 금, 토… 즉 불과 물, 나무, 쇠, 흙이네요. 세상을 이루는 다섯 가지의 중요한 요소를 가리키는 것이죠. 오행은 중국의 고전인 《서경書經》에 처음 등장한 이후로 주역陰陽의 음양陰陽 사상과 결합하여 세상의 변화를 설명하는 근본 원리로 자리 잡았지요.

손오공이 그 오행산 아래 깔렸다는 이 대목에서, 저는 "육체는 영혼의 감옥이다"라는 플라톤의 말이 떠오릅니다. 오행산 아래 깔린 손오공, 이것은 본디 무한한 가능성을 지닌 마음이 오행이 지배하는 이 세상이라는 제한 속에 갇힌 모습을 그린 장면이 아닐까 싶거든요. 플라톤 이야기도 이와 비슷하죠. 영혼은 본디 이데아의 완전한 세계에 살았기에 온전한 앎을 지니고 있는 것인데, 육체라는 감옥에 갇혀서 그 앎을 잊게 되었다는 것입니다. 이야기의 무대는 좀 다르지만 비유는 참 비슷하다는 생각이 드는군요.

아무튼 손오공은 이제 정말 괴로운 나날을 보낼 수밖에 없습니다. 그 죄가 보통 큰 것이 아니거든요. 하늘을 온통 뒤집어엎었으니, 하루 이틀 감옥에서 보낸다고 벗을 죄기 이니잖아요? 그래도 저는 이 대목에서 왠지 어깨가 으쓱해지네요. '흠~ 내 마음이 한번 힘쓰면 하늘 세상 뒤집어엎는 건 일도 아니란 말씀이야!' 하는 생각도 드니까요.

그래도 죄는 죄대로 받는 거니까, 고생은 해야겠죠? 그 큰 힘을 올바른 데 써서 온전한 깨달음으로 나가는 길을 걷기 위해서는 진실한 참회를 거쳐야만 합니다. 부처님께서 슬쩍 "죄를 다 벗는 날에는 도와주는 사람이 있을 것이다"는 말씀까지 전해주셨으니, 희망을 가지고 기다려야죠.

희망이 있고 없고는 너무나 다르지요. 그렇다고 손오공이 희망에 찬 나날을 보냈느냐 하면, 그건 아닙니다요. 목마를 때는 구리 쇳물을 마시고, 배고프면 쇠구슬을 먹는 나날이었답니다. 그래도 먹는 게 어디냐, 손오공이니까 그 정도는 편하게 먹고 마실 수 있는 거 아니냐구요? 하긴 그것도 그렇군요.

서유기는 이 대목을 이렇게 말하고 있습니다.

"나쁜 짓 한 과보를 받아 괴로움을 겪지만 선근善根은 끊기지 않았네. 언제나 부처님의 속박에서 벗어날까? 당나라 현장법사님 오시기를 기다려야 하리라!"

13. 달마대사 오기 전에 관세음보살 오셨더라

골칫덩이 손오공 물리치신 부처님,
천궁에서 온갖 대접 받으시고
서천西天으로 돌아오신다.
사나운 원숭이를 만나서 그러셨을까?
음란하고 혼란하고 분란 많고 환란 많은 남섬부주,
그 인간들에 대한 큰 자비를 일으키신다.
내게 있는 진리의 창고,
그 삼장三藏의 법문을 그 땅에 전하리라.
그 땅의 신앙심 깊은 이가
온난 고생 다 하면서 여기까지 와서
그 귀한 법을 받아 지니고 돌아가게 하리라.

누가 이런 나의 뜻을 남섬부주에 전하겠느냐?
자비심의 화신 관세음보살 응답하신다.
제가 가오리다, 저한테 맡기소서.
부처님 흡족하게 고개를 끄덕이시다.
자비심 넘치고 지혜 충만한 그대라면

나의 뜻을 충분히 수행할 수 있을 것이오.

그대의 신통력이면 단숨에 갈 길이지만

오는 이에게 행로도 알려주고

또 중간에 도움을 줄 존재들을 안배하면서

낮게 날아 천천히 살피면서 가시오.

관세음보살 부처님 분부받고

제자인 혜안慧岸행자와 함께 동녘 땅으로 출발하신다.

그 가는 여정 곳곳에 오는 이 맞을 준비를 해두신다.

요괴 물귀신 하나 만나

이름을 사오정沙悟淨이라 지어주고,

다시 요괴 돼지귀신 하나 만나

이름 저오능猪悟能이라 지어주고,

벌 받는 용 하나 만나 그 벌 풀어주고,

이 모두에게 조신하게 기다리다가

앞으로 경 구하러 서천 가는 이 도와주라 부촉付囑하시네.

마지막에 오행산 아래 깔린 손오공 만나니

그 사이 하계의 시간은 어언 오백 년이 흘러

사납던 손오공도 이제는 좀 노골노골해졌구나.

관세음보살에게 이 고통 면하게 해달라 청한다.

보살님의 자비가 어이 차별 있을까.

너그럽게 불법 문중으로 들이고

이름 지어주려 하니 마침 항렬자도 맞는

오공이란 이름 지니고 있네!

그런 여정을 거쳐 도달한 동쪽 땅,

달마가 서쪽에서 오기 전에

이미 관세음보살 오셨었더라!

오신 땅이 어디였느뇨? 오신 때는 언제였느뇨?

땅은 중국 땅, 때는 당唐대 태종황제 시절이었다네.

마침 그 시절 그 땅에

현장玄奘이라는 신승神僧 있었으니

그 아니면 누가 큰 임무를 맡을 수 있을까!

부처님 뜻 이은 관세음보살의 자비와

동방의 신승 현장의 뜨거운 구도심이 만나게 되는 날,

온 누리에 하늘 꽃비 내리리라!

부처님께서 큰 자비심을 내시네요. 정말 큰 자비심이에요. 부처님이 뭐가 부족하시겠어요? 뭐가 아쉽겠어요? 그런 부처님이 중생에 대해 자비심을 내어 진리를 전해주신 그 큰 은혜! 큰 은혜에 감사하는 마음을 가지는 게 기본 중의 기본이겠죠?

물론 부처님의 본분에서야 그러한 자비심이 없다면 부처님일 수가 없겠지만, 우리 중생의 본분으로서는 그렇게 생각해서는 안 됩니다. 이 힘난한 세상, 고해를 헤쳐나가면서 부처님 은혜에 대한 감사의 마음을 품는 것이 바로 불자가 되는 출발점 아닌가 싶네요.

그 감사는 여러 모습으로 나타나겠지만, 저는 이렇게 감사드리는 마음이 기본이 아닐까 생각해요.

"부처님의 가르침을 만났기에 제가 그나마 이렇게 살 수 있었습니다. 그렇지 않았다면 얼마나 더 못난 모습으로 있었겠습니까? 얼마나 더 괴롭게 이 세상을 한탄하며 살았겠습니까? 참으로 고맙고도 고맙습니다. 앞으로 더더욱 부처님의 큰 가르침 열심히 받아 실천하며, 나날이 부처님 닮아가는 삶 살아가도록 하겠습니다."

이건 불교에만 해당하는 이야기가 아닐 것 같군요. 모든 종교인의 기도에도 똑같은 말을 할 수 있지 않을까요? 크리스천들도 맨날 뭐 달라고 하는 기도를 하기보다 예수님의 삶을 본받겠다는 기도, 그렇게 살 수 있도록 힘을 주십사는 기도를 한다면 얼마나 기도의 격이 높아지겠습니까?

그러니까 나칠게 님! 맨날 "기도드리니까 꼭 들어주시더라!" 하는 감사에만 머물지 마시라는 겁니다. 좀 발전을 해야지요. 무슨 인연 때문인지 제 이야기 계속 들으러 와주시는 건 감사하지만, 초 치는 말씀만 하지 말고 이럴 때 고개 몇 번 주억거리며 추임새도 넣어보세요!

어? 정말 고개를 끄덕이시네요. 아, 삼쾌 선생 하는 말에 따라, 그런 마음으로 기도를 드리면 부처님께서 더더욱 어여삐 여기시고 기도도 잘 들어주실 것 같다구요? 에고, 말을 말아야지.

그래도 그 말씀 옳은 점도 있는 것 같아요. 그런 맘으로 기도하면 기도도 더 잘 될 거라는…. 단지 잘 들어주셔서가 아니라, 좀더 큰 마음으로 편안하게 기도할 수 있을 것 같지 않나요? 늘 부족한 거 달라고 칭얼거리는 기도보다야 이렇게 기도

하는 마음이 예쁘겠지요.

아무튼 부처님이 큰 자비심으로 삼장의 법을 남섬부주의 동쪽 땅에 전하려 하시네요. 삼장은 경經과 율律과 논論, 즉 부처님 가르침의 전체를 말합니다. 그런데 그때 하시는 말씀이 참 재미있어요.

"나는 법력 있는 이를 뽑아 동녘 땅에 보내 착한 이를 찾게 하고, 그 착한 이가 온갖 험한 강과 산을 건너고 넘어 고생을 겪으면서 여기로 오게 하고 싶다."

에고~ 부처님이 무슨 심술이 그렇게 심하신가요? 온갖 고생을 겪으면서 오게 하고 싶으시다니. 좀 편하게 오도록 한다든가, 아니면 기왕 자비심 내신 김에 친절한 배달서비스 같은 건 없는지… 그런 생각 들지 않으세요?

실제로 서유기 저 뒤로 가면 손오공이 요괴 때문에 무진 고생하면서 그렇게 투덜거리는 대목이 있어요. 불보살이 직접 가져다주면 좋을 것을 게으름 피우면서 사람 고생시키느냐, 아니 원숭이 고생시키느냐, 뭐 그런 투정이죠. 그때 관세음보살이 타이르는 말이 있어요. 뭐냐구요? 미리 알면 재미없죠. 대강 그런 고생을 겪지 않고 쉽게 얻으면 그 가치가 없다는 말씀이라는 것만 귀띔해드리죠.

그래서 그렇게 고생하면서도 이 부처님 계신 서쪽 땅을 찾아올 사람을 찾는데, 그래도 너무 힘들어 포기하지는 않을 만한 법력 있는 사람이 물색 대상입니다. 그리고 그 물색 작업에 자비심의 화신인 관세음보살이 자원을 하십니다. 부처님께서야 흡족하실 수밖에요.

그래서 관세음보살에게 금란가사金襴袈裟(황금을 섞어 짠 비단으로 만든 가사) 한 벌, 구환석장九環錫杖(아홉 개의 고리가 달린 큰 지팡이) 하나, 그리고 세 개의 긴고緊箍라는 테를 주시네요. 금란가사와 구환석장은 경을 가지러 올 스님에게 줄 것이고, 세 개의 테는 경 가지러 올 스님을 도울 요괴 제압용이지요. 여러분도 친숙하시죠? 손오공이 말 안 들을 때 현장법사가 써먹는 거. 손오공 머리에 씌워져 있는 그 테 말입니다. 주문 외우면 막 조여들어서 손오공 때굴때굴 구르며 아파하게 하는 그거 말입니다.

그것을 받아 지니고 출발한 관세음보살님, 약수弱水 또는 유사하流沙河라는 곳에서 흉악한 물귀신을 만나네요. 연잎조차 뜨지 못하니, 뗏목 띄울 생각은 할 수도 없는 강이라네요. 실제 사막에 접어들면서 만나게 되는 험한 자연을 말하는 것이지요. 그곳이 어디를 말하는지, 어떤 의미가 있는지는 곧 얘기할 중요한 대목이니까, 미리 말하면 천기누설! 거기서 만나는 물귀신이 사오정이라는 것만 밝혀두죠.

대신 사오정의 신분사항만 간단히 말씀드리겠습니다. 그는 본디 요괴가 아니라, 하늘에서 벼슬을 하다 죄를 지어 하계로 추방된 존재입니다. 그리고 그건 곧 만날 저팔계도 마찬가지입니다. 그들이 본디 악한 존재가 아니라 어찌 잘못되어 지금의 흉한 모습으로 있게 되었다는 점이 중요합니다.

손오공이 마음을 상징하고, 또 어리석음과 지혜로움의 양면을 동시에 그린 존재라면, 이 둘도 마찬가지입니다. 사람의 마음이 지닌 어떤 측면을 상징화한 것이지요. 그리고 마음의 어

떤 측면도, 지금 중생으로 있을 때는 흉한 모습을 보이지만, 그
것이 본디 나쁜 것은 아니라는 사실을 비유적으로 나타내주고
있습니다. 그들이 본디 하늘에서 벼슬하던 존재라는 점, 무언가
계기가 있고 노력을 기울이면 다시 고귀하게 될 수 있다는 점
을 말하고 있는 것이죠.

　이 물귀신은 불법 문중에 든 기념으로 사오정沙悟淨이라는
이름을 받습니다. 유사하에서 만난 것을 인연으로 사沙라는 성
이, 맑음을 깨우친다는 뜻을 지닌 오정悟淨이라는 이름이 주어졌
네요.

　호호, 나칠계 님. 얼굴에 기쁘고 반가운 기색이 가득하
시군요.

　"저두 아는 인물이 나오니 정말 반가울 수밖에요. 제가
늘 존경해 마지않는 저팔계 님의 아우노릇 하는 사오정 아닙
니까? 말귀 어두운 사오정! 그 사오정 시리즈라는 유머들 제
가 정말 많이 알거든요. 제가 이래 봬도 한 유식한다는 거 아
닙니까!"

　에잉, 역시 나칠계 님께는 기대할 것이 없음을 또 증명해
주시네요. 사오정이 말귀 어둡다는 내용은 서유기 전체를 이 잡
듯 뒤져도 없어요. 그건 대한민국에서 유명한 허영만 화백의 작
품 〈날아라 슈퍼보드〉에 나오는 설정이라는 말씀 이미 드렸잖
아요. 어찌 나칠계 님은 저에게 이렇게 보람을 주시는지 모르겠
어요. 말씀드릴 때마다 처음 들었다고 하시니 가르치는 보람이
팍팍 나는군요.

　다시 원줄기로 돌아가서, 그다음에는 저팔계를 만나지요.

저팔계의 모습은 여러분도 잘 아시듯 돼지입니다. 그러니까 돼지 요괴란 말이지요. 앞에서 말씀드린 대로 원래는 하늘의 관리였는데 죄를 지어 하계로 추방되었고, 그때 재수가 없어 돼지의 태중으로 떨어지는 바람에 돼지가 되었다네요. 그런데 저팔계 하는 짓 봐서는 단지 재수가 없어 그리된 것 같지는 않죠? 꼭 돼지 같은 성향을 가졌기에 돼지 태중으로 떨어진 것이라는 강력한 심증을 지울 수가 없군요.

헛! 나칠계 님, 이번에는 좀 성이 난 기색이시네요. 말씀해 보세요.

"그건 확실히 재수입니다. 제가 존경하는 저팔계 님을 괜히 험담하지 마세요. 용모 가지고 그러는 거 정말 아닙니다. 저도 모습이 좀 저팔계 님 닮았다는 것 때문에 선입견 많은 사람들에게 얼마나 시달리는지 아세요? 제가 아직 장가 못 가고 있는 것이 무엇 때문인지 아세요? 삼쾌 선생! 좀 잘생기신 건 인정하지만 이건 아니지요!"

이크! 제가 잘못했네요. 용모로 사람 평가하는 짓은 정말 해서는 안 될 일입니다. 그저 상징적인 이야기일 뿐인데 제가 너무 나갔군요. 그래도 제가 잘생겼다는 것을 인정하시는 나칠계 님의 말씀, 속으로는 기분이 좋네요. 하하.

아무튼 관세음보살님은 사오정과 저팔계 만나 불문에 들이고, 서역에 불경 가지러 올 사람을 잘 보호하게끔 준비시킵니다. 여기서 잠깐 사오정과 저팔계 만나는 대목의 몇 가지 중요한 점을 짚고 넘어갈게요.

사오정은 유사하에서 요괴로 살면서, 굶주림을 면하기 위해 행인들을 잡아먹었다 합니다. 그 가운데는 서역 땅으로 불경을 가지러 가는 사람들도 있었다지요. 그런데 그 가운데 아홉 사람의 해골은, 거위 털도 가라앉아 버린다는 유사하에도 가라앉지 않는다는 겁니다.

이 대목! 참으로 가슴 울리지 않습니까? 모든 것이 다 가라앉아서 뗏목도 띄우지 못하는 유사하인데, 그럼에도 불경 가지러 가던 이들의 해골은 뜬다니! 얼마나 선명한 대비입니까? 그분들의 뜨거운 마음, 불법을 구하려는 마음이 얼마나 진실했기에 유사하에도 가라앉지 않았을까요?

현장법사가 불경을 가지러 가서 성공적으로 그것을 이룩했기에, 세상은 현장법사의 이야기를 아름답게 전하고 또 기억합니다. 그러나 그 이전에 그 길을 추구했지만 실패했던 분들의 뜨거운 구도심은 그대로 묻혀버리는 것일까요? 실패했기에 의미 없는 것일까요?

그렇지 않습니다. 그들의 뜨거운 마음은 유사하에도 가라앉지 않는 해골처럼 영원히 남아 있습니다. 그리고 그 해골들은 결국 역할을 합니다. 뒷이야기 좀 미리 당겨서 할게요. 거위 털도 가라앉기에 뗏목조차 띄울 수 없는 유사하를 어떻게 건널까요? 경 가지러 가기 위해서는 건너야만 하는 유사하, 그 강에 유일하게 뜨는 것은 바로 그 전에 경을 가지러 가다 사오정에게 잡아먹힌 아홉 분의 해골뿐입니다. 결국 그 해골로 뗏목을 만들어 유사하를 건널 수밖에요.

바로 이것이 진실입니다. 우리 역사에는 성공한 이들의 찬란한 기록만이 남는 것 같습니다. 그러나 그 찬란한 성공은 언제나 그 바탕에 앞선 이들의 수많은 희생을 깔고 있습니다. 그들이 비록 성공을 하진 못했지만, 그 고귀한 마음과 열정이 뒤에 오는 사람에게 뗏목이 되어 험난함을 건너게 해주는 것이지요. 그러니 우리는 언제나 이름 없이 스러진 그분들의 고귀한 희생을 잊어서는 안 됩니다. 빛나게 성공한 이름들의 뒤에 가려져 있는 수많은 이름들을 생각해야 하는 것입니다.

그다음 저팔계 나오는 대목도 한번 살펴보지요. 저팔계도 하늘에서 벼슬하다 죄를 지어 하계로 떨어졌다는 것은 말씀드렸지요? 그런데 그 이야기가 좀 재미있어요. 사람으로 태어나려고 어미 자궁 속으로 들어갔는데, 길을 잘못 들어 암퇘지 자궁으로 들어갔다는 거예요.

이 대목은 윤회의 비밀을 담고 있습니다. 불교의 윤회전생은 염라대왕이 전생의 생활기록부(?)를 보고 "너는 무엇으로 태어나거라" 하는 판결을 내리는 식으로 이루어지는 것이 아닙니다. 죽어 몸을 떠난 업식業識은 감각기관이 없습니다. 그렇지만 우리가 꿈속에서 무엇을 느끼는 것과 마찬가지로 세상을 보고 듣고 하는 것으로 느낀다는 거죠. 그러다가 자기가 평생 지은 업과 가장 잘 맞는 곳에 가면, 그곳이 너무도 편안하고 좋아 마치 천국처럼 느껴진다고 합니다. 그래서 그곳에 눌러앉으면 바로 거기에서 태어난다는 거죠.

평생 개 같은 짓만 해서 개와 습성이 가장 잘 맞는 업식의 경우를 생각해보세요. 감각기관이 없으니까 보고 듣지는 못하지요. 그런데 개집 가까이 가면 자기와 분위기가 너무 잘 맞아서, 마치 꿈속에서처럼 황홀하게 느껴집니다. 그래서 그곳에 눌러앉으면 그대로 개로 태어나는 겁니다.

그러니 저팔계가 사람으로 태어나려다가 길을 잘못 들어 돼지의 자궁으로 들어갔다는 말을 그냥 넘겨서는 안 될 것 같네요. 길을 잘못 든 것이 아니라, 바로 그곳이 가장 좋은 곳이라고 여겨져 그곳으로 간 것이 아닐까요? 그곳이 바로 돼지의 자궁이었고요. 관세음보살이 개과천선을 권하는 말에 발끈하는 저팔계의 반응을 보더라도 그런 생각이 들어요.

관세음보살이 앞길 막는 나쁜 업 짓지 말라 하자 저팔계는 이렇게 말합니다.

"앞길이라고요? 앞길? 당신 말에 따르자면 바람이나 마시고 살아야겠군. '관법官法에 따르면 맞아 죽고, 불법에 따르면 굶어 죽는다'는 하는 말이 있지. 난 관둘래, 그만둬! 난 이대로 살래! 두 겹 세 겹, 아니 천만 겹의 죄가 쌓인다 해도 난 겁날 것이 없어!"

죄업의 무서움을 모르는 아둔한 중생의 마음을 그대로 드러내는 말이 아니겠습니까? 관법을 따르면 맞아 죽는다는 말은 세속의 법 그대로 적용하면 형벌을 벗어날 길이 없다는 뜻이겠지요. 그러니까 그런 법 지키지 않고 적당히 나쁜 짓 하면서 살겠다는 말이겠고요.

그다음, "불법을 따르면 굶어 죽는다"는 말은 무슨 뜻일까요? 불교가 사람 굶어 죽게 하는 종교라는 뜻인가요? 심하게 말하면 바로 그런 의미입니다. 불교는 욕망을 버려라, 소유가 고통을 낳는다 하는 식의 가르침을 주니, 그것에 따르면 세속적인 욕망을 추구할 길이 없겠다는 불안을 그렇게 표현한 것입니다. 이렇게 어깃장 놓는 저팔계 달래느라 관세음보살 고생이 심했겠지요?

그런데 저팔계 같은 마음이 어디 저팔계뿐이겠어요? 그런 식으로 계속 탐욕 부리며, 죄지으며 살겠다는 중생들, 중생들, 중생들… 이깃이 사바세계의 모습이요, 그런 시비세계의 중생들 구하시겠다는 불보살님들 얼마나 고생이 많으시겠어요? 잠깐 묵념!

이크! 묵념은 오버인가요? 그렇지만 삼쾌 선생은 이 대목에서 현실 불교의 모습에 대해서도 일침을 가하고 싶은 마음이 드네요. 과연 "욕망을 버려라", "소유에서 벗어나라" 하는 식의 소극적, 부정적 표현만을 일삼는 것이 불교의 참된 모습일까요? 그렇다면 저팔계의 걱정이 괜한 걱정이 아닌 거죠. 욕망 버리고 무슨 힘으로 살아갈까요? 대체할 에너지도 안 주고 에너지의 근원을 고갈시키면 안 되지요. 앞에서 한 얘기 기억하시지요? 욕망을 서원으로 전환하지 못하면, 불자의 삶이 정말 '굶어 죽는 삶'이 될 수 있다고요. 그런 굶어 죽는 삶의 모습을 연출하는 불교가 아니라 당당하게 서원의 힘으로 삶을 이끌어가는 불자, 서원의 힘으로 지금 여기에 불세계를 일구어가는 불교가 되어야 하지 않겠어요?

그리고 또 하나 꼭 말해두고 싶은 게 있어요. 스님, 즉 출가자의 규범으로 주어진 것이 재가자에게까지도 이상적인 것으로 여겨져서는 안 됩니다. 스님들의 삶이, 스님들에게 요구되는 것이 불교의 참된 정신이라고 여겨져서는 안 된다는 말입니다. 부처님의 가르침은 대기설^{對機說}, 즉 어떤 주어진 조건에 맞게 설해진 것이라고 하지 않습니까? 그렇다면 출가자라는 특별한 조건에 맞게 설해진 것이, 그 조건과 맞지 않는 다른 이들에게 주어진 가르침으로 여겨져서는 안 되겠지요?

좀 극단적인 예를 들어보겠습니다. 스님들에게는 음계婬戒가 가장 무거운 것으로 여겨집니다. 성적인 것을 철저히 금하는 것이죠. 율장의 첫머리가 바로 성행위에 대한 금지로 시작합니다. 스님들은 생계의 모든 것을 재가자에게 의존하면서, 모든 에너지를 수행에 집중해야 하는 존재입니다. 그 가운데 성적인 에너지는 가장 강력하고 통제가 힘들기에, 그것을 통제하는 것이야말로 출가자의 규범 가운데 첫머리에 해당한다고 할 수 있습니다.

그런데 그런 스님의 삶이 이상적으로 여겨지면 어찌 됩니까? 그 규범이 이상적이라 하여 모든 이들이 그것을 따르면 어찌 됩니까? 인류 멸종! 이것이 바로 그 결론 아닌가요? 도저히 따를 수 없는 것을 이상으로 내세우면, 재가자의 삶은 불법 문중에서 2등 시민의 삶으로 떨어집니다. 그렇게 되면 또 어찌 됩니까? 이번 생에서는 도저히 이상적인 삶을 살 수 없으니, 지금은 그저 좋은 업이나 지어서 복락을 누리고 다음 생을 기약하자! 다음 생에는 꼭 출가를 해서 불도를 제대로 닦아보자! 이런 식이 된다는 것입니다. 과연 그것이 옳은 길일까요?

저는 절대 아니라 생각합니다. 그런 마음을 먹는다는 것 자체가 부처님의 가르침을 등지는 일이요, 부처 될 길을 스스로 포기하는 일이라 생각합니다. 부처님의 가르침을 만난 바로 지금부터 부처 되는 길을 추구해야 합니다. 스님은 스님의 방식으로, 재가자는 재가자의 방식으로!

　'지금 생에서는 불법 수행 안 될 테니 좋은 업이나 짓고, 불법 수행은 다음 생으로…' 하는 마음을 먹는 순간, 다음 생의 업이 결정될 것입니다. 다음 생에 태어나 지금 생에서 마음먹었던 것이 사세히 생각날 턱이 없을 테니, 다음 생에서도 또 미루게 될 것이 틀림없습니다. 미루었던 버릇은 고스란히 남아 있을 테니까요. 그 버릇이 바로 업이니까요. 불자들이 이런 방식으로 불교를 믿었기에 불교가 '굶어 죽는' 종교가 된 것이라고, 이 삼쾌 선생 좀 위험한 주장을 내놓습니다!

　위험한 주장 같지만 사실 제 말이 옳다는 증거가 있습니다. 많은 불자들이 이번 생에는 좋은 업 지어서 세속적인 행복 누리고 다음 생에는 출가 수행하자는 방식으로 살고, 그 마음이 다음 생에 제대로 발현되었다면 어땠을까요? 출가자들이 나날이 늘어났어야 하지 않을까요? 현실이 그렇지 않다는 것은, 결국 미루었던 버릇만 남아 계속 불법 수행은 뒷전으로 밀려나기만 했다는 뜻이겠지요.

　터무니없는 증거라고 너무 야단치지는 말아주세요. 아무튼 불법 수행은 잠시라도 미루어서는 안 되고, 바로 여기 우리 삶의 무대가 수행의 장이 되어야 한다는 점을 힘주어 말하고 싶은 겁니다. 이렇게 우리 삶의 무대를 수행의 장으로 삼는 정신이야말로 대승 정신의 뿌리라고 생각합니다.

　《유마경維摩經》에서는 이렇게 말하고 있지요. "연꽃은 진흙 속에서만 피어난다!" "진흙에서 피어나지만 진흙에 물들지 않는다!" 이것은 우리의 삶을 낮추는 것이 아닙니다. 오탁

악세五濁惡世라는 우리의 삶 그 자체가 바로 연꽃을 피우는 참된 바탕이라는 뜻입니다. 우리의 현실적인 삶을 가치 없고 열등한 삶으로 소외시키지 않고, 바로 그 삶이야말로 깨달음을 이루어 내는 바탕이라고 선언하는 것이 바로 유마경의 가르침입니다. 그것이 대승불교의 근본이 아닐까요?

다시 서유기로 돌아오죠. 이런 이유로, 바로 이제부터 현장법사가 그런 대승불교의 경전들을 가지러 부처님 앞으로 가는 것입니다. 잘못된 불교의 모습을 타파하고 참된 대승의 정신을 찾는 구도의 길, 계속 뒤따라 가보겠습니다.

관세음보살님, 특사로서 앞으로 올 구법자를 안내하는 준비도 찬찬히 갖추면서 중국에 도착하지요. 그리고 그 중국에는 우리 서유기의 진정한 주인공 현장법사가 기다리고 있구요.

현장법사는 인도에서 돌아와서 큰 존경을 받았고, 또 융숭한 대우를 받았다 합니다. 적극적인 후원 속에서 역경譯經 사업을 진행했고요. 그렇지만 인도로 출발할 때는 전혀 그런 분위기가 아니었습니다. 관의 허락을 받지 못하고 가는 상황이었지요. 그 당시에 허락 없이 국경을 넘는다는 것은 목숨을 거는 일이었습니다. 낮에는 사람들 눈을 피해 숨고 밤에만 이동했다 하지요. 실제로 국경을 넘기 직전 첩자로 고발당했고, 다행히 불심 깊은 지역 관리의 도움으로 빠져나갈 수 있었지요.

그리하여 당의 국경인 옥문관玉門關을 넘어 고비사막으로 들어섭니다. 그때부터가 진짜 고생의 시작이었습니다. 모래 폭풍이 불면 옛길은 사라지고 새길이 생기는 곳, 햇살이 바늘처럼 얼굴을 찌르고 바람에 날린 모래알이 얼굴을 사정없이 때리는 그곳을, 닷새 동안 물 한 방울 먹지 못하고 헤매기도 했다 합니다. 말 그대로 목숨을 건 여정이었지요.

인도로 구법求法을 떠나는 현장법사를 그린 그림 보신 적이 있으신가요? 등이 휠 정도로 무거운 지게 같은 것을 지고 있더라구요. 홀몸으로도 힘들 길을 그 무거운 짐을 지고 지니셨다는 생각을 해보세요. 정말 대단한 일이지요.

우리가 이렇게 살고 있는 것은, 또 부처님의 법을 만나는 큰 은혜를 입고 있는 것은 수없이 많은 이들의 고귀한 희생 덕분이라는 것을 유사하에 뜨는 해골 비유로써 앞에서 말한 바 있습니다. 18년간의 인도 구법을 통해 우리에게 수많은 경전을 전해주신 현장법사야말로 그러한 은혜를 끼친 분들 중에서도 첫손가락을 꼽을 만한 분이 아닐까요?

그러한 험난한 자연을 극복하고 인도에까지 다녀온 우리의 영웅, 바로 서유기의 주인공이라 할 수 있는 현장법사가 등장하는 대목에 드디어 이르렀습니다. 이야기가 또 잠깐 헤맸지만, 현장법사가 처음부터 큰 기대를 등에 업고 화려한 출발을 한 것이 아니라는 점을 말씀드리려던 의도였어요.

구법여행 떠나는 현장법사를 그린 그림처럼, 무거운 등짐을 지고 험한 자연 속을 헤쳐나간 여행길이라는 점을 잘 새겨야 합니다. 자신의 목숨을 걸 만큼 뜨거운 열정이 없으면 결코 시작도 할 수 없는 길이었어요. 그러한 뜨거운 구도심 덕분으로 뒷사람들이 큰 은혜를 입고 있다는 사실, 아무리 강조해도 지나치지 않습니다!

물론 서유기에서는 현장법사의 출발을 화려하고도 장엄

하게 각색하고 있습니다. 현장법사의 기구한 운명과, 그런 속세의 얽매임에 깃든 인과응보의 진실을 말하는 이야기가 한참 전개되죠. 그리고 당태종이 죽었다 다시 살아나는 설화가 나오고, 또 당태종의 동생인 공주가 혼백이 뒤바뀌는 이야기 등의 신비한 설화들이 나옵니다. 그런 이야기를 배경으로 하여 불교를 숭상하게 된 당태종이 뛰어난 승려를 선발하게 되고, 거기에 현장법사가 발탁되는 것으로 이야기가 전개되지요.

그리고 이러한 전개의 마무리에 관세음보살이 등장하여 교묘한 경로를 통해 현장법사에게 부처님께서 전한 금란가사와 구환석장을 전하고, 서역으로 불경을 구하러 가는 것을 부촉하게 됩니다. 뒷이야기를 위해 마지막 대목만을 간단히 소개해 드리기로 하겠습니다.

현장법사가 황제가 연 법석에서 설법을 하는데 문둥이 승려로 화현한 관세음보살이 꾸짖습니다. 왜 대승교법은 모르고 소승만 강설하느냐고. 그래서 소란이 일고 결국 우여곡절 끝에 관세음보살이 법단에 오릅니다. 그리고 보살의 참모습을 드러내지요. 손에 버들가지와 정병淨甁을 든 대자대비한 관세음보살을 모습으로요. 모든 사람이 찬탄 예배하는 가운데 관세음보살은 상서로운 구름을 타고 떠나시고 허공에서 종이 한 장이 떨어져 내려옵니다. 거기엔 이렇게 적혀 있지요.

"대당국大唐國의 임금님에게 올립니다. 서방에는 오묘한 경전이 있습니다. 십만 팔천 리 먼 길이지만 이 대승의 진리를 구하십시오. 만약 이 법을 구하러 나서는 이가 있다면, 바른 과보를 얻어 부처가 될 수 있습니다."

이래서 당태종은 서방으로 대승의 가르침을 구하러 갈 승려를 찾게 되고, 현장법사가 거기에 자원합니다. 당태종은 감복하여 현장법사와 의형제를 맺고, 그를 어제성승^{御弟聖僧}, 즉 '임금의 아우인 성스러운 스님'이라 부르게 합니다. 그리고 길한 날을 잡아서 서방으로 경전을 가지러 가는 여정을 시작하게 하지요.

이것이 서유기 작자의 지어낸 이야기라는 것은 이미 말씀드렸지요? 실제로는 이런 거창하고도 화려한 출발이 아니라, 몰래 국경을 빠져나가기 위해 고생을 하며 목숨 걸고 출발한 구법의 여행이었다는 것도요. 그래도 이 이야기에는 중요한 사실이 하나 담겨 있습니다. 현장법사 당시에 이미 불교가 전해져서 상당히 융성한 교세를 지니고 있었다는 것이지요. 그렇지만 아직 불교의 진정한 정신은 전해지지 않았고, 특히 대승의 높은 법문이 전해지지 않았기에 그것을 구할 필요성이 있어 현장법사가 인도로 경을 구하러 가게 된 것입니다.

당시 대승불교는 이미 전해져 있었습니다. 아니, 중국에는 애초부터 대승불교가 전해졌다고 보아야 옳습니다. 중국에 불교가 전해진 것은 실크로드 쪽을 통해서인데, 그 경로로 전해진 것이 대승불교라 불리는 흐름이거든요. 우리가 소승불교라 부르는 흐름은 대체로 동남아 쪽으로 전해졌습니다. 우리나라도 마찬가지입니다. 애초에 북방을 통해서 대승불교를 접하게 되었지요.

문제는 산발적으로 불교가 전해지다 보니, 전해진 경전들도 온전치 않았고 번역에도 오류가 많았으며, 또 통합적으로 불교를 이해하기가 힘들었다는 점이었습니다. 이런 상황이 현장 법사에게 직접 인도로 가서 불교를 전체적으로 깊이 배우고, 또 많은 경전을 가져와 온전히 번역하고자 하는 뜻을 일으키게 했다고 할 수 있습니다.

다음 장부터는 손오공, 저팔계, 사오정과 함께하는 신나는 모험 이야기를 소재로 할 것이기에, 이번 장에서는 현장법사 이야기를 좀 건조하게 전해드렸습니다. 마지막으로, 정말 더 건조한 현장법사 이야기로서 마무리하렵니다.

현장법사의 속명俗名은 진위陳褘입니다. 하남성河南省 출신이지요. 낙양의 정토사淨土寺에서 출가를 했고, 그다음 장안長安 — 지금의 서안西安이죠 — 의 장엄사莊嚴寺로 옮겨갔다가, 사천성을 거쳐 다시 장안으로 돌아오는 행로를 보입니다. 그 15년 동안 외국어와 불경을 배우고 나서, 다시 인도로 구법여행을 떠났습니다. 그것이 서기 627년의 일이고, 현장법사의 나이 26세 때의 일입니다.

인도에 이르는 동안 55개 정도의 나라를 거쳤다 하지요. 그리고 10년 남짓 인도의 나란다 불교대학에서 수학하면서 많은 고승들의 지도를 받았습니다. 특히 유식학唯識學, 종파로는 법상종法相宗이라 불리게 된 계통의 공부를 집중적으로 했지요(현장법사는 중국 법상종의 개조입니다). 그리고 귀국길에 불경 640질을 가지고 옵니다. 그가 다시 장안에 도착하기까지 18년의 세월이 흘렀지요. 그 왕복하는 동안 거친 거리는 대략 16,000킬로미터 정도 된다고 하네요.

당나라로 돌아와서는 당태종에게 큰 칭송을 받았습니다.

출국할 때 몰래 도망치듯 나간 것하고는 매우 달라졌죠? 그리고 그런 왕실의 칭송과 후원 아래 불경 번역에 힘을 쏟았습니다. 불경 번역 가운데 가장 큰 비중을 차지하는 것이 바로 현장법사의 번역이지요. 그리고 인도 여행의 경험을 《대당서역기大唐西域記》라는 책으로 남겼습니다. 이 책은 당시 중국과 실크로드, 그리고 인도의 문물을 연구하는 아주 귀중한 자료가 되고 있습니다.

하하, 아주 건조하죠? 삼쾌 선생도 이렇게 건조하게 이야기할 수 있다는 것을 보여드리는 중입니다. 이크! 돌팔매 날아올 것 같아 중지하고 본 이야기로 가겠습니다.

담담하게 이야기했지만 이건 정말 역사에 남을 큰 사건입니다. 물론 인도에 갔거나 다녀온 많은 스님들이 있지만, 현장법사는 그 의미가 남다르지요. 같은 사건을 겪어도 남긴 자취가 얼마나 다를 수 있는가를 보여주는 예가 될 것 같네요. 얼마나 깊이 공부를 했느냐, 얼마나 많은 불경을 구해서 돌아왔느냐, 그 경전들을 얼마나 훌륭하게 번역했느냐, 인도에서 배워온 불법을 얼마나 충실하게 전하였느냐… 이런 여러 측면에서 현장법사는 타의 추종을 불허하는 분입니다.

그러하기에 이미 그 시절부터, 험한 길을 다녀온 현장법사의 이야기는 정말 재미있는 이야기 소재였을 것입니다. 그게 전해지고 전해지고 하다 결국 명나라 때의 소설가 오승은吳承恩에 의해 서유기라는 소설로 재탄생했지요.

서유기 속의 현장법사야 늘 뒷전에 앉아 점잔빼고, 가끔 손오공 말 안 들으면 긴고주 외워 손오공 길들이고 하는 인물이지요? 그렇지만 앞에서 말씀드렸듯이, 손오공을 비롯한 주인공들은 모두 현장법사의 어떤 한 측면을 대변하고 있습니다. 그러니까 뒷전에 있는 것 같지만 실제로 손오공 삼형제의 활약이 곧 현장법사의 활약이라는 거, 여러분은 잊지 마셔야 합니다.

14. 여섯 도둑도 함부로 때려죽이면 안 되는 거여

당태종과 의형제까지 맺은 현장법사,

성대한 환송 가운데 불경 가지러 인도로 떠난단다.

이건 물론 서유기의 이야기지

실제론 몰래 국경 벗어나느라 온갖 고생을 다하셨다지?

그렇지만 중국 땅 벗어나니

성대한 환송 속에 떠난 거나 몰래 떠난 거나

단숨에 똑같은 결과가 되네.

얼마 가지도 못해 요괴의 굴에 떨어져

시종은 잡아먹히고

신령의 도움으로 현장법사만이

신앙심 깊은 사냥꾼 백흠伯欽의 집으로 인도되네.

거기서 몸을 추스르고 백흠의 전송을 받으며

다시 인도로 출발하는 현장법사.

그런데 괴이한 목소리가 법사님을 부른다.

스승님 오셨다, 스승님 오셨다,

저를 구해주시옵소서.

제가 인도로 가는 먼 길 수행하오리다.

이 목소리는 누구 목소린가?

오백 년 동안 오행산 밑에 깔려 있던 손오공의 목소리로다.

관세음보살님의 인도를 받아

불경 가지러 가는 길 모시기로 했다는 손오공의 말에

현장법사 너무나 기쁘고 기쁘다.

아득히 먼 길 함께해줄 제자가 생겼구나.

부처님이 붙여 놓으신 '옴 마니 반메 훔' 적힌 부적을 떼어내니

손오공 오백 년 만에 자유의 몸이 되었구나.

손오공 기뻐 날뛴다.

현장법사 모시고 새 출발 하는 길, 보무도 당당하다.

천상계를 뒤집어엎었던 제천대성의 신위를

어떤 요괴가 감당할까!

그런데 출발하자마자 겁 없는 여섯 도적 덤벼든다.

눈이라, 보고 기뻐하며(眼看喜)

귀라, 듣고 성내며(耳聽怒)

코라, 냄새 맡고 애착하며(鼻嗅愛)

혀라, 맛보고 생각하며(舌嘗思)

몸이라, 본디 근심하며(身本憂)

뜻이라, 보고 탐낸다는(意見欲)

이름도 괴상한 여섯 도둑이 나온다.

도적들이 즐겨 하는 흔한 대사,

"모두 내놓으면 목숨만은 살려주마!"를 외치면서.

손오공 큰소리가 괜한 큰소리 아니지.

여의봉 뽑아들고 한 방에 모두 때려죽이네.

그리고 현장법사 앞에서 으쓱댄다.

"내 솜씨 보셨죠? 어~때요?"

현장법사가 내 제자는 참 솜씨도 좋구나

칭찬하셨을… 리가 없지.

불제자로서 어찌 그리도 자비심이 없느냐!

큰소리로 꾸짖었네.

모처럼 힘자랑하고 칭찬 기대했던 손오공,

발끈하고 삐쳐버린다.

에잇! 답답한 중! 못 따라가겠네!

원숭이 나라에 가서 다시 왕 노릇이나 해야겠다.

"빠이빠이~ 손공은 떠납니다."

근두운 타고 휙 날아가버린다.

어찌할 거나 어찌할 거나.

현장법사 다시 끈 떨어진 박 신세가 되었구나.

　　이제부터 본격적인 서유기의 시작입니다. 손오공이 현장법사 모시고 출발하는 대목이죠. 그 전에 손오공과 현장법사가 만나기까지의 기구한 이야기가 살짝 전개되기는 하지만, 거의 출발하자마자 손오공과 현장법사가 만난다고 보시면 됩니다.

　　앞글에 말한 대로, 따라왔던 시종들은 요괴 굴에 떨어져서 요괴 뱃속에서 처참한 장례를 치르고 말죠. 현장법사는 워낙 청정하여 요괴가 쉽게 잡아먹지 못하고, 태백금성太白金星이라는 신령님의 인도로 백흠이라는 사냥꾼에 의해 구출됩니다. 그리고 백흠의 전송을 받으며 다시 인도로 출발하려는 길에 손오공을 딱 만나게 되지요.

그 과정의 시시콜콜한 이야기는 생략할게요. 지금이 정말 중요한 대목이거든요. 서유기의 정체를 알 수 있게 하는 대목이죠. 우리가 생각한 손오공의 정체는 무엇이었지요? 인간의 마음, 아직은 어리석음 속에서 헤매고 있지만 끝내 깨달아 부처를 이룰 마음을 형상화한 것이라 했습니다. 깨닫지 못한 상태에서 원숭이처럼 까불거리고 촐싹거리는 마음, 그래서 마음 원숭이(心猿)라 불리는 그 마음이라 했습니다. 현장법사가 경을 가지러 가는 것은 그 마음 원숭이를 길들여 올바른 수행으로 나아가는 과정이구요.

그렇습니다. 바로 이 지점이 불법 수행의 첫걸음입니다. 여기서 현장법사는 역사 속에 실존했던 개인인 그 현장법사가 아닙니다. 인간을 대변하는 존재인 셈이지요. 그리고 손오공 또한 인간의 마음을 대변하는 존재입니다.

손오공은 인간의 마음을 대변하는데, 그중에서도 특히 가장 중요한 특성 하나를 형상화한 캐릭터이기도 합니다. 인간의 마음이 가진 가장 중요한 특성, 바로 지적인 측면 말입니다. 인간을 이성적 동물이라고 하지 않습니까? 과학의 측면에서 말한다면 인간을 대표하는 것은 곧 인간의 지능이겠지요. 다른 모든 동물과 인간을 구별 짓는 가장 중요한 특징이니까요.

그런데 불교에서 본다면, 그 지성이 올바로 길을 잡지 못하고 헤맬 때의 상태는 '어리석음'이라 불릴 수밖에 없습니다. 그래서 인간 마음의 가장 중요한 측면으로서 인간이 인간이라 불리게 해주는 지성^{知性}, 지능^{知能}, 앎은 역설적으로 어리석음이기도 합니다.

그러니까 손오공은 깨달으면 지혜를 이룰 수 있지만 아직 깨닫지 못한 어리석은 마음을 나타냅니다. 그 무한한 가능성을 가진 마음, 지혜를 이룰 수 있는 마음, 그러나 아직은 어리석은 마음이 올바른 수행의 첫걸음을 디디는 대목이 바로 지금입니다. 삼국지를 읽는 사람들이 책을 집어던지는 세 번의 대목이 있다고 하는데, 서유기를 읽고 있는 우리는 바로 이 대목에서 벌떡 자리에서 일어나야 하지 않을까 싶어요. '와! 서유기가 이런 책이었어?' 하고 말이지요.

이 대목의 제목은 그만큼이나 우리를 번쩍 정신 들게 합니다. 그 제목이 뭐냐구요? 자~ 귀를 기울여 들어보세요. 한자로, 심원귀정 육적무종_{心猿歸正 六賊無蹤}입니다.

삼쾌 선생 한문 실력 자랑하는 거냐고요? 아닙니다. 혹 불교 용어에 익숙하신 분이라면 바로 눈치를 챌 수도 있기에 한 번 써본 거예요. 에고, 왜 한자라면 손오공 근두운 불러 타고 달아나듯 기겁하는 분들이 이리 많은지…. 얼른 우리말로 옮겨 드릴게요. "마음 원숭이가 바른 길로 돌아서니, 여섯 도둑이 자취가 없구나"입니다.

손오공이 어떤 존재인지, 서유기에 담긴 천고의 비밀을 여지없이 폭로하는 제목 아닌가요? 그동안 함부로 날뛰면서 천궁을 어지럽히고 부처님한테 잡혀서 오행산 아래 갇혀 있던 손오

공, 즉 우리의 불쌍하고도 어리석은 마음이 이제 제정신을 차렸
다네요. 올바른 길로 들어섰다네요. 우리도 축하해줘야겠지요?
아니, 자축해야겠지요? 우리의 마음이 제 길로 들어선 것이니
얼마나 기쁜 일인가요?

　　그런데 제 길로 들어섰을 뿐, 앞으로 갈 길이 구만리네요.
올바른 방향은 잡았지만, 그동안 쌓인 오랜 세월의 업장과 습기
가 어찌 하루아침에 사라지겠어요? 쉬지 않고 부지런히 닦아나
가야 하는 멀고도 먼 길, 그것이 수행의 길이겠지요.

　　선가禪家에서는 "한 번 뛰어 곧바로 부처 땅에 들어간
다"(一超直入如來地)고 하고, "곧바로 사람의 마음을 가리켜 그
본성을 보아 부처를 이룬다"(直指人心 見性成佛)고도 하지요. 조
사님들의 말씀을 부정하는 것은 아니지만, 어떤 때는 어리석은
우리 격려하느라 하신 말씀이 아닐까 싶을 정도로 우리의 어리
석음은 두껍고도 두껍다는 탄식이 나오는 경우가 많지 않나요?
그래도 첫걸음 떼어놓으면 바로 거기부터 부처 땅이라는 생각
으로 물러서지 않고 나아갈 수밖에요. 손오공이 바로 그러한 자
리에 서 있습니다.

　　그런데 그 첫걸음을 떼어놓자마자 여섯 도둑이 달려드네
요. 눈, 귀, 코, 혀, 몸, 뜻이 각각 보고 듣고 하는 작용을 일으켜,
기뻐하고 성내고 슬퍼하고 하면서 달려드네요. 마음이 각오를
딱 다지고 올바른 방향으로 나가려는데 웬 방해꾼들이 이리도
많은가요? 그 방해꾼들을 통틀어 '여섯 도둑'(六賊)이라 한다는
군요.

　　서유기는 마음을 닦아나가는 수행의 첫 장애물을 여섯 도

둑이 날뛰는 장면으로 표현합니다. 우리의 감각기관인 눈, 귀, 코, 혀, 몸, 뜻이 우리의 마음을 훔쳐가고, 그렇게 훔쳐진 마음은 보고 듣고… 하는 데 빠져 거기에 휘둘리며 기뻐하고 성내고 애착하고… 그렇게 한세상 자기가 어디로 가는지도 모르고 딜려가다 죽음이라는 종말을 맞게 되는 것이지요. 슬픈 인생 아닙니까? 이런 삶을 두고 "내가 살아간다"고 말할 수 있을까요? 아닙니다. 여섯 도둑에 이끌려 삶을 당하고 있을 뿐이지요.

불교의 수행이라는 것은 이렇게 피동적으로 이끌려 사는 슬픈 삶을 거부하는 데서 출발합니다. 내 마음이 제정신을 차리고 진정한 주인공으로 바로 서는 것으로부터 출발합니다. 그러니까 우선 그 여섯 도둑에게 마음을 도둑맞는 일을 멈춰야 합니다. 그것을 손오공이 여섯 도둑을 물리치는 이야기로 그려낸 것이 바로 이 대목입니다.

그 이야기가 어떻게 재미있게 꾸며지는가를 보는 것도 서유기를 읽는 재미입니다. 도둑들이 기뻐하고 성내고 애착하고 어쩌고 하면서 일제히 현장법사 일행을 위협하고, 손오공은 거기에 맞상대하여 오히려 도둑들에게 너희들 것 내놓으면 용서해주마 하며 모처럼 귓구멍 속에 감추었던 여의봉 꺼내어 휘두르고… 직접 읽어보면 절로 웃음을 머금게 하지요. 마음 원숭이가 바른 길로 들어서는 첫 대목, 그 엄숙한 대목을 이렇게 유쾌한 이야기로 꾸며낸 것이 서유기의 오묘함입니다.

가볍게 읽을 수 있지만 결코 가볍지 않은 서유기의 이야기는 직접 읽어보시기를 권합니다. 저야 조금 먼저, 조금 자세히 읽은 죄(?)가 있으니 여러분께 약간 도움을 드리고 있는 것이구요. 그렇지만 약간의 도움이라고 무시하지는 마세요. 다음 대목을 읽어보시면 그게 엄청 유익하다는 사실을 아시게 될 겁니다.

아무튼 현장법사와 손오공의 첫 출발에 여섯 도둑이 분수 모르고 길을 막다가 일망타진된 거… 참 잘된 일일까요? 마음 원숭이가 제 길을 찾아갈 때 첫 번째 장애가 바로 여섯 감각기관과 그로부터 파생되는 감정적 파문들이라고 했으니, 그것들을 일거에 잠재워버린 일이 쾌거가 아닐지요? "마음 원숭이가 바른 길로 돌아서니, 여섯 도둑이 자취가 없구나" 하는 제목도 꼭 축하하는 분위기 같구요.

그런데 일이 좀 맹랑하게 되었네요. 그리고 근본적으로 문제가 있네요. 우선 일이 좀 맹랑하게 되었다는 것은 서유기의 이후 전개 때문입니다. 손오공이 여섯 도둑을 때려죽이는 모습을 옆에서 지켜본 현장법사가 엄청 마음이 상했어요.

불자의 근본이 무엇이던가요? 생명에 대한 사랑 아니겠습니까? 불교의 근본은 지혜와 자비라 말하지요. 그리고 자비는 곧 생명에 대한 사랑이 아닐까 싶네요. 그런 불교의 근본에 충실하고도 충실한 삼장법사(현장법사의 다른 이름입니다)가 어찌 여섯 도둑을 한 방에 때려죽이는 행태를 묵인할 수가 있겠습니까? 당연히 야단을 쳤지요. 어찌 그리도 자비심이 없는 것이냐고요.

그런데 손오공은 이것을 전혀 받아들일 상태가 아니었지요. 우선 손오공은 여섯 도둑을 때려죽인 일에 전혀 죄책감이 없습니다. 천궁을 휘젓던 제천대성 손오공 앞에서 감히 날뛴 놈들을 어찌 용서할 수 있겠느냐고 생각하니까요. 그리고 부처님께 붙잡혀 오행산 아래 고생하며 좀 성질이 죽었다 하지만, 여전히 안하무인인 것은 변함이 없습니다. 별 볼 일 없는 것 같은 현장법사 모시고 가는 것만 해도 정말 "손오공 사람 되었다"고 칭찬할 만한 일이거든요.

그런 손오공, 당연한 일을 했다고, 아니 오히려 공을 세웠다고 으쓱하는 데다가 야단을 쳤으니 사달이 날 수밖에요. '에잇, 데데한 중놈 데려가려고 참고 참았는데, 아무리 생각해도 일찍 때려치우는 게 좋겠구나!' 이런 반응이 나오고 만 것입니다. 그래서 "혼자 잘 가보셔. 이 제천대성 손공은 갈 길로 가겠어요" 하고, 근두운 불러 타고 떠나버린 거죠.

현장법사, 참 난감하게 되었습니다. 혼자 힘으로는 도저히 인도까지 갈 수가 없는데, 모처럼 만난 제자 겸 수행원이 바로 도망가버렸으니… 이제 어쩌면 좋을까요?

그런데 이러한 전개가 오히려 당연한 것일 수 있습니다. 아무리 도둑이라 하더라도 때려죽이면 안 되는 게 상식이죠. 그런 것을 아직 분별하지 못하는 손오공은, 겨우 바른 길로 돌아왔지만 아직 철들지 않은 천둥벌거숭이 마음입니다. 그러니 제멋대로 힘을 행사하고, 그것이 잘못이라고 야단맞으면 삐치고 하는 것이지요.

그리고 이치로 보아서도 여섯 도둑을 다 때려죽이면 안 되는 일입니다. 왜냐구요? 여섯 도둑은 여섯 감각기관인데, 여러분은 감각기관 없이 살 수 있어요? 그것에 마음을 빼앗기면 안 된다는 이야기와 그것을 죄악으로 보고 없애버려야 한다는 이야기는 전혀 다른 것이지요. 내가 주인이 되어서 그것들을 부릴 수 있으면 되지, 그것들은 나쁜 놈들이니 무조건 물리쳐야 한다는 생각은 전혀 다르잖아요. 내가 잘못해서 그것들을 도둑으로 만들었으니까, 다시 내가 잘해서 그것들을 하인으로 부려야지요. 여섯 도둑보다 여섯 하인이 훨씬 좋지 않아요?

이렇게 이야기를 하다 보니 옛날 옛적, 삼쾌 선생이 도사道士 끼가 충만하던 시절 얘기가 떠오르네요. 교수님들까지 낀 꽤 많은 인원이 송광사로 수련대회를 갔어요. 그때 송광 총림 방장스님이 구산 큰스님이셨지요. 거룩한 법문을 해주셨어요. 그런데 바로 그 법문 내용이 우리가 만난 이 대목의 이야기였지요.

심원육창心猿六窓 ― 마음 원숭이와 여섯 창문 이야기를 하시면서, 원숭이가 여섯 도둑에 마음을 뺏겨서 제자리를 찾지 못하는 것이니, 여섯 도둑에 마음을 뺏기지 않는 것이 수행의 근본이니라! 참으로 수더분한 시골 할아버지 같은 구산 스님의 감화력에 여러 도반들 흠뻑 취했지요.

그날 밤이었어요. 고요한 산사의 밤, 9시쯤 되었을 거예요. 잘 시간이라 거의 다 누웠는데 좀 떨어진 저쪽 방사에서 "으악!" 하는 찢어지는 비명인지 고함인지 모를 소리가 들렸어요. 고요한 산사의 밤에 울리는 비명이라. 무슨 괴기야담怪奇野談 같은 이야기네요. 실제로 사람들이 좀 놀랐지요. 그런데 조금 있다가 또 한 번 그런 소리가 났어요. 그리고 교수님께서 제가 있는 방으로 달려오셨지요. 상당히 놀라신 모습으로요. "성군, 내 방 옆옆 방쯤에 이상한 사람이 있는 것 같으니 자네가 한번 가보겠나?"

교수님도 참! 가까운 당신께서 가시지 않고 저를 찾아오실 건 또 뭐예요? 그렇지만 그 당시 제 풍모가 상당히 도사스러워서 그랬다고 생각하시면 될 듯하네요. 그래서 슬슬 가서 방에 들어가 보니, 어두운 구석에 웬 사람이 앉아서 중얼중얼하고 있어요. 불을 확 켜고 보니 제 후배인 친구더라고요.

그런데 눈이 반쯤 풀렸어요. 그리고 중얼거리는 말을 가만히 들어보니 "모두 도둑이야, 도둑!" 하는 거 같았어요. 일단 정신 차리라고 어깻죽지를 한 대 후려갈기곤, "뭐가 도둑이냐?" 하고 물었지요. 그랬더니 "저 물소리도 도둑이고, 바람 소리도 도둑이고, 풍경 소리도 도둑이야" 하는 겁니다.

눈치 빠른 삼쾌 선생, 이게 무슨 사달인지 바로 알아차렸습니다. 아항~ 이 친구, 낮의 구산 스님 법문에 큰 감명을 받고 혼자 좌선을 하면서 그 도둑들에게 마음을 뺏기지 않으려고 용을 쓴 모양이구나. 그래서 물소리나 바람 소리 등에 마음을 뺏기지 않으려 용을 썼는데도 도저히 그게 안 되니 이런 지경에 빠졌구나. 아까 고함 내지 비명은 그 도둑 물러가라고 외친 것이었구나.

사태를 짐작하니 한심하더라고요. 그래서 다시 한 번 어깻죽지를 후려치고 — 후려치는 것에 무슨 취미가 있는 건 아닙니다 — 큰소리로 야단을 쳤지요. "이 친구야! 네가 하는 일에 충실하면 저절로 도둑이 물러갈 일을! '저 소리를' 하는 순간에 벌써 마음을 뺏긴 것 아니야? 이미 뺏겨놓고 어떻게 안 뺏긴단 말이야!" 그리고 다시 한번 후려쳤죠. 하하.

그랬더니 이 친구 눈이 좀 정상으로 돌아오더라고요. 그래서 그때는 좀 차분하게 타일러줬죠. 화두를 들거나 하는 일 자체에 온 마음을 쏟으면 그걸로 족하다. 쪼잔하게 소리를 적으로 의식하면 안 된다. 네가 화두에 순일純一하게 되면 저절로 도둑은 물러가는 법인데, 그것을 도둑으로 의식하고서야 어찌 그것에 마음을 뺏기지 않을 수 있단 말이냐. 의식하는 순간 벌써 뺏긴 것이거든? 그랬더니 무언가 알았다는 듯이 고개를 주억거리기에 다독여주고 나왔던 일이 있습니다. 정말 아주 아주 옛날의 추억이군요.

하하. 삼쾌 선생 꽤 그럴듯했죠? 나칠계 님, 삼쾌 도사라고 부르고 싶은 마음이 무럭무럭 일어나시죠? 어? 하실 말씀이 있으시다구요. 저에 대한 찬탄이라면… 피치 못할 일이니 하셔도 좋겠습니다.

뭐라구요? 옛날엔 그렇게 도사스러웠다면서 지금은 왜 그리 채신머리가 없느냐구요? 에잇! 이건 채신머리가 없는 것이 아니라 어쭙잖은 도사 끼를 벗어던지고 더 높은 경지로 올라간 것입니다요! 도사 끼 벗어던지면 뭐가 되는지 아세요? 혹시 면도사라구 아세요? 한자로 써드릴게요. 면도사免道士! 도사도 면하였다. 도사도 벗어났다는 뜻입니다. 도사 끼를 보이며 도사에 머무르는 것도 넘어서야 하는 법이거든요. 그래서 면도사가 도사보다 한 단계 높은 겁니다. 이름이 좀 이상하기는 하지만요.

그 위의 경지도 있어요. 안마사라구…. 단순히 도사에 머무는 것을 벗어나는 데 그치지 않고 중생을 주무르러, 아니 어루만지러 나와야 하는 법이니까요. 그래서 도사보다 높은 경지는 면도사요, 면도사보다 높은 경지는 안마사라 하는 것입니다. 나칠계 님, 또 갸우뚱하시는군요. 이름이 아무래도 이상한 것이 삼쾌 선생 출신 성분이 의심스럽다구요? 에잇! 정말 나칠계 님

하구 말 섞으면 복장 터지는 건 저뿐이군요.

　　여러 독자님들, 지나가는 우스개였습니다. 좀 썰렁하더라도 이해하시고요. 그래도 그런대로 재미있지 않으셨나요? 예전에 강의에서 원효 스님이 파계 이후 무애박無碍瓠을 두드리고 노래하면서 방방곡곡을 누비셨다는 이야기를 하다가, 그러한 걸림 없는 행동을 설명하노라 고안했던 이야기입니다.

　　그런데 이 이야기에 정말 느낀 바가 많았던 학생이 있었어요. 시험을 쳤는데 글쎄, 답안지에 달랑 한 줄만 썼더라구요. "도사보다 더 높은 건 면도사요, 면도사보다 더 높은 건 안마사다!" 삼쾌 선생, "너 참 내 강의에 많은 감명을 받았던 모양이구나" 하면서 좋은 학점을 줄 리가… 없겠죠? "너는 면도사, 안마사 기질이 있어 점수에 연연하지 않겠지!" 하는 마음으로 확! (무슨 학점을 쳤는지는 비밀입니다.)

　　좀 이야기가 길어졌지만, 그만한 의미가 있다고 생각합니다. 불교에 대해, 불교의 수행에 대해 많은 오해가 있거든요. 그리고 수행을 시작하는 분들이 실제로 이 대목에서 많이 고생들 하세요. 잡생각과 망상, 감각에 들어오는 온갖 방해물과 씨름하느라 한세월 보내는 경우가 많아요. 실제로 수행에 들어가 마음을 좀 집중하려 하면 오히려 번뇌망상, 잡념이 더 끓는 것 같지 않던가요? 저도 겪어봤고 고생도 했습니다.

　　그런데 지나고 보니 그건 당연한 일이었어요. 일반적으로 평상시의 우리는 번뇌망상의 흐름 속에서, 그것과 함께 떠내려가고 있는 상태입니다. 함께 떠내려가기에 그 흐름을 느끼지 못해요. 그런데 수행을 한다고 마음을 다잡는 순간, 그 흐름에 함께 떠내려가지 않고 우뚝 서는 형세가 되는 겁니다. 그러면 지금까지 느끼지 못했던 거센 번뇌망상과 잡념의 흐름을 고스란히 느낄 수밖에 없지요. 그 흐름에 쓸려 몇 번 다시 넘어지는 것도 당연하구요. 하지만 걱정하지 말고, 당연하다고 생각하고, 계속 수행을 하다 보면 차츰 잡념이 줄고, 내 수행에 순수하게 집중할 수가 있는 것입니다.

그것들을 의식하고, 그것들에 대항하고, 그것들을 없애려 하는 것 자체가 그것들에 마음을 뺏기는 일이요, 그것들에 지는 일입니다. 꿋꿋하게 내 갈 길을 가는 것, 서둘지 않고 뚜벅뚜벅 큰 길을 걸어나가는 것이 수행의 왕도라는 점을 기억해두시면 좋겠습니다.

이야기가 좀 진지해지니 나칠게 님은 정말 수면 삼매에 빠지셨군요. 깨우면 그것도 삼매 수행이라고 우기실 것 같으니 방해 않겠습니다. 쯧쯧.

서유기에서도 제가 말한 심오한(?) 의미를 바닥에 깔고 있어서인지는 모르겠지만, 아무튼 현장법사는 호되게 손오공을 야단쳤고, 발끈한 손오공은 달아나버렸습니다. 아직 길 안든 마음, 어찌어찌 바른 길로 돌아왔지만 차분하게 한길로 나가지 못하는 마음의 행태가 나오고 말았어요. 그렇지만 한번 발심을 했으면 좀 방황하더라도 다시 바른 길로 돌아오기 마련입니다.

"처음 발심한 그 마음이 바로 올바른 깨달음이네" 하는 법성게法性偈의 구절이 생각나네요. 좀 헤매 돌더라도 언젠가는 바른 깨달음에 이를 우리의 마음. '언젠가'가 그 지나는 과정에서야 길게 느껴질지 모르지만, 어디 시간이라는 것이 실체가 있나요? 그 자리가 바로 그 자리일 뿐이니!

그러니 팩 토라져 달아난 우리의 마음, 철없는 우리 마음, 가엾은 우리 마음, 즉 손오공도 또 돌아와서 바른 깨달음의 길을 죽 걸어갈 겁니다. 그리고 나중에 한 소식 하면 외칠 거예요.

"미망 속에서 헤맨 구만리 길이여! 그 긴 세월이여! 지금 이 깨달음에 그것들 어디 붙을 자리가 있는가! 꿈속에서 헤맬 때는 그리 길고도 멀었거늘!"

어헛! 오늘은 어쩌다 보니 제가 예전의 도사 끼를 자꾸 부리는 것 같네요. 얼른 수습하고 다시 면도사, 안마사의 모습을 보이도록 하겠습니다. 가출했던(?) 손오공도 곧 다시 만나겠지요?

15. 마음에 단단히 고삐를 채우고!

손오공 잃은 현장법사, 앞길이 막막하다.

바로 이럴 때 불보살님의 가피가 있지.

관세음보살님 노파로 화현하여 나타나,

부처님이 주신 쇠고리를 전해주며 자상하게 일러주신다.

"여기 죽은 제 아들이 입던 무명옷 한 벌과

금고리 두른 두건이 있습니다.

마침 인연이 닿았으니 스님께 드리리다.

제가 제자 따라가 설득하여 돌려보낼 테니

이 모자 씌우고 옷을 입히세요.

그런데 중요한 게 있어요.

마음을 딱 붙들어 매는 진언(定心呪)이 있어요.

고리를 조이는 진언(緊箍呪)이라고도 하죠.

잘 외우고 계시다가 옷을 입히시고는

말을 듣지 않거든 주문을 외우세요."

한편 성질내고 떠난 손오공,

웬일인지 마음이 편치 않다.

한 번에 화과산 수렴동으로 가지 못하고

예전에 행패깨나 부렸던 동해 용궁에 들러

사정을 이야기하고 푸념을 늘어놓는다.

마침 벽에 장량張良이 황석공黃石公에게

세 번 신발을 주워 바치던 그림 있어

손오공이 그림의 의미를 묻고

용왕이 그림을 설명하며 은근히 손오공을 달랜다.

"이번에도 제천대성께서 성질을 참지 못하여

불경 가져오는 일을 성취하지 못하면

결국 요괴를 벗어나지 못할 것입니다.

한 번의 화남으로 앞길을 망치지 마세요."

손오공도 생각이 있다.

고통 겪을 만큼 겪어 철도 조금 들었다.

옳은 길 걷기로 마음을 내어 착한 뿌리(善根)도 심어졌다.

스스로를 잘 달래 마음을 돌린다.

그리고 돌아오는 길에 관세음보살 만나니

더욱 마음 뜨끔하여 변명을 하곤

부랴부랴 현장법사 찾아 돌아온다.

또다시 여차저차하여

금고리 두른 두건과 옷 한 벌 발견하고

현장법사의 꼬드김에 옷 입고 두건 쓴다.

에고고~ 손오공아~

좋은 시절 다 갔구나!

현장법사 긴고주에 떼굴떼굴~

성나서 고리 모자 벗기려 하니

이미 골수에 뿌리를 내렸네.

현장법사 한 대 치려다 또다시 떼굴떼굴~

부처님과 보살님의 솜씨에 걸려

꼼짝도 못하게 되었구나.

다시는 스승님께 행패 부리지 않고

끝까지 잘 모시고 가겠노라 약속할 수밖에.

이리하여 우리 마음 원숭이 손오공

불보살님의 힘에 의해 도망갈 길이 막혔으니

이걸 불퇴전不退轉의 길로 접어들었다 할 수 있을까?

　　현장법사, 든든한 제자이며 충실한 수행원이던 손오공을 잃었으니 정말 앞길이 막막하네요. 있다가 없으니 더더욱 아득한 심정일 겁니다. 원래 없던 것보다 더 심한 박탈감이 오잖아요? 그런데 이거 어쩌면 당연한 일이라고 앞에서 말씀드렸죠? 어찌어찌 마음이 바른 길로 접어들기는 했지만, 그렇게 금방 그 길에 익숙해져서 사고 없이 잘 갈 수 있겠어요? 앞으로 수없이 일 치르고, 헤매가면서 나가야 할 머나먼 수행의 길이 있는데요.

　　내 마음이라고 해서 내 뜻대로 되던가요? 내 마음이 내 마음대로 안 되는 것이 정말 문제지요. 어? 이렇게 말하고 보니 말이 되는 말인가 모르겠네요? 내 마음이 내 마음대로 안 된다니? 앞의 마음은 어떤 마음이고 뒤의 마음은 또 어떤 마음? 또 말하는 말하고 말이 되는 말은 뭔지…. 헷갈리네요. 이래서 헤매니즘이 시작되는 거 아닌가 모르겠어요.

　그런데 불보살님은 이런 정도는 이미 예상하고 계셨던 듯하네요. 관세음보살 출발할 때 부처님이 주신 쇠고리가 바로 이런 때를 위해 준비된 것이지요. 그걸 전해주면 해결될 일! 그런데 보살님께서 그걸 전해주면서 이렇게 말한다고 상상하면 좀 불경스럽겠지요?

　"마음 원숭이 그놈이 그리 쉽게 길들 것이라 생각할 수 없지. 그래서 결정적인 순간에 써먹을 방법을 이미 마련해놓았다. 아마도 여차저차하여 그 녀석 다시 돌아올 게다. 이참에 앞으로도 이런 일 일어날 것을 미리 대비하자꾸나.

　여기 쇠로 테를 넣은 두건이 있지. 그게 어울리는 옷도 한 벌 있고. 손오공 돌아오거든 이 모자 씌우고 옷을 입히거라. 그리고 요게 중요한 것인데 말이야, 마음을 딱 붙들어 매는 주문이 있어. 요걸 잘 외워두어라. 그리고 손오공 두건 씌우고 옷 입혔거든 한번 외워보거라. 쇠테가 그 녀석 머리를 파고들며 조여댈 테니 아파서 떼굴떼굴 구르게 될 게다. 앞으로도 말 안 듣는 경우 써먹으면 되니 한번 호되게 맛을 보여주거라."

　이렇게 말씀하시며 음흉하게 흐흐~ 웃으신다면 어떨까요? 완전히 사기꾼에 음모가 냄새가 나겠지요? 그런데 저는 가끔 이렇게 생각해보기도 한답니다. 좀 불경스럽지만, 너무 경건주의에 얽매이면 재미가 없거든요. 가끔 좀 불경스럽게 상상해보면서 웃는 맛이 얼마나 좋은데요. 그리고요, 종교적인 경건성에 너무 매달리지 않고 자유롭게 상상하면 새롭게 얻는 것도 참 많답니다. 전혀 다른 각도로 생각해본다는 것이 중요하죠.

이렇듯 좀 불경스럽게 이야기를 꾸미는 속에서 몇 가지 취할 점들이 있습니다. 마음을 길들이는 데는 다소 극단적인 수단도 필요하다는 겁니다. 어떤 경우는 정말 독한 처방을 써야 하는데, 그럴 때는 마음을 살살 구슬려 그 독한 처방을 받아들이게 할 필요가 있다는 뜻이지요. 마음을 잘 달래서 친구처럼 데리고 가는 것이 바람직하긴 하지만, 언제나 그럴 수만은 없는 법입니다. 이놈의 마음이 정말 어깃장을 심하게 놓을 경우, 어찌해볼 수가 없는 경우, 그런 때는 독한 처방이 필요하지요.

우리도 그런 경우에 쓸 수 있는 독한 처방 하나쯤 가져야 하지 않을까 싶습니다. 여러분은 마음 달래다 달래다 안 되면 어떤 처방을 쓰시나요? 긴고주처럼 마음을 꼼짝 못하게 얽어매는 주문 하나 가지고 계신가요? 없으시면 이번 기회에 한번 장만해보심이 어떨까요?

그게 장만하려 한다 해서 바로 마련되는 것이냐구요? 그렇군요. 정말 마음먹은 대로 장만할 수 있다면 무슨 걱정이 있겠어요? 제가 말해놓고 봐도 터무니없는 이야기를 한 듯하네요. 서유기에서도 그것은 현장법사의 힘으로 이룬 일이 아니네요. 부처님이 준비하고 보살님이 전해준 방법이지요. 아하~ 그러니까 모든 것을 자기 힘으로 이룰 수 있다고 믿는 것은 좋지만, 중요한 고비에는 불보살의 가피를 기원하고, 그 가피에 의지하는 것이 필요하다는 의미도 될 것 같습니다.

종교가 무엇입니까? 불교가 무엇입니까? 아무리 철학적이고 합리적이라 하더라도, 불교도 종교입니다. 종교라는 것은 합리성에 바탕하면서도 합리성의 영역을 넘어서는 측면이 있지요. 그렇기에 아무리 절망적인 상황에서도 희망을 노래할 수 있고, 구원을 말할 수 있는 것이겠지요.

건강한 견해와 신념, 그리고 불보살에 대한 찬탄과 믿음이 함께할 때 불교도 건강해지겠지요? 진실한 기도라는 것은 언제나 희망을 잃지 않는 마음을 말하는 것이며, 그런 마음에서 이루어지는 기도야말로 상상할 수 없는 큰 힘을 내는 것이라 믿습니다.

아무튼 현장법사는 관세음보살님으로부터 손오공을 구속할 쇠고리를 받습니다. 쇠고리는 적당히 모자의 테두리로 변신이 되어 있는 상태지요. 그리고 그 쇠고리를 조일 수 있는 정심주定心呪도 받는데, 다른 이름으로는 긴고주緊箍呪라 한다던가요? 뜻을 풀면 정심주는 마음을 안정시키는 주문이요, 긴고주는 테두리를 조이는 주문이네요. 머리에 쓴 테두리를 조여서 손오공을 꼼짝 못하게 하는 주문이지요. 손오공은 우리 마음을 대표하는 존재니까, 마음으로부터 항복을 받아 방황을 그치게 하는 주문이라는 의미이기도 하겠네요.

그렇게 해서 손오공을 길들일 준비는 되었습니다. 문제는 손오공이 다시 돌아와야 한다는 것이지요. 현장법사 재주로는 손오공을 잡아들일 수 없으니까요. 그런데 손오공이 제 발로 돌아오네요. 보살님은 그렇게 제 발로 돌아올 것을 예견하고 계셨구요.

흠~ 그 천방지축 손오공이 어찌 제 발로 돌아올까요? 서유기 작가가 너무 쉽게 생각한 것이 아니냐구요? 그렇지는 않습니다. 당연히 돌아오게 되어 있지요. 올바른 길로 마음을 낸다는 것, 그리 쉽게 이루어지는 일 아닙니다. 그리고 한번 낸 마음은 그리 쉽게 사라지지 않거든요.

손오공만 해도 얼마나 고생을 했나요? 무려 오백 년을 오행산 밑에 깔려 지냈습니다. 그 괴로움을 벗어나고자 하는 바람도 있었지만, 무엇보다 중요한 것은 요괴라는 존재를 넘어서 참된 신선이나 부처가 될 수 있다는 희망이 현장법사를 따라나서게 한 동기가 된 것도 틀림없습니다. 그렇게 옳은 길을 향해 한번 일으킨 마음, 조금 약해지기도 하고 방황하기도 하지만 결코 그냥 사그라지는 일은 없습니다.

여러분도 마찬가지예요. 보다 훌륭한 사람이 되겠다는 마음을 일으킨 분들! 그러니까 이렇게 큰 재미도 없는 삼쾌 선생의 이야기를 듣고 계신 거 아니겠습니까? 어떤 때는 그 마음이 실종되기도 하고, 한없이 방황하기도 하지만, 다시 '향상일로向上一路', 즉 보다 나아지는 그 길로 돌아오지요. 끊임없는 인격완성에의 추구가 있지요. 불교적으로 말하면, 그 끝에 이르러서는 부처 이루실 겁니다. 그런 점에서 여러분 모두 부처 되기로 약속된 존재입니다. 좀 긴 세월이 걸릴지 모르지만….

말씀드린 대로, 아직은 천둥벌거숭이를 벗어나지 못한 우리의 마음 원숭이 손오공이지만, 휙 하고 화과산 수렴동으로 돌아가지 않습니다. 무언가가 그 발길을 머뭇거리게 합니다. 그래서 예전에 행패 부리며 여의봉 빼앗기도 했던 동해의 용궁에 슬며시 들려봅니다.

동해 용왕, 손오공 다시 보고는 얼마나 마음이 불안했겠어요? 그러나 손오공이 불문에 들었고, 현장법사의 제자가 되어 인도로 불경 가지러 가게 되었다는 이야기를 듣고는 마음을 놓습니다. 그리고 차 한 잔 대접하며, 그런 분이 왜 인도로 가지 않고 여기로 들렀느냐 물을 수밖에요. 손오공이 여차저차해서 성질이 나서 뛰쳐나왔다는 이야기를 하고… 눈치 빠른 용왕은 손오공의 마음 상태를 짐작하곤 능숙하게 손오공을 설득합니다. 큰 도를 이루기 위해서는 조그만 일을 잘 참아야 한다고요. 그렇지 못하고 이대로 돌아서버리면 당신은 끝내 요괴를 벗어나지 못할 것이라고….

발끈하는 마음에 뛰쳐나오기는 했지만 이미 착한 마음의 뿌리가 내린 손오공, 그러지 않아도 자기가 너무 성급했다는 것을 은근히 뉘우치고 있던 손오공, 여기서 마음을 돌립니다. 역시 당나라 스님 모시고 가야겠다!

여기서 우리 한번 손오공에게 박수를 보내야 하겠지요? 찬탄해야 하겠지요? 장하다, 손오공! 누구나 잘못을 할 수는 있지. 실수할 수 있지. 중요한 점은 그것을 고치는 데 거리낌이 없어야 하는 것! 공자님이 말씀하시지 않았더냐? "허물을 범하였거든 고치는 것을 꺼리지 말라"(過則勿憚改)고. 네가 논어論語라도 읽었나 보구나!

이크! 논어가 나올 대목이 아닌가요? 뭐 어때요? 요즘 하늘 통신에 공자님하고 부처님하고 친분이 꽤 두텁단 소식도 있으니까 상관없을 것 같아요.

16. 변함이 없는 뜻, 용마를 탔구나

현장법사 모시고

험한 여정 헤치고

사반산 응수간이라는 곳에 도착했네.

뱀이 똬리를 튼 산(蛇盤山) 속,

매가 날아 넘기를 근심하는 산골 깊은 물(鷹愁澗)이라.

잠시 말에서 내려 땀 식히고 쉬는데

용 한 마리 나타나 현장법사를 채가려 한다.

놀란 손오공 현장법사만 안고 피하니

용은 현장법사 대신 말을 안장 채 꿀꺽~

큰일이 났다.

그 험하고 먼 길을 탈것도 없이 어찌 간단 말이냐.

분기가 치민 손오공, 온 산골 물 뒤집으며 범인 수색,

견디지 못한 용 뛰쳐나와 손오공과 드잡이질…

그렇지만 하늘을 뒤엎은 손오공을 당할 길 있나.

꼬리 말고 달아나 꼭꼭 숨어라!

이러니 수가 없다.

더더욱 화가 치민 손오공~

사방의 토지신들 호출하여 닦달한다.

토지신들 여기에 용이 있게 된 사유를 아뢴다.

관세음보살님이 용을 풀어놓았다고.

경 가지러 갈 사람을 도울 용이라고.

결국 관세음보살님께 사자가 파견되고

보살님께서 달려오신다.

보살님 만난 손오공 한바탕 화풀이 푸념,

어찌하여 대자대비 화신인 당신이 못된 사기를 쳐서

내 머리에 테두리를 씌워 괴롭히느냐.

보살님이야 할 말씀 넘친다.

이미 약자가 된 손오공이 이길 길도 없다.

결국 말 문제로 돌아가니

보살님이 용을 불러낸다.

어쨌든 원인은 용이 현장법사 일행을 몰라본 탓이라.

몰랐다는데 어쩔 것인가?

본디 용의 임무는 현장법사 태우고 가는

말이 되는 것으로 결정되어 있던 것.

관세음보살 신통력을 부리신다.

짜잔~

용님이 말님이 되셨으니

정말로 명실상부한 용마龍馬로다.

어허~ 경사났네.

재앙이 변하여 복이 된다더니

서역 먼 길 갈 튼튼한 용마를 구하였구나.

대략 이렇게 끝나는 이야기지만

그 속에 깊은 의미가 숨어 있지.

의마심원意馬心猿이라고 들어보셨나?

마음을 원숭이라 하면

그 마음에서 나오는 뜻은 말과 같다고.

마음 원숭이가 제 길로 들어섰으니

그다음 올바른 뜻이 서기 마련이지.

여기서 용마를 얻었다 함은

인도를 향해 경을 가지러

묵묵히, 변하지 않고, 꾸준히 길을 가는

바른 뜻을 세웠다는 이야기가 아닌가?

　　머리에 금테두리 씌워진 손오공, 이제 팽개치고 달아날 길은 막혔네요. 우리 걱정도 덜었어요. 서유기 이야기하면서 손오공이 성질 피우고 달아나면 어쩌나 걱정을 많이 했거든요. 그럼 이야기가 끝나버리잖아요? 하하. 아무튼 이제 인도까지 가는 것은 틀림없으니, 맘 놓고 이야기를 진행해볼까요?

　　새롭게 출발한 현장법사와 손오공이 사반산 응수간이란 곳에 이르렀네요. 앞에 설명한 대로 뱀이 똬리 튼 산, 매가 근심하는 산골 깊은 물이라는 뜻이지요. 왜 매가 근심하는가는 설명이 필요하군요. 물이 하도 맑아 자기 그림자가 비치는 것을, 자기 짝이라고 착각하여 물로 뛰어든다네요. 그러니 걱정이 될 만하군요. 인도로 가는 길의 험한 자연 가운데 하나를 이렇게 묘사한 것이라 볼 수 있겠어요. 그래도 그 험한 여정 속에 이렇게 맑은 물을 만나기도 하는 모양이군요.

그런데 여기가 어디냐 하면 말이죠, 앞에 관세음보살님이 부처님 분부받고 중국으로 오던 길에, 죄지어 죽을 운명에 처한 용을 구해 풀어놓았다는 이야기했었죠? 바로 여기가 거기예요. 용이 응수간에 숨어 살고 있었던 거죠. 용이라고 해서 별수 있나요? 굶주리면 먹어야 하고, 지나가는 짐승들 잡아먹고 살 수밖에요. 그러던 참에 현장법사 일행이 도착하였으니, 이거 웬 떡이야 하고 달려들었지요.

원래 용은 말을 좋아하던가요? 백마강의 전설에도 그런 이야기 있던 것 같은데…. 아무튼 손오공이 황급히 현장법사 모시고 피하는 바람에 큰 재앙은 면했지만, 말은 용님께서 꿀꺽해 버리셨네요.

정말 큰 일이 난 거죠. 그대로 끝날 일이 아니죠. 우선 인도까지 가는 긴 여정에 맨몸으로 짐 짊어지고 간다는 것은 정말 끔찍한 이야기죠. 혹시 중간에 평탄한 길 만나거나 사람 많은 곳을 찾아 새로 탈것을 구하거나 하기 전까지는 말 없이 현장법사가 움직이기는 정말 어려운 상황이죠. 이런 곤란한 상황에 현장법사가 은근히 손오공 염장을 지르시네요. "넌 하늘을 뒤집어엎었다더니, 말 도둑 하나도 어찌 못한단 말이냐!"

자존심에 상처까지 받은 손오공, 응수간을 온통 뒤집어엎을 기세네요. 온갖 욕설을 퍼부으며 물을 뒤집어놓으니 용도 화가 나서 달려들지요. 그런데 손오공이 어떤 인물이에요? 아니, 어떤 원물猿物이에요? 하늘의 난다 긴다 하는 신장들도 당하지 못한 존재지요.

용이 신통력이 제법 있다 하지만 감당할 수 있을 리가요. 그래서 겁먹고 도망가서는, 아예 "머리카락 보일라! 꼭꼭 숨어라!" 작전으로 나가네요. 이 작전에는 정말 묘수가 없어요. 무조건 도망가고 숨으면, 그 몇 배 능력을 가지고 있다 해도 어쩔 수 없는 경우가 많지요. 바로 그렇게 되어버린 겁니다.

더더욱 화가 난 손오공이 토지신들을 집합시키네요. 여의봉 휘두르며 위협을 하고, 도대체 저 용의 정체가 뭐며 어찌하여 이곳에 용이 있게 된 건지를 물었지요. 그런데 알고 보니 그 용을 관세음보살께서 풀어놓았다는 겁니다. 그것도 인도로 경 가지러 갈 사람 도우미로 예정해두고서요. 더더욱 속이 뒤집힐 이야기지요. 그런 녀석이 말을 잡아먹었으니 말이에요.

결국 관세음보살님께 달려가야 하는데, 현장법사를 혼자 두고 갈 수도 없고 하여 곤란해하고 있을 때, 관세음보살께서 은밀히 현장법사 보호를 위해 파견해두었던 금두게체金頭揭諦라는 신이 나서서 관세음보살을 모셔옵니다. 그래서 관세음보살이 급하게 달려오시죠.

관세음보살 만난 손오공, 할 말이 많습니다. 손오공 생각엔 금테두리 머리에 두른 바람에 꼼짝 못하게 된 것은 일종의 사기라 여겨질 만하지 않습니까? 그래서 따지는 거죠. "대자대비의 화신이라는 당신이 이런 짓을 할 수가 있느냐?" 여기에 대한 보살의 변명, 아니 응수를 들어볼까요? 대략 이런 내용입니다.

"이 은혜도 모르는 원숭이야! 너를 오행산 아래서 꺼내준 것이 누구더냐? 그리고 당나라 성승을 도와 경을 가지러 가게 한 것은 단순한 심부름이 아니야. 네가 요괴를 벗어나 올바른 길로 접어들게 만들도록 한 것이니 그것이야말로 큰 은혜지. 그렇게 바른 길로 인도하면 따를 줄 알아야 하는데, 너는 전혀 그 습성을 버리지 못하지 않느냐? 그대로 두면 올바른 길을 끝까지 갈 수 있을 것 같아? 그런 거라도 씌우지 않으면 너는 영원히 정도로 돌아오지 못할 게다. 그러니 그 테두리 쓴 것은 네가 불러들인 네 과보요 네 팔자다. 그리고 다른 각도에서 생각해보렴. 그 덕분에 올바른 길을 끝까지 갈 수 있을 것이니 그거야말로 너의 큰 복이 아니냐? 그렇게 알아라!"

손오공 할 말 없음? 그렇지야 않겠지요. 아직 완전히 길들지 않은 마음이 그렇게 쉽게 수긍할 수 있겠어요? '그래도 이건 아니야. 사기로 이런 걸 씌우는 건 아무리 날 위해서라 해도 받아들일 수 없어. 구시렁구시렁….' 이런 말들이 입속에 맴돌 겁니다. 하하.

그렇지만 이미 금테두리 써버렸으니 어쩐대요? 이미 칼자루는 상대편으로 넘어갔거든요? 이런 때는 할 말 있더라도 참아야 한다는 정도는 손오공도 잘 알고 있지요. 그리고 실제로도 마음 원숭이가 적절한 통제를 받는 것이야말로 복 중에서도 큰 복입니다. 우리 모두 부러워해야 할 큰 복입니다! 우리가 통제되지 않는 마음 때문에 얼마나 고생하는데요.

그렇지만 이 손오공의 금테두리는 단순한 자유의지의 포기가 아니라는 점도 강조해야겠어요. 현장법사의 뜻에 부응하여,

불보살님이 가피를 내려 마음에 일종의 제약을 가한 것이니까요.

결국 관세음보살에 대한 손오공의 항의는 완전히 묵살됨! 하하, 당연한 결과지요. 이야기는 결국 말 잡아먹은 용으로 돌아가고, 앞에 말씀드린 대로 신통력으로 용을 말로 만들게 되지요. 그래서 정말 명실상부한 용마가 나옵니다. 훌륭한 말을 용마라고 하는데, 이건 정말 용이 변한 말이네요.

그런데 이 용마를 얻는 이야기에는 서유기 작자가 깔아놓은 회심의 숨은 의미가 담겨 있습니다. 앞에 말씀드린 대로, 마음을 원숭이에 비유한다면 뜻은 말에 비유됩니다. 어디로인가 달려나가는 말과 같은 뜻이라고 하여 의마意馬라고 합니다. 합해서 의마심원意馬心猿이라고 하지요.

그러니까 여기서 용마를 얻었다는 것은 새로운 뜻을 세웠다는 것을 의미합니다. 예전에 어디로 방향도 정하지 않고 달려나가던 뜻이 어떤 방향성을 지닌 뜻으로 바뀌게 된 것을 말한다 할까요? 이전의 뜻과는 격이 다른 뜻이, 정말로 깨달음을 지향하는 높고도 큰 뜻이 선 것입니다. 그러니까 용마지요. 평범한 말과는 다른 말, 용이 변해서 된 말! 이제 현장법사는 그 용마를 타고 나가는 것입니다. 올바른 깨달음을 통해 꾸준히 나가는, 물러서지 않는 큰 뜻을 말로 타고 나가는 것입니다.

일단 손오공이라는 마음이 제 길로 들어섰습니다. 그리고 그 마음이 올바른 뜻을 세웠습니다. 그렇게 되면 이미 근본이 되는 큰일을 마친 것이나 다름없습니다. 남은 것은 그저 꾸준히 나가는 것일 뿐이요, 그것은 또 시간이 해결해줄 문제입니다. 그리고 또 시간이라는 것은 본디 실체가 없는 것이니… 여기서

이미 일은 끝났다고나 할까요? 처음 마음을 내는 때가 바로 올바른 깨달음이라!(初發心時便正覺)

그래서 그런지 서유기에는 이 대목에 생뚱맞게 다음과 같은 찬탄이 붙어 있네요.

"진여眞如는 피안彼岸에 오르고, 불성을 깨달아 영산靈山에 이르는구나."

제가 설명을 붙였으니 이 말이 전혀 생뚱맞은 소리는 아니겠군요. 출발하는 마당에 피안에 오른다는 찬탄을 한 것은 바로 앞에 제가 말한 의미로 이해하면 될 것이니까요. 역시 삼쾌 선생의 친절한 설명이 빛을 발하는 대목이라고 할 수 있겠지요? 하하!

이 뒤로 현장법사가 안장도 없는 말을 타고 고생하면서 얼마를 가는 이야기가 나오지요. 그건 또한 아직 길들지 않은 뜻을 처음 타는 어려움이라고 보면 될 것 같구요. 바로 토지신 등이 안장과 고삐를 선물하네요. 그래서 이제는 정말 안정적으로 뜻을 제어하면서 가는 여정이 펼쳐질 예정입니다.

마음 원숭이와 뜻의 말을 얻고 나니 기본은 갖췄다고나 할까요? 이제 나머지 정신적인 요소인 탐욕-계율의 상징인 저 팔계와 성냄-집중된 마음의 상징인 사오정을 만나기만 하면 됩니다. 그 둘을 만나는 이야기가 다음에 나오네요. 기대하시라~ 개봉박두!

17. 요괴나 보살이나 한 생각일 뿐이니

용마 탄 현장법사, 고삐 잡은 손오공,

쉬지 않고 나아가네

두어 달 더 지나 계절이 바뀌어

봄기운 완연한 화창한 날에 도착한 곳,

관세음보살 모시는 관음선원觀音禪院이란 절이다.

그런데 이 절 정말 수상하다.

온통 보배로 치장한 화려함에다

스님들 모두 개기름이 줄줄, 탐욕에 눈이 번들번들~

부처님이 관세음보살 통해 전한 금란가사를 보곤

현장법사 일행 태워죽이고

가사를 빼앗을 음모를 꾸미네.

영험한 손오공이 이 낌새를 모를 리 있나.

엉뚱한 곳으로 불길이 번지게 술법을 부리고는

불길에 부채질, 불나는 집에 부채질,

온 절을 홀랑 태워버린다.

뒷산에 노스님과 친분 있던 곰 요괴 한 마리 있어

불길을 보고 달려왔다가

금란가사를 보고 역시 눈이 뒤집혀

훔쳐서 달아난다.

결국 가사 행방 찾던 손오공과 요괴의 한판 싸움이 벌어지는데

이 요괴 솜씨가 보통이 아니다.

거기다 힘들다 싶으면 동굴 닫아걸고 숨어버리니,

제천대성의 묘한 솜씨로도 어쩔 길이 없다.

결국 관세음보살 모시는 관음선원에서 사달이 났다는 구실로

관세음보살님 모셔와

보살님 도움으로 요괴를 잡아낸다.

분기가 치민 손오공 여의봉 추켜드는데

보살님 말리신다.

"마침 절 지킴이가 필요했는데 잘 되었구나.

이 요괴가 그릇이 괜찮으니 데려다 써야겠다."

갑자기 요괴 신분에서 보살님 권속으로 주민등록지가 바뀐다.

손오공 여의봉 꺼낸 게 싱거워진다.

하하! 닭 쫓던 개 지붕 쳐다보기가 아니라

요괴 쫓던 손오공 보살님 쳐다보기?

　　원래는 저팔계부터 만나려 했는데, 의미 있는 대목이 있어
만남을 좀 미루었습니다.

　　위에서 이야기한 대로, 관음선원에 들러 쉬는 사이 부처님
이 전한 금란가사를 도둑맞는 사건이 벌어지지요. 그런데 그 사

건이 벌어지는 과정이 참 여러 가지를 시사합니다.

우선은 서유기 작가가 본 불교의 타락상이 너무도 생생하게 그려지고 있네요. 온통 보배로 치장한 절, 200년을 넘어 살았다 하면서 불법의 높은 경지는 보이지 않고 보물에만 관심 있는 노스님…. 결국 부처님의 금란가사를 탐내어 살인까지도 서슴지 않습니다.

너무 심한 묘사 아니냐구요? 그렇지 않습니다. 가장 성스럽다는 종교가 타락하면 또 가장 무섭게 타락하는 법이거든요. 기독교의 역사에서도 그런 일들이 벌어졌고, 불교사에도 여러 번 그런 극단적인 타락상이 나타났다는 게 이미 여러 연구에 의해 밝혀져 있습니다.

그리 멀리 갈 것조차 없지요. 우리 한국 불교에서도, 얼마 지나지도 않은 과거에 정말 있을 수 없는 엄청난 사건들이 일어났지 않았던가요? 명분이야 붙이기 나름 아니겠어요? 그렇지만 아무리 변명해도, 종교계에서 재물 때문에 또는 성적인 문제 때문에 세속 사람들도 부끄러워할 일들이 수도 없이 일어났다는 사실을 부정할 수는 없습니다. 부정하고 변명하려 하기보다는 사실을 사실대로 인정하고 올바른 종교로 서기 위한 노력을 기울여야 하겠지요.

그렇다면 현재 우리의 불교가 그런 모습을 보이고 있는가요? 어떻게 생각하세요? 수없이 나타났던 부끄러운 일들, 그러한 모습들을 정말 근본적으로 반성하고 새롭게 태어나기 위한 노력을 기울이고 있는 것 같나요? 제가 보기엔 아직 많이 부족한 것 같거든요. 어떻게 적당히 무마하고 변명하고 슬그머니 넘어가기에 바쁘지 않았는지요?

　에고~ 부정적인 이야기, 힘 빠지는 이야기는 여기서 접기로 하겠습니다. 잘못에 대한 비판도 중요하지만, 그것을 바탕으로 새로운 희망을 일으켜내는 일이야말로 더더욱 중요하니까요. 그리고 한편으로 생각하면, 불교가 그래도 이만한 모습으로 남아 있는 것이 얼마나 어렵게 이룩한 일이겠습니까? 조선왕조 500년간 온갖 박해를 당했지요? 스님들은 최하층 천민 취급을 받아 도성 출입도 못했지요?

　저 어릴 때 기억이 납니다. 스님이 마을에 오시면 동네 아이들이 "중~중~ 까까중~" 하고 놀리며 졸졸 쫓아다녔어요. 조선왕조 때 불교를 천시했던 영향이 저 어릴 때까지 남아 있었던 거예요. 거기에다 일본강점기에 대처승이라는 제도가 시행되면서, 한국 불교에 지속적으로 암적인 문제가 될 요소가 심어졌지요. 광복 이후 일본 불교의 잔재를 씻기 위한 노력인 정화불사淨化佛事 또한… 피치 못하게 폭력이라는 요소가 불교 속에 정착하는 결과를 낳았구요. 거기다가 정신 차리지 못하게 쏟아져 들어온 서구 문명과 서양 종교들까지!

　그 속에서 불교가 전통문화와 종교를 대표하면서 이만큼 살아남은 것만 해도 불교의 저력을 드러내 보였다고 생각할 수 있어요. 그렇다고 적당히 변명하고 자기합리화를 하자는 이야기는 아닙니다. 제대로 된 비판은 언제나 엄정한 시각에서 객관적으로, 또 역사적 맥락을 분명하게 이해한 바탕 위에서 이루어져야 한다는 말이지요.

　각설하고요, 탐욕의 화신이라 할 만한 스님들이 등장하는 바람에 이야기가 옆으로 흘렀네요. 아무튼 이 스님들 정말 대단해요. 그 가운데 이 사찰의 — 하필 이름이 관세음보살 모시는 관음선원이에요 — 가장 나이 드신 큰 스님이 금란가사에 대한 탐욕으로 완전히 이성을 잃습니다. 거기에 젊은 스님들이 일치단결(?) 노스님의 뜻을 받들기 위해 온갖 꾀를 다 내네요.

결국 뒤가 가장 깨끗한 방법은 현장법사 일행을 불태워 죽이는 것이라는 자연스러운 결론? 노스님이 그 귀한 금란가사를 하루라도 가까이 모시고 감상하고 싶다고 청하여, 금란가사를 빌린 다음 밤에 현장법사 숙소에 방화를 하는 것이지요.

우리 손오공이 거기에 당할 리야 있나요? 그런 일이라면 오히려 손오공이 단수가 훨씬 높은데요. 그 음모를 알아채곤 오히려 역이용하여 자신의 심술을 있는 대로 부려버리지요.

일단 하늘에 가서 떼를 써 현장법사 숙소를 보호할 수 있는 보물을 빌려다 안전하게 만든 다음, 승려들이 지른 불길을 엉뚱한 곳으로 퍼지게 만듭니다. 불난 집에 부채질하기 신공(?)이랄까요? 그래서 온 절이 홀라당 다 타버리고~ 에고, 불쌍한 스님들….

그런데 이 절의 뒷산 — 흑풍산黑風山 흑풍동黑風洞이라네요 — 에 곰이 변한 요괴 하나가 살고 있었군요. 오랫동안 수행을 쌓아온 곰 요괴, 탐욕 부린 노스님과도 왕래가 있어 불길을 좀 잡아주러 왔다가 금란가사의 광채를 보곤 그것만 훔쳐서 달아나버립니다.

결국 위에서 이야기한 대로 손오공과 이 곰 요괴의 한판 싸움이 벌어지게 되는데, 이 곰 요괴의 경지가 보통이 아닙니다. 하늘을 뒤집어놓았던 손오공에야 좀 못 미칠지 모르지만, 손오공이 만만하게 때려잡을 수준이 아닙니다. 거기다 좀 불리하면 자기 소굴로 들어가 문 걸어 잠그고 상대를 하지 않는 작전으로 나오니 참으로 어려운 상황이 되었네요.

결국은 이 사달이 일어난 질이 '관음선원'이라는 것을 빌미로 관세음보살께 구원을 요청하게 되지요. 우리 자비로우신 관세음보살님, 또다시 달려오실 수밖에요. 여기서 우리 거룩하게 염불 한마당하고 갈까요? "특급소방수 구원투수 대자대비 구고구난 관세음보살 마하살~~~."

마침 곰 요괴에게 금단金丹을 선물하러 가는 친구 요괴를 만나 때려잡고 — 잡고 보니 오래 묵은 늑대 요괴였다네요 — 보살님이 그 친구 요괴로 변신하고 손오공은 선물용 금단으로 둔갑을 하지요. 그래서 태연하게 요괴의 본거지로 잠입하는 계책을 쓰는데, 이때 손오공이 보살님의 요괴 변신을 보고 한마디 이죽거립니다.

"대단하군요, 대단해! 요괴가 보살이 된 겁니까? 아니면 보살이 요괴가 된 겁니까?"

감히 보살의 본래 면목을 문제 삼는 손오공이군요. 거기에 대한 보살님의 응수, 이게 정말 이죽거리는 손오공의 입을 한방에 뭉개버리는 우문현답愚問賢答 이상의 우문현묘답愚問玄妙答입니다.

"오공아, 보살이나 요괴나 결국 한 생각일 뿐이지. 근본을 말한다면 모두 본래 없음이니라!"

보살이다 요괴다 하는 겉모습에 매달리지 말라는 말씀일까요? 한 생각 잘못하면 요괴가 될 수도 있고, 한 생각 돌이키면 바로 보살이 될 수도 있다는 말씀일까요? 본디 요괴다 보살이다 하는 것이 나오는 바탕으로 돌아가면, 결국 모습 없고 빛깔 없는 근본 자리가 있다는 말씀일까요?

아무튼 엄청 우리 머리를 후려치는 사자후獅子吼 법문인 것은 틀림없어 보입니다. 삼쾌 선생의 느낌에 이 말씀은 정말 음미하고 음미할 만한 가치가 있다는 것이지요. 여러분도 이 자리에서 한참 음미를 하고 넘어가셨으면 해요.

이런 보살님의 엄청난 의미를 담은 말씀에 손오공도 무언가 깨달음이 있습니다. 휙 몸을 한번 뒤채는 순간 금단으로 변화를 하지요. 여기서 또 한마디 하지 않을 수 없군요.

"손오공의 본래 모습이 무엇이던가? 천하의 정기가 모였구나! 신선이 제련한 금단이요, 한없는 수명 지닌 오묘한 몸이려니!"

이건 어디에 나오는 오묘한 구절이냐구요? 정말 오묘하다고 생각하세요? 하하! 이건 삼쾌 선생의 즉흥 썰입니다. 에구, 갑자기 싸늘해지는 이 분위기는 뭡니까? 보살님 말씀에 뒤이어 나오니까 오묘하다고 생각하시다가, 그게 삼쾌 선생의 즉흥 썰이라고 하니까 바로 무시하는 그 일념! 그게 문제라는 겁니다.

요괴다 보살이다 그게 다 일념이듯이, 보살님 말씀이다 삼쾌 선생의 말이다 하는 것도 다 일념입니다. 그런 분별에 놀아나시면 안 된다구 방금 말씀드렸는데 자꾸 이러시면 안 됩니다요. 이크! 이젠 싸늘하다 못해 돌팔매 날아오겠네요. 후다닥 본이야기로 돌아가겠습니다.

그래서, 다시 여차저차해서 금단으로 변한 손오공이 요괴의 뱃속으로 들어갔네요. 아무리 요괴라도 뱃속에서 난동을 부리는 데야 무슨 수가 있나요? 결국 백기, 항복, 살려주세요! 그렇게 될 수밖에요. 그래서 손오공이 분풀이 삼아 여의봉 꺼내 때려죽이려 하는 그 순간, 보살님 급히 말리시네요. "잠깐! 그 애 좀 쓸네가 있구나. 죽이지 말 거라!" 요괴 데려다 이디다 쓰시려나 했더니 보살님 사시는 낙가산落伽山 뒤를 지킬 사람이 없는데 마침 잘 되었다는 말씀.

마음을 가라앉힌 요괴에게 계를 베풀어주시고, 긴 창을 잡게 하셔서 낙가산 뒤를 지키는 수산대신守山大神으로 임명하셨네요. 갑자기 요괴의 신분에서 보살님 거처를 지키는 신으로 호적이 옮겨져버렸지요? 요괴 때려잡으러 치켜들었던 손오공의 여의봉이 좀 무색해진 순간? 그래서 그런 말이 있었다네요. "닭 쫓던 개 지붕 쳐다보기"란 말과 비슷한 "요괴 쫓던 손오공 보살님 쳐다보기"라는….

그런데 이 대목, 그냥 넘어가시면 안 됩니다. 아까 나왔던 오묘한 이야기, 보살이나 요괴나 다 한 생각이라는 말에 이어서 요괴가 보살 문하로 호적을 옮기는 이야기, 무언가 연관이 있는 게 틀림없겠지요?

본래 악한 존재가 따로 있을까요? 그런데 우리는 어떤 존재는 본래 악이니 없애버려야 한다는 식의 생각을 하고 사는 건 아닐까요? 이런 우리의 잘못된 생각을, 또 세상의 풍조를 한 번에 뒤집을 전기가 바로 여기에 숨어 있습니다. 그게 어떤 전기냐구요? 에고, 좀 쉽게 이야기하기 위해 제가 서유기를 소재로 한 게임과 영화를 만들어야 한다고 외치며 실제로 조그만

시도를 해보던 시절의 이야기부터 해보겠습니다.

제가 좀 오지랖이 넓지 않습니까? 아이들이 즐겨 하는 컴퓨터 게임에도 관심이 많았습니다. 실제로 컴퓨터 게임을 즐기기도 하구요. 그러다 보니 게임에 대한 나름의 생각이 있습니다. 어른들이 아이들 게임 중독을 걱정하고 그것을 못하게 하려고 하는데, 그건 결코 성공하지 못할 겁니다. 아무리 쫓아다니며 못하게 한들 될 일이 아니라는 거죠. 그런 불가능한 일을 시도하는 것보다는, 보다 훌륭한 게임을 만들어줌으로써 나쁜 영향을 줄이는 방향으로 나가는 편이 낫다고 생각합니다. 한 걸음 더 가서, 훌륭한 게임을 통해 좋은 성향과 심성을 형성해낼 수만 있다면 금상첨화겠지요.

그런데 그런 생각을 하며 주변을 돌아보다 보니 서유기처럼 좋은 게임의 소재가 없더군요. 우선 재미가 있지 않습니까? 이 시대의 화두는 뭐니 뭐니 해도 결국 재미입니다. 아무리 내용이 좋아도 재미없으면 그걸로 끝! 재미를 통해서 메시지를 전달하는 것을 첫 번째 과제로 삼아야 합니다.

그 점에서 서유기야말로 우선 점수를 따고 들어간다는 말이지요. 웬만한 사람은 손오공, 저팔계, 사오정이라는 캐릭터에 대해서 알고 있지 않습니까? 그리고 허영만 화백이 그린 〈날아라! 슈퍼보드〉라는 만화 때문에, 한때 말귀 어두운 사오정이라는 유머가 유행하기도 했구요. 또 일본에서는 서유기의 주인공인 손오공을 캐릭터로 하여 〈드래곤 볼〉이라는 만화가 나왔고 우리나라에도 번역되어 큰 인기를 얻었습니다. 그만큼 서유기는 친숙하고도 재미있는 소재입니다.

중요한 점은 서유기가 단지 재미있기만 한 것이 아니라, 우리가 이렇게 서유기에 담긴 의미를 풀어나갈 정도로 깊은 의미를 지니고 있다는 것이겠지요. 중간중간에 나오는 요괴나 마왕들의 상당수가 수행과 인격완성의 길에서 만나게 되는 장애를 상징한 것이기도 하고, 우리가 사는 세상과 인간의 행태에 대한 신랄한 풍자인 경우도 많죠. 그렇게 의미를 듬뿍 담은 서유기를, 서유기만이 가진 재미 속에 살려내면서 게임을 만들면 얼마나 좋겠어요?

그래서 정말 시도를 해봤지요. 이리저리 수소문하여 게임 제작을 하는 분을 만나 이런 취지를 설명했더니 매우 큰 관심을 보이기에 좀 구체적으로 이야기를 진행해봤습니다. 우선 제가 서유기의 의미를 좀 설명해주고, 직접 서유기를 읽어보기를 권했지요. 그랬더니 서유기를 읽고 나서 이 게임 제작가가 하시는 말씀이 매우 의미심장했어요.

"선생님! 서유기를 소재로 한다면 기존의 게임과는 전혀 다른 종류의 게임을 만들어야 하고, 또 만들 수 있을 것 같습니다."

이런 말을 하는 근거가 바로 앞에서 이야기한 내용과 연관이 있습니다. 요괴가 보살 문중으로 이적하는 이야기 말입니다. 기존의 게임들은 거의 한결같이 어떤 존재를 절대적인 악惡이자 적으로 설정하고, 그것을 말살시키는 것을 그 틀로 하고 있습니다. 그런데 서유기에는 그 '절대적인 악'이 존재하지 않아요. 요괴가 보살 문중으로 소속이 바뀌는 것이 바로 그 대표적인 예라 할 수 있지요.

그때 삼쾌 선생, 본디 어렴풋이 알고 있던 것이지만 더 분명하게 이해할 수 있었습니다. 어떤 존재가 본래 선과 악을 지니고 있는 것이 아니라, 어떤 관계성 속에서 선으로도 악으로도 드러날 수 있다는 것이 서유기가 가진 기본적인 사유방식이라는 사실을요. 그리고 그러한 사유방식이야말로 지금의 현실에서 가장 필요하고도 의미 있는 것이라는 사실도요.

한번 돌아보세요. 우리는 어떤 존재를 본디부터 나쁜 존재로 생각하고 그것을 없애버려야 한다는 사고방식에 사로잡혀서, 그 대상을 증오하고 말살하려는 방식으로 움직이고 있지는 않은가요?

그 대표적인 예를 들어볼까요? 좀 지난 이야기지만, 미국 대통령 누군가가 중동의 이란을 악의 축으로 규정했지요? 그리고 그 존재를 말살해야 한다는 방식으로 움직이기도 했구요. 과연 그럴까요? 그 나라가 악의 축일까요? 그렇지는 않을 겁니다. 물론 어느 쪽이 더 정의로운가를 일반적인 수준에서 따질 수야 있겠지만, 과연 그 존재가 절대적인 악일 수는 없는 겁니다. 반대의 입장에서는 상대방을 악의 축이라고 규정할 수도 있는 문제거든요.

그런데 이렇게 자기와 입장이 다르거나 자기에게 해를 끼치는 존재를 본디부터 악한 존재라고 규정하는 순간, 그 존재를 없애버리는 길밖에 남지 않는 것이 문제입니다. 얼마나 끔찍한 일인가요? 그리고 이러한 사고방식에서 비롯하여 얼마나 잔인한 일들이 벌어져왔던가요? 인류 역사에 기록된 수많은 잔혹한 일들이 바로 이런 사고방식에 바탕하고 있다는 사실을 바로 보아야 합니다. 그리고 여기에는 종교가 많은 영향을 끼치고 있습니다.

제 생각엔 아마도 잘못 해석된 기독교에도 그 탓이 있다고 보는데요, 기독교에는 사탄이라는 존재가 있잖아요? 악의 상징! 그러한 사탄과 같은 존재가 본디 있다고 생각하고, 그 존재가 현실에 있다고 생각해보세요. 그러한 존재와 대화하고 타협하고 할 수 있나요? 그저 죽이고 말살하는 것밖에 다른 길이 없지요.

그런데 그러한 심성, 즉 자기와 다른 입장에 있는 이나 자신에게 해를 끼치는 존재에 대한 적대감이 가장 강하고, 전혀 타협이 불가능할 정도로 편 가르기가 심한 것이 우리 한국 사람이라네요. 그게 무슨 탓이겠어요? 바로 우리의 슬픈 역사, 남북분단이 빚어낸 안타까운 현실이지요.

우리에게 북한은 어떤 집단이었던가요? 절대 존재를 인정해서는 안 되는 존재, 말살해야 할 존재가 아니었나요? 저 젊은 시절에는 휴전선 근방에 가면, "미친개 김일성을 몽둥이로 때려잡자!"는 구호가 시뻘건 페인트로 쓰여 있는 모습을 흔히 볼 수 있었지요. 그렇게 절대로 인정할 수 없는 북한이라는 존재를 눈앞에 두고, 그러한 존재에 대한 적대감을 통해 자신의 존재 의미를 내세웠던 역대의 정권들…. 그런 조건 속에서 우리도 그런 심성을 키울 수밖에 없었던 거죠.

그래서 그런지, 외국에 이민을 가거나 할 때의 심사 과정에서 우리나라 사람들이 자신과 다른 입장, 대적적인 관계에 있는 존재에 대한 적대감이 가장 심하다는 통계가 있다고 하더라구요. 이것은 정말 문제가 있는 겁니다. 우리 한국사람 전체가 일종의 정신병적 증후를 앓고 있다고 봐도 틀린 말이 아니지요.

　우리나라에서는 타협과 화해라는 말이 잘 통하지 않는 것 같아요. 지금도 걸핏하면 색깔 논쟁으로 나가고, 자기와 다른 입장을 '좌빨', '보꼴'로 몰아가면서 적대감을 표출하잖아요. 자신과 다른 입장을 그냥 생각이 다른 것으로 바라봐주지 않아요.

　물론 자신의 입장을 옹호하고 지지하며, 상대편의 입장을 비판하고 공격하는 것은 당연한 일입니다. 그러한 투쟁을 통해 인류 역사가 발전합니다. 그렇다고 하여 상대편을 절대적인 '악'으로 규정해서는 안 됩니다. 그러는 순간 우리의 삶은 증오로 물들게 되고 인류 역사는 피로 물들게 되니까요.

　이러한 사고방식을 교정할 수 있는 시각이 바로 서유기에 있고, 주역과 같은 동양의 다른 고전들 속에도 있습니다. 일반적으로, 이러한 사고방식을 '관계론적 사고방식'이라고 부르지요. 어떤 존재 자체에 선 또는 악이 본래 깃들어 있는 것이 아니라, 관계 속에서 그렇게 드러날 뿐이라고 생각하는 방식 말입니다. 그러니까 나와 적대적인 상대편은 지금 어떤 관계망 속에서 '악'으로 작용하고 있을 뿐이라는 뜻이죠. 그 관계망이 바뀌면 어떤 존재의 선악도 그에 따라 바뀌는 것입니다.

　우리는 우리의 상대편을 공격하지만, 그것은 그 존재가 절대적인 악이라고 생각해서가 아닙니다. 우리는 크게 보면 같은 항아리 속에 있다고 할 수 있어요. 상대편과의 다툼도 크게는 우리 전체를 잘되게 하기 위한 것이라고 할 수 있어요.

　주역에서는 이러한 사고방식을 "같이 하면서도 다르게 한다" 또는 "다르면서도 같음을 안다"라고 표현합니다. 큰 지향을 같이 하면서도 얼마든지 서로 다를 수 있고, 그 다름 속에서도 같음을 향해 나갈 수 있다는 겁니다. 그런 큰 사고에 바탕하면, 우리는 다투면서도 상대편을 말살하는 방향이 아니라 어떻게든 커다란 하나를 향해 나아가는 건강한 행태를 보일 수 있을 겁니다. 그러면 우리의 삶과 역사도 건강하고 밝은 내용으로 채워지지 않을까요? 증오와 악의는 줄어들고, 피 흘리면서 부러지는 역사는 자취를 감출 테고요.

흠, 나칠계 님. 진부한 이야기라구요? 좀 길다구요? 그래서 결국 앞에서 이야기한 게임 제작 이야기는 어떻게 끝났느냐구요? 그런 게임 나왔다는 소식 못 들었으니 결국 실패한 거 아니냐구요? 에고, 나칠계 님은 남의 아픈 곳을 그렇게 푹푹 찌르십니까? 맞습니다. 실패했지요. 아니 실패라고도 할 수 없을 정도로, 시도도 제대로 못한 단계에서 끝나고 말았습니다.

문제는 역시 자금! 가장 중요한 자금 확보를 못했기 때문이에요. 당시에 단순히 게임만 만들어서는 안 되고 애니메이션과 캐릭터 산업까지 함께 해야 한다고 생각해서 영화감독들까지 몇 분 만났었지요. 그런데 정말 중요한 문제는 제 생각에 머리를 끄덕여주는 그런 분들은 왜 한결같이 그 '돈'이 없는 겁니까? 결국 '돈'도 별로 없는 삼쾌 선생 주머니에서 몇 번의 회식비만 지출된 상태에서 이야기가 끝나고 말았지요. 생각하니 다시 슬퍼지네요.

그렇지만 아직도 제 아이디어는 살아 있습니다. 누가 정말 과감하게 투자하기만 하면, 〈반지의 제왕〉은 저리 가라 할 정도의 영화 소재 몇 개가 서유기 속에 숨어 있습니다. 청소년들의 심성을 올바르게 인도하면서도, 거기다 재미까지 있는 게임을 충분히 제작해낼 수 있습니다. 그러한 보물 창고가 바로 서유기입니다!

여러분도 그렇게 믿으시지요? 다들 고개를 끄덕이는 분위기라고 믿어 마지않는 바입니다! 어? 그런데 나칠계 님만 여전히 고개를 외로 꼬고 있네요. 대개 이상주의자들이 갖는 공통적인 특징이 바로 그 '근거 없는 자신감', 줄여서 '근자감'이라 하는 거라구요?

에잇! 맞습니다, 맞아요! 제가 그 이상주의자입니다. 그렇지만 이렇게 지금은 좀 현실성 없어 보이는 주장들이 결국 현실화되는 것도 또한 우리의 역사더라구요. 공상적이라고 비판받던 수많은 아이디어들이 결국 현실이 되어 우리 삶과 세계를 바꾸지 않던가요?

그래서 저는 아직도 서유기 게임의 꿈을 버리지 않고 있습니다. 제 아이디어라고 독점할 생각도 없습니다. 그러니 여러분 많이 홍보해주시고, 혹 자본은 튼튼한데 좋은 소재가 없어 고민이신 분 있으면 이 아이디어 좀 전파해주세요. 그러한 기대 속에, 다음 이야기로 넘어가볼까요?

18. 저팔계 합류하다

관음선원 야단법석을 치르고

몇 날 며칠을 부지런히 걸어 도착한 곳,

고^高 씨가 주로 사는 동네 고로장^{高老庄}이란다.

그 마을에서도 행세깨나 하는 집,

고태공의 집에 머물렀는데

그 집에 큰 우환거리가 있다.

딸만 셋 둔 집안이라

막내딸은 데릴사위를 맞으려 했는데

마침 준수한 신랑감이 나타났더라나?

그래서 얼른 데릴사위로 들였는데

참으로 힘도 좋고 부지런했더라.

그런데 하루 이틀 지나면서 모습이 변하더라나?

완전히 돼지 모습으로 변하고 거기에 도술까지 부려대고

우리 귀여운 딸 뒷방에 가둬놓고 얼굴도 못 보게 하니

무섭고 겁나서 살길이 없다네.

간절하게 이 우환을 해결해달라는 고태공의 부탁에

손오공 가슴을 팡팡 두드린다.

이 제천대성 손오공만 믿으시라.

마침 요괴사위 없는 틈에 딸을 구해내고

손오공 딸 모습으로 둔갑하여 요괴사위를 기다린다.

밤이 이슥하니 과연 일진광풍一陣狂風과 함께

요괴사위 등장~

손오공과 요괴사위,

쓰담쓰담 오호호홍~~

그랬을 턱이~~~~ 없지.

이리저리 수단 부려

요괴의 주민등록지 캐내곤

결국 한바탕 드잡이가 붙는다.

알고 보니 요괴의 신분도 범상치 않다.

도술을 배워 신선의 반열에 올라

하늘나라에서 천봉원수天蓬元帥라는 직책까지 받았던 귀하신 분.

식욕과 색욕을 통제 못하는 것이 병이라

술 먹고 월궁항아月宮姮娥에게 성추행을 벌인 죄로

이 세계로 떨어지신 분.

제천대성으로 날뛰며 분탕질 치던

손오공 과거 일도 아는 요괴라,

싸우며 정드는 것이 아니라 싸우며 정체 파악되고

관세음보살 부촉받고 현장법사 기다리고 있었다는

요괴 신세타령도 나오니

이 요괴 잡이도 뒤가 싱겁게 끝나고 만다.

손오공이 요괴 귀 끌고 삼장법사에게 데려오니 상황 끝!

관세음보살이 요괴에게 붙여준 오능悟能이란 법명과는 별개로

여덟 가지 계행을 계속 시키라는 의미로 팔계라는 이름을 주고,

본래 성씨가 저豬(돼지)이니 저팔계豬八戒라!

드디어 서유기 삼총사 가운데 둘째를 맞았구나!

　　이제 저팔계를 맞는 대목이군요.

　　손오공이 영민한 재주와 칼칼한 성질 등으로 알려져 있다면 저팔계는 어떻게 알려져 있지요? 먹을 것과 여자라면 전혀 자제가 안 되는 그런 존재로 묘사되지요? 정말 여러 가지 사달을 많이 일으키는 것이 바로 저팔계입니다. 그래서인지 오히려 손오공보다 친숙한 느낌이 들기도 해요. 아마 욕망을 통제하지 못하는 우리의 모습과 가장 가까운 것이 저팔계이기에, 어떤 때는 그의 모습이 안쓰럽기도 하고 또 어떤 때는 갑갑하기도 하고… 그게 저팔계를 보는 우리의 심정이 아닐까 싶습니다.

　　이 저팔계는 관세음보살이 인도로 불경 가지러 오는 이를 위해 안배해놓은 도우미이지요. 이미 오능이라는 법명도 주었고요. 능력을 깨닫는다는 뜻이 되나요? 아무튼 그런 도우미로 준비된 존재인데, 그리 평탄하게 만나지는 못합니다. 서유기에 어디 쉽고 평탄하게 되는 일 하나 있던가요? 모든 것은 고생을 겪으며 얻어야 그 값이 나간다는 것이 서유기 저자의 기본 철학이 아닐까 싶을 정도로 늘 일이 꼬이곤 하지요. 그리고 이 저

팔계는 애당초 그리 쉽게 만날 존재가 아닌 듯하기도 하구요.

저팔계가 상징하는 것은 과연 무엇일까요? 이제는 여러분도 쉽게 짐작하실 거 같네요. 돼지의 외모를 통해서 상상이 되는 바로 그것, 욕망 또는 탐욕이라 불리는 것이겠지요? 물론 이런 이야기는 돼지의 동의를 받은 것이 아니기에, 돼지 입장에서는 꽤 화가 날지도 모르겠어요. 실제로는 돼지가 매우 영리하고 깨끗하다는 설도 있구요. (나칠계 님 쪽을 안 쳐다보려고 애쓰면서도 자꾸 힐끔힐끔 눈치를 보게 되네요.)

그렇지만 어쩌겠어요? 일단 이미지가 그렇게 형성되어 있으니 그에 따를 수밖에요. 그리고 그런 이미지는 이미 서유기가 탄생하던 시절부터 있었던 것 같으니, 돼지의 본성과 전혀 관계가 없다고 할 수도 없겠습니다. 그렇게 오랫동안 유지된 이미지라면 다 이유가 있을 테니까요.

이 욕망, 탐욕이 어디 길이 잘 드는 것이던가요? 보살의 인도를 받아 바른 길로 가기로 했지만 고새를 못 참고 벌써 딴 짓을 벌이고 있습니다. 그 딴짓이라는 것이 정말 맹랑해요. 고태공의 집에 데릴사위로 들어가서 꽃다운 처자의 신랑 노릇을 하고 있네요. 저팔계로서야 아무 잘못도 없다고 우길 만합니다. 힘쓰고 도술 써서 처가에도 도움이 되고 있으니 누이 좋고 매부 좋은 일 아니냐고요. 문제는 저팔계의 외모군요. 완전히 사람이 아닌 존재라는 것이 어디 그리 쉽게 용납이 된답니까?

여러분도 한번 생각해보세요. 우리와는 전혀 다른 모습을 가진 존재, 사람이라고 보기 힘든 존재를 어느 정도까지 우리 속으로 용납할 수 있을까요? 서로 도움을 주고받는 관계, 딱 그런 정도라면 함께 지낼 수 있을지 모르지요. 그렇지만 완전히 우리 속으로 받아들여야 하는 경우, 우리와 똑같이 대접을 해주고 우리와 똑같은 존재로 여겨야만 하는 사태가 벌어진다면 쉽게 마음을 열 수 있을까요?

결코 그렇지 않을 겁니다. 우리는 늘 울타리를 치고 벽을 쌓기 마련입니다. 나와 같은 존재들끼리의 울타리, 나와 다른 존재들을 차단하기 위한 벽… 그런 것들을 무수히 쌓아가며 살아가는 것이 우리의 모습 아닐까 싶어요. 그러한 벽들이 강고하게 자리 잡아 마땅히 함께해야 할 존재들까지 그 밖으로 내치려 하면 큰 갈등과 싸움이 벌어지기 마련이구요.

그렇기에 가능하면 그런 울타리들과 벽을 허물어가면서 살려고 해보지만, 그게 어디 그리 쉽습니까? 유능한 성주는 네 대문을 활짝 열어놓고 사람들 왕래를 시키면서도 성을 잘 다스린다 하지만, 그래도 가장 쉽게 성을 다스리는 방법은 네 대문 닫아걸고 통행심사를 엄격히 하는 것이거든요. 그래서 우리는 계속 울타리와 벽을 쌓아가는 방식을 고집하게 되는 것 아닌지 모르겠습니다.

그 울타리와 담 가운데 또 엄청나게 튼튼하고 단단한 것이 바로 외모입니다. 우리가 피부색을 넘어 하나의 인류라는 사실에 도달하기까지 정말 얼마나 오랜 세월이 걸렸던가요? 지금도 다 끝난 것이 아닙니다. 여러분 자신에게, 과연 피부 색깔을 넘어서서, 그것에 전혀 마음 두지 않고 사람을 대할 수 있는지 한번 물어보세요. 그리 쉽지 않을 겁니다.

바로 여기가 문제이지요. 저팔계는 저팔계 나름대로, 내가 뭐 잘못한 것이 있겠느냐 하면서 일반 사람들의 인식을 가볍게 무시하고 있군요. 고태공 집안에서는 사위의 능력이나 기여도는 전혀 생각지도 않고 단지 그가 요괴라는 것만을 문제 삼고 있구요. 그러니 결과는? 파탄이요, 결렬이죠.

그런데 이 요괴가 보통이 아닌지라 어찌할 줄 모르고 있는데, 마침 현장법사 모신 손오공 일행이 집에 머물게 된 것입니다. 당나라에서 온 고승이라 하니 당연한 수순으로 요괴 퇴치를 부탁하게 되고, 또 당연하게 힘쓸 거리 없이 심심해하던 손오공이 맡아 나서고… 그러면 당연하게 요괴와 손오공의 한바탕 드잡이질이 벌어지고…. 정말 '당연히'라는 말이 여러 번 들어가는 이야기 전개지요? 하하!

그런데 이 저팔계와 손오공의 싸움은 그리 오래가지가 않네요. 한바탕 하는 도중에 서로 신분을 확인하거든요. 저팔계가 관세음보살의 부촉을 받고 현장법사 일행을 기다리고 있었음이 밝혀집니다. 그래서 바로 싸움은 끝나고, 손오공이 저팔계를 데려옵니다. 끝이 좀 싱겁지만, 저팔계가 자신의 과거사를 털어놓고 현장법사 모시고 떠나면서 속세에 끈을 남겨두려 하는 이야기가 매우 재미있습니다.

우선 저팔계는 지금 돼지의 모습을 하고 있어도 결코 비천한 신분이 아닙니다. 신선술을 배워 하늘나라에서 벼슬까지 하던 인물, 즉 왕년에 한가락 하던 인물이지요. 지금은 죄를 지어 하계로 추방되었을 뿐이에요. 추방될 때 잘못해서 돼지의 태중으로 들어가는 바람에 돼지 모습이 되었지만요.

물론 그 하늘나라에서 지은 죄가 월궁항아에 대한 추행죄라는 것이 저팔계의 품성을 짐작하게 하지요. 또 돼지의 태 가운데 떨어진 것도, 불교의 업설에 근거해서 보자면, 역시 비슷한 습성을 지녔기에 그랬을 것이라는 이야기는 이미 앞에서 했지요? 그렇지만 그런 이유로 저팔계를 비하해서는 안 됩니다. 다른 각도에서 말한다면, 저팔계가 대변하고 있는 인간 심성의 한 측면, 즉 욕망이나 탐욕 그 자체를 죄악으로 보아서는 안 된다는 말입니다.

인간이 본디부터 가진 것 중에 근본적으로 나쁜 것이 어디 있겠습니까? 단지 우리가 진리에 눈뜨지 못하고 아집에 빠져서, 그것들이 죄업을 짓도록 만들 뿐 아닐까요? 우리의 뜻이 올바른 방향성을 가지게 되면, 우리가 가진 모든 요소가 그 올바른 뜻을 위해 봉사하게 되지 않을까요? 제가 계속 힘주어 이야기하는 것이 바로 이 점입니다.

대승의 큰 길은 이것은 좋은 것이니까 함께 가고, 저것은 원래 나쁜 것이니까 버리고 가자(혹은 감옥에 가두어놓자) 하는 방식이 아닙니다. 모든 것을 부처 되는 길의 도우미로 삼아서, 함께 데리고 가는 것이 대승의 큰 길입니다. 물론 통제하기 힘든 것들은 적절히 격리시키는 방식이 편할 수 있겠지만, 그런 쉬운 길을 가려 하기보다는 힘들더라도 모든 것을 함께 데려가는 것이 대승의 길이 아닐지요?

미리 앞질러서 이야기를 더 해볼까요? 서유기의 마지막에는 손오공, 저팔계, 사오정이 모두 경을 가지고 온 공을 인정받아 큰 보상을 받게 됩니다. 그중에서도 손오공은 '부처'의 등급으로 올라가게 됩니다. 손오공이 성불한 거예요!

그럼 저팔계와 사오정은? 미리 다 이야기하면 좀 싱거워지니 살짝 귀띔만 해드리지요. 꽤(!) 높은 지위를 얻습니다. 그건 무슨 의미일까요? 욕망, 탐욕과 같이 우리가 나쁘다고 보기 쉬운 것들도, 깨달음의 길에서는 도우미가 될 수 있고 그 결과 훌륭한 것으로 승화될 수도 있다는 뜻 아니겠습니까?

제 마음 같아서는 저팔계와 사오정도 확 부처 지위를 줘버리고 싶더군요. 왜 꼭 손오공은 부처 지위로 승격시키고 저팔계와 사오정은 한 단계를 낮추었는지, 저는 불만이 많습니다. 그렇지만 서유기가 세상에 나올 당시만 해도 그렇게 하기는 좀 힘들지 않았을까 하는 생각도 드네요. 사실 그 당시에 그렇게 한 것만 해도 대단하고, 지금이라면 당연히 팔계 부처님도 등장했을 것이라고 생각합니다.

각설하고, 중요한 점은 이제 저팔계가 손오공과 함께 현장법사를 모시고 간다는 사실입니다. 삼쾌 선생이 계속 강조하듯이 서유기 전체가 부처 되는 수행의 이야기라면, 이제 인간의 탐욕이 수행의 도우미를 자처하고 나섰다고나 할까요? 정말 엄청나게 의미 있는 대목입니다. 물론 저팔계가 엄청나게, 또 처음부터 수행 도우미로서 역할을 잘할 것 같지는 않지만요. 아마도 속깨나 썩일 것을… 여러분도 이미 눈치채고 계시겠지요?

19. 현장법사와 요괴 호위대 완성되다

속세의 정을 어이 끊을까.

그 질긴 미련은 어디로 보낼까.

저팔계, 애틋한 마음을 뒤로 하고

다시 인도를 향한 머나먼 길 떠나네.

길목에서 오소선사烏巢禪師 만나

반야심경을 받고, 앞일도 점지받고,

허위허위 도달한 곳, 황풍령黃風嶺이라네.

이름도 수상하다, 누런 바람 부는 고개라?

손오공 바람 꼬리를 붙잡아 냄새를 맡아보니

비린내가 풍기는 것이 요괴 소굴이 분명하다.

아니나 다를까,

황풍동黃風洞이란 요괴 소굴이 있어

현장법사가 납치되는 고난을 겪는다.

요괴 두목 재주가 비상하여

세상을 뒤엎는 바람을 일으키는데

이름하여 삼매신풍三昧神風이라.

태상노군의 화로 속에서도 버틴

손오공도 눈을 다쳐 못 뜰 지경이라

요괴를 제압할 수 있는 힘을 지닌

영길靈吉보살님 모셔서 요괴를 잡아낸다.

이런 정도의 재난이야 앞으로 수도 없이 겪을 일~

다시 길을 떠나 도착한 곳~

폭이 팔백 리나 되는 강.

거위 털도 뜨지 못하고

갈대꽃도 가라앉는 유사하流沙河라네.

이 강을 어찌 건널까 근심스런 일행 앞에

갑자기 물결이 산처럼 치솟고

험상궂은 요괴 한 마리 등장한다.

목에 아홉 개의 해골 걸치고

무시무시한 보물 지팡이 휘두르며 달려든다.

저팔계가 맞상대하고 손오공이 슬쩍 틈타 거드니

달려들었던 기세가 부끄럽구나.

물속 소굴로 달아나버린다.

모든 게 가라앉는 이 강도 문제지만

우선은 이 요괴 퇴치가 급한 일이구나.

손오공과 저팔계 힘을 합치고 온갖 꾀를 내어보지만

이 요괴 잡히지 않네.

급하면 물속 소굴로 달아나니

손오공 기막힌 재주도 물속에선 힘을 제대로 못 쓴다.

급하면 결국 보살님 찾는 게 묘수~

손오공 근두운 불러 타고

관세음보살님 찾아뵙는다.

그런데 관세음보살님 야단을 치시네?

그 요괴는 하늘의 권렴대장捲簾大將이 유배된 존재라

내가 이미 너희들 돕도록 안배해두었는데,

서천에 경 가지러 가는 일행이란 말을 왜 아니하였느냐!

제자 혜안을 손오공과 함께 보내어

바로 항복받아 요괴를 일행에 합류시키니

이름하여 사오정! 말귀 어두운 사오정?

이제야 그 이름도 유명한 손오공 삼총사

그 팀을 온전히 꾸렸구나!

용마가 좀 섭섭하다 투덜거린다.

나도 끼워서 사총사 하자구?

아무튼 이젠 무서울 것 없구나

앞길에 나타날 요괴들 납작 엎드리거라!

　　저팔계, 앞으로 속깨나 썩일 저팔계, 그렇지만 결코 무시
할 수 없는 힘을 쓰는 저팔계~ 이제 일행으로 합류했네요. 그
런데 그 저팔계가 떠나는 대목에 참 재미있는 묘사들이 있어요.
저팔계가 하는 말을 들어볼까요?

　　"장인어른, 제 마누라 잘 돌봐주세요. 만약 우리가 불경 구

하지 못하면 바로 환속해서 예전처럼 사위 노릇 해드릴게요."

그래서 손오공이 헛소리 말라고 꾸짖자 저팔계가 항변을 하지요.

"형님, 헛소리가 아니오. 어쩌다가 일이 잘못되어 중도 못 되고 마누라도 없게 되면, 그때는 정말 어쩌란 말이오!"

바로 우리 일반인들의 마음을 대변하는 말 아닐까 싶네요. 구도의 마음이야 없는 것이 아닙니다마는, 그래도 속세에 대한 미련을 끊지 못하는 그 망설임! 거기다 구도의 길로 나서도 꼭 이루어지리란 보장이 없다는 것에 대한 두려움! 이 두 가지가 겹치게 되면 절대 깨달음의 길로 나설 수가 없는 것이지요.

여기서 정말 큰마음을 내야 합니다. 그리고 그것이 바로 '보리심菩提心', 즉 깨달음을 지향하는 마음입니다. 그런데 그 마음이 내야 한다고 해서 내지는 것이 아니란 말씀이지요.

삼쾌 선생은 여기서 좀 다른 각도로 생각을 돌려봅니다. 우선은 보리심을 내서 수행을 해나가는 길과 우리의 삶을, 딱 갈라서 두 개로 생각하지 말자는 것이지요. 나날이 더 훌륭한 사람이 되어가는 길, 오늘보다 내일은 더 멋있는 사람이 되어가는 길, 그 길이 바로 부처 되는 길이라고 생각해보자는 말입니다. 이쪽을 딱 끊고 저쪽으로 달려가야 한다는 식으로 생각하면 어려움이 몇 배로 더해지지요. 아예 갈 마음을 내지 못하는 경우도 생기구요. 그러지 말자는 것입니다.

왜 우리의 삶과 깨달음을 추구하는 길을 양립할 수 없는 것으로 보아야 하나요? 그렇게 보는 것이야말로 불교적인 사고 방식과 어그러지는 것이 아닐까요? 생사가 곧 열반이라는 말도 있고, 번뇌가 곧 깨달음이라는 말도 있지 않습니까? 억지로 우리의 삶과 깨달음의 길을 하나로 보려고 해도 안 되지만, 그렇다고 하여 그것을 둘로 딱 갈라놓아서도 안 될 것입니다. 억지로 하나로 하려고 하지 않지만 둘로 보지도 않는 것, 그것이 바로 유마경에서 밀한 '둘이 아닌 진리의 문'(不二法門)이 이닐까요?

이크! 너무 나갔네요. 그렇게 볼 수도 있다는 말입니다요. 너무 따지진 마세요. 아무튼 저팔계의 그 미련을 뒤에 남기고 우리 현장법사 일행은 앞으로 앞으로 갑니다. 가는 길목에서 오소烏巢선사란 분을 만나네요. 까마귀 둥지처럼, 높은 나무 위에 둥우리를 만들고 사시는 스님이지요.

흠~ 나칠계 님. 고개를 외로 꼬는 게 좀 이상한 생각을 하시는 것 같군요. 왜 편안한 땅 두고 위태롭게 까마귀 둥지 같은 곳에 사느냐구요? 하긴 이상하기는 이상하군요. 그렇지만 나칠계 님, 님께서 편안한 땅이라고 생각하는 것이 과연 편안한 땅인가요? 얼마나 불안하고 위태로운지 생각해보셨어요? 무어 하나 확실한 것이 있나요? 언제든 사라질 수 있는, 언제 죽음이 닥칠지 모르는 무상함을 딛고 계시면서도 편안하다 착각하시는 것 아니에요?

그에 비하면 오소선사가 오히려 더 편안하실 것 같아요. 깨달음의 편안한 땅에 머무르고 계시는 듯하니까요. 나칠계 님보다 훨씬요. 도대체 무슨 소리를 하는지 모르겠다는 멍한 표정이시군요. 하하, 제가 수준을 너무 높였나 봅니다.

다시 이야기로 돌아가지요. 오소선사께서는 원숭이와 돼지가 앞길을 헤치고 가니 물속에서 요괴가 나타나리라는 예언

비슷한 말씀을 하셔서 손오공 속을 뒤집어놓지요. 물속 요괴란 것은 아마도 사오정을 가리키는 말일 것 같지만, 손오공이 그거까지 알 수야 있겠어요?

그래서 다시 떠난 길, 황풍령이라는 험준한 고개에 도달하지요. 그리고 그 산에 황풍동이라는 요괴 소굴이 있고, 그 속에 황풍대왕黃風大王이라는 요괴가 있습니다. 그리고 그 요괴 밑에 선봉先鋒이라는 호랑이 부하가 있는데, 이 호랑이에게 삼장법사가 납치되는 재난을 겪습니다. 실력으로야 호랑이 요괴에게 당할 리가 없지만, 그녀가 도망치다가 둔갑술 써서 자기 거짓 형상을 만들어놓고 슬쩍 뒤돌아와 현장법사를 납치한 거죠.

그래서 그 소굴로 쳐들어가 싸움이 벌어지는데, 그 두목 요괴가 보통이 아닙니다. 특히 엄청난 바람을 일으키는데, 그 이름이 삼매신풍三昧神風입니다. 뜻을 풀어보면 삼매에서 일어나는 신묘한 바람이지요. 또 삼매란 정신의 올곧은 집중을 말하는 것이니, 정신 집중을 통해 얻어진 신통한 바람이란 말이 되겠네요.

이 바람이 어찌나 센지 손오공도 눈을 못 뜨고, 결국 눈을 다치게 됩니다. 손오공 눈이 어떤 눈입니까? 전에 하늘세상 어지럽힐 때 태상노군의 단약 만드는 화로에 갇혀서 그 매운 연기도 버텨낸 눈이 아닙니까? 삼매의 신통한 바람은 그 눈까지도 다치게 하는군요. 그러니까 삼매라는 것이 그만큼 무섭습니다. 그리고 옳고 그름을 가리지 않고 성취될 수도 있는 것입니다.

물론 불교의 삼학三學 — 계戒, 정定, 혜慧 — 가운데 하나인 정이 바로 삼매이고 그건 올바른 삼매를 가리키는 것이지만, 고도의 정신 집중은 옳고 그름을 가리지 않고 이루어질 수 있어요. 또한 옳고 그름을 가리지 않고 힘을 낼 수도 있구요. 영화나 소설 속에서, 악당 가운데도 초능력 쓰는 자들 많이 보잖아요? 바로 그것도 삼매의 힘이거든요.

그러니까 중요한 것은 올바른 길을 걷느냐 아니냐입니다. 올바르지 않은 길을 걸으면서 삼매의 힘을 얻게 되면 그야말로 자신에게도 남에게도 재앙이지요. 앞으로 한참 더 나가서 등장하는 요괴 가운데 홍해아紅孩兒라는 요괴가 있습니다. 이 요괴도 삼매진화三昧眞火라는, 삼매에서 이룩된 불기운을 씁니다. 그리고 그 요괴에게 당해 손오공이 눈이 머는 사태가 일어나지요. 무시무시한 삼매의 힘! 거기서도 확인됩니다.

그러니까 올바른 길을 등진 삼매의 힘은 오히려 경계해야 함을 새삼 강조해둡니다. 이런 이야기를 하는 까닭은, 삿된 길로 가면서 삼매의 힘을 얻는 이들이 종종 있기 때문이에요. 그들은 삼매의 힘을 자신이 높은 경지의 깨달음을 얻었다는 증표로 삼으려 합니다. 그런 데에 현혹되지 마십시오. 혹 그런 이야기를 듣더라도 반드시 확인하셔야 합니다. 그들이 과연 올곧은 길을 가고 있는가를! 오히려 힘을 통해 혹세무민하고 있지는 않은가를!

예컨대 전생을 본다는 둥, 미래를 예지한다는 둥, 재앙을 예견하고 막아줄 수 있다는 둥… 둥둥둥둥… 대개는 사기꾼들입니다. 혹시 어떤 분이 전생을 봤다 하면, 바로 달려들어 물어보세요. 나도 봤는데 당신이 본 것과 다르다! 어떤 게 맞는 것이냐고요. 증명할 수도 없는 것을, 이상한 권위를 내세우면서, 도력입네 법력입네 공갈치는 무리에 현혹되면 안 됩니다. 그리고 혹시 그것이 진실이라 할지라도, 그런 언행 자체가 부처님께서 엄하게 경고하신 삿된 짓입니다. 그런 짓을 하는 이들이 올바른 이들일 수 없겠지요?

에고, 속세고 종교고 간에 어수선한 일들이 많다 보니, 삼쾌 선생 노파심에서 한마디 했습니다. 주제넘다고 욕하지 마시구요, 나는 그럴 일 없다고 당당하게 외쳐주세요. 저도 그렇게 믿겠습니다.

아무튼 삼매의 신통한 바람 때문에 물러난 손오공이 우회 전법을 쓰네요. 벌레로 변신하여 요괴 동굴을 염탐하여 요괴를 물리칠 수 있는 존재를 알아내지요. "영길보살만이 날 물리칠 수 있다"는 요괴의 말을 듣고서, 영길보살님의 거처를 수소문해서 알아냅니다. 태백금성太白金星이라는 신선이 슬쩍 귀띔을 해주시지요?

그래서 영길보살 모셔오니, 상황 끝! 원래 영길보살님은 이 요괴의 행패를 막는 전담자셨다네요. 삼매신풍을 막아내는 비장의 무기를 지니고 계시니 요괴로선 어쩔 수가 없는 존재이지요. 그러니 자기의 약점은 꿈속에서라도 함부로 발설하는 법이 아니라구요. 하하.

이렇게 황풍요괴 물리치고, 다시 앞으로! 이제 드디어 삼총사의 막내 사오정 만나러 갑니다.

관세음보살이 파견 나오실 때 현장법사 호위를 준비시켰던 사오정은 유사하에 살고 있었죠? 유사하에 가라앉지 않는 고승들 해골을 꿰어 목에 걸고요. 유사하流沙河는 글자 그대로 뜻을 풀어보면 '흐르는 모래의 강'이라는 뜻이지요. 또 유사하를 약수弱水라고도 하는데, 약수는 신선이 사는 곳에 있는 강이라지요. 부력이 약해서 거위 털도 가라앉는다던가요?

이 유사하는 사막을 강으로 비유한 것으로 볼 수도 있겠습니다. 모래가 흐르는 강이니, 큰 사막을 상징적으로 나타낸 표현이리는 말이지요. 또 사막에는 정말 흐르는 모래가 있디는 이야기도 있지 않습니까? 잘못하여 거기 발을 디디면 자꾸 빨려 들어가서, 결국 죽음에 이르는 무서운 모래수렁… 들어보신 적 없으신가요? 견문이 넓으신 분들은 고개를 주억거리실 거 같네요. 그런 사막의 무서운 일면을 유사하로 그렸을 수도 있고, 또 서유기가 수행 이야기라는 측면에서 본다면 정말 신선의 세계로 올라가기 위한 관문으로서 약수를 여기 배치했다고도 할 수 있겠습니다.

아무튼 이 강, 정말 난감한 강입니다. 폭이 팔백 리나 된다고 하니, 탈것이 없으면 도저히 건널 수가 없는데, 거기에 부력은 약해서 거위 털도 가라앉는다 하니 배를 만들 재료를 구할 길도 없으니까요.

엎친 데 덮친다더니, 그 유사하 앞에 망연자실해 있는 일행 앞에 물속의 요괴가 나타나 현장법사를 잡아먹으러 덤비네요. 아주 흉악하게 생긴 그 요괴를 서유기는 이렇게 그리고 있네요.

"머리는 온통 화염처럼 시뻘건 털로 더부룩하고, 방울 같은 두 눈 등불처럼 빛난다. 검지도 푸르지도 않은 푸르딩딩 칙칙한 얼굴에, 우레 같고 북소리 같은 용의 소리를 낸다."

상상이 되시나요? 거기에 목에는 아홉 개의 해골까지 걸고서 보배로운 지팡이까지 휘두르는 정말 위풍당당한 요괴! 물론 그래 봤자 지금은 유사하의 물귀신 신세지만요.

앞에서 예고도 해드렸고, 아홉 개의 해골 이야기까지 해드렸으니, 이게 누구인지 짐작하시겠지요? 사오정입니다. 관세음보살이 미리 예비해놓은 현장법사 모시고 갈 수행원이죠. 그런데 그런 내력을 밝힐 사이도 없이 싸움이 붙어버리네요. 우선 저팔계하고 한바탕 드잡이질을 하는데 손오공이 몸이 근질거려 여의봉 치켜들고 힘을 합하니, 요괴가 기겁을 하고 물속으로 달아나 버렸습니다.

이렇게 물속으로 달아나버리니 달리 수가 없습니다. 손오공은 물속에 들어가는 술법을 쓸 수 있지만, 그것이 물고기나 물벌레 등 물속에 사는 생물로 변신해서 들어가는 것이지 제 몸 그대로 들어가서 싸움까지 하는 것은 무리입니다. 저팔계도 전직이 은하수를 다스리던 천봉원수라 물질에 아주 능숙하지만, 그래도 맨땅에서 싸우는 것만큼의 위력은 안 되지요. 요괴와 승부가 나지를 않습니다. 손오공이 꾀를 내어 저팔계에게 요괴를 땅으로 유인하게 해도 잘 먹혀들지 않고요.

결국 수가 없으니 또 보살님 찾아뵈어야죠? 손오공이 근두운 타고 남해로 가서 관세음보살님 찾아뵙습니다.

그런데요, 이쯤 해서 여러분도 좀 의문이 생기지 않나요? 손오공은 천상세계까지 어지럽히고, 여러 신장들도 감당이 안 되어 결국 석가여래의 법력으로 잡아들인 존재입니다. 그런데 웬 요괴들이 이렇게 대단합니까? 손오공 정도의 실력이면 어지간한 요괴는 그저 여의봉 한 대씩 안기면 끝날 것 같은데…. 여행 출발한 지 얼마나 되었다고 계속 보살님들께 지원을 청한답니까? 황풍요괴도 영길보살님 아니었다면 물리치지 못했겠지요. 손오공이 갑자기 실력이 준 것인가요? 아니면 요괴들이 갑자기 세진 것인가요?

여기에 대해서는 두 가지로 답을 할 수가 있겠네요. 우선 대부분의 요괴들보다 손오공이 더 세다는 것은 틀림없습니다. 서유기도 그렇게 묘사하고 있지요. 그런데 문제는 그 요괴들이 힘이 달리면 소굴로 숨어버려 나오지를 않는다는 것입니다. 그리고 그 소굴들이 함부로 들어갔다가는 큰코다치기 쉬운 곳이에요. 똥개도 자기 동네에선 어쩐다는 말이 있지 않습니까? 그러니까 손오공이나 저팔계가 애를 먹는 겁니다. 지금 사오정의 경우도 마찬가지예요. 물귀신이 물속으로 달아나니 잡아내기 힘들어지는 거죠.

다른 측면으로는, 서유기가 자력신앙과 타력신앙을 조화롭게 이야기하고 있다는 식으로 이해해볼 수 있습니다. 불교의 수행은 일반적으로 자력수행이라고 얘기되지만, 타력의 측면을 결코 무시할 수 없습니다. 불보살에 대한 깊은 신심을 갖고, 그분들의 가피를 간절히 구할 때 정말 큰 가피력이 내린다는 것이지요. 자력이라는 측면만 강조해서 "모든 것을 내 힘으로 할 수 있다"는 오만한 태도를 보이는 것은 불교적이지 않습니다. 불보살의 큰 원력과 가피력을 깊이 믿고, 그분들에게 간절한 기도를 올리는 마음이 꼭 필요하니까요.

그렇게 되면 나의 간절한 기도를 통로로 하여 그분들의 가피가 내게 이릅니다. 그러한 가피력에 힘입어 우리는 멀고 먼

부처 되는 길, 불국토 건설의 길을 헤쳐나갈 수 있게 되고요. 서
유기에서 계속 보살의 도움을 통해 난관을 헤치는 대목이 나오
는 이유는, 바로 이러한 타력신앙의 측면을 적절히 받아들이고
있다고도 볼 수 있겠어요.

그렇지만 불교의 타력신앙적인 측면을 받아들인다 하더
라도, 그 타력신앙과 그것에 바탕한 기도가 단지 "이것을 해주
세요, 저것을 해주세요"하고 일방적으로 매달리는 기도가 아님
을 아셔야 합니다. 나의 간절한 기도를 통해, 내가 기도를 드리
는 대상의 위신력威神力이 나에게도 옮겨오는 것입니다. 그것을
감응도교感應道交라고 하던가요? 기도하는 이와 기도를 받는 이
가 서로 소통한다는 뜻입니다.

그런 소통을 통해 기도를 드리는 사람에게 불보살의 위신
력이 깃들게 됩니다. 예를 들어 천수천안千手千眼 관세음보살님
께 간절하게 기도를 드리는 이에게, 천수천안의 위신력이 깃들
게 되면 자연히 관세음보살의 대자대비를 실천하는 존재로 거
듭나게 되는 것입니다. 존재의 변화가 이루어지는 것입니다.

아, 나칠계 님 질문이 있다구요? 그렇게 천수천안 관세음
보살의 모습이 기도하는 사람에게 옮겨오면 천수천안은 못 되
어도 백수백안百手百眼이라든가 십수십안十手十眼이 되어가는 것이
냐구요? 그렇게 질문을 해놓으시곤 제가 또 짜증을 낼까 봐 슬
쩍 뒤로 물러서시는 것 같은데… 그렇지 않습니다! 정말 좋은
말씀을 해주셨네요.

바로 그겁니다. 천수천안 관세음보살에게 올리는 기도는
바로 그런 존재가 되고자 하는 마음이 근본입니다. 그렇지만 그

렇게 백 개, 열 개의 눈과 손이라는 식으로 숫자를 헤아리지는 마세요. 바로 내가 관세음보살의 손이 되고 눈이 되겠다는 마음 으로 기도를 하면 정말 훌륭한 기도가 될 겁니다. 내가 보살님 의 손이요, 내가 보살님의 눈이 되는데 거기 어떤 재앙이 붙을 수가 있겠습니까? 그런 큰마음으로 기도를 하는데 무슨 일인들 성취되지 않겠습니까?

"이거 주세요, 저거 주세요!"하는 기도에는 근본적으로 빈곤함이 있습니다. 자신을 빈곤한 존재로 설정하고 있으니, 기 도를 통해 무엇을 얻는다 해도 점점 초라해지기 마련입니다. 그 런 기도는 근본이 잘못된 것이지요. 불보살이 속 좁게 복 창고 지키고 계시다가 기도 열심히 하는 사람에게 하나씩 선심 쓰듯 이 주시겠어요? 불보살께서는 이미 온전하게 다 주셨습니다. 그것을 기도를 통해 확인하는 자세, 그것이 올바른 기도의 자세 겠지요.

아무튼 이런 큰 기도를 하게 되면 내 존재가 점차 불보살 을 닮아간다는 것, 그 닮아가는 과정을 통해 나의 서원을 이뤄 나간다는 것, 이 점을 잊으시면 안 됩니다. 불보살의 위신력을 나에게 받아들여, 본디 온전하게 주어져 있는 커다란 복덕을 확 인하고 실현하는 큰 기도를 해나가자구요.

그러니까 제 말씀은, 우리도 손오공이 힘들 때마다 보살님 께 응원을 청하는 것을 이상하게 생각하지 말고 당연하게 받아 들여주자는 뜻입니다. 마찬가지로 우리도 힘들 때는, 마치 어린 아이가 힘들 때 부모님의 도움을 받듯이, 부처님께 자연스럽고 간절하게 기도하는 마음을 갖는 것이 좋다는 뜻이기도 하구요.

손오공이 관세음보살님께 사정을 말씀드리니, 관세음보살님 야단을 치십니다. 왜 인도로 경 구하러 가는 일행이라는 이야기를 안 했느냐고요. 그런 상황이 되지 않았다고 아뢰니, 관세음보살님 납득을 하시고 제자 혜안존자를 파견해주십니다. 사오정 불러내어 현장법사 수행하게 만들고, 또 사오정이 목에 걸고 있는 해골로 배를 만들되 이것을 중앙에 배치해야 한다 하시면서 붉은 조롱박을 하나 주시네요.

그 해골이 어떤 해골인지는 전에 말씀을 드렸지요? 기억하실 줄 믿습니다. 흠, 나칠계님 빼고는 다 기억을 하시는 것 같군요. 그러니 간단히 짚고만 넘어가지요. 인도로 법을 구하러 가던 스님들의 해골이었지요? 모든 것이 다 가라앉는 유사하에서, 그 해골들만은 가라앉지 않았다고 했지요?

그렇습니다. 그분들의 몸은 비록 유사하에서 죽었지만, 그 진리를 구하는 뜨거운 열정은 죽지 않았습니다. 그것을 바로 가라앉지 않는 해골로서 상징하고 있습니다. 현장법사 일행은 바로 그 앞선 분들의 뜨거운 열정을 배로 삼아 타고서, 모든 것이 가라앉는 유사하를 건너는 것입니다.

거기에 보살님이 내리신 붉은 호리병, 색깔도 붉다 하니 '한 조각 붉은 마음' — 일편단심一片丹心 — 이 생각나지 않습니까? 보살님의 가피를 구심점으로 하여 인도를 향하다 몸이 쓰러진, 앞선 구도자들의 뜨거운 마음이 유사하에 배가 되어 두둥실 떴습니다. 그분들보다도 더 뜨거운 뜻을 지닌 현장법사 일행이 그 배 위에 올랐습니다.

참 감동적인 그림이지 않나요? 가슴이 뭉클해지지 않나

요? 우리도 지금 이렇게, 앞선 분들의 고귀하신 뜻을 배로 삼아, 불보살의 인도를 받으면서 이 험한 고해를 헤쳐가고 있는 것이 아닐까요? 앞에서 한번 이야기를 했는데도 다시 감동이 밀려오는 것을 금할 길이 없네요.

자, 이래서 서유기의 주인공들이 이제 온전히 다 모였습니다. 현장법사, 손오공, 저팔계, 사오정, 그리고 용마…. 이제 정말 온전한 팀이 된 것입니다.

그렇지만 이 온전한 팀이 처음부터 팀워크가 잘 맞을지는 모르겠네요. 벌써 저팔계하구 손오공은 손발이 안 맞는 대목이 슬슬 나오고 있구요. 시간이 좀 많이 걸릴지도 모르겠다는 예감이 드네요. 그래도 사오정은 저팔계처럼 속 썩이는 일은 별로 없는 존재지요? 말귀 어두운 게 문제라고요? 에고, 서유기 원전에는 그런 얘기가 전혀 없다니까요. 사오정은 그저 무난하게 잘 따라옵니다.

실은 너무 무난하다 보니 사오정의 정체가 무엇인지가 뚜렷하게 드러나지 않는 측면도 있습니다. 저팔계는 인간의 마음속 탐욕과 바로 연결이 되는데, 사오정은 그렇게 뚜렷한 연결점이 없어요.

일단은 손오공은 마음 전체를 대표하면서 어리석음과 지혜라는 양면성을 다 상징한다고 볼 수 있겠고요, 저팔계는 탐욕과 계율이라는 측면을 상징한다고 보면, 사오정은 성내는 마음과 삼매의 마음이라는 측면을 상징한다고 보는 것이 가장 무난하겠습니다.

사오정을 탐貪, 진瞋, 치癡의 삼독심三毒心, 계戒, 정定, 혜慧라는 삼학三學과 연관 지어볼까요? 유사하의 물귀신이라는 점에서 사沙라는 성을 만들고, 맑음을 깨닫는다는 뜻인 오정悟淨이라는 이름을 얻었으니, 정定을 통해 마음의 파도를 가라앉혀서 맑게 한다는 뜻을 담았다고 할 수 있지 않을까 싶습니다. 성냄의 파도를 가라앉혀 맑고 깨끗한 마음을 성취하는 사오정이라… 그림이 꽤 괜찮지요?

일단 여기까지 해두고 차츰 그 정체를 더 분명히 파악해 보기로 하지요.

20. 여색의 관문에 저팔계 호되게 당하다

유사하라는 큰 난관 무사히 건너

삼총사 호위 속에 인도로 가는 길.

쉬운 길일 수야 없겠지만 그래도 큰 난관 없이 나간다.

꽃 피고 새 우는 봄 지나고

무더운 여름도 지나고

소슬한 가을바람 불어오는 계절,

지친 이들의 발길 잡아끄는 아름다운 장원莊園이 있다.

쉬어가기를 청하는 일행 앞에

눈이 훤하게 밝아오는 아름다운,

어디 아름답기만 한가, 요염하기도 한 부인 나와 맞는다.

알고 보니 과부댁이라네.

부인 성은 가賈 씨에 죽은 남편의 성은 막莫 씨라나?

세 딸까지 소개를 하는데

어머니 뺨치게 아름답고 또 요염하여라.

현장법사는 거북해하면서도 의연하고,

손오공은 이미 이 집이 범상치 않다는 것을 눈치챈다.

어떤 보살님이 장난을 치시는가?

사오정은 그런대로 무덤덤한데

저팔계 벌써 눈이 돌아간다, 넋이 반은 나갔다.

입가에 침도 흐른다.

거기에 결정타가 날아온다.

마침 숫자도 딱 맞으니

스님들 인도 가시는 거 그만두시고

우리와 짝짓기하고 여기서 사시지요!

스님 노릇 하는 게 무슨 재미가 있나요?

속세의 재미를 아시나요?

사시사철 모든 것들 마음대로 즐기고

언제나 진수성찬 차려 먹으며

비단 이부자리에 화촉 밝힌 밤이여.

뼈가 노글노글해지는 그 즐거움,

스님 노릇 하며 아미타불 부르는 것보다야 백 배 낫지요.

현장법사는 참으로 의연하여라.

꾸짖듯이 대답을 한다.

출가의 삶은 속세의 삶과 비길 수 없는 좋은 점이 있다오.

수행의 공을 이루어 도솔천兜率天에 들어가고

본성을 깨닫고 마음을 밝혀 본래의 고향으로 돌아가니,

집에서 누린내 비린내 나는 고기나 탐하고

희망 없이 쪼글쪼글 늙어가는 속세의 삶보다는 백 배 낫다오.

부인 크게 화를 낸다.

모처럼 대접을 잘해줬더니

이런 말로 심사를 긁다니!

당신이 싫다면 세 제자 가운데 하나라도

내 딸과 짝지어 데릴사위로 들이와요!

삼장법사 기세가 꺾여

세 제자에게 차례로 묻는다.

네가 데릴사위 할래?

손오공은 이미 눈치를 챘고,

저팔계는 맘은 있어도 체면이 있어 대답을 못하고,

사오정은 우직하여 고개를 도리도리.

부인은 짜증스럽게 어느 누구든 결정되면 말하라 하곤

문 닫아걸고 들어간다.

저팔계 은근히 충동질을 한다.

이러다 우리 대접도 못 받고 찬 이슬 맞고 자겠소.

무슨 수를 냅시다.

모두들 시큰둥하니 저팔계 애가 닳는다.

말 먹이겠다고 슬그머니 나가

집 안으로 들어가 부인을 만나 말을 맞춘다.

어머님, 어머님 소리가 저절로 나온다.

세 딸 가운데 하나를 저한테 주세요.

제가 데릴사위 하오리다.

그런데 요건 몰랐지?

손오공이 술법으로 미행을 하여 현장을 다 봤단다.

결국 도망갈 구석, 변명할 말도 없어진 저팔계.

그 집 데릴사위로 들어가기로 하고

쇠뿔도 단김에 빼어라?

그날로 혼례를 치른다.

그런데 어느 딸과 결혼을 할래?

세 딸 다 주면 안 될까요?

예끼! 욕심도 많다.

그래서 배필 정하기 방법을 이리저리 강구한다. 그런데…

저팔계 눈 가리고 세 딸 가운데 하나 잡기를 해도 안 잡혀~

그럼 어머님과 같이 살면 안 되냐고 했다 꾸지람만 들어~

결국 세 딸의 속옷 가운데 하나를 골라잡으면 그 딸로 정하기로 한다.

세 딸 속옷 모두 입을 수 있으면 셋 다 달라면서

그 작은 여자 속옷 어찌어찌 꿰입는 순간,

속옷은 밧줄이 되어 저팔계를 꽁꽁 묶어 매달고

모든 여인 자취가 없어진다.

그리 하룻밤을 지나고 보니

고루 거각 집들은 다 어디 가고

현장법사 일행 숲속에 누워 있었구나.

오래된 잣나무에 종잇조각 걸려 있네.

여산노모黎山老母와 관세음보살, 문수보살, 보현보살 함께하여 현장법사 일행을 시험하는 무대를 꾸미셨다나?

"다른 이는 모르겠으나 저팔계는 너무 속세에 얽힘 많으니

크게 반성하여야 하리로다!"

깊은 숲속에 매달려 절규하는 저팔계 구해내었네.

불쌍한 저팔계… 한바탕 꿈이로구나!

남가일몽南柯一夢이 바로 이것이런가?

화촉동방華燭洞房의 꿈은 어디로 가고

부끄러움만 잔뜩 짊어졌구나.

　소개가 좀 길죠? 어찌 된 일인지 아실 수 있도록 줄이지 않고 다 썼습니다. 그러니 그 속에 숨은 이야기 위주로 풀어가 보겠습니다.

　이 대목은 보살들이 현장법사 일행을 시험하는 이야기군요. 거기에 여산노모라는 여女신선까지 가담을 하네요. 아마도 어머니 역할은 여산노모가 맡고 세 딸은 관세음보살, 문수보살, 보현보살이 각각 분장하고 나온 듯해요.

　아무튼 그 부인의 성씨와 남편의 성씨 자체가 어떤 상징성을 가지고 있네요. 부인의 성인 가賈는 거짓 가假와 음이 같고, 죽은 남편의 성인 막莫은 '없다'는 뜻이니, 모두 여색의 거짓되고 공허함을 비유하며 또한 이 집과 네 여인이 참된 존재가 아니라는 점을 은유적으로 나타내고 있군요.

　이 집에 들어가면서 손오공은 벌써 눈치를 챕니다. '어떤 보살님들이 장난을 치시는가?' 그렇지만 미리 드러내지 않고

기다려보기로 하지요. 결국 현장법사 일행이 보살의 시험에 들게 되는데… 참으로 시험이란 괴로운 것이지요? 힘든 것이지요? 그래서 잘 아시는 종교의 성전에 "우리를 시험에 들게 하지 마옵시고…" 하는 유명한 기도도 있지 않습니까요?

저도 시험이라면 지긋지긋합니다. 마지막 시험이었던 운전면허 시험도 정말 싫었거든요. 엥? 이런 의미의 시험이 아닌가요?

아무튼 본줄기로 돌아와서~ 결국 저팔계만 시험의 관문을 통과하지 못하네요. 현장법사는 신통력 같은 것은 없지만 굳은 의지와 신앙심은 처음부터 끝까지 변함없거든요. 제가 서유기를 읽으면서 내내 감탄하는 것은 바로 현장법사의 굳건한 마음입니다. 지혜와 자비의 길, 그 참된 구도의 길에서 한 걸음도 물러서지 않는 굳건함이야말로 현장법사라는 캐릭터가 가진 특성이지요. 그러기에 재주가 없으면서도 손오공, 저팔계, 사오정이라는 세 제자의 스승이 되며, 인도로 가는 여정의 중심이 되는 것이겠지요. 불퇴전의 서원! 그것이 무엇보다 중요함을 몸소 보여준다고 할까요?

이런 현장법사와 과부댁의 말씨름은 음미할 만하네요. 각각 세속의 즐거움과 출가의 공덕을 말하고 있지요? 이 대목을 읽으면서 갑자기 출가 사문과 농사의 일을 연관 지은 경전이 떠오르네요.

부처님이 어느 날 경전耕田이라 하는 바라문 집에 탁발을 갔다 하지요. 그 바라문이 부처님께 말합니다. "사문이여, 나는 밭을 갈고 종자를 뿌리고 밥을 먹소, 사문도 밭을 갈고 씨를 뿌리고 난 다음 밥을 드시오."

부처님은 말씀하십니다. "나도 밭을 갈고 씨를 뿌리고 밥을 먹는다."

"소도 없고 쟁기도 없는데 그것이 무슨 말이오?"

부처님은 말씀하십니다. "믿음은 종자이고 계戒는 비며, 지혜는 쟁기고 정념은 보습이며, 정진은 나의 소(牛)이니 나를 열반으로 이끈다. 나는 이렇게 하여 밭을 가니 감로甘露는 그 과실이다."

참으로 감동을 주는 말씀입니다. 서유기의 이야기와는 다른 각도지만, 불교의 수행은 그 도착점이 괴로움 없는 열반입니다. 감로는 그 과실입니다. 그러니 그것을 어찌 세속적 쾌락과 비교하겠습니까?

부인이 맛있는 음식과 화촉동방의 쾌락을 말했지만, 현장 법사는 그것의 무상함을 설하고, 그 무상한 쾌락에 빠지는 것보다 훨씬 훌륭한 결과로 이끄는 출가수행의 공덕을 말합니다. 여기서 참으로 선명한 대비가 이루어지고 있지요?

그런데 한 가지 짚고 넘어갈 점은 있습니다. 앞의 경전 이야기에서 부처님이 출가인의 농사를 이야기했고 그 빼어난 공덕을 말했지만, 결코 그것이 일반적인 노동생산의 가치를 깔보는 것은 아니라는 점입니다. 출가자들이 노동을 하지 않는 것은 생계를 위한 노동의 시간도 아껴서 수행에 힘쓰기 위해서이지, 노동을 깔보아서가 아닙니다. 생계를 위한 노동은 재가자들에게 맡기고, 그들에게 의지하여 삶을 살아가면서 모든 힘을 수행에 쏟고자 하는 것이지요. 그렇기 때문에 출가와 재가는 어떤 의미에서 일종의 분업을 이루고 있다고도 할 수 있습니다.

모든 사람이 출가수행을 하면 어찌 될까요? 답은 아주 명확합니다. 인류 멸종입니다! 성생활을 철저히 금하니 당연한 이야기 아니겠습니까? 모든 사람이 청정한 생활을 하면 그 공덕으로 아이들이 허공에서 떨어지듯 생겨날까요? 그런 이야기는 어디서도 들은 적 없군요.

꼭 성생활 문제가 아니더라도, 모든 사람이 생계를 위한 노동을 하지 않는다면 곧 굶어 죽겠지요. 그러니까 출가자들의 삶을 재가자들이 책임지며, 출가자들은 모든 삶의 원동력을 수행에만 쏟아붓는 것, 그것이야말로 불교라는 종교가 가진 이상적인 분업구조라는 말입니다.

출가와 재가를 삭막한 분업구조로 설명하는 것은 좀 이상하지 않으냐구요? 그렇지 않습니다. 이렇게 현실적인 눈으로 봐야만 바로 보입니다. 그런 시각을 배제하고 나면 출가자는 무조건 높고, 재가자는 불교의 2등 시민이라는 소외의식이 생깁니다.

앞에서 제가 힘주어 비판했던 삶과 동떨어진 불교, 우리의 삶의 장을 배제하는 불교의 모습이 바로 여기서 나오는 것입니다. 출가자는 출가자대로 자신이 재가자들에게 빚을 지고 있으며, 그들에게 삶을 의존하는 대신 모든 힘을 수행에 쏟음으로써 그 결과를 그들에게 돌려주어야 한다는 의식을 가져야 합니다. 그러지 않으면 재가자들의 삶에 도움이 되는 가르침을 전하지 못하고, 살아가면서 불도를 닦고 불국토를 건설하는 길도 일러주지 못하게 됩니다. 자신이 우월한 존재라는 계급의식에 빠져서, 너희의 삶은 저열하니 힘들더라도 우리의 삶을 적당히 흉내 내는 수행을 해보거라! 이런 터무니없는 주문을 하게 되지요.

그런데 재가자가 출가자 흉내를 내보세요. 결과는 망한다 이겁니다. 재가자와 출가자는 삶의 무대가 다르고, 조건이 달라요. 그런데 그 조건을 무시하고 따르라는 것은 불교의 대기설對機說과도 어긋나지요.

출가자가 24시간 참선수행을 하면 찬양을 받을 수 있지요. 재가자가 그렇게 하면요? 당연히 망하지요. 그러니까 재가자는 재가자답게, 출가자는 출가자답게! 이런 원칙 아래에서 삶과 수행의 방식이 세워져야 한다는 말입니다. 그런 의식을 가지려면 기본적으로 출가, 재가를 분업구조로 파악하는 시각이 필요합니다.

물론 그런 의식을 가진다고 해서 출가자에 대한 존경심을 배제하라는 뜻이 아닙니다. 재가자가 낼 수 없는 큰 뜻을 품고, 모든 즐거움을 배제한 채 모든 힘을 수행에 쏟기로 결단한 그분들을 존경하고 받들지 않는다면 누굴 존경하고 받든단 말입니까?

유마경을 보세요. 유마거사가 스님들께 취하는 태도를 보세요. 우선 발에 절하는 극진한 공경의 예를 갖춥니다. 출가자에 대한 극진한 공경은, 가르침을 받는 재가자가 갖추어야 할 기본적인 덕목이거든요. 불교뿐만이 아닙니다. 일단 종교가 세속에 뿌리를 내리게 되면 기본적으로 사제계급이 형성되기 마련이고, 그 사제계급에 대한 존경은 종교가 유지되기 위한 기본입니다. 그것이 자칫 계급의식으로까지 가면 안되지만요.

이야기가 출가자와 재가자의 수행과 덕목으로 나갔으니, 이참에 성^性의 문제까지 좀 짚고 넘어갈까 합니다. 마침 저팔계가 자제를 못하고 덤벼들었다가 곤욕을 치르는 것이 바로 색욕 때문이잖아요?

고전에서 색^色이란 곧 성적인 것을 뜻하지요. 남성중심 사회에서는 특히 여색이라는 말로 쓰였고요. 유가^{儒家}에서도 색^色에 대한 말이 많았습니다. 진정한 성실함이란 "마치 멋있는 성적 대상을 좋아하듯이, 나쁜 냄새를 싫어하듯이" 해야 한다고 말하지요. 또 공자는 "나는 덕^德을 좋아하기를 멋있는 성적 대상을 좋아하듯이 하는 사람을 보지 못했다"고 탄식하기도 합니다.

여기서 멋있는 성적 대상은 호색^{好色}을 풀이한 말입니다. 그러니까 유가에서도 인간이 지닌 가장 강렬한 자연적인 지향성을 성적인 것으로 봤지요. 그리고 도덕적인 추구가 그처럼 강렬하고도 자연스럽게 이어지기를 바랐다고나 할까요?

참으로 꿈도 야무지게 꾸는 것 아니냐구요? 바랄 것을 바라야 한다구요? 하하! 지금 세상에서는 당연히 그렇게 말할 만하군요. 옛날, 아니 옛날까지 갈 필요도 없겠어요. 몇십 년 전만 해도 여자분들께 "섹시하다"고 말하면 어땠을까요? 따귀 맞을 판이었죠. 그런데 지금 여자분들께 "섹시하지 않다"고 말하면 어떨 거 같아요? 역시 따귀 맞지 않을까요?

이크~ 성차별적인 발언이라구요? 꼭 여자만 그런 게 아니라구요? 그렇군요. 제가 남자다 보니 역시 그런 차별적인 관점이 나오고 말았네요. 당연히 남자도 마찬가지입니다.

아무튼 그렇게 성적인 추구가 당당한 것, 또 가치 있는 것으로 여겨시는 세상이 되었습니다. 그래서 예전엔 당연한 것으로 여겨지던 말들이 이제는 그 의미를 잃게 된 경우도 있습니다. 예를 들어볼까요? 한자어로 "만장회도慢藏誨盜, 야용회음冶容誨淫"이라는 말이 있습니다. 번역하면 "감추는 것을 허술히 하면 도적질을 유도하게 되고, 화장하여 용모를 꾸미면 음란함을 유도하게 된다"는 말이지요. 지금은 어떨까요? 이런 말 하면 정말 고리타분한, 시대에 뒤떨어진 사람이 되고 말지요. 화장해서 용모 꾸미는 데서 그치는 것이 아니고, 아예 용모를 뜯어고치는 것이 일반화되어 있는 세상 아닌가요?

그렇지만 세상이 달라졌으니 "그런 고리타분한 관념 다 때려치워!"라고 말할 수만도 없는 일이에요. 유가에서는 사람을 도덕적인 동물로 규정합니다. 사람이 사람다운 것은 도덕성을 지니고 있기 때문이라구요. 그러니까 사람답게 사는 길은 도덕적으로 사는 길이고, 그러한 사람다움을 추구하려는 의지는 무엇보다도 소중합니다. 아무리 성적인 추구가 긍정적으로 평가되고 또 가치 있는 것으로 여겨진다 하더라도, 그것의 추구가 가장 사람답게 사는 길로 이어진다고 말하기는 힘들지요.

성을 금기시하고 낮추어보려는 시각은 사람이 타고난 자연스러운 요소를 죄악시하거나 비하하는 것입니다. 사람의 자연성을 무시하고 어떤 이념의 틀에 억지로 맞추려 하는 것은 인간을 소외시키는 짓이기도 합니다. 그렇다고 성만을 지나치게 강조하고, 성의 추구가 유일한 가치인 것처럼 여기는 현실도 큰 문제입니다. 인간이 추구해야 할 높은 이상은 완전히 실종되고, 성을 비롯한 온갖 욕망의 추구가 유일한 가치처럼 여겨져서는 절대 안 되지요.

에고, 말하다 보니 또 어중간한 절충에 그치고 만 듯하군요. 뭐 그렇다 해도 절충 자체가 나쁜 것은 아니니까요. 적당히 넘어가도록 하겠습니다.

위에서 공자를 비롯한 유가의 이야기를 했는데, 정작 불교에서는 성의 문제를 어떻게 다루는가요? 이것이 정말 문제이고, 우리의 관심사 아니겠어요?

막상 불교에서의 성 문제를 이야기하려 해보면 정말 앞이 꽉 막히는 듯한 갑갑함이 있습니다. 왜냐구요? 논의 자체가 시작도 안 되는 것 같아서입니다. 그것은 또 왜일까요? 출가자 중심으로 돌아가다 보니, 성 문제에 대한 출가자의 관점이 불교 전체를 지배하는 듯한 모습이 나타나고 있거든요.

성 문제에 대한 출가자의 시각은 무엇이지요? 철벽 방어, 무조건 차단입니다. 출가자의 규범을 정하고 있는 율장이 무엇부터 시작하는지 아시지요? 바로 성 문제입니다. 저는 율장을 읽다가 정말 충격적인 표현을 발견했어요. 비구 스님의 색계色戒를 설하는 대목에서 여성의 성기를 독사의 아가리처럼 여기라는 표현이 있거든요. 정말 끔찍하다는 생각이 들었어요. 이러한 표현이 불교 전체의 시각을 대변한다면 정말 큰 문제 아닐까요?

여러분도 한번 생각을 해보세요. 위에서 말한 대로, 성 문제에 대한 극단적인 혐오 내지 부정의 시각을 전제로 하 고, 재가자가 어떻게 살아야 할지를 생각해보시라구요. 성적 인 것은 정말 추하고, 자손을 두기 위해 어쩔 수 없어 하기는 하지만 청정한 생활을 해치는 저열한 것이라는 의식을 가지 고 사는 재가자의 삶은 그야말로 비참할 수밖에 없지 않습니 까? 하다못해 부부간의 성생활도 '부처님, 할 수 없이 죄업을 좀 짓겠나이다' 하는 마음으로 해야 하나요? 하고 나서는 열 심히 그 죄를 참회하고 청정한 삶으로 되돌리기 위한 노력을 기울여야 하나요? 이 얼마나 비참한 삶인가 하는 생각 들지 않으세요?

그럴 리는 없습니다. 저는 부처님의 가르침이 그런 것일 수는 없다고 생각합니다. 저는 부처님이 오시더라도 당당하게 말할 수 있을 것 같습니다. 사람이 가진 자연스러운 본성을 죄 악으로 보거나 하는 것은 부처님 가르침의 본질일 수가 없는 것 아니냐구요. 본성은 자연스럽게 주어진 것일 뿐입니다. 본성 에 무슨 죄가 있습니까?

우리가 무명無明에 휩싸여 있기에, 연기緣起의 진리에 눈멀 어 있기에, 나라는 집착을 바탕으로 욕망을 일으키기에, 모든 것을 자기의 소유로 만들려는 탐욕의 삶을 살아가기에… 그래 서 본성이 고통을 일으키는 식으로 작용하는 것이 아닐까요?

우리가 반대로 무명을 벗어나 깨달음을 얻고, 연기의 진리 에 눈을 뜨고, 나라는 집착을 벗어나고, 무소유의 자세로 삶을 살아간다면… 자연적으로 주어진 모든 것은 우리의 삶을 풍요롭게 만드는 재료가 되고, 불국토 건설의 바탕이 되지 않을까요?

중생의 관점에서 중생의 욕망을 합리화하는 것이라고 비난하는 분도 계시겠지요. 그렇지만 저 나름으로는 당당합니다. 자연적으로 주어진 것을 죄악시하는 태도가 부처님의 가르침은 아니라고 굳게 믿습니다. 있는 것을 사실 그대로 보는 것이 불교의 궁극적 지향이라고 믿습니다.

그래서 저는 부정관不淨觀이라든가 백골관白骨觀 같은 관법에 대해서도 올바른 시각을 가져야 한다고 생각합니다. 이런 관법이 무엇인지는 아시지요? 사람의 몸뚱이를 똥, 오줌, 피, 고름 같은 더러운 것으로 가득 찬 가죽 주머니로 바라보거나, 죽고 나서 썩어 하얀 백골이 된 모습을 관조하거나 하는 방법들입니다. 그런데 거기서 사람의 몸뚱이를 '더러운' 것으로 바라보는 시각은 진리를 그대로 드러내는 일이 아닙니다.

사람의 몸뚱이가 더러운가요? 피와 고름에 더러움이라는 것이 담겨 있나요? 그것들은 '그냥 그럴' 뿐입니다. 더럽다든가 깨끗하다든가 하는 것은 우리의 관점일 따름이지요. 그런 관법을 행하는 것은 참모습을 바르게 보는 일이, 진리를 보는 일이 아닙니다. 육체에 관한 탐착이 지나치게 큰 사람들의 병을 치료하기 위한 대치對治의 방편일 뿐이지요.

그런데 바로 그러한 관점들이 불교의 가르침인 듯 둔갑하고 행세하는 것이 현실 불교의 모습 아닌가 하는 생각이 들어요. 불교에 입문하면 제일 처음 듣는 것이 그런 유의 가르침 아닌가요? 무상하다, 덧없다, 욕망을 벗어라… 등등의 부정적인 표현들이 난무하지 않나요?

첫 번째 나온 '무상無想하다'라는 말은 사실을 가리킨 것일 뿐인데, 거기서 세상의 일을 하찮은 것으로 보는 감정적인 태도를 지니게 하지는 않던가요? '욕망을 벗어라'는 말 속에 욕망은 추하고 더러우며, 죄업을 짓게 하는 것이라는 부정적 시각이 담겨 있진 않은가요?

물론 이런 표현들이 전혀 필요 없다거나 이유 없이 나왔다고 생각하지는 않습니다. 삶의 무상함을 제대로 보지 못하고, 어디로 달려가는지도 모르고 욕망에 끌려다니는 우리의 삶을 돌아보게 만들기 위한 말이라고 할 수 있지요. 어디까지나 방편에 불과하다는 말입니다.

불교에서 성과 욕망의 문제에 대해 부정적인 시각이 지배적이게 된 것은, 출가자에게 요구된 삶이 불교의 이상적 삶으로 잘못 받아들여졌기 때문입니다. 그것이 잘못된 것이라는 점은 이미 여러 번 이야기했지요?

성 문제에 제한하여 좀더 부연해볼까요? 스님들은 재가자에게 모든 생계를 의탁합니다. 하다못해 스님의 노동도 금지하는 것이 불교의 계율입니다. 그렇게 생계를 위한 것들은 모두 재가자에 의탁하면서, 모든 힘을 수행에 쏟으라는 뜻이지요.

그런데 삶을 이끌어나가는 힘 가운데 가장 강력하고도 통제가 힘든 것이 바로 성적인 충동입니다. 식욕과 더불어 가장 강력한 것이 바로 성욕이지 않습니까? 오히려 식욕보다 더 강력한 힘이 성욕이 아닐까 싶습니다. 먹는 것은 나눠 먹는 것이

미덕일 수 있지만, 성적인 대상은 나누는 것이 미덕 아니잖아요? 그러니 출가자의 계율에서는 그토록 엄하게 금지할 수밖에 없는 것이지요.

여기까지는 당연한 일인데, 출가자의 삶과 재가자의 삶이 전혀 다른 조건에 있음을 고려하지 않고, 출가자의 삶만을 이상적인 것으로 여기는 데서 문제가 생깁니다. 그래서 성을 하찮게 보고, 죄악시하고, 금기시하는 태도가 마치 불교의 입장인 듯 암암리에 굳어진 것 아닐까요?

이런 입장에서는 현대사회의 큰 문제인 성에 대해 건강하고 건설적인 조언이 나오기 어렵습니다. 불교가 현대인들의 삶에 참된 지침을 주지 못하고 있는 중요한 이유 가운데 하나가 바로 이것 아닐까요?

그건 그렇고요, 서유기의 이야기로 돌아가자면 현장법사와 손오공, 저팔계, 사오정은 다 출가자의 신분입니다. 손오공을 손행자孫行者, 사오정을 사화상沙和尚으로 부르는 것도 그 때문입니다. 그런 출가자들이, 서역으로 경을 가지러 가는 거룩한 출가자들이 색계를 범하면 역시 안 되는 일이겠지요? 거기다 저팔계는 좀 위험인물이지 않습니까? 출발 단계에서 호되게 경을 칠 필요가 있습니다. 그래야 고삐를 채워서 무사히 인도까지 갈 수 있을 테니까요. 그래서 보살님들이, 도교의 여신선까지 모셔와 한바탕 무대를 꾸민 것이겠지요.

그러나저러나 불쌍한 저팔계, 아주 코를 단단히 꿰였네요. 시시때때로 놀림거리가 될 판이에요. 그때마다 쥐구멍으로 들어가고 싶을 것 같네요. 세 여인 한꺼번에 맞아 뼈가 녹는 즐거움에 빠져 살 수 있으리라는 야무진 꿈은 어디로 날아가고, 구박받아가며 끝없이 걸어가야 할 험난한 길만이 남았군요.

혹시 "그 녀석, 앞뒤 모르고 침 질질 흘리더니 쌤통이로구나!" 하고 통쾌해하고 계신가요? 저팔계 행태를 보면 무언가 찔리는 것이 많지 않아요? 딱 우리의 모습 아닌가요? 그래서 더더욱 정이 가는 저팔계, 계속 보듬어가면서 함께 가도록 해요!

21. 못된 원숭이 마음에 인삼과 수난을 당하다

보살의 시험을 거치고 다시 출발한 길,

언제나 부처님 계신 영취산靈鷲山에 도달할까?

고개를 돌리면 바로 거기인 것을

어찌 수만 리 먼 길을 헤매는고?

꿈속에 십만 리 청산을 헤맸지만

머리맡을 벗어나지 못하였구나.

아! 고개 돌리기 정말 힘들어라.

그래도 가야 할 꿈속의 길,

험한 고비도 많고 요괴도 많지만

참으로 기이한 경치, 마음을 씻어내는 경개景槪도 많다.

그 가운데 참으로 빼어난 경치를 자랑하는 곳,

이름도 좋아라, 만수산萬壽山이라네.

훌륭한 길지吉地에는 당연히 절이 있지.

이곳에도 도관道觀이 있네, 이름 하여 오장관五庄觀.

그곳은 주인의 이름 높은 신선 진원자鎭元子,

별명은 여세동군^{與世同君}이라네.

그 도관엔 천지간에 오직 이곳에만 있는 명물이 있네.

혼돈^{混沌}이 처음 나뉘었을 때부터 뿌리를 내린 신비한 나무,

초환단^{草還丹} 또는 인삼과^{人參果}라고 불리는 열매가 열리는 나무.

그 인삼과로 말하면

삼천 년에 한 번 꽃이 피고, 삼천 년에 한 번 열매가 열리며,

삼천 년이 지나야 열매가 익고, 만 년이 지나야 먹을 수 있는 열매.

그리고 이만 년에 서른 개의 열매만 열린다네.

모양은 사흘도 안 된 어린아이 모양인데

냄새만 맡아도 삼백육십 년을 살 수 있고

하나 먹으면 사만 칠천 년을 살 수 있다네.

마침 진원대선^{鎭元大仙}께선 원시천존^{元始天尊}의 부탁으로

상청천^{上淸天}에 올라가 혼원^{混元}의 가르침을 베푸는 일정이 잡혀 있어

청풍^{淸風}, 명월^{明月} 두 제자만 남기고 모두 이끌고 가시면서

두 제자한테 신신당부한다.

전생부터 인연 있던 당나라의 성승^{聖僧}이 방문할 테니

인삼과 두 개만 따서 대접해드리고 있거라.

두 제자 신선의 당부 받들어

현장법사 일행 극진히 맞아 대접한다.

그런데 정작 가장 중요한 인삼과를 따서 현장법사에게 올리니

현장법사 기겁을 한다.

아무리 인심이 험악하게 변했다 하더라도

어찌 사흘도 되지 않은 어린아이를 먹으려 한단 말이오!

아무리 귀하디귀한 열매라 하지만 철통같은 현장법사 고집.

속인의 눈에는 선과仙果가 보이지 않는구나!

청풍, 명월 두 제자 탄식하고

이참에 귀한 과일 우리나 먹자!

그렇게 수군거리며 먹는 것을 먹을 것 밝히는 저팔계가 들었네.

참을 수가 있나, 살그머니 손오공을 부추긴다.

형님, 형님! 이러쿵저러쿵~

이 도관에 신비한 과일 있다니 우리도 하나씩 맛봅시다.

원래 원숭이가 과일 마다하는 법 있던가?

이 과일 따기가 여간 까다롭고 어렵지 않아

첫 번째 것은 법을 몰라 땅으로 떨어져 들어갔지만,

재주 좋은 손오공 지신地神을 불러 따는 법 알아내곤

세 개를 몰래 따서 사이좋게 냠냠~

욕심 많은 저팔계, 좀더 먹겠다고 투덜거리는 바람에 들통이 나고

결국 한바탕 시비가 붙는다.

수양이 좀 얇은 청풍과 명월 좀 과격하게 욕을 해대고

참을성 없는 손오공 심보가 거기에 부딪히니

결국 참극이 벌어지누나.

손오공 술법을 부려 가짜 자기 모습을 만들어놓고

살며시 뒤로 돌아가 인삼과 나무를 뿌리째 뽑아서 넘어뜨리네.

아아! 마음 위의 칼을 갖지 못하고,

마디 옆에 그리고를 기억하지 못한 속된 것들의 분쟁에
천지간의 정기를 모아 열매를 맺던 귀한 나무 덧없이 쓰러졌구나!
나무 쓰러진 것을 어찌 이상한 말로 설명하느냐구?
그건 삼쾌 선생의 해설을 보셔야지!

이번 회에는 어려운 문자가 좀 많이 쓰였지요? 도교와 관계된 이야기가 좀 많이 나오는 대목이다 보니 그렇게 되었네요. 그래서 좀 풀이도 많이 해야 하겠구요.

우선 처음 시작부터 아리송한 이야기를 했죠? 삼쾌 선생이 괜히 신비한 척하는 거 아니냐구 고개를 꾀는 분들이 계실 것 같네요. 물론 삼쾌 선생의 유식함이 자연스럽게 드러난 점도 있지만, 꼭 그렇게 보실 일만은 아닙니다. 서유기에 나오는 이야기를 슬쩍 각색한 것뿐이지요.

여행길에 아주 멋진 산천경개를 만납니다. 현장법사가 찬탄을 하지요. "부처님 계신 뇌음사雷音寺가 멀지 않은 것 아니냐!"

손오공이 웃습니다. "아직도 멀고도 멀어요!"

사오정이 묻습니다. "얼마나 먼데요?"

"십 분의 일도 못 왔어!"

저팔계가 묻습니다. "몇 년이면 도착할까요?"

이에 대한 손오공의 대답이 재미있습니다. "두 아우라면 열흘 정도? 나라면 하루에도 수십 번 갈 수 있지. 그렇지만 사부님이라면… 에휴! 생각도 말아야지."

현장법사가 걱정스러워 다시 물으니 손오공이 대답합니다. "사부님이 어려서부터 늙어 죽을 때까지 수천 번 거듭한다 하더라도 도착하기 힘들어요. 그렇지만 사부님이 지성으로 깨달으시고 한마음으로 돌이켜보신다면, 그곳이 바로 부처님 계신 영취산이겠지요."

우리 세속적인 관점에서는 부처님 계신 곳으로 가는 길이 얼마나 멀고 또 멀까요? 부처님 계신 곳이 우리의 궁극적인 깨달음을 비유한 것이라면, 몇천 번의 생을 거듭한들 과연 이를 수나 있을까요? 오죽하면 항하사겁恒河沙劫의 수행을 통해서야 비로소 부처를 이룰 수 있다는 말까지 나오겠어요? 실감이 잘 안 나실 텐데, 갠지스강에 있는 모래알 개수만큼의 겁이라는 뜻이지요. 겁은 간단히 말해서, 이 세계가 한 번 생겼다 없어지는 기간이라고 이해하면 되겠구요.

이렇게 우리를 좌절하게 만드는 말도 있지만, 한편으로는 "한 번 뛰어 부처의 땅에 들어간다"는 말도 있지요. 선가禪家에서 흔히 하는 말이지요? "고개 돌려 깨달으니 바로 나의 본래 모습이로구나!" 하는 식이지요. 항하사겁과 고개 돌려 깨달음, 이 둘 사이의 너무 큰 괴리에 많은 불자들이 헷갈리고 있는 것 같습니다. 서유기는 손오공의 입을 빌려 그 둘이 사실은 둘이 아님을 말하는데, 그게 우리를 더 헷갈리게 하는군요.

삼쾌 선생이 이야기를 꺼냈으니 어떤 해법도 있으리라 생각하시겠지요? 그렇지는 않습니다. 제가 좀 유식한 건 틀림없지만, 대책 없이 큰소리치는 사람은 아님을 이미 말씀드렸지요? 소크라테스가 즐겨 한 말, "너 자신을 알라!", 그리스 말로 하면 "알라! 니 꼬라지!" 하하. 제가 철학이 전공이기에 소크라테스의 이 말을 아주 명심하고 있습니다.

그래도 이야기를 꺼냈으니 일단 몇 가지 소견을 내비치기는 해야겠네요. 일단 시간이라는 것을 생각해봅시다. 시간에 절대적 기준이 있던가요? 결코 그렇지 않습니다. 재미있고 즐거운 시간, 무언가에 몰두한 시간은 휘딱 가버리는 것 같고, 지루하고 고통스러운 시간은 너무도 더디 기는 것 같지요?

일각여삼추一刻如三秋라는 말 알고 계시지요? 일각一刻은 15분 정도의 시간이니까 15분이 3년 같다는 말입니다. 시간의 상대성을 잘 말해주는 성어지요. 그렇게 거창한 비유를 들이댈 것도 없습니다. 여러분이 살아온 생애를 한번 돌아보세요. 길다면 길고 짧다면 짧은 삶이라고 하잖아요? 그럼 긴 거예요, 짧은 거예요?

여기서 바로 하나의 느낌표를 찍으셔야 합니다. '그냥 그런 거지! 길다 짧다 할 수 없는, 그냥 그런 거지!' 맞습니다. 그런 겁니다. 몇십 년 살아온 그 시간은 과연 어디 있을까요? 전부 찰나의 한 생각 속에 있는 건 아닐까요?

다른 각도에서 말해보지요. 우리는 한평생 몇 년을 기본단위로 생각하고 살아갈까요? 요즈음은 100년쯤 되는지 모르겠네요. 아무튼 100세쯤 살면 많이, 오래 살았다 하지 않나요? 그런데 99세인 분한테, "그만큼 사셨으니 이제 웬만하면 돌아가시지요" 한다면 어떨까요? "음, 그래. 이만큼 살았으니 남에게 폐끼치기 전에 빨리 가야겠구면" 하시는 분들 얼마나 있을까요?

이야기를 약간 바꿔볼까요? 어떤 세계가 있어요. 그 세계에 사는 사람들은 평균 수명이 100겁쯤 된다고 해요. 그렇다면 우리의 삶하고는 비교가 불가능할 정도로 오래 사는 거지요? 그 세계의 사람들은 너무너무 지겨워하지 않을까요? 1겁쯤 살고 나서는 지겨워 죽겠다고 투정하지 않을까요?

제 생각으로는 전혀 그렇지 않을 것 같아요. 그 세계에서 90겁쯤 살다 죽는 분들도 너무 일찍 죽는다고 애통해하지 않을까요? 아무래도 그럴 것 같다는 삼쾌 선생의 추측! 반대로 하루살이에게도 생각이란 게 있다면, 하루를 사람의 한평생처럼 살지는 않을까 싶다는 거죠.

그러니까 결론이 뭐냐구요? 오히려 더더욱 사람 헷갈리는 말만 늘어놓는 거 아니냐구요? 결론은 그렇습니다. 좀 헷갈리시라구요. 시간이라는 것에 너무 절대성 부여하지 마시고, 영겁을 수행해야 깨달음에 도달하느냐, 고개 돌리면 바로 거기냐, 그런 생각에 빠질 필요 없으시다구요.

그냥 하세요. 지금 여기! 여러분이 계신 이 자리에서 '위로 향하는 한 길'(向上一路) 위에 있는지만 한번 살피시라는 거예요. 시간이야 무슨 문제겠어요? 그냥 그렇게 가는 거지요. 등산을 할 때, 저 봉우리를 언제 가나 하는 힘든 마음에 사로잡히면 갈 수 있는 봉우리도 못 올라가지요. 그러나 그런 맘 없이 한 발 한 발 걷다 보면 어느샌가 그 높던 봉우리에 올라 있지요. 거기에서 굳이 시간을 따지고, 힘듦을 따질 필요 있나요? 그저 시원한 바람 쐬면서 한 자락 읊으면 그걸로 족하지요!

흠, 너무 큰소리를 친 거 같아 갑자기 주위를 둘러보고 얼굴이 벌게질 것 같은 삼쾌 선생…. 두리번두리번… 여기가 어디더라? 아하, 현장법사 일행이 경개도 수려한 만수산이라는 곳에 도착한 대목에 와 있군요. (슬그머니 이야기를 돌리는 데 성공했나요?) "이런들 어떠하료 저런들 어떠하료 만수산 드렁칡이 얽혀진들 어떠하료~" 하고 읊었던 방원의 시조에 나오는 그 산인가요? 하하. '만년의 목숨'이라는 이름을 가진 산이네요.

우리나라의 명승지에는 언제나 절이 있지요. 중국에도 절 아니면 도관道觀이 있는데, 도관은 도교의 절이라고 보면 되니까 결국 마찬가지입니다. 역시 만수산이리는 명승지에도 절이 있고, 그 절의 이름은 오장관입니다. 이름에서 알 수 있듯이 도교의 절이네요. 그 절에는 진원자, 별명은 여세동군이라는 신선이 계시구요.

그런데 이 신선의 이름이 비범해요. 본원을 누른다는 뜻의 진원鎭元, 세상과 함께하는 존귀한 분이라는 뜻의 여세동군與世同君! 이분의 전공 분야 또한 독특합니다. 도교의 가장 존귀한 세 분 가운데 한 분인 원시천존의 청으로 상청천에 가셔서 혼원도과混元道果를 강설하신다네요.

여기서 혼원混元이라는 말이 참 의미심장해요. 모든 것이 또렷하게 나누어지지 않고 온통 한데 뒤섞여 있는, 세계의 근원을 의미한다고 할 수 있어요. 본원을 누른다는 칭호도 그와 연관이 있을 것 같구요. 근본에서 흩어지면 구체적인 형상들이 나타나지요. 통나무가 쪼개져 여러 그릇으로 활용되듯이요. 아직 그런 쪼개짐이 없는 상태, 그 근본을 잘 지키는 도를 말하는 신선, 바로 그분이 진원자이지요. 그러기에 세상과 더불어 있는 분이기도 하구요.

그분이 머무시는 도관, 그 절에 신비한 나무가 있어요. 이름하여 초환단 나무, 별명으로 인삼과 나무…. 앞에서 설명했듯이 몇만 년이 지나야 완전히 익는 인삼과라는 신비한 열매를

맺는 나무죠. 냄새만 맡아도 360년을 살고, 한 개 먹으면 47,000
년을 산다는 신비한 과실 인삼과! 맛도 정말 좋겠지요?

　도대체 진원자, 곧 진원대선은 어떤 신선이기에 그가 머무
는 도관에 그토록 희귀한 인삼과가 있을까요? 그 정체를 벗겨
보기로 하지요

　노자로부터 시작하는 도가의 사상은 도교로 이어지고, 본
래의 자연성을 회복하자는 가르침으로 구체화됩니다. 그러다
보니 근원으로 회귀하려는 경향을 갖게 되지요. 그리고 그 본래
근원을 여러 가지 형태로 신격화하거나 상징화하게 됩니다.

　도교의 최고 신이라 할 수 있는 원시천존도 그러한 예 가운
데 하나이겠죠? 여기서 진원대선과 혼원의 도라는 것도 바로 그
러한 근본을 상징합니다. 여러 사물들이 나누어져 나오기 이전의,
모든 것이 뒤섞인 근본을 지키는 도를 수행하여 신선이 된 분이
바로 진원대선이겠지요. 참된 근본, 모든 것이 뒤섞여 또렷하게
나누어지지 않은 근본이야말로 참된 생명이라 할 수 있거든요.

　노자의 후배 격이라 할 수 있는 장자의 이야기를 들어볼
까요? 남쪽 바다의 임금을 숙儵이라 하고, 북쪽 바다의 임금을
홀忽이라 하고, 그 중앙의 임금을 혼돈混沌이라 하였답니다. 숙과
홀이 때때로 혼돈의 땅에서 만났는데, 혼돈은 그때마다 그들을
극진히 대접했습니다. 숙과 홀은 혼돈의 은덕을 갚을 길이 없을
까 의논했습니다. "사람에겐 모두 일곱 구멍이 있어 보고, 듣고,
먹고, 숨 쉬는데 오직 혼돈에게만 이런 구멍이 없으니 구멍을
뚫어줍시다." 그래서 하루 한 구멍씩 뚫어주었는데, 이레가 되
자 혼돈은 죽고 말았답니다.

이 이야기가 뭘 말하는지 짐작 가시지요? 혼돈이야말로 근원적인 생명에 해당할 것 같지요? 그것에 감각과 분별이 생기게 만들어주니 오히려 그것이 죽고 말았다…. 즉 앎과 분별이 근본적인 생명에는 도움이 되지 않는다는 점을 우화로써 말해 수고 있습니다.

그러니까 진원대선이라는 신선은 그러한 근본적인 생명, 참 생명이라 할 수 있는 것을 지켜나가는 신선이고, 그분이 주인으로 있는 오장관은 참 생명의 힘이 뿌리를 내리고 있는 곳이겠습니다. 그 참 생명과 연결된 신비한 존재, 그것이 바로 인삼과겠구요.

그러니까 그 참된 생명의 힘이 응축된 인삼과 하나를 먹으면 무려 47,000년을 살 수 있다는 것입니다. 참 생명 아닙니까! 생명의 근원 아닙니까! 그것의 힘이 맺힌 정수가 바로 인삼과 아닙니까! 냄새만 맡아도 360년을 살 수 있어요! 세상 아무 곳에나 있는 것이 아닙니다. 여기 오장관 아니면 없어요!

이크! 제가 마치 약장수처럼 날뛰고 있었군요. 너무너무 좋은 것이다 보니, 저도 모르게 흥분했습니다. 다 여러분이 생명의 근원에 연결되어 참된 생명을 누리시기를 바라는 진실한 마음에서 나온 것이니 이해해주실 줄 믿습니다. 제 충정을 인정해주시는 모든 분들, 인삼과 향기 맡으시어 참 생명의 향기 속에 사시게 될 줄 믿습니다!

그런데 이 인삼과, 절세의 영약이라 할 수 있는 인삼과의 모양이 또한 비범합니다. 사흘도 안 된 어린아이 모습이라네요. 너무 비범해서 보통 사람은 좀 먹기 힘들지 않을까 걱정이군요.

우리나라 사람들은 전혀 그럴 일 없을 것 같지만요.

한국사람은 보통 사람 아니냐구요? 딴 건 몰라도 몇 가지 측면에선 분명 정상이나 보통에서 벗어납니다. 특히 몸에 좋다는 거 먹는 데는, 좀더 세분해서 말하자면 남자분들 정력에 좋다는 거 찾아 먹는 데는, 여자분들 이뻐진다는 거 찾아 먹는 데는 절대 보통 내지 정상이 아닙니다요! 사흘도 안 된 어린아이 모습에 주저하기보다는, 제가 말한 대로 오히려 비범하다 생각하여 더 달려드실 분들 많을 것 같네요. 특히 아까부터 침을 주체하지 못하고 계신 나칠계 님 같은 분들!

현장법사는 지극히 보통이고 정상적인 분입니다. 어찌 보면 참된 보물을 몰라보는 어리석은 사람이지요. 손님 대접으로 내어놓은 인삼과에 펄쩍 뛰지요. 아무리 설명해도 소용없습니다. 그래서 결국 그 보물은 도관을 지키던 청풍, 명월 두 사람의 입으로 들어가네요. 물각유주物各有主라, 물건마다 각각 주인이 따로 있다던가요? (에고, 저도 좀 욕심이 나는군요. 그 자리에 제가 있었으면… 하하)

그런데 먹을 거에는 귀가 밝은 저팔계가 이 사실을 알아버리고, 여차저차하여 대형사고로 이어진다는 이야기, 앞에서 이미 말했지요? 정말 조그만 일로 말미암아 대형사고가 나고 말았습니다. 중간 이야기를 보면, 훔쳐 먹은 거 발각되고, 청풍과 명월 두 도사가 말을 좀 심하게 하고, 처음에 잘못 따서 흙 속으로 들어간 인삼과까지 합해서 네가 도둑질했다고 몰아붙이고, 세 개만 먹었는데 덤터기 씌운다고 성내고, 이렇게 말이 오가다 더더욱 감정을 상하고, 그래서 손오공이 술법을 써서 인삼과 나무를 뿌리째 뽑아버리는 대형사고까지!

참으로 어처구니없는 이야기 전개지요. 그런데 바로 이렇게 어처구니없는 전개가 거의 모든 대형사건의 배경에 깔려 있다는 점이 문제입니다. 사람을 죽인다든지 하는 끔찍한 사건을 살펴보면 대개는 "니가 뭔데?", "내가 어쨌다구?", "근데 왜 반말하냐?" 어쩌구 하는 하찮은 일들에서 맘을 상하는 것이 그 출발점입니다. 사람이 조그만 것을 더 참기 어려워하고 그게 증폭되어 큰 사건이 되는 경우가 정말 많습니다.

그래서 "통증을 참기는 쉽지만, 가려움을 참기는 힘들다"는 말이 있습니다. 가려움과 같은 가벼운 일을 잘 참아내는 수양이 참으로 필요하다는 뜻이지요. "참을 인忍 자 세 개면 살인을 면한다"는 말도 있지요. 자그만 일에 발끈하는 것을 참아내는 수양, 그것이 수양의 출발점입니다.

서유기의 저자는 여기서 파자破字로 가벼운 여흥을 보여주네요. '마음 위의 칼'을 갖지 못했다는 것은 참을 인忍 자를 가리키는 말입니다. 한눈에도 딱 이해되시죠? '마디 옆의 그리고'를 기억하지 못했다는 것은 참을 내耐 자를 가리킵니다. 오른쪽의 촌寸이 '마디'라는 뜻임은 다 아실 테고, 왼쪽의 이而는 '그리고'라는 의미의 접속사로 많이 쓰인답니다.

그러나저러나 큰일 났네요. 세상에 하나밖에 없는 그 귀한 나무를 뿌리째 뽑아버렸으니, 이 일을 장차 어찌할거나! 손오공 재주로도 쉽게 감당이 될 것 같지 않아요. 이러면 서유기 여기서 끝나는데… 설마 그럴 리야 없겠지요?

22. 관세음보살 인삼과를 살리시고

인삼과 나무를 뿌리째 뽑아놓은 현장법사 일행,

붙잡혀 갇히게 되지만

손오공 신통한 술법이 이때 빛을 발한다.

살며시 빠져나와 열심히 도망친다.

청풍, 명월 두 사람 한 달 동안 잠들게 만들어놓고….

그러는 사이 하늘세상 강의차 방문했던 진원대선 돌아오고

인삼과 뿌리째 뽑힌 걸 알게 되고,

현장법사 일행 도망친 것도 알게 되고,

휘익~ 구름을 타고 현장법사 일행을 추격해서

게 섰거라!

그런다고 서냐!

그렇지만 진원대선 신통한 술법이 있다.

수리건곤袖裏乾坤이라, 소맷자락 속의 세상이란 뜻인가?

휘익~ 소맷자락 한번 쓸어내면

한꺼번에 소맷자락 속으로 휘리릭~

빨려 들어가버린다네.

손오공 여의봉으로 두들겨도 소용없고

저팔계 쇠스랑으로 찍어대도 까딱없다.

그저 소맷자락 속에 갇혀서 잡혀올 뿐.

그래서 모두 잡아다 묶어놓고 채찍으로 치려 하는데

손오공 가상하게도 스승 생각하는 마음은 사무친다.

스승님 현장법사는 때리지 마시오!

모두 내가 대신 맞겠소!

그래서 "네 죄를 네가 알렸다!" 하고 모질게 때리는데

손오공 끄떡도 없다.

아무리 쳐도 철면피 신공?

솥에 넣고 삶자니 돌사자와 자기를 슬쩍 바꿔치기~

멀쩡한 솥 밑바닥이 빠져버리네.

화가 난 진원대선 이제 현장법사를 삶으려 한다.

급해진 손오공, 우리 스승님 손대지 마라!

인삼과 나무 되살려내면 될 거 아니냐!

진원대선 코웃음을 친다.

이게 그리 쉽게 살릴 수 있는 나무인 줄 아느냐?

네가 만일 되살려낸다면 너와 의형제를 맺으마.

그래서 현장법사를 비롯한 나머지 인질로 남고,

손오공 홀로 인삼과 살리기 위해 사방팔방 돌아다닌다.

우선 삼신산三神山 가운데 봉래산蓬萊山에 들려

수성壽星, 복성福星, 녹성祿星 세 신선을 만나 사정을 이야기하니

세 신선 펄쩍 뛴다.

어쩌자고 그 귀한 나무를 뽑아버렸소?

그 나무는 우리도 살릴 길이 없구려.

방장산方丈山을 찾아가

동화제군東華帝君(남자 신선들의 수장인 신선)을 만난다.

그렇지만 동화제군도 난색~

나에게 구전태을환단九轉太乙還丹이란 신묘한 약이 있지만

그 나무는 살릴 수가 없다오.

마지막 삼신산인 영주산瀛洲山으로 달려가지만

모든 신선들 고개를 홰홰 젓는다.

어쩌다 그 나무를 뽑았단 말이오.

우리도 그건 어쩔 수 없소.

에고! 이제 어쩐단 말이냐, 큰소리치고 왔는데…

하고 둘레둘레 하다 보니

어느새 관세음보살 계신 보타낙가산寶陀洛伽山에 와버렸네.

급하면 역시 보살님뿐이지.

여차저차 사정을 아뢰니

관세음보살님 참으로 어이가 없다.

어쩌자고 그런 끔찍한 짓을 저질렀느냐!

그리고 사정이 급하면 나를 찾아와야지,

어찌 쓸데없는 곳만 돌아다녔단 말이냐!

손오공, 야단맞는 가운데도 귀가 번쩍 뜨인다.

아이고, 잘못했습니다.

그런데 그리 말씀하시는 걸 보니

나무 살릴 수가 있는 모양이네요?

그래, 이 못된 원숭이야!

이 정병淨甁에 담긴 감로수甘露水라면 될 게다.

예전에 대상노군과 내기를 했었는데

그가 단약 굽는 화로에 넣고 불 때어 말려버린 버들가지를

이 정병에 꽂아 두었더니 되살아난 적도 있으니까,

뽑혀 넘어진 나무는 문제없을 게다.

역시 일급 구원투수, 특급 소방수 관세음보살님

부랴부랴 모시고 오장관으로 달려온다.

버들가지로 감로수 찍어 손오공 손바닥에 부적을 그리곤

나무뿌리 아래 손바닥을 대고 기다리니

펑펑~ 맑은 샘물 솟아나네.

쓰러진 나무 일으켜 세우고

그 맑은 물 골고루 뿌리니

죽었던 나무 소생하고, 인삼과까지 주렁주렁~

우와~ 큰 사건으로 말미암아

관세음보살 왕림하시고 나무까지 온전히 소생하니

재앙이 변하여 경사가 되었네.

경사 난 기념으로 보살님을 비롯하여 모인 회중에게

인삼과 하나씩 드려 드시게 하니

경사 중에 또 경사로구나.

또 아이들은 싸우면서 친해진다던가?

아이들은 아니지만 손오공과 진원대선
약속대로 의형제를 맺었네.

그런데 다 좋은 가운데 앞으로 큰 문제가 될 일~
인삼과 먹은 현장법사의 몸이야말로
요괴들에겐 둘도 없는 보약이라,
욕심에 눈 벌게진 요괴들 계속 달려들 테니
현장법사 좀 피곤해지겠네.

자, 이제 큰 사건을 일으킨 손오공이 어떻게 사건을 수습하느냐가 관건이네요. 물론 손오공 성미에 쉽게 잘못 인정하고 머리 숙일 리야 없겠지요. 술법을 써서 살그머니 빠져나오고 또 열심히 달아나지요. 하지만 하늘세상에서 강의 마치고 돌아온 진원대선의 추격을 받아 잡혀오는 이야기… 위에 요약해드린 그대로입니다.

그런데 진원대선의 술법이 참으로 재미있습니다. 수리건곤이라, 소맷자락 속에 하늘땅을 담는다는 뜻이겠지요? 여러 무협소설이라든가 신비한 이야기 속에 종종 등장하는 술법입니다. 여기 서유기에선 진원대선의 장기로 등장하네요.

진원대선은 어떤 존재였던가요? 세상과 더불어 아득한 시원에서부터 있던 존재, 신선들의 조상쯤 되는 분이지요. 그런 분의 눈으로 보기에, 우리 세상은 정말 작고도 좁은 공간 아닐까요? 그러니 그 세계를 소맷자락 속에 휘익 쓸어담는 신통한 재주도 지닐 수 있을 거 같아요.

앞에서는 시간이 상대적인 것이라는 이야기 열심히 했었지요? 지금은 공간의 상대성에 대한 이야기가 되겠군요. 시간과 마찬가지로 공간 또한 절대적인 것이 아닙니다. 이건 우리도 가끔 생생하게 느끼지요. 여러분은 혹시 초등학교 시절엔 그리도 넓게 여겨지던 운동장이 이리 좁았던가를, 절절하게 느껴보신 적 없으세요? 어린 시절 그리도 높게 여겨지던 산이 저렇게 낮았던가 하는, 그리도 멀어 보이던 길이 이제는 엎드리면 코 닿을 거리 아닌가 하는, 그런 생경한 느낌을 받으신 적 있으시지요?

그렇습니다. 공간이라는 것도 체험하는 존재에 따라 전혀 다르게 느껴지는 법이지요. 단지 느낌만이 아닙니다. '크다', '작다'는 상대적인 것이니까, 실제로도 작은 존재에게는 큰 것이 큰 존재에게는 작은 것이 되지요. 개미에게 넓디넓은 공간이 어디 사람에게도 그렇겠어요?

마찬가지로 진원대선과 같은 위대한 존재에게는, 인간이 생각하는 하늘과 땅 정도는 소매 속에 휙 쓸어담을 수 있는 공간입니다. 그래서 이런 대구對句가 있나 봅니다. "소매 속 하늘땅이 크기도 하고, 표주박 속의 세월이 길기도 하여라."(袖裏乾坤大, 壺中日月長)

우리가 사는 세상이 혹시 소매 속의 세상은 아닐까? 또 표주박 속에서 애증의 긴 세월을 보내고 있는 것은 아닐까? 그런 생각 가져보신 적 없으신가요? 그런 세상을 넘어서 훌쩍 날아오르고 싶은 꿈을 꾸신 적은요? 터무니없는, 영양가 없는 생각이라고 비웃으실 일이 아닙니다. 정말 진지하게 그래볼 필요가 있어요.

이 소시민적인 삶만이 전부인 것으로 여기고 그 속에서 아등바등하는 우리의 모습을, 한번 초연한 자세로 돌아보세요. 그렇다고 우리의 삶을 덧없는 것으로 여기고 소홀히 하라는 말이 아닙니다. 그것이 소중하기에 오히려 그 의미를 좀더 높은 차원에서 한번 바라볼 필요가 있다는 말이지요.

이 책을 시작하면서 삼쾌 선생이 멋들어지게 읊조린 시가 있지 않습니까? "부질없는 짓 하염없이 하는 것이 본디 우리 집안의 가풍이런가?" 무한한 공간과 시간 속에 잠시 머물다가는, 큰 바다 속의 좁쌀과 같다 할 수 있는 우리의 삶···. 그것을 또 소중하게 여기고, 싫증 내지 않고 하염없이 이루어나가는 불퇴전의 자세···. 그러한 마음을 담아서 쓴 글입니다요. 하하.

자기 얼굴에 너무 금칠하는 것 아니냐구요? 그걸 불교 집안에서는 개금불사改金佛事라고 한다구요? 그게 뭐 어떻습니까? 잘난 제 모습을 사실대로 말하는 것일 뿐이라 생각하는데 그걸 개금불사라고 하시는 님의 마음이 문제 아닐까요?

이런 이야기 더 하면 완전 구제불능의 자아도취증으로 몰리겠군요. 그렇지만 잘난 진면목을 계속 드러내겠다는 다짐을 하는 삼쾌 선생! 나칠계 님의 외면을 또한 외면하고 줄기차게 고상한 이야기를 계속합니다.

무한한 시간과 공간 속에서 '푸른 바다의 좁쌀 한 톨'(滄海一粟) 같고, '번갯불이나 부싯돌이 부딪쳐 나는 반짝임'(電光石火)처럼 짧은 우리 삶은 대체 어떤 의미일까요? 또 높고 넓은 관점에서 우리 삶의 모습을 살펴보는 일에는 어떤 의미가 있을까요?

갑자기 장자의 이야기가 생각나네요. 장자 책의 첫머리가 어떻게 시작하는지 아시나요? 북쪽 바다에 큰 물고기가 있답니다. 그 이름이 곤鯤이지요. 그 곤의 크기는 몇천 리나 되는지 모른다네요. 그 물고기가 변하여 붕鵬이라는 새가 되죠. 그 새의 크기도 어마어마…. 몇천 리가 되는지 역시 모른답니다. 이 붕새가 남쪽 바다로 옮기려 구만 리를 날아갑니다. 그것을 보고 뱁새가 웃지요. "나는 이 나무에서 저 나무로 옮겨가기도 힘든데 구만 리를 날아서 뭐하자는 거야?"

이 장자의 이야기에서 붕정만리鵬程萬里라는 말도 나왔고, "대붕의 뜻을 뱁새가 어찌 알리요!"라는 말도 나왔지요. 그 붕새의 눈으로 본 세상의 모습은 어떨까요? 참으로 작은 것들이 꼬무락거리는 모습이 하찮겠지요?

그렇지만 여기서 성급하게 '장자는 붕새처럼 높고도 큰 이상을 가지라고 하는 것이로구나!' 하고 결론을 내리면 안 됩니다. 붕새를 이상형으로 여기면 좀 문제가 있다는 말씀! 왜냐구요? 붕새처럼 큰 것이 무조건 좋지만은 않으니까요. 뱁새처럼 작기에 좋은 점도 있거든요. 붕새는 크기 때문에 얼마나 불편한가요? 머무르는 곳만 해도 어지간히 넓지 않아서는 그 몸을 담을 길이 없습니다. 뱁새처럼 폴짝 날아오를 수도 없어요. 그 큰 몸을 띄우기 위해서는 넓은 공간에서 상승기류를 타고 예비활주까지 하지 않으면 힘들 것 같지 않아요?

그러니까 큰 것은 큰 것대로 작은 것은 작은 것대로, 각각 자기 분수에 만족할 때 각자의 행복이 있다는 결론이 나올 수도 있습니다. 그래서 장자는 학 다리 길고 오리 다리는 짧다 하여, 학 다리를 잘라 오리 다리에 붙이려 하지 말라고 합니다. 그러면 학과 오리가 모두 불행해지니까요. 각자의 자연성을 해치지 않는 것이 각각의 분수에 맞는 행복입니다. 그러니까 우리도 무조건 "더 크게, 더 높게!"를 외칠 필요가 없다는 결론! 자신의 자연성을 올바로 보고 그것을 가장 잘 살리도록 해야 한다는 말입니다.

그럼 장자 책의 첫머리에는 왜 대붕大鵬의 이야기가 실려 있을까요? 일단 대붕처럼 훌쩍 뛰어 이 평범한 일상을 벗어나려는 뜻조차 품지 않는다면, 이 일상의 참된 의미를 제대로 알 수 없기 때문입니다. 작은 관점 속에 빠져서 아옹다옹하는 것으로 그 삶이 끝나버릴 가능성이 많지요. 평범한 일상에서 부질없어 보이는 듯한 짓을 하염없기 하기 위해서는, 역설적이게도 초월적 시각이 꼭 필요합니다.

한번 생각해보세요. 조그만 삶에 절절매면서, 끝없는 탐착에 어디로 달려가는지도 모르는 삶…. 그러한 삶이 행복한 삶이라고 할 수는 없겠지요? 그러한 삶의 모습을 바꾸는 계기가 필요한데, 앞에서 말한 대붕과 같은 초월적인 관점이 그런 계기가 되어줍니다.

대도시에 사는 분들은 높은 곳에 올라 내려다보세요. 밤에 가면 더 좋겠군요. 불빛이 새어 나오는 곳곳마다 나와 비슷하게 아등바등 살아가는 사람들이 있음을, 지그시 관조하는 느낌으로 바라보세요. 어떤가요? 뭔가 자기의 삶을 남의 눈으로 보는 듯한, 좀 허무하면서도 초연한 느낌이 들지 않으세요?

그렇다고 하여 '아! 나나 너나 다 그저 그런 작디작고도 덧없는 존재들이구나!' 하는 식의 허무주의에 빠지라는 말은 아닙니다. 그런 인식을 바탕으로 하되 거기에 빠지지 않고, 유한함 속에 무한을 담아나가는 의미 있는 불퇴전의 삶을 살아보자는 겁니다. 한 차원 높은 눈으로 삶을 관조하였기에 오히려 큰 자세로 이 삶을 꾸려살 수 있다는 말입니다.

조금 높은 곳에 올라가 내려다볼 때도 이런 느낌을 받을 수 있는데, 대붕처럼 아득한 상공에서 우리 삶을 바라본다면 어떨까요? 우주선을 타고 이 지구를 본다면요? 저 북극성쯤 되는 곳에서 본다면요? 하하! 너무 아득하게 나가면 좀 겁나죠?

그렇게 멀리 갈 것도 없이, 이 자리에서 숨 한번 크게 쉬고, 가슴을 펴고, 좀 초연한 마음으로 내 삶을 관조하면 된다구요? 맞습니다. 바로 그런 마음을 쉬 갖기 힘들기에 대붕과 같은 거창한 비유를 드는 것이지요. 그런 거 필요 없이 바로 초연한 마음을 가질 수 있는 님이야말로 큰 그릇이요, 훌륭한 그릇입니다.

진원대선의 '소매 속에 세상을 쓸어 담는' 신통한 술법을 이야기하다 여기까지 왔군요. 다시 한번 복습해볼까요? "소매 속 세상이 크기도 하고, 표주박 속 세월이 길기도 하여라!" 이 한마디 말로 충분하지 않을까요? 시간과 공간은 객관적인 것이 아니다. 진원대선과 같은 위대한 경지를 이룬 분들에게는 이 세상 전체를 소매 속에 넣고도 넉넉하게 여유가 있다! 이런 결론이 되겠네요.

그런 큰 경지를 가진 분 앞에서 손오공의 재주도 소용없습니다. 현장법사라는, 신통력으로 데리고 갈 수 없는 애물단지(?)
가 있는 이상 바로 잡혀올 수밖에요.

　그런데 진원대선이 잡아오기는 했지만, 손오공을 다루기
는 또 어렵네요. 손오공은 천궁에서 태상노군의 단약 만드는 화
로 속에서도 버틴 몸이거든요. 매를 쳐도, 기름에 삶아도 끄떡
없습니다. 그런데 또 현장법사가 손오공의 아킬레스건이에요.
손오공으로 안 되니까 현장법사를 때리고 삶으려 하니, 그건 손
오공도 어쩔 수가 없습니다. 그래서 손오공 큰소리를 치고, 인
삼과 나무 살려내겠다고 나섭니다. 현장법사를 비롯한 나머지
는 인질이 되는 셈이지요.

　그런데 이 인삼과 나무가 완전히 비보통 초특별超特別 나무
입니다. 여러 유명한 신선들을 두루 찾아가서 방도를 구해도 길
이 없다는군요. 정말 큰일이 났습니다. 이런 때 구원투수로 등
장할 분은 누구일까요? 여러분도 이미 짐작하셨을 것 같군요.
바로 보살님! 그중에서도 서유기에서 고정 구원투수를 담당하
고 계신 관세음보살님이죠. 손오공이 이 신선 저 신선 찾다 보
니 결국 관세음보살 계신 보타낙가산까지 가게 되었다 하지만,
결국 예정된 수순이 아니었을까 싶습니다.

　관세음보살님, 손오공의 만행(?)에 대해 한바탕 꾸중하시
고, 또 그런 일 있으면 나부터 찾아와야지 왜 딴 데를 돌아다
녔느냐 꾸중하시고, 그러고는 "나라면 그 나무 살릴 수 있느니
라!" 하고 자신 있게 나서십니다. 태상노군과의 내기에서 이겼
던 역사적으로 유명한 사건이 있었다는군요. 신선계와 보살계,
나아가 온 세상 모두가 주목하고, 내기가 수도 없이 걸려서 판

돈도 엄청 커졌던 사건이었다나요? 히히~. 삼쾌 선생의 썰렁한 농담이었습니다요.

아무튼 태상노군과의 내기는 사실이었는데, 태상노군이 관세음보살이 들고 다니는 정병에 꽂힌 버들가지를 자신의 단약 만드는 화로에 넣어 완전히 말렸는지 태웠는지… 아무튼 죽여버렸다네요. 그것을 정병에 다시 꽂았더니 되살아났다는 엄청난 사건을 말씀하시면서, 그렇게 숯이 돼버린 것도 살렸는데 뿌리 뽑힌 나무쯤이야 못 살리겠느냐는 말씀!

정말 그럴듯하죠? 뿌리째 뽑았다 하더라도 워낙 비보통 초특별 나무니까 금방 생명력이 끊어지진 않을 거 아닙니까? 아무리 말랐다 하더라도 태상노군의 단로에 구운 것만 하겠어요? 그래서 급히 관세음보살 모시고 와서, 앞에서 요약해드린 대로 인삼과를 되살려냅니다.

여기서도 서유기는 참으로 의미심장한 이야기를 하고 있는 것 같습니다. 그 뛰어나다는 신선들도 손을 못 쓰는, 뿌리째 뽑힌 인삼과! 그것을 관세음보살은 살려냅니다. '신선보다 보살'이라는 의미도 담고 있겠지요. 서유기 전체가 불교를 가장 앞세우는 작품이니까요. 손오공도 결국 부처님 힘으로 잡았잖아요?

그렇지만 단순하게 그렇게만 말해서는 서유기를 읽는 재미가 없겠지요? 관세음보살의 어떤 점이 모든 신선을 넘어서는가를 살피셔야 합니다. 무엇일까요? 삼쾌 선생은 이렇게 생각합니다. 그것은 바로 자비심이니라! 생명에 대한 끝없는 사랑, 그것이 바로 관세음보살의 상징이요, 그 생명에 대한 사랑이야말로 모든 신통력을 넘어서는 것이라는 사실을 말하고 있다고요.

자비심은 태상노군의 단로 속에서 거의 숯덩이 수준이 된 버들가지도 살려내는 위대한 힘입니다. 아무리 절망스러운 상황에서도 한줄기 희망의 빛을 틔우는 위대한 힘, 그것이 바로 자비심입니다. 그러하기에 우리는 보살의 자비심에 대해 찬탄하며, 그 끝없는 가피력에 의지하는 것입니다.

천수경을 읽어보시면 관세음보살의 그 대자대비한 가피력이 절절하게 그려져 있지요? "내가 만일 칼산 지옥 가면 칼산 저절로 꺾여지고, 내가 만일 화탕지옥 가면 화탕 저절로 마르리라!" 이 모든 것이 관세음보살의 가피로 이루어진다는 뜻입니다.

관세음보살의 대자대비가 그러하기에, 관세음보살에 기도하고 찬탄하는 사람들은 그 대자대비의 한 자락을 우리 몸에 실현하는 존재가 되는 셈입니다. 관세음보살의 천 개의 손 가운데 하나의 손이고자, 천 개의 눈 가운데 하나의 눈이고자! 그렇게 서원하며 기도하십시오. 그러한 대자비의 발원은 큰 깨달음을 이루어내는 원동력이 됩니다.

불교는 어떤 종교입니까? 지혜와 자비의 종교입니다. 그리고 지혜와 자비는 손바닥의 앞뒤와 같은 것이며, 서로가 서로를 일으켜냅니다. 지혜가 자비를 일으키고 자비가 지혜를 일으킵니다. 그러하기에 "지혜 없는 자비 없고, 자비 없는 지혜 없다!"고 단호하게 말할 수 있습니다. 큰 깨달음을 이루는 것에도 대자비가 원동력이 됩니다.

쪼잔하게 자신의 문제 하나만을 가지고 씨름하는 존재는
절대 큰 깨달음을 이룰 수 없습니다. 금강경의 첫머리에 나오는
말 잘 아시지요? 위 없는 큰 깨달음을 구하는 마음을 낸 보살은
어떻게 머물며, 어떻게 마음을 항복받는다구요? 모든 중생을
열반에 들게 하겠다는 마음에 머물며, 그렇게 마음을 항복받는
다고 하지요. 사홍서원의 첫 번째는 무엇이지요? "중생을 다 건
지오리다" 아닌가요? 이런 것들이 다 무엇을 말하는 것일까요?
바로 자비심이야말로 불교의 처음이자 끝이라는 사실입니다.
자비심이야말로 보리심의 뿌리라는 사실입니다.

그런데요오오~ 우리 현실의 불교는 너무 자비심이 부족
한 거 아닐까요? 그저 깨달음을 강조하거나, 기복에 매달리거
나, 그러면서 정작 자비행에는 좀 등한하지 않은가 싶네요. 그
렇게 되어도 괜찮다면 문제가 없겠지만, 앞에서 말했듯이 자비
가 없으면 지혜도 없고 깨달음도 없습니다. 정말 올바른 수행
을 하려면 큰 자비심으로부터 출발을 해야 하는데, 그것이 부족
하기에 올바른 수행 풍토가 조성되지 않는 게 아닌가 반성해야
할 듯합니다.

아무튼, 관세음보살님의 등장으로 인삼과 사건은 해피엔
딩이 됩니다. 떨어졌던 인삼과까지 주렁주렁 다시 열리고, 관
세음보살 방문 기념으로 인삼과 파티도 열리고, 약속대로 진원
대선과 손오공은 의형제를 맺고… 기타 등등 기타 등등. 그래
서 서유기도 계속 이어지네요. 인삼과 먹고 힘낸 일행들 더욱
기운차게!

그런데 인삼과 먹어 엄청난 수명도 얻고 기운차게 출발한

것은 좋은데, 현장법사를 노리는 요괴들은 더더욱 많아지고 극성스럽게 덤비게 되네요. 본래 당나라의 성승은 요괴들이 노리는 보양식(?)이었는데, 인삼과까지 먹어 완전 비보통 초특별 보양식이 되었으니까요. 힘 나서 가는 만큼 난관도 커지네요. 이걸 도고마장道高魔長 — "도가 높아지면 마군魔軍도 자란다"고 하던가요?

23. 손오공 쫓겨나다

인삼과를 복용한 현장법사,

정신도 맑아지고 몸도 튼튼해지고

기운이 팔팔하다.

그 기운이 구도심으로 뻗쳐

경 구하러 가는 길을 더더욱 재촉한다.

그렇지만 인도 가는 길 또한 만만치 않아라.

경치도 좋지만 험하기도 한 산이 또 가로막는다.

허위허위 오르다 보니 고파지는 배!

현장법사, 손오공을 채근한다.

"오공아, 오공아! 빨리 어디 가서 먹을 것을 좀 구해오너라."

오공 근두운 타고 하늘 높이 올라 사방을 둘러보고

멀리 복숭아나무에 잘 익은 복숭아 달린 것 찾아내곤

그거 따다 드리겠다고 찾아간다.

"산이 높으면 반드시 요괴가 있고

골짜기가 험준하면 도깨비가 생긴다"고 했던가?

이 산에도 요괴 한 마리 어슬렁거리다

현장법사 일행 발견하고 침을 삼킨다.

어여쁜 처자로 둔갑하여

먹을 것 들고 그 앞에 나선다.

지혜의 눈 뜨지 못한 현장법사는 물론이고

저팔계, 사오정 모두 요괴의 정체를 알아채지 못하네.

그 꽃다운 자태에 저팔계 벌써 음심淫心이 솟는데

거기에 맛있는 음식 공양까지 올린다 하니

입이 헤~ 벌어진다.

그때 마침 복숭아 따가지고 돌아오던 손오공,

한눈에 요괴의 정체를 알아채곤

여의봉으로 단매에 때려죽인다.

그런데 이 요괴 재주가 비상하다.

몸은 버리고 혼만 빠져나오는 술법을 부리니

죽어 널브러진 처자 시체만 남았구나.

현장법사는 그 잔인함에 치를 떨고

예쁜 처자와 먹을 것을 모두 놓친 저팔계도

성질이 나서 부추기니

현장법사, 손오공 긴고주를 외워댄다.

"너같이 불자의 본분인 자비를 망각한 놈 필요 없다.

당장 내 문하에서 나가거라!"

손오공 성질은 급하고 사나워도 의리는 굳다.

오행산에서 구해주고 제자로 삼은 현장법사의 은혜

아직 갚지 못했는데 버리고 갈 수가 없다.

애걸복걸한다.

마음 약한 현장법사,

거듭 사람 함부로 죽이지 말라는 다짐을 두고

손오공 용서해준다.

그런데 겨우 몸을 빼낸 요괴,

현장법사라는 좋은 음식(?)에 대한 미련도 남고

손오공에 당한 분함에 오기도 발동하여

죽은 처자의 어미쯤 되는 노파로 둔갑하여 온다.

그렇지만 손오공 역시 한눈에 알아채곤

또다시 여의봉으로 단매에!

어찌했는지 말하지 않아도 아시겠지?

또 어찌 전개되었는지도 아시겠지?

현장법사 긴고주… 중얼중얼…

손오공 데굴데굴… 데굴… 데굴…

다행히 이번도 손오공의 읍소가 통한다.

그런데 정말 끈질긴 요괴,

모든 것이 삼세판 아니던가?

이제 죽은 처자의 아비요

죽은 노파의 남편인 노인네로 분장하고 나타난다.

손오공도 이제는 대비를 한다.

토지신과 산신령을 불러

요괴가 술법 부려 빠져나가지 못하게 대비를 하고

여의봉 휘둘러 단매에!

그래서 끈질겼던 요괴의 운명도 여기서 끝!

그래서 어찌 되었는지 역시 말하지 않아도…

현장법사 중얼중얼…

손오공 데굴데굴…

그런데 끝이 다르다!

모든 것은 삼세판?

세 번째에 요괴가 죽었듯이

손오공도 용서를 받지 못한다.

손오공이 아무리 사정해도

현장법사 노여움이 풀리지 않네.

손오공의 설명이 어찌 그리도 먹히지 않느냐구?

현장법사가 그토록 어리석어?

그런 게 아니다!

저팔계의 탐욕과 질투심이 끼어든 탓이다.

모두 저 원숭이 사형이 술법을 부려

엉뚱한 사람 죽여놓고 요괴로 만들어버린 거예요!

이러니 아직 지혜의 눈 뜨지 못한 현장법사가

올바로 판단할 수가 있나!

결국 어떤 일이 있어도 다시 부르지 않는다는

문서까지 써주고

매몰차게 손오공을 내쫓아버린다.

토끼를 잡으면 사냥개는 삶겨 죽고

새를 잡고 나면 활은 창고 속에서 썩게 된다던가?

손오공의 장탄식만 소슬바람 속에 스러질 뿐.

에고고, 불쌍한 손오공!

다시 수렴동에 돌아와 원숭이 왕 놀음이나 하게 되었구나.

이야기 줄거리 잘 읽어보셨죠? 손오공이 인삼과 뿌리째 뽑아버리는 큰 사고를 친 대목에 "서유기가 여기서 끝나면 안 되는데…"하고 조바심을 냈더니, 이제 서유기 진행에 더 큰 위기가 닥쳤네요. 아무리 현장법사가 실제 역사에까지 나오는 주인공이라 해도, 우리 손오공 없으면 서유기가 어찌 진행되겠어요?

뭐, 서유기가 여기서 끝나지 않는 거 이미 알고 있으니까 걱정 않으신다고요? 에고, 그렇게 심드렁한 태도 좀 버리시고 심정적으로 몰입을 해보세요. 그래야 진정한 서유기의 묘미를 알 수 있단 말입니다. 그렇게 긴장하지 않아도 알 건 안다고 하지도 마시구요. 알 건 안다고 하시는 분들이 대부분 제대로 알지 못한다는 거! 저도 알 만큼 안다구요!

이거 정말 위기상황이에요! 근본적인! 왜냐구요? 내가 분열돼버렸잖아요. 현장법사와 손오공이 결별하는 사태가 무얼 뜻할까요? 현장법사라는 '의식의 주체'와 그의 '마음'이 서로 다른 길을 가는 거지요. 좀 좁게 해석하면 '주체성'과 '지혜'가 갈등을 일으키고 있고, 거기에 저팔계로 상징되는 탐욕이 끼어들어 부채질하고 있습니다. 미욱한 현장법사의 주체성이 탐욕의 부추김을 받아서 지혜의 충고를 믿지 않고 오히려 내쳐버리는 사태!

이 심각성을 제대로 알지 못하는 분들은 자신과 자신이 서로 다투는 상황을 전혀 겪어보지 못한 분들이라고 말하고 싶네요. 앞으로도 계속 그런 일 겪지 않으시고 넘어갈 수 있다면 좋겠지만, 인생살이가 그리 만만할까요? 누구나 한 번쯤은 겪게 됩니다. 특히 진지하게 살려고 노력하는 분들이라면, 자아의 분열 때문에 괴로움 겪는 과정을 꼭 거치기 마련이지요. 아니, 모든 사람이 다 겪기는 하는데 진지하지 못한 분들은 대충 넘겨버리고, 그렇지 않은 분들은 이를 생생하게 자각하게 된다고도 볼 수 있겠군요.

그럼 어렵지 않게 대충 넘기는 게 좋은 거 아니냐구요? 그렇지 않습니다. 그런 분들은 발전도 없어요. 자신의 내적 갈등을 아프게 체험하고 극복해낼 때, 보다 통일된 인격을 갖춘 존재로 나아갈 수 있으니까요. 아니면 자기 자신이 분열되었다는 인식조차 못하고 그렁저렁 한세상 살다 죽는 거지요.

허, 나칠계 님! 전혀 이해가 안 된다는 표정이시네요. 그게 어떤 문제냐구요? 자기 주체의 통일성 어쩌고, 인식 어쩌고 하는 말이 통 귀에 들어오지 않는다구요? 역시 좋은 게 좋은 것이고, 괴로움 겪지 않고 좋게 좋게 넘어가는 게 최고 아니냐구요?

에고, 앞의 이야기 한번 다시 읽어보세요. 제가 그렇게 강조하지 않았습니까? "음미되지 않는 삶은 가치가 없다!"고요. "배부른 돼지보다는 배고픈 소크라테스가 낫다"고 하잖아요? 반성 없이 그렁저렁 한세상 보내기만 한다는 것은 결국 배부른 돼지가 되자는 말입니다.

우리 제발 좀 진지하게, 향상심向上心을 잃지 않는 자세를 바탕으로 하기로 해요. 나칠계 님이 존경하는 저팔계가 지금 문제를 일으키고 있는데, 그렇게 태평한 말씀 하시면 안 되지요. 우리 이야기 진행에 저팔계가 문제 일으키는 것보다 더 심각한 장애가 된다구요!

나칠계 님은 선혀 수긍하지 않는 분위기지만, 그래도 여러분은 이 상황의 심각함을 확실히 아셨겠지요? 또 이것이 전혀 남의 문제가 아니라, 진지하게 삶을 음미해보려는 여러분이 이미 겪으셨거나 앞으로 겪을지 모를 그런 상황이라는 것도 아셨을 테구요.

자기와 자기가 서로 다툰다! 이거 정말 큰 문제죠. 그게 극단으로까지 치달으면 정신분열로 가는 건가요? 꼭 그렇게까지는 아니어도, 우리 마음속에서 자기와 자기가 서로 다투는 경우는 많습니다. 흔히 '내적 갈등'이라고 부르지요. 내적 갈등을 겪지 않는 사람이 누가 있겠습니까?

그중에서도 가장 흔한 경우가 두 가지 욕구가 서로 충돌할 때지요. 이것도 하고 싶고 저것도 하고 싶고⋯ 그렇게 여러 욕구가 충돌하면⋯ 음⋯ 굉장히 심각할 것 같지만 실은 그렇게 심각하진 않습니다! 여러 욕구 가운데 하나를 포기하면 되니까요.

맹자孟子 책에 이런 이야기가 나옵니다. "물고기도 먹고 싶고, 곰 발바닥도 먹고 싶은데, 두 가지를 모두 취할 수 없다면 물고기를 버리고 곰 발바닥을 선택한다." 이런 경우야 뭐가 심각하겠어요? 좀 아깝기는 하지만, 보다 못한 것을 버리면 그만인데요.

그런데 바로 뒤에 좀더 심각한 갈등이 나옵니다. "사는 것도 내가 바라는 것이요, 의義로운 것도 내가 바라는 것인데, 두 가지를 모두 선택할 수 없다면 삶을 버리고 의로움을 취한다."

맹자는 아주 쉽게 말하고 있지만, 이게 어디 쉬운 일인가요? 선택을 해야 할 때, 자신의 개인적인 욕망을 버리고 도덕적인 것을 택하기는 쉬운 일이 아닙니다. 이런 경우를 유학儒學, 특히 성리학 같은 데서는 "인심人心과 도심道心이 마음 가운데서 다툰다"고 표현하지요. 그러니까 맹자는 도덕적 선택의 경우도, 물고기와 곰 발바닥 사이의 선택과 마찬가지로 서로 다른 두 욕구의 충돌로 취급한 것입니다.

여러분도 이런 내적 갈등 자주 겪으시죠? 그럴 때 어떤 선택을 하시나요? 선택을 안 할 수는 없습니다. 모두를 만족시킬 수 있는 경우는 흔치 않으니까요. 그리고 우리가 어떤 쪽으로 선택을 한다는 것은, 꼭 그때만 그런 선택을 하는 게 아니고 비슷한 경우에는 늘 그런 선택을 한다는 뜻이기도 합니다. 불교적으로 말하면 어떤 습習을 형성한다고 말할 수 있겠지요? 그리고 그것이 업이 되어 우리의 삶을 규정하고, 미래의 삶을 규정합니다.

맹자는 심각하게 말합니다. "도덕적 상황에서 어떤 선택을 하는가가 그 사람을 형성한다." 구체적으로 말하면, 대인이 되고 소인이 되는 것이 바로 도덕적 상황에서의 선택에 달려 있다는 뜻입니다. 계속 도덕을 지향하는 쪽으로 선택하면 대인이 되고, 개인적 욕망 쪽으로 선택하면 소인이 된다는 말이지요.

그냥 넘기기 힘든, 좀 켕기는 데가 생기는 대목입니다. 어떤 상황에서 도덕적인 선택을 하지 않으면 내내 마음이 께름칙합니다. 그것을 맹자는 "호연지기浩然之氣가 굶주린다"고 표현하지요. 그렇게 계속 호연지기를 굶주리게 하면, 완전히 기상氣像이 쪼그라든 소인배의 모습이 되고 말아요. 적어도 저는, 겉보기에도 뭔가 움츠러들고 쪼그라든 그런 소인배의 모습이 되고 싶지는 않네요. 가능하면 마음이 후련한 선택을 계속하여 호연지기가 크게 펼쳐진 내장부가 되고 싶어요. 하지만 현실에서 눈앞에 어떤 이익을 취할 일이 있으면 바로 손이 나가는 저의 모습…. 이것이 참으로 문제라면 문제로군요.

이야기가 난데없이 유교적인 분위기로 흘러가고 있다구요? 뭐 어떻습니까? 결국 다 '잘 살자'는 이야기인데요. 어쨌거나 지금 손오공이 쫓겨나는 대목은 그것보다도 더 심각해요. 내적 갈등과 선택은 우리가 일상적으로 겪는 일들이고 또 그런 경험을 통해 인격을 형성해가는 거니까, 나와 내가 서로 '등 돌리는' 상황까지는 아니잖아요? 그런데 지금 손오공이 쫓겨나는 대목은 그 정도 수준이 아니에요. 왜 이렇게까지 되었는지를 자세히 들여다봐야겠어요.

여러분은 자기 자신을 정말 사랑하시나요? 모두 그렇다고 고개를 끄덕이시는군요. 그렇다면 그렇게 사랑하는 자기 자신을 정말 잘 이해하시나요? '음, 당연하지!' 하고 고개를 끄덕이는 분도 계신데, '어? 내가 나를 정말 잘 알고 있나?' 하고 생각에 잠기시는 분도 있군요.

이렇게 반응이 엇갈린다는 데서 벌써 문제가 드러납니다. 참된 사랑의 첫걸음은 무엇일까요? 우선 제대로 알아야 하지 않을까요? 친구를 참되게 사랑한다면, 그 친구를 참되게 이해하려고 노력해야겠지요? 여러분은 그렇게 하고 계신가요?

좀더 구체적으로 여쭤볼게요. 여러분은 자신의 지능이라든가 적성에 관해 구체적인 검사를 받아보신 적 있나요? 성격 유형 검사는요? 단순히 '이럴 거야' 하는 추측이 아니라 뭔가 체계적인 도구를 통해 스스로를 파악해보신 적은 있는지요? 꼭 그래야 할 필요는 없지만, 그 결과에 얽매이지 않으면서 적절히 참고만 할 수 있다면 상당한 도움이 됩니다. 적어도 새로운 관점에서 자신을 바라보는 연습이라도 되지요.

제가 이런 물음을 던진 것은, 우리가 자신을 사랑한다고 생각하면서도 실제로는 그 사랑하는 방법을 잘 모르고 있으며, 자신을 사랑하기 위한 첫걸음인 자기 자신에 대한 이해부터 소홀히 해왔음을 지적하기 위해서입니다. 그러면서 자기 자신을 사랑하고 있다고 여기는 것은 착각이요, 집착일 뿐입니다.

삼쾌 선생의 참된 자기 사랑법, 나름 좀 그럴듯하다고 생각되는 방법을 여기서 조심스럽게 펼쳐보겠습니다. 그건 바로 '자기와 진정한 친구 되기'입니다. 자기와 자기가 어떻게 친구가 되느냐구요? 바로 앞에서 한 이야기를 반복해야겠군요. 나를 잘 안다는 착각을 벗어던지는 것, 그것이 바로 첫걸음입니다. 나는 나를 잘 안다고 생각하지만 그렇지 못하다는 사실을 바로 보고, 그동안 너무 쉽게 생각하고 막 다루어왔던 나를 조심스럽게 대하는 일부터 시작하자는 겁니다.

쉽게 이야기를 해볼까요? 만약 당신의 친구가 무슨 큰 잘못을 저질러 매우 의기소침해서 우울해한다면 어찌하실 건가요? "이 바보야! 무슨 일을 그렇게 하니!" 하고 쥐어박으며 야단치실 건가요? 한번 그렇게 해보세요. 그날로 친구 관계는 끝이겠지요? 또 그렇게 대하는 친구는 애초부터 좋은 친구라고 할 수 없겠지요?

그런데 여러분 자신이 그런 경우를 당하고 매우 의기소침해서 우울해하는 경우, 여러분은 자신에게 어떻게 하나요? "어이구, 이 바보! 난 왜 이럴까?" 하는 식으로 자신을 학대하지는 않으신가요? 그럴 때마다 우리는 우리 자신을 저버리게 됩니다. "평소에 네가 그렇게 날 다루고 훈련시켜서 그런 꼴이 된 건데, 이제 와서 결과만 보고 날 구박해?" 하면서 절교 선언! 나와 내가 쪼개지는 셈이지요.

그러면 어찌해야 할까요? 앞에서 말한 대로 좋은 친구가 되어주세요. 친구가 우울해할 때, 좋은 친구라면 어떻게 할까요? 우선 달래겠지요? "너무 그렇게 의기소침해 있지 마! 누구나 그런 잘못 할 수 있어. 그걸로 세상이 끝나는 것도 아니지 않니? 앞으로 잘 해나가면 그만이야." 그리고 이번 일이 왜 잘못되었는지를 잘 살펴서 다음에는 같은 일이 반복되지 않도록, 이번 일이 계기가 되어 더 발전할 수 있도록, 스스로를 살피고 돌아보며 새로운 힘을 내도록… 그렇게 충고하고 다독이겠지요? 자기 자신에게도 그렇게 해주자는 겁니다.

반대의 경우도 마찬가지겠네요. 사람들은 울증 아니면 조증의 상태에 있는 경우가 상상외로 많거든요. 아예 심리적 균형이 깨져서 병증으로 드러나는 게 드물 뿐이지, 내적으로는 어느 한쪽에 치우쳐 있기 십상이에요. 그럴 때 좋은 친구는 적당히 균형을 잡도록 옆에서 도와주지요. 조그만 성취에 도취해서 방방 뜨고 아무 데로나 막 달려나가려 하면 적절히 말려야 하지 않겠어요? 칭찬도 하고 어르기도 하면서, 잘못된 길로 나가지 않도록요.

그러려면 선제 조건이 있어요. 바로, 올바르게 그를 이해해야 한다는 겁니다. 친구를 제대로 알지도 못하면서 섣부르게 충고하거나 도와준다고 발 벗고 나서면 어찌 되는지 다들 아실 거예요. 주변에 그런 친구 하나 있으면 정말 피곤하지요. 나를 전혀 이해하지 못하면서 자기 멋대로 충고를 해대고, 돕겠다고 팔 걷고 나서면 정말 난감하잖아요?

그러니까 나 자신과 참된 친구가 되기 위해서는 먼저 나를 제대로 이해해보려는 자세를 가져야 합니다. 그래야 나 자신에게 정말 좋은 충고도 할 수 있고, 지나치게 우울해하거나 지나치게 나댈 때는 적절히 어르거나 북돋을 수 있을 테니까요.

물론 쉽지는 않을 거예요. '나'라는 고 녀석이 말을 참 안 듣거든요. 친구라고는 해도 결코 만만한 상대가 아니에요. 걸핏하면 토라지고 시도 때도 없이 칭얼대고 짜증 내고… 그렇지만 결코 버릴 수는 없는, 알아갈수록 참 좋은 구석도 많고 멋있고 신비한 친구지요. 그 멋있고 신비한 면을 알게 되면 홀딱 반하지 않고는 못 배긴답니다.

이렇게 하루 이틀 깊이 알아가고 정들고 하다 보면, 차차 눈빛만 보아도 통하는 사이가 되었다가 언젠가는 아예 일심동체가 될지도 모릅니다! 그럼 얼마나 좋을까요? 이 친구 하나만 제대로 사귀면 백 친구, 아니 천만 친구 부럽지 않다는 것을 삼쾌 선생의 이름으로 보증하는 바입니다.

헛! 삼쾌 선생의 이름이 그리 무겁지는 않다구요? 그리고 내적 갈등 이야기하다가 또 이상한 데로 빠진 것 같다구요? 에고, 저 혼자 기분에 취해서 또 제 얼굴에 개금불사 하면서 헤맸나보네요. 앞의 이야기와 연결을 제대로 지으면서 서유기의 손오공 가출, 아니 축출 사건을 다시 짚어보아야 할 것 같군요.

일단 우리의 현장법사는 자비심은 충만하지만 사태의 진상을 보는 눈은 부족해요. 요괴가 분장하고 나온 것을 전혀 분별하지 못하네요. 반면 손오공은 요괴의 간사한 수법은 한눈에 꿰뚫어 보지만 자비심이 부족하지요. 여기서 갈등이 빚어지는군요. 손오공의 성급한 손은 단매에 요괴를 때려죽이고, 눈 밝지 못한 현장법사는 이를 용서하지 못합니다. 그래서 손오공 머리테 조이는 긴고주를 막 외워대고…. 이런 일이 세 번 벌어지니, 결국 요괴를 잡긴 했지만 손오공이 쫓겨나지요?

여기에 슬그머니 끼어들어 손오공 쫓아내라고 부추긴 게 누구인가요? 저팔계입니다. 저팔계는 요괴의 간사한 수작을 꿰뚫어볼 능력까진 없습니다. 만일 요괴라는 것을 알아봤다면 아무리 저팔계가 욕심에 가득 차 있다 하더라도 손오공을 모함하지는 않았을 겁니다. 잘 모르겠는데 손오공은 요괴다 하고 때려죽이니 갸우뚱~. 그렇지만 먹을 것도 놓치고 음심도 채울 수가 없게 되자 그 성난 마음이 '혹시 정말 요괴일지도 몰라' 하는 의심을 덮어버립니다. 그게 증폭되어 현장법사를 부추기는 거지요.

"저 재주 좋은 척하는 사형이 다 꾸민 일입니다요. 아가씨 죽이고 결국 그 부모까지 다 죽이고는, 마치 요괴인 것처럼 만들어버린 거예요. 저 원숭이 사형 재주 좋은 건 아시잖아요. 죽여놓고 요괴로 꾸미는 건 일도 아녜요."

　이렇게 부추겨대니 가뜩이나 손오공의 잔인한 처사에 화가 나 있던 현장법사는 용서할 수가 없게 됩니다. 무슨 일이 있어도 다시는 너 부르지 않겠다는 각서까지 쓰고선 손오공을 파문해버리지요. 어리석은 자아에 욕망이 부추겨대니, 결국 지혜의 충고를 저버리고 마는 결과라 할까요?

　그렇다면 손오공이 옳고 현장법사는 틀렸다고 할 수 있을까요? 그렇게 간단치가 않습니다. 손오공도 아직은 깨닫지 못한 분별지分別智에 해당하기에 온전한 지혜라 볼 수 없습니다. 온전한 지혜라면 현장법사를 납득시킬 수 있는 지혜방편을 굴렸을 겁니다. 그러지 못하고 단매에 때려죽인 것 역시 잘못이지요.

　앞에서 말했듯이, 내 안의 나를 설득해야 해요. 무조건 "이놈은 요괴야!" 하고 때려죽이는 것은 자기가 자기에게 등 돌리게 하는 잘못된 처사입니다. 그리고 저팔계도 살살 달래주어야해요. 욕망을 무조건 누르려고만 해서는 오히려 그 불길이 더거세게 일어난다는 거, 다들 겪어보셨지요?

　욕망은 참으로 조심스럽게 다뤄야 합니다. 일단 가장 빠른길은 다른 욕망을 일으켜 그것에 흡수되도록 하는 방법입니다. 건전치 못한 욕망 때문에 고통받는다면, 건전한 욕구를 일으켜그 속에 건전치 못한 욕구가 흡수되도록 하는 방법을 써볼 만해요. 우리가 서원을 세움으로써 욕망의 힘을 그쪽으로 돌리는것도 이런 방법의 일종이라 할 수 있겠지요.

　그런데 그렇게 대체할 건전한 욕망이나 서원이 쉽게 나오지 않으면, 우선은 욕망을 살살 달래고 설득해야 합니다. 그래야만 큰 저항 없이 욕망의 힘을 줄일 수 있고, 나아가 잠재울 수도 있을 테니까요. 그러니까 손오공이 제 눈 밝다고 주변 돌아보지 않고 단매에 때려죽인 것은 성급한 행동이며, 올바른 지혜방편을 갖추지 못한 행동이라고 할 수밖에 없습니다.

물론 현장법사나 저팔계가 옳다고 볼 수는… 전혀 없겠습니다. 지혜의 눈이 없는 자비는 정말 심각한 결과를 가져올 수 있어요. 욕망은 더 말할 나위가 없구요. 자비 자체가 귀하고 소중한 것이라고 아무리 우겨대도 소용없습니다. 고귀한 것이 빛을 발하게 하려면 그에 걸맞은 지혜방편을 갖추어야 하지요. 동기가 아무리 좋더라도 훌륭한 것을 시궁창에 빠뜨리는 결과를 낳는다면, 본디 가치가 없던 것을 함부로 다루어 망치는 일보다 죄업이 더 크지 않을까 하는 생각마저 드는군요.

결국은 현장법사도 손오공도 모두 잘못을 범하고 있는 셈입니다. 아직 익지 않은 수행 과정이니 당연한 일이겠지요. 그런데 각자 자신의 부족함을 인정하고 적절히 서로 달래는 과정이 없으니 더 큰 불화로 번지는군요. 밝은 눈을 뜨지 못한 자아, 설익은 지혜, 거기에 똥인지 된장인지 가리지 못하는 욕망이 끼어드니 파탄이 날 수밖에요.

그래도 욕망을 제압할 수 있으면 좀 나을 터인데, 일이 어디 그렇게 되나요? 설익은 지혜의 충고가 무시되고… 아니, 무시되는 정도가 아니라 "앞으로 네 말은 전혀 안 들을 거야!" 정도의 상황이 되어버렸네요. 그러면 그 뒤는 어떨까요? 훤히 보이지요? 아마 몇 걸음 못 가서 큰 고난을 당할 게

정신세계사
BEST 20

1. 왓칭
김상운 지음
베테랑 MBC 기자가 처음 체험한
신기한 우주원리 관찰하기 숨겨진 비밀

2. 거울명상
김상운 지음
조각처럼 차오인 확실성조를 일으키는
기적 쉽고 강력한 명상법

3. 리얼리티 트랜서핑
바딤 젤란드 지음 | 박인수 옮김
출간 직후 3년간 러시아에서만
250만 부 이상 판매된 러시아판 시크릿

4. 될 일은 된다
마이클 싱어 지음 | 김정은 옮김
아마존 베스트셀러, 내맡기기 실험이
불러온 엄청난 성공과 깨달음

5. 왓칭2
김상운 지음
시야를 넓힐수록 미래처럼 이루어지는
'왓칭' 확장판

6. 티벳 死者의 서
파드마삼바바 지음 | 류시화 옮김
죽음의 순간에 듣는 것만으로
영원한 해탈에 이른다는 티벳 최고의 경전

7. 리얼리티 트랜서핑2
바딤 젤란드 지음 | 박인수 옮김
왜 원하는 미래가 점점 더 멀어지기만 하는
지에 대한 기상 확실한 대답

8. 리얼리티 트랜서핑3
바딤 젤란드 지음 | 박인수 옮김
'꿈꾸는 삶의 방식'만으로도 누구든 할 수 있는
성공의 수수께끼를 낱낱이 파헤친다

뻔합니다. 저팔계와 사오정의 힘만으로는 결코 난관을 이겨 낼 수 없거든요.

그때 가서 손오공을 어찌 불러오려는지, 과연 손오공이 순순히 돌아와 도와주려는지…. 걱정이 태산이네요. 그래도, 성질머리는 더럽지만 현장법사에게 어떻게든 은혜를 갚겠다는 손오공의 순수한 마음을 한 번 더 믿어보는 게 좋겠지요?

24. 지혜가 빠진 길, 눈먼 장님의 길!

덜떨어진 지혜지만 지혜가 앞장서던 길과

눈먼 욕망 따라가는 길이 같을 수 있나.

손오공 쫓아낸 현장법사 일행,

제 발로 요괴 소굴에 떨어진다.

아무리 눈이 어둡기로 그럴 수가 있냐구?

당연히 있지! 이야기를 들어봐!

너무 긴 이야기가 될 것 같아

삼쾌 선생이 요약 압축 실력을 좀 발휘해야 할 듯~

저팔계 먹을 거 찾는다고 나서서 농땡이, 낮잠 쿨쿨~

그 저팔계 찾아나선 사오정 이리저리~ 둘레둘레~

혼자 기다리던 현장법사, 이리저리 산보 삼아 걷다가

거룩한 불탑을 보았네.

환희심 내어 찾아들고 보니 황포黃袍라는 흉악한 요괴의 소굴~

당연히 덜커덕 잡혀 다음 끼니 식사거리로 대기~

그런데 황포 요괴, 요괴에 걸맞지 않은 예쁜 부인이 있다.

보상국寶象國이라는 나라의 백화수百花羞라는 공주인데

요괴에게 납치되어 억지로 부인 노릇 하는 중…

요괴가 뒤늦게 달려온 저팔계, 사오정과 싸우는 사이

현장법사와 요괴 부인 속닥속닥~

제가 요괴 남편 설득하여 법사님 풀어드릴 터이니

보상국에 들리셔서 제 사연 전해주소서.

그리하여 눈물 젖은 보상국 공주의 편지를 품에 안고

현장법사 일행 무사히 요괴 굴을 벗어난다.

보상국에 당도하여 국왕 알현하고 편지 전하니

우선은 눈물바다~

아이고, 사랑하는 내 딸아~

다음은 분노의 바다~

내 딸 납치해간 요괴 놈을 당장에!

그런데 그 무시무시한 요괴 잡아오겠다고 나서는 이 없다.

여기에 팔푼이 저팔계의 명예심과 만용이 작열!

팔 걷고 나서는구나.

할 수 없이 사오정까지 뒤따라나서

다시 요괴 소굴 찾아가 한바탕 해보지만

역시 둘이 덤벼도 이기질 못한다.

거기에 다시 저팔계의 농땡이가 작열!

아우야, 자연이 나를 부르는구나.

잠깐 뒤 좀 보고 올 게 혼자 싸우고 있어.

둘이 싸워도 힘든 싸움에 혼자 감당이 되겠어?

사오정 비참하게 패해 잡혀 들어가고

요괴는 공주 부인을 의심하여 사오정을 심문한다.

"공주가 몰래 자기 구해달라는 편지 보낸 거지?"

사오정, 재주는 별로지만 심지가 곧다.

여차저차 공주를 위해 변명~

요괴는 공주에게 의심한 것을 사과하고 헌칠한 장부로 변신하여

보상국왕을 찾아가서 여차저차~ 아예 정식 사위로 등록!

저는 사냥꾼인데,

호랑이에게 물려가던 공주를 구해서 살고 있었습니다.

그 호랑이가 도술을 배워

당나라 중으로 둔갑해서 여기 와 있군요.

사위인 제가 그 정체를 밝히겠습니다.

주문을 외우며 현장법사에게 푸~ 하고 물을 뿜어대니

현장법사가 호랑이로 짜잔~

요괴가 의인義人으로 변하고 성승聖僧은 요괴 호랑이가 되었네.

저팔계는 농땡이 중…

사오정은 요괴 소굴에 잡혀 있는 중…

현장법사 호랑이 요괴가 되어 죽음을 기다리는 중…

이거 다 끝난 이야기?

아니다! 마지막 히든카드, 용마龍馬가 있다.

요괴가 술 취해 난동을 부리는 틈을 타

과감히 덤벼들어보지만 역시 힘이 달려~

형편없이 두들겨 맞고 도주…

농땡이 낮잠을 늘어지게 자고 난 저팔계 돌아와보니

부상당한 용마만이 눈물로 맞는구나.

저팔계, 상황이 심상치 않으니

때려치우고 고로장^{高老庄}으로 돌아가 사위 노릇하며 지낼 궁리~

용마가 설득한다.

그래선 아니 되오!

대도를 향한 이 길을 그리 쉽게 그만두어선 아니 되오.

원숭이 사형을 찾아가 달래서 데려와요.

저팔계가 대꾸한다.

원숭이 사형? 날 보자마자 두들겨 팰걸?

여의봉 한방이면 난 그대로 끝이야.

그렇지 않소, 그렇지 않소.

원숭이 사형이 스승 생각하는 마음 간절하니

잘 달래면 반드시 달려올 게요.

설왕설래… 여차저차…

그래서 저팔계 화과산 수렴동으로 달려가네.

굼벵이도 구르는 재주는 있다던가?

저팔계가 은근히 사람 속여 꼬드기는 데 재간이 있다.

슬슬 감정을 자극한다.

현장법사가 늘 원숭이 사형을 그린다오~

그리고 늘 원숭이 사형이 제일이라고 한다오~

손오공, 코끝이 찡~

그래도 사부가 날 알아주고 그리워하는구나~

저팔계 본격적으로 공작에 돌입!

그런데 그 사부가 여차저차한 사정으로 죽게 되었어요.

그 전말은 여차저차…

그 요괴한테 원숭이 사형 이야길 했더니

고웃음 치며 그따위 원숭이는 단매에 때려죽어

원숭이 육젓을 담아버리겠다 합디다.

손오공 펄펄 뛴다.

이놈의 요괴 녀석!

도저히 용서할 수 없다!

역시 내가 아니면 안 되지!

한번 스승은 영원한 어버이!

자! 이제 다시 손오공과 황포 요괴의 한판 드잡이질이 시작될 판~

어? 나칠계 님 왜 처음부터 불퉁한 표정을? 으흠… 앞의 이야기에 여차저차가 너무 많다구요? 요약 압축 실력을 보인다더니 결국 모두 여차저차로 넘어가냐구요? 너무 그러지 마세요. 그 대목들은 모두 여러분이 뛰어난 상상력으로 채워주셔야 해요. 서유기의 저자 오승은도 감탄할, 그런 상상력을 한번 발휘해 보시라구요. 그러면 뭐 우리끼리 만들어가는 서유기 한 편이 나오는 거죠. 여차저차~ 나올 때마다 상상력 동원령을 내리세요! 하하!

자, 또 위기 상황이죠? 욕망의 부추김을 받아 지혜를 축출했으니 험한 꼴 당하리란 것은 불을 보듯 뻔했어요. 손오공이 아직 제 성질 못 버리고 발끈발끈해도 요괴 알아보는 눈하고 싸움 실력은 저팔계, 사오정 다 합쳐도 못 따라오거든요. 그런 손오공을 내쫓았으니 어찌 되겠어요? 자비심 넘치고 수행 의지가 철벽처럼 굳다 해도 그것으로 해결되지 않는 문제가 너무 많지요.

당장 게으름을 타고난 저팔계의 농땡이가 사달을 불러일으킵니다. 먹을 거 구하러 가서는 퍼질러지게 잠만 자는 거죠. 그래서 걱정된 현장법사가 저팔계 찾아오라 사오정 보내고, 혼자 있기 무료하여 산보 나섰다가 요괴의 굴로 떨어져버립니다. 겉보기에는 거룩한 불탑 같은데 실은 요괴 소굴! 황포라는, 요괴 중에서도 괴수급 되는 요괴의 소굴이네요.

이 대목은 서유기 저자가 일부러 이렇게 꾸미지 않았는가 싶어요. 서유기 곳곳에는 은근히 불교와 스님들의 타락상에 대한 풍자와 고발이 깔려 있거든요. 겉보기에는 거룩한 불탑, 속 들여다보면 요괴 소굴! 현실에도 그런 거 있지 않아요? 꼭 불교만 말할 필요 없지요. 수많은 사교邪教들 보세요. 겉보기에는 얼마나 거룩한가요? 속 들여다보면 또 얼마나 추악한가요? 그것들이 저질러온 끔찍한 사건들… 언론 매체에 보도된 것만 해도 얼마나 많은가요?

거룩한 불탑의 외형을 가진 요괴 소굴이라는 설정은 아마도 이런 사이비 종교의 모습들과 꼭 맞아떨어지지 않을까 싶네요. 아니, 불교라고 해서 이런 모습이 없다고 장담할 수는 없지요. 바른 종교의 모습을 찾아가려는 뜨거운 열정이 없으면, 모든 종교는 흉악한 요괴의 소굴이 될 수도 있다는 경각심을 가져야 합니다. 거룩함으로 포장되어 있기에 더더욱 추악해질 수 있음을 잊지 말아야 해요.

아무튼 현장법사 요괴 굴에 제 발로 걸어 들어가고, 당나라 성승의 고기라면 죽고 못 사는 요괴가 "이게 웬 떡이냐!" 하면서 탁 잡아채버린 건 너무나 당연한 일이지요. 뒤늦게 잠자던 저팔계 깨워 달려온 사오정이 현장법사 구하려 싸움을 벌이지만, 이 요괴가 정말 비보통 요괴네요. 둘이 덤벼도 이길 수가 없을 정도예요.

그런데 다행히 요괴에게 잡혀 부인 노릇하고 있던 백화수 공주 ― 미모로 모든 꽃을 기죽인다는 뜻이군요 ― 의 도움으로 요괴의 손을 벗어나게 됩니다. 그런데 이건 시작에 불과했어요. 공주의 편지를 전하려다 이번에는 현장법사가 요괴의 술법으로 호랑이가 되어버리고… 결국 손오공이 다시 오지 않으면 안 될 상황으로 몰리는군요.

어허, 나칠계 님, 뭐 하실 말씀이 있으신 듯? 역시 손오공이 등장할 수밖에 없는 전개라니 너무 뻔하지 않냐구요? 그래요, 뻔해요! 그렇지만 손오공 불러오게 하는 주체가 용마인데, 그 용마가 손오공을 불러오려고 생각하는 대목의 제목이 "뜻 말이 마음 원숭이를 생각하네!"(意馬憶心源)랍니다. 겉으로는 뻔해 보여도, 그 속에 깊은 의미가 담겨 있으니 그렇게 툴툴거릴 일이 아니라구요.

자, 나칠계 님이 불평하시는 이 뻔한 전개를 한번 정리해볼까요? 요괴의 부인인 백화수 공주의 도움으로 요괴 소굴을 벗어나고, 보상국이라는 나라에 가서 공주의 편지를 전하니, 국왕이 요괴를 토벌하겠다고 나서지요. 거기에 저팔계가 만용을 부럽니다. 이 저팔계는 정말 곳곳에서 말썽을 피우지요? 욕망에 게으름에, 거기다 영웅심과 공명심은 또 얼마나 많아요? 그래서 정말 밉상인데, 이 미운 화상을 보고 있자니 또 정드는 건 뭘까요? 우리의 속된 모습을 그대로 보여주기 때문이 아닐까 싶네요. 저팔계가 사건 일으키는 대목마다 '아, 저게 내 모습 아닐까?' 하는 반성도 되고, '에고고, 나도 저래서 문제야!' 하는 자탄도 나오고….

그러고 보니 나칠계 님도 곳곳에서 이상한 말씀으로 삼쾌 선생 가슴을 치게도 만들고 이야기 진행을 헷갈리게도 하지만, 보다 보면 은근히 정드는 캐릭터 아닌가요? 아마 나칠계 님 없으면 우리 이야기의 재미가 확 떨어질 것 같다는 생각이 드네요. 그렇다고 나칠계 님, 갑자기 의기양양해서 벌떡 일어나실 필요는 없어요. 이 정도 알아드렸으니 제발 좀 앉으세요. 뭔 칭찬을 못하겠네요.

아무튼 저팔계가 공명심에 요괴 토벌에 나서지만, 이 요괴가 정말 비보통 요괴에요. 사오정까지 합세해도 당할 수가 없네요. 게다가 결정적인 순간에 저팔계는 또 뒷전으로 꽁무니를 빼는 밉상 짓을 하지요. "동생아, 잠시 저놈과 싸우고 있어. 난 똥 좀 누고 올게." 아고고, 여러분도 성질나시죠? 만일 정말 저팔계가 똥을 누고 있다면 그 똥 위로 팍 주저앉히고 싶지 않으세요?

상황이 이러니 어쩌겠어요? 사오정 잡히고, 앞에서 압축 팍팍 해드린 대로 현장법사가 오히려 모든 일의 원흉인 요괴 호랑이로 변하게 됩니다. 반대로 요괴는 호랑이한테 잡혀가던 공주를 구해준 의인이 되고요. 이제 꼼짝없이 다 죽게 생겼네요.

세상살이가 그런 경우 많지 않습니까? 악인이 의인으로 둔갑하고, 의인은 비참하게 스러지는…. 물론 우리는 사필귀정事必歸正을 믿지만, 그건 우리의 믿음이자 바람에 불과한 경우도 많거든요. 물론 우리가 올바르게 살아가는 길을 포기해야 한다는 뜻은 아닙니다. 옳은 길을 걷는 것은 그 자체로 귀한 일이고 가장 복 받은 상태라는 믿음이 필요해요. 올바르지 않게 사는 것, 악하게 사는 것, 그 자체를 가장 비참하고 불행한 상태로 여겨야 하구요. 그런데 그렇게 하기 참 어렵죠? 우리는 선행을 하면 그것의 보답이 오기를 바랍니다. 솔직히는, 조금만 베풀고 엄청 많은 보답이 오기를 바라지요.

아무튼! 현장법사가 잠시 호랑이로 억지 둔갑을 하게 되지만, 앞서 지적당한 뻔한 전개로 보아 그냥 그대로 억울하게 죽지는 않을 게 분명한 일. 그럼 여기서 누가 등장하느냐… 짜잔! 용마 나오십니다. 갑자기 웬 말이 등장하느냐구 고개를 갸웃거리시는 분은 앞의 이야기를 열심히 읽지 않으신 분! 다시 한번 정독하시기를 정중히 요청하는 바입니다.

현장법사가 타고 가는 말 또한 비보통 말이었지요? 용왕의 아들인데 죽을 운명에 처한 것을 관세음보살이 구해주며 현장법사 태우고 인도까지 가라는 사명을 준, 말뜻 그대로 용마龍馬입니다. 용이 변신해 있는 말이란 뜻이지요.

드디어 이 용마가 나섭니다. 예쁜 궁녀로 변신하여 요괴한테 아양을 떨며 열심히 술을 권하고… 여차저차… 코 삐뚤어지게 취하게 만들어서는 틈을 타서 번개같이! 요괴를 기습하지만… 역시 통하지 않네요. 형편없이 두들겨 맞고는 도망가서 다시 말로 변신하여 얌전하게 기다리네요. 누구라도 어서 와주기를요. 불쌍한 용마, 여기서 공을 세웠으면 인도로 가는 내내 뻐길 수 있었을 텐데.

아무튼 비참한 꼴로 기다리고 있으니 사오정 잡혀가게끔 농땡이 부리던 저팔계가 터덜터덜 돌아오는군요. "아이고, 형님! 왜 이제야, 그것도 혼자서 오십니까?" 용마가 대충 내막을 알면서도 물으니 저팔계는 우물쭈물 변명… 또 여차저차….

그런데 요 얄미운 저팔계는 상황을 알자마자 모두 팽개치고 달아나서, 현장법사 모시기 전에 지내던 고씨 마을의 사위로 되돌아가 편안히 살 궁리를 하네요. 그걸 말리느라고 용마가 얼마나 고생을 하는지요. 아무튼 용마의 설득이 먹혀들어가 저팔계가 손오공 다시 불러오려 화과산 수렴동으로 행차를 하시는군요.

그런데 여기서 잠깐, 앞 이야기에서 이 대목의 제목을 슬며시 알려드렸지요? "뜻 말이 마음 원숭이를 생각하네"였던가요? 정확하게 전체 제목을 말하면 이렇습니다. "삿된 마군이 바른 법을 침노하니, 뜻 말이 마음 원숭이를 생각하네."(邪魔侵正法, 意馬憶心猿) 바로 우리의 뜻을 말에 비유하고, 마음을 원숭이에 비유하고 있는 것이지요. 흔히 '의마심원意馬心猿'이라고 하는 표현대로, 여기서 용마는 어떤 방향을 선택하고 지향하는 뜻을 상징합니다.

우리의 마음에는 여러 요소가 있지요. 일단 어떤 사태에 부딪히면 제일 먼저 나오는 것을 정情이라고 합니다. 이 정은 내 마음대로 안 되지요. 사촌이 땅을 사면 그냥 배가 아파버립니다. "아프면 안 돼! 아프지 마!" 그래 봐야 소용없지요. 그러니까 이 정의 차원에서는 수양이 안 됩니다.

일단 정이 나오고 나면, 그다음에 여러 가지 정 가운데서 하나를 선택하고 그걸 지켜나가려는 노력을 기울일 수 있어요. 예를 들어 앞에서 말한 사촌이 땅을 사는 경우에, 배가 아픈 정도 있지만 다른 한편으로는 사촌이 땅을 산 것을 기뻐하는 정도 있거든요. 이처럼 정을 잘 살펴서, 올바르게 나오는 정이 가리키는 방향을 선택하고 그에 따라 움직이려는 수양을 할 수 있지요.

이렇게 여러 정들을 살피고 선택하는 것을 '뜻(意)'이라고 합니다. 이 '뜻'부터는 수양이 가능하지요. 유학에서 '뜻을 성실하게 함'(誠意)를 공부의 출발점으로 삼고 있는 것은 이 때문입니다. 마음에서 나오는 정을 늘 성실하게 살펴서 그 가운데 도덕적인 정을 선택하고 유지하며, 그 정을 따라 행하도록 하는 것이 수양의 시작이란 말입니다.

이러한 유학의 설명과 완전히 일치하지는 않는다 해도, 서유기 또한 큰 틀에서 비슷한 이야기를 하고 있는 것 같습니다. 인도로 경을 가지러 가기로 선택하고, 꾸준히 그 방향을 향해 나가는 뜻(意)! 그것을 현장법사를 태우고 묵묵히 걸어가는 용마로서 상징했다고 할 수 있겠네요. 좀더 불교적으로 말하자면, 단순한 뜻이 아니라 올바른 정진精進의 뜻을 가리키는 것이겠지만요.

여기서 잠시 서유기의 설정을 다시 살펴보기로 하지요. 인도로 경을 가지러 가는 일행은 어떻게 구성되어 있나요? 현장법사, 손오공, 저팔계, 사오정, 그리고 지금 우리가 이야기하고 있는 용마, 이렇게 다섯이지요? 이 다섯이 각각 무엇을 상징하느냐에 대해서는 약간씩 다른 견해들도 있고, 서유기의 대목마다 조금씩 다르게 해석될 수도 있습니다. 하지만 대체로는 열반을 향해 나가게 하는 다섯 가지 힘, 즉 오력五力을 가리킨다고들 하지요.

이 다섯 가지 힘의 첫 번째는 믿음의 힘(信力)이며, 두 번째는 정진의 힘(精進力), 세 번째는 바른 생각의 힘(念力), 네 번째는 바른 선정의 힘(定力), 다섯 번째는 지혜의 힘(慧力)입니다. 여러분도 한번 서유기의 다섯 주인공을 다섯 가지 힘과 짝지어 보세요. 잠시 검문, 아니 시험의 시간을 갖도록 하겠습니다.

자~ 답안작성 끝나셨나요? 그럼 정답과 대조해볼까요? 현장법사는 믿음의 힘에 해당합니다. 용마는 정진의 힘에 해당하구요. 저팔계는 바른 생각의 힘에 해당하는데, 이는 계율에 해당한다고 보셔도 됩니다. 여기서 '염念'이라는 것은 탐욕과 근심, 걱정 등을 항복받는 것을 말합니다. 사오정은 선정의 힘에 해당하지요. 사오정은 본래 물귀신입니다. 쉽게 요동치는 물, 그렇지만 본래 고요함을 가진 물의 두 측면을 나타냅니다. 요동치는 마음을 극복하고 고요함을 얻어야 하는 존재이기에 그다지 두드러진 활약상을 보이지 않는 건지도 모르겠네요. 그리고 마지막으로 손오공은 지혜의 힘에 해당합니다. 이건 이미 여러 번 이야기해서 여러분도 익숙하시지요?

이제 본 이야기로 돌아가서, 용마가 나서고 저팔계를 설득하여 손오공 찾으러 보내는 대목이었죠? 이것은 결정적인 위기가 닥치니 한 방향을 향해 나가던 뜻, 올바른 생각으로 노력을 기울이던 뜻이 감정과 욕망을 달래는 모습이라 할 수 있습니다. 감정과 욕망은 자칫 어디로 갈지를 모르고 갈팡질팡하거나 나태와 안일에 빠지기 쉽거든요. 그 상징이 바로 저팔계라는 존재이구요. 지금도 모두 팽개치고 되돌아가 편히 사위 노릇이니 하려는 행태를 보이잖아요? 굳건한 뜻이 그 욕망을 설득하는 겁니다. 그 눈물겨운 대사 하나만 읊어볼까요?

"형님, 절대로 태만한 마음 먹어서는 안 돼요. 그리고 절대로 헤어지자는 말도 하지 마세요. 사부님을 구하려면 형님이 한 사람을 데려오는 길밖에 없어요."

그 한 사람이 누구겠어요? 바로 손오공이죠. 앞의 다섯 가지 힘 중에서 지혜의 힘에 해당하는 손오공, 그리고 지혜의 힘이야말로 인간의 마음이 가진 가장 큰 힘이기에 그냥 '마음 원숭이'라 불리기도 하는 손오공이죠.

열반에 이르는 길은 "믿음으로 시작하고 반야지혜로 완성된다"고 합니다. 그러니까 정진의 힘인 용마가 엇나가는 길로 들어서려는 욕망을 구슬려서 지혜의 힘을 빌리려 하는 대목이라는 말씀!

그 본성 때문에 잠시 농땡이를 부리고 딴 길로 헤매지만, 저팔계도 큰 깨달음을 향한 서원을 냈던 존재지요. 용마의 간절한 설득에 손오공을 데려오기 위해 떠납니다. 한 짓이 있으니 좀 쭈뼛거리긴 했지만, 그래도 용케 꾀를 내어서, 손오공을 어르고 달래서 데리고 오는 데 성공하네요. 현장법사가 그리워한다며 손오공을 울컥하게 만들고, 요괴가 완전히 깔보며 "단매에

때려죽여 원숭이 젓갈을 만들어버리겠다" 했다고 거짓말을 꾸
며 다시 손오공을 울컥~ 컥컥컥컥!!! 하게 만들고….

아무튼 집 나간, 아니 집에서 쫓겨난 손오공이 다시 복귀
신고를 하고 요괴 때려잡기에 나섭니다. 호랑이로 억지 둔갑을
한 현장법사를 구하러요. 그렇지만 앞에서 이야기한 대로 이 요
괴, 정말 수상해요. 비보통인 요소가 아주 많아요. 아무리 손오
공이라 해도 쉽게 물리칠 수 있을지… 좀 걱정이네요. 에고, 나
칠계 님, 어차피 뻔한 전개란 거 이미 알고 있다는 저 표정! 칫,
알았어요. 정말 뻔한 전개인지는 두고 보자구요.

25. 업보를 청산하고 나니 모든 것이 일장춘몽이로다

저팔계의 격장지계激將之計가 성공한 것인가?

단지 그것만은 아니로다.

손오공 마음에 착한 뿌리가 내렸으니

어찌 쉽게 구도의 길을 팽개칠까.

한번 스승은 영원한 어버이라(一日爲師終身爲父)

위기에 처한 스승을 구하러 급히 달려온다.

황포 요괴는 아직도 궁궐에서 술에 취해 있고

사오정은 요괴 소굴에 잡혀 있구나.

손오공, 우선 요괴 소굴에 들려 사오정 구하고

요괴 부인 노릇 하고 있는 공주 달래어

요괴의 자식들로 궁궐에 있는 요괴를 끌어낸다.

(잔인한 장면, 심의 삭제)

놀란 요괴, 바람처럼 소굴로 달려오고

손오공은 공주로 변신하여 요괴를 맞는다.

"여보, 저팔계라는 놈이 아이들을 데려갔어요.

제 가슴이 찢어지는 것 같아요.

정말 너무 아파~ 견딜 수가 없네요."

"여보, 내가 그놈들 물리칠 테니 걱정 말고…

이거 내 내단內丹인데 가슴을 문지르면 아픈 게 나을게요."

손오공, 요괴의 내단을 받아 냉큼 삼키고는

정체를 드러내어 싸움을 거는데,

이 요괴 역시 비보통 요괴다.

손오공을 알아보는 눈치?

그러나 서로 통성명할 이유가 없지.

싸울 수 있는데 왜 말로 하겠어?

한바탕 경천동지의 싸움이 벌어진다.

요괴의 솜씨가 오묘하여 제법 상대가 되지만

손오공의 유인책에 걸려 여의봉 한 방 얻어맞고는

픽~ 흔적도 없이 사라지는데…

아무리 찾아도 보이지 않는다.

손오공을 알아보는 눈치도 그렇고,

지상의 요괴라면 자취가 남는 법인데

이리 자취가 없다면 분명 하늘에서 내려온 정령이로다.

급히 천궁에 올라가 옥황상제께 아뢰어

하늘의 선관仙官을 점호해보니,

"규성奎星이 하계下界로 내려갔습니다.

점호에 빠진 지 13일째입니다.

하계의 시간으로는 13년이군요.”

그래서 별의 신령들이 규성을 잡아 올려

옥황상제 앞에 무릎 꿇리니

규성이 사정을 아뢴다.

“보상국 공주는 본디 천상에서

향을 올리던 선녀였는데,

저와 사사로운 정분이 있었습니다.

그래서 먼저 하계로 내려가 보상국 공주가 되고

저는 약속을 지켜 요괴가 되어 내려가

13년을 부부로 살았습니다.

이렇게 제천대성 손오공을 만났으니

그 인연도 이제 다했나 보군요.”

옥황상제 규성의 죄를 물어 벼슬을 강등시키고

손오공은 그런대로 일을 잘 마무리하여

기분 좋게 하계로 내려온다.

호랑이 되어 있는 현장법사 원모습으로 돌려놓고

그동안 섭섭했던 것 서로 풀어버리니,

스승은 어버이와 같고

아비와 자식 사이에는

다음 날까지 가는 원한 없다(父子無隔宿之仇) 하지 않았던가?

다시 함께 뭉쳐 힘차게!!!

인도로 불경 가지러 가는 길 나서네.

오직 애꿎은 인연놀음에 남편 잃고 아이들 잃은

보상국 공주의 애끓는 한숨만이
궁전을 휘돌았다 하던가?

　여러분, 이야기의 줄거리 읽어보시니 어때요?

　앞에서 '요괴 쫓던 손오공 보살 쳐다보기'라는 말을 했는데, 이번엔 조금 경우가 달라졌네요. 요괴 잡아놓고 보니 하늘의 선관이군요. 그것도 사랑놀음에 얽혀 하계를 좀 어지럽힌, 괘씸하기는 하지만 무조건 미워하기는 힘든 선관이네요. 선관은 선관대로 하늘의 법규에 의해 처벌받고, 공주는 공주대로 자기가 초래한 업보를 감수하며 그냥 살아가는 길밖에 없는 건가요? 에고, 그렇게 쿨하게 넘어가는 좀 그렇네요. 여기서 한번 전생의 업연業緣 이야기, 인과응보의 이야기를 풀어봐야 할 것 같습니다.

　우리는 보통 괴로운 경우를 당하면 "전생에 업이 많아서…" 하고 푸념하지요? 왜 그럴까요? 자신이 겪고 있는 괴로운 상황을 스스로 납득해야 하기 때문일 겁니다. '내가 왜 이런 일을 당해야 하지?' 하는 심정으로 자기에게 닥친 일을 전혀 납득하지 못하면 분노가 일어나고, 그 분노가 다시 나쁜 업을 짓게 만드니까요. 나쁜 업이 계속 확대, 증폭, 재생산되는 악순환은 끊어야겠지요? 그러기 위해서는 어떻게든 현재 상황을 자신에게 납득시켜야 합니다. 거기에 업이 동원되는 것이지요. 전생에 업이 많아서 그러니, 순순히 받아들여야 한다는 식으로 자신을 달래는 셈이지요.

　물론 이런 설득의 과정은 어느 정도 필요하기도 하고, 또 효과도 좋습니다. 일단 자신이 처한 상황에 대하여 분노로 대응하지 않으니 더 나쁜 업을 짓지 않게 하는 효과가 있지요. 그렇지만 삼쾌 선생은 업을 이런 식으로만 해석하는 데 좀 반대하는 입장입니다. 업을 너무 소극적인 의미로 받아들이는 것 같아서요.

업이라는 사고방식은 단순히 현실을 합리화하는 데 동원되어서는 안 됩니다. 오히려 업에 대한 믿음을 바탕으로, 미래의 훌륭한 삶을 만들어나가는 적극성이 필요하지요.

예를 한번 들어볼까요? 어떤 부인이 계속 남편으로부터 폭행을 당하는 경우를 생각해보지요. 그 부인이 남편의 행위에 대해 분노하고, 그 분노에 자신을 맡김으로써 자신도 망가진다면 이는 참으로 불행한 결과라 할 수 있습니다. 그렇다고 하여 '지금 내가 이렇게 당하는 것은 과거의 업보를 받는 거야. 분노하지 말고 순순히 이를 받아들여야 과거의 업이 씻어지겠지…' 하는 마음으로 수동적인 반응을 보인다면요? 앞의 경우보다는 좋다고 할 수 있지만, 결코 이러한 태도가 최선이라고 말할 수는 없을 것 같네요. 이렇게 참고 참다 보면 남편이 어느 날 마음을 바꾸고 참회하여 좋은 관계로 될 수 있다? 그건 참으로 전설 같은 이야기일 거예요. 그렇지 못한 경우가 훨씬 더 많을 겁니다.

그럼 어떻게 해야 할까요? 삼쾌 선생은 이렇게 생각합니다. 우선 분노로 대응하는 것은 바람직하지 않겠지요? 거기까지는 같습니다. 지금 이런 상황이 온 데는 어쨌든 과거의 업이 작용하고 있기 때문이라고 생각하고, 일단 분노로 대응하는 것은 자제해야 합니다. 그렇지만 앞으로가 더 중요하지요. 남편이 계속 그런 나쁜 업을 짓도록 두어서는 안 됩니다. 부인 자신도 계속 수동적으로 폭력에 당하기만 하는 업을 지어서는 안 되겠지요? 폭력에 무기력하게 당하는 것도 업입니다. 그런 업을 방치하면 앞으로도 계속 당할 가능성이 많아져요.

그러니까 어떻게든 더 나은 미래를 위해 지혜로운 방편을 동원해야 합니다. 남편을 설득하고, 폭력을 방어하는 수단을 강구하고… 그래도 안 통하면 법적으로라도 강력한 조치를 취함으로써 그 나쁜 업을 끊어낼 필요가 있습니다. "전생에 업이 많아서…" 하는 업 타령은 적절한 선에서 그치고, 새로운 업을 만들어나가는 적극적인 사고방식이 꼭 필요합니다.

이야기 나온 김에, 삼쾌 선생이 제일 싫어하는 업 타령의 예를 들어볼게요. 간혹 전생의 업을 확연히 아는 듯이, "보살님은 전생에 무엇이었고 남편은 무엇이었는데… 그때 보살님이 이리저리했던 과보를 지금 이렇게 받고 있는 겁니다" 하는 식으로 이야기를 하시는 스님이나 도인 같은 분들 있어요. 그런데 이런 이야기는 참으로 무책임하고, 위험하고, 또 사기성이 짙습니다. 아주 조심하셔야 해요.

부처님 정도가 되어서 삼명三明 육통六通이 환하게 열리신 분이 아니라면 결코 이런 식으로 말씀하셔서는 안 되지요. 그리고 정작 그런 분들은 이런 이야기를 하지 않으실 테구요. 혹시 이런 이야기 끝에 업보를 빨리 벗어나기 위해서는 얼마짜리 기도를 드려야 한다든가, 어떤 액땜을 하는 의식을 치러야 한다든가 하는 식으로 유도한다면 백발백중 사이비거나 사기꾼이라고 보시면 되겠습니다.

이런 사기에 당하는 분이 나오지 않도록, 삼쾌 선생을 삼쾌 도사로 분장시켜 하나의 무대를 꾸며보려 하는데 어떠세요? 소재는 앞의 가정폭력으로 해보구요.

(짜가 도사, 가정폭력에 시달리는 부인에게 근엄한 표정으로 설교를 한다.)

짜가 도사: 흠, 내가 신통력으로 살펴보니 보살님 남편은 전생에 소였고, 보살님은 그 소의 주인이었군. 그런데 보살님이 좀 심하게 소를 다루었네. 몹시 혹독하게 부려 먹고, 거기다 심심하면 채찍질을 해대었구먼. 그래서 지금 그 과보를 당하는 거야!

마자 보살: 아이고, 그런 건가요? 그럼 언제까지 제가 이렇게 당해야 하는 건가요?

짜가 도사: 흠…. 업보를 다 받으려면 좀 시간이 많이 걸리겠어. 몇 년은 필요할 것 같아.

마자 보살: 아이고! 전 그러면 죽어요. 지금도 겨우겨우 견디고 있는데, 도사님, 제발 저 살길을 좀 가르쳐주세요. 전생도 환히 보시니 무슨 수가 있을 거 아니에요?

짜가 도사: 흠, 흠, 흠…. 아주 수가 없는 것은 아닌데… 나도 천기를 누설하는 일이고, 또 운명을 바꾸는 일이라 좀 위험부담이 있어. 그래서 좀 이래저래 비용이 들 것 같은데… 감당이 되겠어?

마자 보살: 에고, 형편이 좀 어렵기는 하지만, 끔찍한 시간을 줄일 수만 있다면 해야지요.

(이때 삼쾌 선생, 삼쾌 도사로 분장하고 혜성같이 등장한다.)

삼쾌 도사: 잠깐 스톱! 짜가 도사님, 저두 전생을 좀 보는데, 당신이 본 것과 내가 본 것이 완전히 다르네요. 누가 맞는지 모르겠군요.

(짜가 도사, 화들짝 놀란다.)

짜가 도사: 당신 뭐하는 사람이야? 이 거룩한 도사의 권위를 무시하는 만행을 저지르고 있다는 것을 모르는가?

삼쾌 도사: 거 동업자끼리 그러지 맙시다. 그리고, 뭐 거룩한 권위 운운하는데, 무슨 도사 증명서 같은 거 있어? 아니면 도력 측정기 같은 거라도 있으면 몰라.

(짜가 도사, 얼굴이 붉으락푸르락 하지만 대응할 말이 없다)

삼쾌 도사: 계속 전생의 업보 이야기하는데, 난 그런 귀에 걸면 귀걸이, 코에 걸면 코걸이 같은 소리 싫어하지만, 이참에 나도 정말 도사 흉내 한번 내봅시다. 내가 본 전생과 당신이 본 전생이 다르다면 어쩔 것인데? 내가 본 전생은 이래요. 당신이 그래도 뭔가는 본 모양인데, 전생에 소와 소 키우는 사람이었던 것은 맞는 거 같아. 그런데 부인이 소 키우면서 소를 학대한 주인이 아니고, 맞던 소였단 말이지. 남편은 소 학대하던 주인이었고.

짜가 도사: 그런 말이 어디 있어! 당신이 사이비라는 것이 드러나는군. 전생에 학대한 과보를 받아서 지금 당한다는 내 설명이 맞지, 전생에 당하던 사람이 계속 당한다는 당신 설명은 엉터리가 틀림없잖아!

삼쾌 도사: 그러니까 당신이 뭘 잘 모른다는 거야. 업이라는 것은 버릇이거든. 전생에 때리던 버릇이 남아서 금생에도 계

속 때리는 거야. 부인은 맞던 전생의 버릇대로 계속 맞는 것이고. 아, 물론 이런 식으로 계속되지는 않겠지. 맞던 쪽의 분노가 일정 수준이 되면 거꾸로 복수극이 벌어지는 법이니까. 그런데 문제는 아직 그 복수극이 이루어질 만큼 업이 숙성되지가 않았다는 거야. 그래서 아직은 맞는 업이 계속되고 있는 거지.

짜가 도사: 뭐 그런 생전 듣도 보도 못한 이상한 설명이….

삼쾌 도사: 역시나 뭘 몰라도 한참 모르는구먼. 당신 말대로 "다 전생의 업이니까 참고 살아야지…" 하다 보면 계속 얼마를 더 맞는 업이 계속될지 몰라. 그렇다고 꾹꾹 분노를 참고 살다 보면, 언젠가는 분노가 업이 되어 거꾸로 부인이 남편을 때리는 업으로 전환될 거야. 그것도 그리 좋은 것은 아니지? 계속 엎치락뒤치락 때리고 맞는 악순환이 이어질 테니까.

짜가 도사: 그럼 당신 처방은 뭐야? 나처럼 기도를 하라는 것도 아니고, 그렇다고 계속 맞으며 살라는 것도 아니라면, 대체 무슨 수가 있다는 거지?

삼쾌 도사: 올바른 수단으로 업의 사슬을 끊어야지. 모든 수단을 동원하여 남편의 버릇을 고쳐야지! 정 안 되면 법에 호소해서라도 그 나쁜 버릇을 고치는 것이 좋아. 그 나쁜 버릇을 계속하게 만드는 것도 나쁜 업이 되거든! 물론 분노로 대응하여 업을 키우는 것은 좋지 않지만, 그렇다고 수동적으로 참는다고 좋은 게 아니야. 당신처럼 믿을 수 없는 도사에게 의지하는 것은 더더욱 안 될 말이고!

짜가 도사: …….

삼쾌 도사: 그리고 말이야, 동업자로서 충고하는데, 나도

모르고 남도 모르는 전생의 업 타령은 이제 그만두는 것이 좋을 거야. 그거 이제 식상하거든. 내가 당신 흉내 내어 전생의 업을 다르게 봤다고 했는데, 이제 와서 말하지만 실은 정말 흉내 내서 말해본 거야. 그렇지만 진짜 당신이 본 게 맞는지 내 말이 맞는지 누가 판정할 수 있어? 그런 소리로 가뜩이나 어려운 마자 보살 같은 분 등치지 말고, 올바르게 인도하는 정직한 영업을 하는 게 좋아. 얼른 도사 영업방침을 바꿔!

(짜가 도사, 우물쭈물 슬금슬금 퇴장한다.)

자, 삼쾌 도사의 압승! 얼마나 통쾌합니까? 삼쾌 선생의 도사 끼가 제대로 발동되었지요? 어? 왜 표정들이 그러십니까? 또 삼쾌 선생의 제 얼굴에 개금불사 하는 버릇이 발동했다구요? 삼쾌 선생의 도사 끼는 그 개금불사 실력에서 제일 잘 발휘되는 거 같다구요? 어째 짜가 도사 비슷한 구석이 많은 거 같다구요? 에궁, 알았습니다. 얼른 본 이야기로 돌아갈게요.

어설프게 꾸민 이야기지만, 식상한 전생 타령은 그만두고 업을 적극적인 자세로 받아들이자는 취지는 잘 전달되었으리라 믿습니다. 업의 가장 중요한 요소는 버릇이에요. 우리는 업을 너무 업보業報라는 측면에 치우쳐 해석하고 있어요. 업에는 당연히 과보가 따르지요. 남에게 해를 끼치면 내가 해를 당하는 과보를 받는다는 식으로요. 그렇지만 남에게 해를 끼치는 업을 지으면 그것이 버릇이 되어 계속 같은 업을 짓는 습성을 지니게 된다는 것이 어쩌면 더 중요해요. 계속 남을 때리는 업을 짓는다면 언젠가는 맞은 사람들의 분노에 당하여 내가 맞게 되는 과보를 받을 가능성이 많아지지 않겠어요? 이것이 업의 과보이고, 그렇게 업에는 과보가 따른다는 말을 '인과응보因果應報'라고 하는 것입니다.

그런데 이 말을 좋은 업을 지음으로써 좋은 과보를 받자는 식으로 너무 단순히게들 해석하시는 것 같아요. 특히 조금 베풀고 많은 과보가 오기를 바라는 분들이 너무 많은 게 문제예요! 종교 믿으시는 분들이 더욱 그렇지요. 보시를 하면서도 몇 배의 좋은 과보가 오기를 바라는 마음들! 작은 선행으로 천당에 좌석을 예약하려는 군상들! 그걸 정상적인 행태라 볼 수 있나요?

잘 생각해보세요. 좋은 업을 지으면 앞으로도 계속 좋은 업을 짓는 습성을 갖게 된다는 점이 더 중요하지 않을까요? 그것이야말로 가장 바람직한 일이지요. 베푸는 삶이 계속되는 것보다 더 좋은 일이 어디 있겠어요? 그러니까 베푼 것보다 몇 배로 뻥튀기해서 받아야지 하는 욕심 말고, 좀 건강한 생각을 하시자구요. 좋은 업을 지음으로써 앞으로도 계속 좋은 업을 짓는 행복한 삶을 살아가자!

어라? 나칠계 님, 갑자기 왜 그리 싱글벙글… 아주 행복한 표정이시네요. 삼쾌 선생의 말이 그렇게도 감명을 주었나 보지요? 그런데 단순한 감명은 아닌 듯하네요. 입가에 침까지 흐르려 하는 것이 뭔가 또 이상하군요.

나칠계: 아주 행복한 일이 예상되어서요. 삼쾌 선생의 가르침을 따르는 분들이 많아지면 얼마나 좋겠어요? 계속 베푸는

삶을 살아가는 분들…. 저는용~ 그분들 속에 있고 싶어요. 그러면 그분들이 계속 베풀어주실 거고, 저는 계속 받으면서 살 수 있지 않겠어요? 얼마나 행복한 일인가요? 그분들은 계속 베풀어서 행복하실 테고, 저는 계속 받아서 행복할 것 같아요. 하하하! 삼쾌 선생님, 계속 그런 좋은 말씀을 해주세요. 그런 사상 전파해주세요.

허거걱! 저런 기발한 생각이! 흠, 삼쾌 선생도 이런 이야기 계속해서 많은 추종자를 만들어낼 수 있다면… 그래서 그렇게 늘 베푸는 사람들 속에서 살아간다면… 생각만 해도 가슴 부푸는…. 이크! 제가 무슨 생각을 하고 있었나요? 에궁, 나칠계 님은 확실히 위험한 분이로군요. 이상한 방향으로 머리가 잘 돌아가요. 삼쾌 선생의 이야기보다 나칠계 님의 이야기에 솔깃해하는 분들이 더 많을 거 같아서 걱정이네요.

다시 서유기의 이야기로 돌아가볼까요? 황포 요괴의 정체가 무엇으로 드러났지요? 하늘의 선관인 규성이라 했지요? 규성이 무엇이냐구요? 하늘의 별자리인 이십팔수二十八宿 가운데 하나입니다. 고대 중국에서는 하늘의 적도를 따라 그 부근에 있는 별들을 스물여덟 개의 구역으로 구분하여 불렀습니다. 이 28수는 동서남북의 네 구역으로 나뉘어 각각 일곱 개의 별자리들이 배당됩니다.

서유기에서 백화수 공주를 울린 못된 선관은 바로 서방의 별자리 가운데 하나를 관장하는 선관입니다. 이 선관이 하늘 세상에서의 인연을 이어나가기 위해 지상으로 내려와서 한바탕

놀음을 벌인 것이라네요. 백화수 공주는 원래 선녀이면서 속세에의 끌림으로 먼저 하계로 내려간 것이구요.

그런데 문제는 이 인연담이 철저히 남성 중심으로 이루어졌다는 점이에요. 규성은 "이제 인연이 다했으니…"하면서 툭툭 털고 전상으로 돌아가 적당히 벌 받고 끝났지요. 반성만 잘하면 다시 선관으로 복귀할 테구요. 그런데 하계에 남은 백화수 공주는요? 영문 모르고 요괴에게 납치되어 고통스러운 삶을 살다가, 억지 인연일망정 인연을 맺은 남편 휙 달아나고, 그 와중에 자기 몸을 통해 낳은 자식들은 애꿏게 희생되고…. 그런 아픈 사연을 그냥 "하늘 세상의 인연이 그렇게 이어진 것이거니…"하면서 잊으라구요?

이건 좀 아니지 않아요? 백화수 공주가 지금 하늘세상의 기억을 가지고 있는 것도 아닌데, 그걸 어떻게 다 이해하고 받아들일 수 있겠어요? 이렇게 혼자만 불행해진 백화수 공주에 대한 배려가 보이지 않는다는 점은 서유기의 한계로 지적해야 할 것 같아요. 당시의 남성중심 사회상과, 현세의 문제를 적당한 인연담으로 호도하려는 잘못된 업보설이 그 주된 원인이겠지요.

이런 대목을 억지로 합리화하기보다는, 있는 그대로 따끔하게 짚어내는 것이 또 삼쾌 선생의 장점 아니겠습니까? 이크, 대체 언제까지 제 얼굴에 개금불사 할 거냐구요?

26. 금각대왕, 은각대왕과 마주치다

쉼 없이 나가는 길, 불퇴전의 길~

공자님이 말씀하셨던가?

죽은 뒤에야 끝나는 길이라고.

아니, 죽은 뒤에도 끝나지 않아!

세세생생世世生生 가야 할 길이지!

손오공 일행은 그 길을 가고 있는 것~

다섯이 한마음 되고, 손오공이 앞장서서

여의봉 뽐내어 앞길을 연다.

그 앞길을 턱 하니 가로막는 험한 산 있네.

이름하여 평정산平頂山이라

현장법사 벌써 걱정이 앞선다.

그런데 정말 이 산은 정말로

보통 아닌 요괴가 사는 산.

앞에 많은 비보통 요괴들이 나왔지만

이 산 요괴는 정말 슈퍼 울트라 비보통이란다.

일행을 뒷전에서 옹호하던 신관이

나무꾼으로 등장하여 미리 경계를 할 정도다.
연화동蓮花洞이란 동굴이 있고
그 속에 금각金角, 은각銀角이란 요괴가 사는데
현장법사 잡아먹으려 초상까지 미리 그려놓고
목을 빼고 기다린단디.

손오공도 은근히 걱정되어
저팔계에게 순찰을 시키고는
이참에 저팔계 기강도 좀 잡을 생각으로
모기로 변하여 저팔계에게 붙어 간다.
아니나 다를까 저팔계 농땡이 실력 나온다.
한잠 푹 자고 바윗돌 앞에서
거짓말 예행연습을 한다.
산이 무슨 산이냐고 물으면 돌산이라 하고
동굴이 어떤 동굴이냐 하면 돌 동굴이라 하고
문이 어떤 문이냐 하면 쇠못을 박은 문이라 하고
……
저팔계가 어떻게 처절하게 당하는지
말씀드리지 않아도 되겠지?

단단히 혼이 난 저팔계 다시 순찰에 나선다.
이제는 제 그림자에도 놀라
"형님, 따라오실 필요 없잖아요!" 할 지경.
억지로 성실히 순찰을 하던 저팔계가

역시 현장법사 일행 잡으러 나온

은각대왕 일행과 마주친다.

돼지주둥이 억지로 옷 속에 감춰보지만

초상화 대조에 걸려 드러나버리니

할 수 없이 한바탕 싸움~

은각대왕 하나면 어찌 버티겠지만

뭇 졸개들 와르르 덤비니 수가 없다.

꽁꽁 묶여 연화동으로 잡혀가네.

저팔계 잡아와 뽐내는 은각대왕…

형님 금각대왕 오히려 걱정을 한다.

저놈이 문제가 아니다.

제천대성 손오공이란 놈을 처리하지 못하면

결국 우리가 큰 곤욕을 치를 게다.

어허라, 이 요괴 이상하구나.

제천대성이라는 손오공 과거를 다 알고?

아무튼 은각대왕 다시 나서고

술수를 부려 다리 부러진 도사로 변장~

손오공 일행 앞에서 끙끙거리며 엎어져 있다.

제자와 함께 길을 가다

호랑이 만나 제자는 물려가고

자신은 도망치다 산기슭에서 굴렀다고….

자비심 넘치는 현장법사

손오공에게 요괴를 업게 한다.

손오공은 이미 요괴인 줄 알지만

과거 전력이 있어 단매에 때려죽이진 못하고

뒤로 처져서 어디에 팽개쳐 죽일 궁리를 하는데

요괴도 그 속 빤히 안다.

신묘한 술법을 부려 수미산須彌山을 옮겨

손오공 머리를 누른다.

손오공 슬쩍 머리를 빗겨 왼쪽 어깨로 받아낸다.

끄떡도 없다.

놀란 요괴, 다시 아미산峨眉山을 불러 누르는데

이번엔 오른쪽 어깨로 받아내고

여전히 씩씩하게 나간다.

정말 더더욱 놀란 요괴,

이번엔 태산泰山을 불러내어 누른다.

손오공도 여기엔 당하지 못하네.

세 산에 깔려 피를 토하고 엎어진다.

되었구나!

요괴 현장법사 일행을 덮치니

사오정 혼자는 감당을 못하고

결국 모두 잡혀 연화동으로 끌려간다.

은각대왕이 이렇게 공을 세워 돌아오니

금각대왕도 입이 째진다.

이제 맛있게 요리해 먹는 일만 남았구나.

"그래도 손오공 놈이 걱정되니

아예 속 시원히 뒤처리를 해놓자!"

형님의 걱정에 은각대왕 큰소리를 친다.

"졸개놈들만 보내도 돼요. 이 두 보물이 있잖아요?"

"오, 그렇구나! 그럼 보물 들려 두 놈만 보내자꾸나!"

도대체 무슨 보물이기에

제천대성 손오공을 그리 가볍게 처리한다는 말씀?

자금홍호로紫金紅葫蘆와 양지옥정병羊脂玉淨甁이라.

상대방 이름을 불러, 상대가 대답만 하면

병 속으로 빨려 들어와 온몸이 녹아버린단다.

신통한 병, 무서운 병!

도대체 이름이 무엇이기에

그 이름을 매개로 이런 신묘한 작용이 일어나는가!

손오공이 이 병에 빨려들면 어찌 될 거나!

　　앞머리에 공자님 말씀을 인용해봤지요? 논어에 나오는 말입니다. 전체를 한번 옮겨보지요.

　　"선비는 뜻이 크고 굳세어야 한다. 임무는 무겁고 갈 길은 머니… 어짊(仁)을 자신의 임무로 삼으니 얼마나 무거운가! 죽은 뒤에야 끝나는 것이니 얼마나 먼가!"

　　유가의 말이지만 불교라고 그 무게가 다를 리 없습니다. 하지만 부처님 문중에서는 죽었다고 해서 끝나는 것이 아니지요. 공자야 죽음을 묻는 제자에게 "삶도 모르면서 어찌 죽음을 알겠는가!” 할 수 있지요. 죽음에 대한 앎을 부정하는 것은 아니지만, 현실의 삶을 중심으로 삼으니까요. 그러하기에 공자는 죽음 뒤의 일을 논하지 않습니다.

그렇지만 불교에서는 윤회를 말하고 있고, 삶이 이생에서 끝나지 않는다는 것을 당연하게 여깁니다. 그렇기에 죽어도 끝나지 않는다는 말이 성립합니다. “세세생생 보살도를 행하리라!”는 말이 있지 않습니까? 궁극의 경지에 이를 때까지, 아니 궁극의 경지에 이르러서도 보살도를 행하고 자비행을 실천하자는 말입니다. 이생에서 궁극의 경지에 이른다는 보장은 어디에도 없지요. 언제나 지금의 생에서 깨달음을 이루리라는 서원으로써 실천을 해나가지만, 결국 그게 어떤 생에 이루어질지는 아무도 모릅니다. 수많은 겁을 수행하여 부처에 이른다는 이야기, 너무도 많이 듣지 않습니까?

그래도 곰곰 생각해보면 결국 남는 것은 ‘지금’, ‘여기’일 뿐입니다. 어떤 생이 올 것인가? 그것은 지금의 생에 달려 있지요. 과거의 생이 어떠했는가? 그것도 지금의 생을 보면 되지요. 언제나 지금과 여기, 이것만이 있을 뿐입니다. 그러니까 죽음을 안다는 것은 결국 삶을 아는 것으로 돌아오지요. 잘 죽는다는 것은 잘 사는 것의 연장일 뿐입니다.

그렇게 보면 공자님 말씀과 부처님 말씀이 다를 것 없어 보이기도 해요. 괜히 과거의 생을 알려고 애쓸 필요 없어요. 또 미래의 생이 어떨 것인가 미리 내다보려 할 필요도 없지요. 지금! 여기! 과거와 미래가 한순간에 펼쳐지고 있으니까요. 부처님의 경전을 깊이 들여다보면, 부처님도 결국 ‘지금’, ‘여기’만을 말씀하시고 계시다는 확신이 들 때가 많습니다.

그리고요, 앞에서 슬쩍 "궁극의 경지에 이르러도 끊임없이 보살도, 자비행을 실천한다"는 말을 했는데, 이거 그냥 넘어가지 말자구요. 하하. 어떤 분들은 부처 이루면 그 자리에 앉아 모든 것을 초월하고 편안하게만 있는 줄 아시는데요. 결코 아닙니다. 부처님이 부처님인 까닭은 바로 그 부처님다운 실천에 있는 것이거든요.

부처님이 끊임없이 남을 보살피고 수고롭게 실천을 하시는 것을 보고 제자가 물었다지요. "이미 완전한 경지를 이루셨는데, 무엇 때문에 그렇게 복 짓는 일을 하십니까?"

부처님의 대답은 이랬답니다. "이렇게 사는 것이 부처이니라!"

그렇습니다. 부처란 자리는 가서 눌러앉는 자리가 아닙니다. 끊임없이 부처다운 행을 이어나가는 모습, 그것이 부처인 것입니다.

여기서 삼쾌 선생, 한 가지 제안을 하고 싶네요. 부처님은 한평생을 돌아다니셨는데 불상은 왜 앉은 불상만 있는 것인지요? 걸으시는 모습을 한 불상을 좀 조성하자는 제안을 하면… 돌팔매 날아오려나요? 그래도 돌팔매 맞을 각오로, 걷는 모습의 불상을 조성하자고 제안합니다. 불상은 부처 자리가 그렇게 가서 앉는 자리가 아니라, 끊임없이 부처다운 실천을 하는 것이라는 것을 알리는 것이 목적이라는 것입니다. 돌팔매가 무서워 '것, 것, 것…' 하며 중언부언한 것은 딱히 아닙니다. … 이미 다 들켰다구요?

에궁, 또 줄거리를 벗어난 사설이냐구 꾸짖는 분들이 계시군요. 그렇지만 원래 서유기가 그렇게 슬쩍 천기를 누설하는 그런 책입니다. 손오공 입을 빌려, 또는 보살님 입을 빌려 천고의 비밀 한 자락을 내비치곤 하거든요. 그런 내비침을 엿보게 되면 저도 모르게 흥이 나서 이렇게 주절거리는 것이니 좀 이해해주셔요.

금각, 은각이 등장하는 대목에도 이런 뒷이야기가 좀 있답니다. 금각, 은각이 살고 있는 험한 산을 마주하곤 현장법사, 한숨이 터집니다. 사나운 짐승이나 요괴가 나올까 두려움에 떠는 거지요.

그 심정을 이렇게 표현합니다. "가도 가도 안개만 더욱더 짙게 끼니, 언제나 이 몸 편안할 수 있으려나."

손오공이 깔깔 웃으며 대꾸하지요. "사부님, 편안해지는 것이 무어 그리 어려울까요? 공덕이 이루어지면 모든 인연 다 쉽게 되고, 삼라만상이 모두 공적空寂해질 텐데, 그때가 되면 자연히 편안해지지 않겠어요?"

이 말에 현장법사 다시 환희심을 내서 앞으로 나아갑니다. 손오공은 어떤 때는 철없는 망나니 같다가, 어떤 때는 또 불보살의 지혜 한 자락을 펼쳐내는 대견한 모습을 보여요. 바로 그것이 우리 중생들의 모습인지도 모르겠습니다. 우리가 그저 중생이기만 한가요? 그 두터운 중생상 속에 부처님의 지혜를 담고 있고, 그 지혜가 순간순간 빛을 발하기도 하는 존재 아니겠습니까? 그러니까 우리 자신을 너무 무시하지 말고, 가끔씩 터져나오는 부처 지혜를 소중히 키워나가는 당찬 마음을 가져보자구요.

세친世親 보살께서 지은 《불성론佛性論》은, 부처님이 불성을 말하신 가장 큰 이유는 중생들이 자신을 가볍게 보고 태만하게 여기는 일을 막기 위해서라고 말합니다. 그러니 한편으로는 우리의 중생 모습을 반성하면서, 다른 한편으로는 그 속에 드러나는 부처 모습을 소중히 가꿔가는 자세를 갖자는 말이지요.

아무튼 그렇게 다시 힘을 내어 평정산을 넘게 되는데, 이 산에 사는 금각, 은각이라는 요괴가 정말 대단하긴 대단한가 봅니다. 암암리에 일행을 돌보던 신관이 나무꾼으로 변장하여 나와 경고를 하고, 그 경고를 들은 손오공도 마음을 단단히 챙기게 되지요.

그래서 저팔계에게 미리 정찰시킵니다. 그런데 이제 손오공도 저팔계의 습성을 환히 알게 되어, 이번 참에 군기를 잡을 궁리를 해요. 몰래 따라가서, 하는 짓을 보는데… 참 가관이지요. 한잠 자고 나서는, 바윗돌 앞에서 거짓말 예행연습을 하는 저팔계…. 모기로 둔갑한 손오공이 그 꼴을 다 지켜봤으니, 정말 변명할 길 없이 딱 걸리고 말았군요.

이것은 욕망이 지혜에 조복調伏당하는 모습을 그린 장면으로 봐도 될 것 같아요. 우리 욕망은 틈만 나면 꾀를 부리지요. 이런저런 변명으로 자신을 합리화시키면서 농땡이를 부리기에 잠시도 안심을 할 수 없는 게 인간의 욕망입니다. 지혜의 눈으로 욕망의 행태를 잘 살펴서, 그 욕망에 이끌려 끝없는 미망의 길로 줄달음치는 일을 막아야만 합니다. 손오공이 저팔계를 따라가서 그 하는 짓거리를 살피고, 그것을 근거로 하여 저팔계를 통제하듯이요.

그래서 꼼짝 못하고 강제로 성실히 정찰하러 나온 저팔계, 모처럼 잘하려 하면 꼭 탈이 나지요? 현장법사 일행 초상화를 들고서 순찰 나온 은각대왕에게 잡혀버립니다. 아무리 용을 써도 돼지주둥이를 감출 길이 없어서지요. 하하.

그런데 요괴들도 압니다. 문제는 저팔계가 아니라 손오공이라는 것을요. 손오공 잡지 않으면 아무 소용이 없지요. 그걸 아는 요괴들, 아무리 보아도 비보통 요괴지요? 손오공이 천상 세계를 발칵 뒤집어놓을 정도로 무서운 존재임을 안다면, 아무래도 천상과 조금쯤 연줄이 있지 않겠어요? 당시에 천상 소식을 전하는 신문이 있었겠어요, TV가 있었겠어요? 그러니 손오공을 잘 아는 이 요괴들 정체가 수상하다는 겁니다.

그건 나중에 드러날 테니 다음 장을 기대하시구요, 금각과 은각 형제 중에 금각은 매우 신중하고 겁이 많은데 은각은 좀 과감합니다. 그래서 과감하게 손오공 잡을 계책을 들고 나서지요. 그런데 그 계책이라는 것이, 앞에서 많이 봤던 요괴들의 수법이네요. 불쌍한 노인네로 둔갑하기, 예쁜 처녀로 둔갑하기… 그러고는 손오공 일행 앞에서 수작 부리기!

현장법사의 장점이자 단점인 자비심에 호소하여 틈을 노리는 건데, 그 뻔한 수작에 현장법사는 늘 걸려들어요. 이번에는 부상당한 도사 흉내네요. 현장법사는 손오공한테 업고 가라 하고, 손오공은 요괴의 정체를 눈치챘지만 예전처럼 단매에 때려죽였다가는 또 파문당할 것이 뻔하기에 딴 수를 생각하네요.

그래서 슬쩍 뒤처졌다가 어디에 패대기쳐 죽일 궁리를 하는데, 이 요괴도 눈치가 백 단! 먼저 선수를 쳐서 무시무시한

술법을 부리는군요. 산을 옮겨와 손오공을 짓누르는데, 그 산이
란 것이 또 엄청난 산들! 수미산, 아미산, 심지어 마지막은 태산
이라죠? 손오공이 두 번째 산까지는 두 어깨로 너끈히 받아냈
는데, 마지막 산에 이르러서는 감당치 못하네요.

피를 토하고 쓰러진, 불쌍한 손오공…. 그렇게 손오공을
산으로 짓눌러놓고는 현장법사와 사오정, 용마까지 몽땅 잡아
갑니다. 그리고 현장법사 일행을 요리해 먹을 생각에 입이 찢어
지는데, 아무래도 손오공이 맘에 걸리죠. 산으로 눌러뒀지만 역
시 맘이 안 놓여 졸개를 보내 마무리를 하려 하네요. 그때 들려
보내는 병이 참 신기한 병이에요. 이름을 불러 대답을 하면 그
병으로 빨려 들어온다는, 정말 신통하고도 무서운 병!

이제 서유기에 이런 보물 등장할 때는 다 이유가 있다는
거 아시죠? 이름에 대답을 하면 빨려 들어가 녹아버린다는 이
병을 통해 서유기는 무슨 이야기를 하고 싶은 걸까요?

당연히 '이름'과 관련이 있을 겁니다. 그런데 이름에 대답
했다고 왜 빨려 들어가요? 삼쾌 선생이 보기에는, 이름에 대한
집착의 무서움을 가리키려는 의도 같습니다.

이름은 당사자의 성격이라든가 행동에 큰 영향을 끼칩니
다. 그래서 한평생 그 이름으로 불리다 보면 그 이름 자체를 자
신으로 생각하게 되지요. 여기에서 일종의 집착이 생겨납니다.
이 집착은 어떤 측면에선 매우 위험하고, 실제로 부정적인 결과
를 불러올 수 있습니다.

생각해보세요. 이름이라는 것은 어떤 존재에 붙어져서, 그
존재를 가리키기 위한 도구일 뿐입니다. 일종의 상표 같은 것이

라 할까요? 그것은 그 존재를 가리키는 데 매우 쓸모가 있지만 그 존재 자체는 아닙니다. 그건 너무 분명한 사실이지요. 부처 님 말씀에 따르자면 달을 가리키는 손가락과 같은 것입니다. 그 손가락은 달이 아니죠. 그 손가락이 가리키는 방향을 따라 달을 찾아야 하는데, 자칫하면 말에 매달려 손가락을 달이라 착각하는 전도망상顚倒妄想이 일어나지요. 그래서 이름을 통해 무엇을 안다는 것은, 전체를 환하게 아는 것이 아니라 사물의 특징을 중심으로 인식하는 것에 불과함을 잊지 않으셔야 합니다.

달리 표현해볼까요? 이름은 언제나 그 대상의 특징을 강하게 부각시키지만, 반면 그 그늘 속에 많은 부분을 감추어버립니다. 이름을 제대로 쓰면 좋지만, 이름에 매달리고 집착하면 그 그늘에 가려진 모습은 전혀 보지 못하게 되지요.

에고, 말이 너무 어렵게 나갔나요? 철학 하는 사람 티 내는 거 아니냐는 비난이 쏟아질 분위기네요. 그렇다면 앞에 계신 나칠계 님을 예로 들어 쉽게 설명해보겠습니다. 여러분은 나칠계 님 하면 무슨 생각이 드시나요? 흠⋯ 가끔가다 이상한 질문해서 사람을 웃기는 분? 저팔계 닮은 여러 가지 특징을 보이는 분? 뭐 더 자세히는 듣지 않겠습니다. 아무튼 그 이름을 통해 나칠계 님이 가진, 남과 구별되는 특성을 확 떠올리게 되지요? 그런 점에서 이름은 매우 편리합니다. 그렇지만 그 이름으로 인해 떠오르는 나칠계 님의 모습이 나칠계 님의 전체적인 모습일까요? 아니죠? 좀 거시기한(?) 그 특징 말고 나칠계 님의 전체적인 모습은 그 이름의 그늘 아래 가려져 있습니다. 그런 식으로, 이름에 의존하는 대표적인 인상만으로 나칠계 님을 생각한다면 그건 나칠계 님에 대한 올바른 앎이 아닙니다.

여전히 어렵다구요? 그럼 서유기에서 문제 삼는 점만을 중심으로, 더 쉽게 이야기해볼게요. 사람 이름을 빨간 글씨로 쓰면 안 좋다는 생각 갖고 계신 분 없으세요? 많은 분들이 끄덕이시네요. 그런데 왜 그렇지요? 대체 이름과 자기가 무슨 관계가 있기에….

고대에는 어떤 사람의 이름을 판에 새겨놓고 그 판을 창이나 칼로 찌르는 방식으로 저주를 했다고도 하네요. 이름과 사람이 무슨 관계가 있기에요? 이러한 물음을 던져보면 이름에 대한 집착이 확실하게 드러나지요? 강도에는 차이가 있을지언정, 나와 이름을 동일하게 보는 의식이 바로 이름에 대한 집착으로 이어진답니다. 그게 꼭 나쁜 것만은 아니지만, 완성된 인격을 지향해나가는 수행의 과정에서는 큰 장애가 될 수 있어요. 이름에 대답하면 빨려 들어가 녹아버린다는 이 신비한 병은, 바로 이름에 대한 집착이 일으키는 수행상의 장애를 상징한다고 볼 수 있습니다.

자, 그렇다면 우리 손오공은 과연 어떨까요? 이름에 대한 집착을 벗어났을까요? 그래서 신비한 보물단지에 빨려 들어가지 않을 수 있을까요? 혹 빨려 들어간다면 또 어찌 될까요?

27. 이름에 대답하면 빨려 들어가는 병이라니

수미산, 아미산, 태산 밑에 깔린 손오공,

비통하게 울부짖는다.

현장법사 스승으로 모시고 경 가지러 가는 길,

왜 이리도 장애가 많은가!

본디 올바른 길 가는 데는 장애가 도반이라 하지만

괴로움에 빠져 있을 때는 그런 말 소용없네.

은밀히 수호하던 여러 신장들 놀라 달려와

세 산의 신들을 다그친다.

당신들이 깔아뭉개고 있는 존재가 누군지 아는가?

하늘세계를 뒤집어엎었던 제천대성이여.

이제는 석가모니 부처님까지 뒷배로 두고 있다구.

이 양반 성깔, 소문은 들었겠지?

그 성질 아직 안 죽었거든?

당신들 밑에서 빠져나오는 순간

여의봉 한 대씩만 맞으면

아차 하면 사망, 최소한 중상이여.

세 산신 벌벌 떨고 구원을 요청한다.

우선 당장은 눌려 있던 손오공 풀어주고,

수호 신장들의 중재로

여의봉으로 얻어맞는 건 면했다네.

요괴의 술법이 너무 뛰어나

산신들도 꼼짝 못하고 시키는 대로 한다니

손오공 기가 막힌다.

뭔 요괴가 이리도 권세가 세냐!

그러다 요괴 부하가 신기한 보배 들고

잡으러 오는 것을 알게 된 손오공,

잘하는 둔갑 사기술로

호리병과 정병을 갈취한다.

도사로 둔갑하고 털 뽑아 멋진 호리병 만들어서,

보배 들고 손오공 잡으러 가는 졸개들 앞에 나타나

"너희들 호리병이나 정병은

사람 불러서 대답하면 그 속으로 잡아넣지만

내가 가진 호리병은 하늘을 담는다"며…

제대로 보여주기 위해 터무니없고 전무후무한

희세의 사기극도 벌인다.

옥황상제를 협박하여

이 사기극 성공시켜주지 않으면 꽉!

(뒷말 생략)

결국 나타태자哪吒太子가 진무군眞武君의 크고 검은 깃발 빌려

해와 달을 몽땅 가리고 천지를 암흑에 빠뜨리네.

하늘을 삼킨 흉내를 낸 손오공, 적당히 꼬드겨

호리병을 두 개의 보물과 맞바꾼다.

옥황상제까지 가담한 사기극이라니

대단하다, 손오공! 장하다, 손오공!

희세의 공갈 사기 영웅 손오공!

그 뒤로도 이 영웅의 행각은 이어진다.

요괴 부하로 변신하여

요괴 어머니 노릇 하는 요괴 때려죽이고

자동 포박기인 황금 포승 빼앗기~

손오공 동생 공오손, 오공손으로 가장하여

금각대왕, 은각대왕 놀려먹으며

그들이 가진 보물 차례로 빼앗기~

줄줄이 이어지는 사기 대마왕의 행각이로다.

그 가운데 숱한 반전도 겪고 고생도 했다.

공오손으로 가장했을 땐

가짜 이름이라 괜찮을 줄 알고 대답했다

호리병에 빨려 들어가지만

(진짜 대단한 병! 가짜 이름까지도!)

태상노군의 단로도 견뎌낸 손오공 몸뚱이,

어찌 이름 따먹기 호리병 속에서 녹을까!

모든 난관 극복하고

결국 금각, 은각을 그들이 자랑하던

이름 따먹기 호리병 속에 담아 녹여버리누나!

오, 대단하다! 사기 영웅, 사기 대마왕!

어? 이게 아니구나!

정도正道를 걷는 우리의 영원한 스타 손오공!

이제 이름의 집착을 벗어났는가?

오히려 이름으로 사람을 홀리던 요괴를 가두었구나!

그런데 이게 또 웬일?

이번에는 태상노군께서 나타나신다.

내 보배 돌리도, 돌리도~~~~~~~~

이게 무슨 자다가 봉창 두드리는 소리래유?

알고 보니 이게 다 관세음보살님 농간이란다.

현장법사 일행을 시험하기 위해

태상노군께 특별히 청하여

태상노군의 시동들을 요괴로 분장시키고

여러 보배 들려 내려보냈다나?

금각대왕은 금화로 지키던 동자,

은각대왕은 은화로 지키던 동자,

호리병과 정병은 선단과 물 담던 병…

에궁!

보살님 아니라면 그냥 콱!

하고 싶지만…

어쩌겠나, 갑과 을의 관계인 것을.

하릴없이 보배들 모두 돌려드리니

호리병 속에 녹아 있던 금각, 은각

시동으로 원상복원되고…

요괴 잡은 손오공,

하늘로 돌아가는 태상노군 뒤통수 쳐다보기…

그 눈길에 담긴 그 마음, 무슨 말을 하고플까?

"다음에는 저희를 시험에 들게 하지 마옵소서."

억울하고도 슬픈 마음 접고

오늘도 길을 간다, 꿈으로 이어지는 영원한 길~

　　금각대왕, 은각대왕 이야기는 서유기에서도 꽤 긴, 아주 재미있는 이야기이지요. 그 속에 담긴 의미도 많고, 반전도 많습니다. 그렇지만 아무리 재미있어도 길게 이야기할 수 없는 지면의 한계 탓에 삼쾌 선생이 열심히 압축했습니다. 이제 그 속에 담긴 의미들을 찾아볼까요?

　　요괴 은각대왕의 술법에 부림을 당하여 손오공을 눌러버린 세 산의 신들, 자신들이 누르고 있는 원숭이가 누구인가를 알고 나서는 정말 겁이 나기 시작했습니다. 손오공이 옛날에 천궁을 뒤집어엎은 사건은 알 만한 사람, 아니 알 만한 신들은 다 아는 사건이지요. 옥황상제도 어찌하기 힘들었던 그 개차반 손오공, 지금 아무리 개과천선하여 불문에 들었다지만 옛날성질

쥐꼬리만큼이라도 남아 있다면 정말 큰일 아니겠어요?

그런데요, 보통 산신이라 하면 그래도 큰 권위를 가진 신 아닌가요? 거기다가 아미산, 수미산, 태산 같은 산의 신이라면 정말 엄청난 힘을 가졌을 것도 같은데, 요괴가 이런 신들을 마음대로 부릴 수 있다니 좀 이상하지 않아요?

손오공도 그런 의문을 품습니다. '무슨 요괴이기에 나도 부리지 못하는 신들을 이렇게 마음대로 부린다는 거지?' 손오공이 신들을 좀 부릴 수 있다 하지만, 그건 어디까지나 여의봉 휘둘러 겁주고 협박하는 것이지 진정 맘대로 불러 명령하는 것은 아니거든요. 그런데 이 요괴는 이 큰 산신들을 제멋대로 부리고 당직까지 서게 한다는 거예요. 정말 비보통의 특별 요괴라 할까요?

잘 생각해보면, 배운 재주의 영역이 각각 다른 것이라고 볼 수도 있겠네요. 산신들은, 쉽게 말해 어떤 특별한 임무를 맡은 관리라 할 수 있어요. 그 관리를 움직이는 방법이야 여러 가지가 있겠지요? 하물며 조폭도 폭력을 앞세워 관리를 움직일 수는 있을 거예요.

그렇지만 그런 방식은 한계가 있지요. 또 남 앞에서 드러내고 할 수도 없구요. 그럼 가장 효과적인 방법이 무엇이겠어요? 공문을 내려보내거나 저항할 수 없는 힘으로 찍어 누르는 겁니다. 관리야 상하관계가 분명하니, 위에서 공문이 내려오면 움직일 수밖에요. 이 요괴들이 바로 그런 술법을 배웠다고 보면 되겠습니다. 공문서를 위조한 것인지 아니면 막강한 힘을 가진 비밀기관과 한통속인지 모르겠지만, 관리가 꼼짝 못하고 시키는 대로 하게끔 손을 썼다고 볼 수 있지요. 손오공은 다른 계통의 술법을 닦았으니 이 방면에서는 요괴를 당할 수 없었구요.

그래서 그렇게 된 것이니 관리는 책임이 없을까요? 세상일이 그리 쉽겠어요? 공문서라 해도 그것이 좀 부정한 방법으로 발행됐다면요? 혹은 비밀기관의 비밀지령이라 밖으로 알려서는 안 된다면요? 아무튼 그게 어떤 인물을 완전히 묵사발로 만드는 일이었는데, 영문도 모르고 당한 그 인물이 알고 보니 또 엄청난 분의 비호를 받는 사람이었더라, 성질도 정말 더러워서 남한테 조금이라도 당하고 살 사람이 아니었더라~면요. 이렇게 ~더라, ~더라, ~더라 몇 번만 겹치면, 일을 집행한 관리로서는 정말 재수 옴 붙은 처지가 되고 맙니다. 아무리 변명해도 성질 더러운 그 인물에게 한바탕 수모를 겪는 수밖에요.

지금이 딱 그런 경우네요. 천궁을 뒤집어엎었던 전설적인 존재 제천대성 손오공, 그가 이제 요괴 신분을 벗어던지고 불법을 위해 나섰으니 석가여래를 후견인으로 둔 셈인가요? 힘도 있고, 성질도 더러운데, 속칭 '빽'이라는 것까지도 든든한 인물을 건드렸으니 산신들이 벌벌 떨 만하지요? 그래서 은밀히 수호하던 오방五方의 신들에게 사정하여 겨우 손오공의 여의봉 매질을 면하는 구차한 모습…. 에고, 신들도 참 불쌍하여라! 힘 위에는 또 힘이 있으니, 힘으로 앞을 다투는 길은 끝이 없구나! 오직 위 없는 진리를 구하는 그 길만이 앞을 다투지 않는 큰 길이로세!

어허, 또 무슨 감탄사 남발하는 타령이냐구요? 힘 이야기에도 심오한 측면이 있기에 그런 감탄이 나오는 겁니다. 힘이라는 것은 언제나 그보다 더 큰 힘이 있다는 점에서, 힘의 추구는 끝이 없습니다. "좀더 크게, 좀더 세게…"의 길에는 완성이 없습니다. 그러니까 불교 수행처럼 궁극적 완성을 추구하는 길과 힘을 추구하는 길은 애당초 전혀 방향이 다름을 분명히 해야 하겠지요.

이걸 좀 어려운 말로 하면, 불교의 궁극적 목표인 '열반'이나 '해탈'은 무위법無爲法이라 말합니다. 반면 상대적 크기가 있고 또 변화하는 모든 것은 유위법有爲法이라 말하구요. 그러니까 유위법의 세계에는 차별이 있을 뿐 완성이 없습니다. 그런데 가끔 우리 현실을 보면 힘의 추구와 도의 완성을 같은 것으로 착각하고 있는 경우가 많아요. 그 대표적인 것이 신통력입니다. "어떤 스님은 이러이러한 신통한 힘을 가지고 계신다더라"든가, "어떤 도사가 이런 초능력을 발휘했다더라"는 이야기가 나돌고, 그것이 바로 그분들의 높고도 위대한 경지를 대변하는 증거로 여겨지는 경우가 많다는 이야기입니다.

그 둘은 확실히 구별되어야 하지요. 신통력이 진리를 깨달았다는 증거는 아니니까요. 물론 깨달은 분들, 또는 그 궁극적 완성에 가까이 간 분들이 신통력을 지니고 있다는 점은 저도 인정합니다. 삼매의 결과로 삼명三明, 육통六通이라 하는 신통력이 얻어진다는 말이 부처님 가르침에 분명히 있습니다. 또 그렇지만! 그것이 곧 깨달음은 아니라는 점도 분명하지요. 신통력이 나오더라도 그것은 올바른 수행의 부수적인 결과로서 따라 나오는 것이어야지, 그 자체가 수행의 목적이 되어서는 결코 안 됩니다.

흠, 나칠계 님이 또 하실 말씀이 있다구요? 왜 '결코'라는 강한 표현을 쓰냐구요? 신통력을 가지려는 것이 뭐 나쁠 게 있느냐구요? 에구, 여러 번 말씀드리지 않았어요? 나쁠 것은 없다구요. 하지만 그것이 목적이 된다고 생각해보세요. 대상이 다를 뿐 어떤 물질적인 도구를 갖고 싶어하는 '욕망'이나 신통력을 갖고 싶어하는 '욕망'이나 무엇이 다르겠어요? 다 괴로움만을 낳는 탐욕일 뿐인데요.

그러니까 나칠계 님, 그런 것을 탐내지 마시고 올바른 길을 뚜벅뚜벅 걸어가는 힘이야말로 최고의 신통력이라는 자세로 나아가세요. 그렇게 뚜벅뚜벅 가다 보면 자연히 신통력도 얻게 되실지 누가 알겠어요? 나칠계 님도 가능성 없는 분이 아니라는 사실을 저는 굳게 믿고 있습니다. 이렇게 아주 결정적인 순간에 초를 치시는 것도 나칠계 님만의 대단한 신통력 아닌가 하는 생각까지 든다구요. 그거 아무나 하는 거 아니거든요.

어허라? 저는 그동안 당한 복수를 하려는 생각에 약간 비꼬아 한 말인데, 정말 좋아하시는 것 같은 나칠계 님…. 주변을 돌아보며 "내 신통력 어때?" 하고 으쓱거리시네요. 와! 정말 강적이다! 저 정도면 정말 신통력이다!

저분과 말을 섞으면 언제나 제가 당하는 기분이군요. 그렇다고 제가 실제로 지는 것이라고 생각하는 분은 안 계시겠지요? 어허! 여기 무슨 이기고 지는 것이 있느냐구 호통치실 분은 계신 것 같네요. 그렇습니다. 맞구 말고요. 제가 잘못했습니다. 이쯤에서 마음을 추스르고, 하던 이야기 계속하겠습니다.

금각대왕, 은각대왕은 그런 점에서 마군들 중에서도 엄청난 신통을 지닌 마군이라 해야겠네요. 게다가 그들이 가진 보배 또한 참으로 신통하지요? 여러 보배 가운데서도 가장 신기한 것은, 바로 이름을 불러서 대답하면 빨아들여 녹인다는 호리병이죠. 그 호리병은 이름에 대한 집착이 일으키는 장애를 상징하는 것이라고 앞에서 설명을 드렸습니다.

그런데 재미있게도, 손오공이 그 사실을 알고 거짓 이름을 댔는데도 빨아들였다고 합니다. 왜 그럴까요? 거짓 이름을 대며 대답하는 과정에도 여전히 이름에 대한 집착이 작동하고 있었다는 뜻이겠지요.

'내 진짜 이름은 손오공이고 공오손은 가짜 이름이지. 진짜 이름이라면 빨려 들어가겠지만, 가짜 이름으론 날 잡아넣을 수 없을걸.'

이런 생각 속에 벌써 몇 번이나 '진짜 이름', '가짜 이름' 해가면서 이름에 대한 분별과 집착이 드러나고 있지 않나요? 바로 이 대목에서 '이름 따먹기'(흠, 삼쾌 선생의 작명 실력이 어떻습니까?) 병의 정체가 밝혀집니다. 진짜 이름이건 가짜 이름이건 상관없어요. 이름에 대한 분별과 집착 그 자체를 매개로 해서 빨아들이는 병이니까요.

그래서 손오공이 휙 빨려 들어갔지만, 말씀드린 대로 손오공은 태상노군의 화로에서도 견딘 단단무쌍의 몸을 지니고 있지요. 그래서 녹은 척 둔갑술로 가짜 몸을 만들어놓고, 작은 벌레로 변신해 있다 빠져나오고…. 결국은 가짜 병을 만들어 바꿔치기하고, 진짜 병으로 병의 주인을 병 속에 빨아들이는 멋진 반전을 이루어냅니다.

이 금각, 은각 이야기는 서유기 가운데서도 매우 재미있고 의미 있는 대목이니 꼭 읽어보시기를 권합니다. 그렇게 따지면 서유기 어느 대목이 재미있지 않겠냐구요? 맞습니다. 어디라 할 것 없이 통독을 해보세요. 그것도 한 번만 하지 마시고… 하하.

아무튼 손오공은 결국 '이름 따먹기' 병의 마수를 벗어나는군요. 그러니 손오공은 이제 이름에 대한 분별 집착을 벗어났다? 아주 높은 경지에 도달했다? 물론 그렇게 볼 수도 있겠지만, 손오공이 갑자기 그런 높은 경지에 도달해버리면 뒤의 이야기가 재미없지 않겠어요? 다행히 앞으로도 손오공은 촐싹거리며 우리를 즐겁게 해줄 겁니다. 갑자기 서유기가 너무 점잖고 재미없게 될까 걱정하지 마시라구요.

그런데 마지막에 또 뒤통수를 때리지요? 모든 것이 관세음보살님이 일행을 시험하기 위해 태상노군에게 부탁하여 일어난 일이라니! 이거 정말 시험당하는 입장에서는 어디 서러워 살겠습니까? 그래서 서양의 크신 분이 "우리를 시험에 들게 하지 마옵시고…"라고 기도하라고 하셨나 봐요. 아무리 우리를 위한 시험이라 하더라도, 시험에 드는 사람으로서는 참 고달프고 짜증 나는 일이지요. 그런 심정이 손오공의 투덜거림에 잘 드러납니다.

"그 보살도 참으로 지독하군! … 어려운 상황에 빠지면 와서 구해주겠다고 하더니, 이제는 도리어 요괴들을 시켜 목숨을 위협해? 말이 다르지 않은가? 평생 혼자 사는 것도 당연해!"

와! 손오공 대단하죠? 관세음보살님이 혼자 사시는 것도 다 성질이 나빠서 그런 거라는 막말을 감히…. 혹시 정말 그런 것 아닌가 하고 갸웃거리시는 분은 없으시겠죠? 어쨌든 당하는 사람의 입장에서는 시험이라는 것이 이토록 괴롭습니다.

하지만 맹자 책에는 이런 말이 있어요. "근심과 괴로움이 있는 곳에서 오히려 살아나는 것이요, 편안하고 즐거움 속에서 죽는 것이다." 사람이 근심과 괴로움을 겪으면서 오히려 성장할 수 있고, 편안하고 즐거운 곳에 안주하다 보면 크게 잘못되는 길로 빠진다는 뜻이지요.

또 이렇게도 말합니다. "하늘이 어떤 사람에게 큰 임무를 내리려면 반드시 먼저 그 마음과 뜻을 괴롭히고 근육과 뼈를 고달프게 하며 그 몸을 굶주리게 하고, 그 생활을 빈궁에 빠뜨리며, 하는 일마다 어지럽게 한다. 이는 그의 마음을 활동시키고 참을성을 길러주어 할 수 없었던 일도 할 수 있게 하기 위함이니라."

정말 그런지 아닌지는 우리가 증명할 길이 없겠지요? 그렇지만 역사적으로 큰일을 이룩한 분들의 자취를 보게 되면, 대부분 큰 어려움을 극복하는 과정에서 그 힘을 키우고 인격적인 위대함을 성취하는 과정을 거쳤음을 알 수 있습니다. 그러니까 우리에게 어떤 고난이 닥치거나 할 때 그것을 꼭 부정적인 눈으로 보고 거기에서 달아나려 하기보다는, 적극적으로 대응하여 자신의 힘을 키우는 방향으로 움직일 필요가 있습니다.

한탄하고 울부짖고 달아난다고 해서 닥친 일이 저절로 물러가는 일은 없지 않습니까? 그런 마음을 가질수록 더 괴롭기만 할 뿐이지요. 그러니까 어떤 일이 닥치든, 손님을 맞이하듯 잘 대접해서 보내려는 마음을 먹는 게 편합니다. 피하려는 마음을 먹지 않고 정면으로 딱 마주 보면, 그토록 괴로워 보이던 일이 사실 별것 아닌 경우가 많습니다. 피하려는 마음이 오히려 괴로움을 부추겼다는 사실을 깨닫게 될 수도 있구요.

서유기의 지금 대목은 바로 이런 자세로써 난관에 대응하라는 가르침을 담고 있는 듯 보입니다. "알고 보니 시험이었다더라" 하는 일화를 통해, "지금 너희에게 닥친 일도 역시 시험일 수가 있느니라" 하고 말해주려는 것이겠지요.

그렇지만 역시 시험은 괴롭습니다. 그래서 남들 모르게 "우리를 시험에 들게 하지 마옵시고" 하는 기도에 동참하고 싶은…. 이크! 이래서는 안 되겠죠? 그럼 "컨닝 같은 거 하지 않고 당당하게 시험에 응하겠습니다. 그래서 반드시 합격증 받아내겠습니다!" 해야 맞는 걸까요? 에구, 그것도 정답은 아닌 듯한데….

28. 인과응보는 털끝만큼도 벗어날 수 없으니

금각, 은각대왕을 물리쳤네.

'이름 따먹기' 정병의 관문을 넘어섰네.

손오공, 이제는 이름에 대한 집착도 넘어섰는가?

호랑이는 죽어서 가죽을 남기고

사람은 죽어서 이름을 남긴다는데

이제 남길 것도 없어졌는가?

아아, 헛되고 헛되니 모든 것이 헛되도다.

이름은 실제의 그림자에 불과할 뿐이니

실제도 헛된 것이거늘 하물며 이름이랴!

갈 길을 그저 갈 뿐, 무엇을 남기려 하랴.

서역에의 길은 아직도 멀어라.

떠나온 땅에 대한 그리움도 깊어라.

이때 마침 떡하니 커다란 사찰이 나타나네.

보림사寶林寺라 하는 절이로다.

그런데 주지 스님 심보가 고약하여

일행의 행색을 보고 푸대접하다,

손오공 행패에 기겁을 하여
손발이 닳도록 빌고 빌고, 칙사 대접…
모처럼 편안한 잠자리에 현장법사 향수병이 도져
달 쳐다보다 불경 외우네.

그때 음산한 바람 일어나고
온몸에 물을 뚝뚝 흘리는 유령이 등장하신다.
가까운 오계국烏鷄國이라는 나라의 임금님 유령~
오랜 가뭄에 혜성처럼 등장하여
석 자 넘는 비를 내리게 한 도력 높은 도사,
의형제까지 맺으며 대접했건만
술법을 부려 자기를 우물에 밀어 넣어 죽이곤
왕으로 둔갑하여 행세를 하고 있단다.
이 원통함을 갚아달라고 하소연하니
자비심 넘치는 현장법사, 손오공을 믿고 청원 접수!

결국 어려운 짐은 또 손오공에게 떨어졌네!
그런데 손오공도 싫은 눈치 아니구나.
신바람이 나서 일을 처리한다.
유령도 막무가내로 일을 맡긴 것은 아니고
증거품이 될 수 있는 백옥홀白玉笏을 남기고
왕후의 꿈에 현몽現夢하여 사실을 알리기로 했네.
손오공, 우선 태자와 은밀히 소통하여
유령이 남기고 간 증거품으로 요괴의 음모를 밝히니,

태자가 황후를 만나보고 확신을 갖게 된다.

몇 년 동안 몸이 얼음처럼 차디차고

부부간의 가장 즐거운 일도 없었다 하네.

이제 남은 일은 태자와 힘을 합해

요괴의 정체를 밝히고 물리치는 것!

현장법사를 설득하고 저팔계를 꼬드긴다.

듣자니 요괴에게 굉장한 보물 있단다.

보물 훔치러 가자!

저팔계 욕심이 동하여 따라나선다.

궁정으로 숨어들어 왕을 빠뜨린 우물 있던 자리 찾아가니

우물 메우고 파초를 심어놓았구나.

술법으로 흙 걷어내고, 팔계 욕심 부추겨

여의봉 키워 늘어뜨리고 팔계를 우물 속으로 내려보낸다.

여차저차 우여곡절…

왕의 시체를 건져내는데

몇 년이나 지났는데도 용왕의 보살핌으로

전혀 손상되지 않았네.

손오공에게 속아 결국 시체 짊어지고 돌아오게 된 저팔계,

복수심에 불타 현장법사를 충동질한다.

손오공이 왕을 살려낼 능력이 있는데

귀찮아 안 하는 것이라고.

귀 얇은 현장법사 손오공을 몰아붙인다.

긴고주까지 외워대며 왕 살려내라 몰아붙인다.

에고고, 불쌍한 손오공~

결국 하늘세계로 올라 태상노군에게서

구전환혼단九轉還魂丹을 얻어낸다.

물론 태상노군이 좋아서 주었을 리가 없지.

안 주었다가는 무슨 후환이 있을까 걱정되어

할 수 없이 한 알 준 것이지만…

공갈 능력도 능력은 능력!

그리하여 왕을 소생시키고

여차저차 우여곡절…

요괴를 때려잡으려는 순간!

여러분, 무슨 일이 일어날지 조금 예측 가능?

짠~~~ 보살님 등장하신다.

이번에는 문수보살님일세.

손오공 잠깐! 죽이면 안 돼돼돼돼~~~

아니, 또 왜요?

이번 사건, 미리 예정된 부처님의 안배란다.

내가 예전에 승려로 화신化身하여 오계국에 들렸었는데

왕을 만나서 좀 듣기 싫은 소릴 했다고

왕이 나를 사흘간 우물에 처박았던 일이 있었지.

그 과보로 그도 3년간 우물 속에 처박혀 있었던 것이야.

그리고 그 요괴는 내가 타는 사자獅子인데

인과응보의 사업을 수행하기 위해 차출된 것이고!

음… 거세된 사자이니까 왕비의 정절은 걱정 말고…

에고고, 그런데 왜 꼭 그런 일들을

우리 가는 앞길에 벌이는 거예욧!!

요괴 잡는 거야 재미있다 하지만

뒤가 너무 허무하잖아욧!!

핫핫핫! 너무 그러지 말아라.

다 너희들 키워주려는 깊은 뜻에서 나온 일이란다.

어디서 보고 또 본 듯한 이 장면…

요괴 잡던 손오공 보살 쳐다보기…

그래도 해피엔드!

온 나라의 거창한 환송을 뒤에 두고

힘차게 서역으로 떠나는구나~

　　손오공, 아니 현장법사의 경지가 한층 더 깊어졌겠죠? 이름의 관문을 넘어섰으니 어지간한 유혹에는 흔들리지 않겠죠? 아, 그럼 재미가 없다구요? 걱정 마세요. 앞에서 말했듯이 손오공 여전히 까불까불, 저팔계 침 질질(무엇에 침 흘리는지는 아시지요?), 사오정 끄덕끄덕… 하면서 계속 나아갈 테니까요.

　　그래도 이제 꽤 온 것 같은데, 아직도 멀었느냐구요? 예, 아직 멀었습니다. 한 절반쯤 왔나 싶네요. 현장법사가 향수병 도지고 힘에 겹기도 하여 한탄을 하며 손오공에게 묻지요. 손오공은 "아직 문밖에도 안 나갔습니다!" 하고 매몰차게 말하지만, 사실 문밖은 훨씬 벗어났어요. 곧 화염산 나올 테니 꽤 많이 온 셈입니다. 오랜 여정에 지칠 만도 할 때죠. 그래서 현장법사가 푸

넘도 하고, 손오공은 마음 약해지지 말라고 다그치는 것이지요.

때마침 큰 절이 나타나네요. 보림사라는. 승려만 해도 몇 백이 있는 큰 가람이래요. 그래서 현장법사 반갑게 달려가 머물기를 청하는데… 이 절 주지 스님 행태가 참 볼 만해요. 현장법사를 보아하니 돈 나올 구석은 히나도 없는, 정말 초라하기 짝이 없는 몰골이잖아요? 그 긴 여정에 무엇이 남아나겠어요? 옷도 떨어지고 신발도 해지고, 사막 먼지 가득 뒤집어쓴 비렁뱅이 모습일 수밖에요. 현장법사를 안내해온 지객승知客僧한테 버럭버럭 소리를 지르고 현장법사한테도 모욕을 주지요. 복도 구석에서 찌그러져 자든 말든 하라는데….

절을 안 만났으면 몰라도, 절을 만났는데 이런 푸대접을 받으니 얼마나 서럽겠어요? 눈물을 흘리며 돌아오니 손오공 일행이 금방 눈치를 채지요. 손오공이 가만히 있을 수 있나요? 당장 현장법사를 대신해 달려나가 한바탕 휘젓는 거죠. 워낙 생김새가 흉악한 데다 여의봉 크고 굵게 키워서 돌사자 한번 툭 건드리니 돌사자 완전 가루! 박살이 아니라 가루예요, 가루! 법은 멀고 주먹은 가깝다는 말은 만고불변의 진리일까요? 완전히 공포에 질려 온 절의 스님들 모아서 영접을 하고 난리굿을 피우게 되죠.

앞의 흑풍요괴 이야기 때 보셨죠? 주지 스님이 현장법사의 금란가사에 눈이 멀어 일행을 태워 죽이려고 한 일요. 여기 주지는 그렇게 악독하지는 않지만, 그래도 출가 승려라고 보기에는 너무 속물적인 모습이 줄줄 흘러요. 이런 묘사가 종종 나오는 것을 보면 서유기 저자인 오승은이 당시의 불교를 곱게 보지만은 않은 게 확실합니다.

실제로 당대唐代의 불교는 많은 타락상을 보였다고 합니다. 태종 때는 덜했을지 몰라도, 얼마 지나지 않은 측천무후則天武后 시대만 해도 아주 심했다고 하더라구요. 많은 재산을 소유하면서 탐욕을 부리고, 성적인 측면에서의 타락도 이루 말할 수 없었다네요. 서유기의 무대가 되는 그 당시에도 그랬다면, 거의 천 년 뒤라고 할 수 있는 오승은의 시대에는 또 어땠겠어요?

아무튼 손오공의 여차저차 활약(?)으로 대접을 받아가며 머물게 된 보림사에서, 현장법사가 유령과 면담을 하게 됩니다. 유령 상담사 역할이냐고요? 아니요, 그냥 귀신 만난다구요.

그런데 나칠계 님, 귀신이라니 안색이 바뀌시네요. 귀신이라면 질색이라구요? 헛, 꽤 얼굴 가죽도 두껍고 하여 귀신 따위 겁내지 않을 것 같은 분이 이상하군요. 이런 기회에 나칠계 님 한번 놀려볼까요?

나칠계 님처럼 귀신을 무서워하는 분들이 많은 것 같은데, 귀신은 정말 있는 것일까요? 아니면 사람의 상상력이 만들어낸 것일까요? 자, 여러분께 한번 질문을 던져보기로 하지요. 귀신이 있다고 믿으시는 분? 흠, 반 넘는 분들이 손을 드시네요. 그럼 없다고 믿으시는 분? 역시 꽤 많은 분들이 손을…. 대체로 있다고 믿으시는 분과 없다고 믿으시는 분이 반반쯤 되는 것 같아요.

그런데 나칠계 님, 다 지난 마당에 갑자기 힘차게 손을 드시는 이유는? 있다고 믿느냐, 없다고 믿느냐의 문제가 아니라고요? 그럼 무슨 문제인가요? 헉! 귀신을 분명하게 본 사람이 있다구요? 어머나, 반가워라. 이런 복된 일이! 그렇지만 그냥 건너 건너 전해 들은 말이라면 그다지 믿음이 가지 않는데요. (그간 나칠계 님 행태로 보아서도 그리 믿음이 가지 않는다는 말을 하고 싶지만⋯.)

봤다는 분이 정말 믿을 만한 분인가요? 으흠? 나칠계 님 아버님이라구요? 아버지가 자식한테 거짓말을 할 까닭이 없으니 믿어도 좋다구요? 그럴 것 같군요. 아무래도 자식한테 거짓말을 하는 아버지는 별로 없을 테니까요. 물론 자기 체면을 지키기 위해서라든가 피치 못한 사정이 있어서 약간 거짓을 섞는 경우는 있겠지만, 귀신 만난 이야기는 딱히 그럴 일도 아니고⋯. 궁금하니 나칠계 님의 이야기를 자세히 들어볼까요?

나칠계: 제 아버지가요, 시골 분이시거든요. 아주 시골은 아니구, 대도시 근방인데, 어느 날은 피치 못하게 밤늦게 이웃 마을을 다녀올 일이 있었대요. 어쩌다 보니 일이 늦게 끝나서 새벽 2시쯤에나 집으로 돌아오게 되었대요. 좀 밤길이 무서웠지만, 그리 먼 길도 아니고 해서 용기를 내어 돌아오는데⋯ 오는 길에 묘지가 많은 산자락을 지나오는 곳이 있었대요. 그러지 않아도 좀 쭈뼛한 느낌이 들어 조심스럽게 지나고 있는데, 멀리 보이는 묏등에 웬 허여멀건 것이! 깜짝 놀라 보니 완전히 사람 모습이더라네요. 입은 옷이 좀 치렁한 것이 해괴한 데다가, 이상한 춤 동작 같은 것을 하고 있더래요. 새벽 2시경에 무덤에,

그것도 이상한 옷을 입고 춤 동작 같은 것을 하는 게 무어겠어요? 너무 놀라서 으악! 하고 줄행랑을 쳤대요. 뒤에서 낄낄~ 음산하게 웃는 소리가 들리는데, 금방 뒷덜미를 잡아채는 것 같아 정신없이 달아났대요. 겨우 동네로 돌아와서 잠도 못 자고 날밤을 새웠대요. 그 이튿날 사람들에게 말해서 다 같이 그 묘지 있는 곳으로 가봤더니 아무 자취도 없더래요. 그건 귀신이 틀림없지요. 아버지도 틀림없는 귀신이었다고 하시더군요. 제가 귀신 좀 무서워하는 것도 아버지한테 그 이야기 듣고 나서부터거든요….

화들짝! 무어라구요? 그런 사연이? 삼쾌 선생, 갑자기 필름이 맹렬하게 뒤로 감기며 옛일이 떠오르네요. 제가 젊은 시절, 수행의 열기에 몇 달씩 눕지 않고 참선하는 수행 — 장좌불와長坐不臥라고 하던가요? — 까지 하던 때가 있었어요. 절은 아니고 시골에 있는 집을 수행도량으로 만든 곳이었는데, 더운 여름날에 방에서 참선하고 있으려면 매우 갑갑하고 하여 묘지가 여러 개 모여 있는 뒷산으로 나가곤 했어요.

무섭지 않냐구요? 첫날은 좀 그런 기분이 들기도 해요. 그런데 하루만 지내면 묘지가 그렇게 아늑하고 편안할 수 없어요. 잔디도 잘 깔리구, 비석이 있어 기대기도 좋구… 여러 가지로 좋은 점이 많아 애용했죠.

그러던 어느 날, 새벽녘이었을 거예요. 무덤에서 참선을 하다 몸도 찌뿌듯하고 하여 태극권을 하면서 몸을 좀 풀고 있었지요. 태극권 아시죠? 중국사람들 공원 같은 곳에서 하는 모습 많이들 보셨을 거예요. 그런데 저 멀리 무덤 밑으로 이웃 동네로 가는 길이 있었는데, 그 시간에 웬 사람이 넘어오더란 말씀. 그 사람이 갑자기 소리를 지르면서 도망을 치더군요. 어? 하다가 가만히 생각하니 나를 귀신으로 여긴 것 같아서 허허 웃고 말았었는데….

아하! 빈가워요, 나칠계 님. 세상이 넓고도 좁다는 말을 실감 못했는데, 그때 달아났던 분이 바로 나칠계 님의 아버지였군요. 이런 인연이! 나칠계 님이 제 이야기 계속 듣고 계신 것도 아마 그런 인연이 있어서 아닐까요? 별로 제 이야기 깊이 공감한다거나 이해하는 것 같지 않은데 이렇게 꾸준히 나와 계신 건 분명 그런 인연 때문일 거예요. 이렇게 공교로울 데가!

엥? 그런데 그리 반가워만 할 일이 아니군요. 귀신 본 사람 있다는 나칠계 님의 이야기가 근본적으로 부정되는 셈이잖아요. 확실히 귀신 본 분이 있다 하여 좋아했더니…. 에고, 계속 다른 분을 찾아봐야겠어요.

귀신 본 사람이 있다니까 왜 그리 좋아했냐구요? 또 귀신 본 사람을 왜 그렇게 애타게 찾냐구요? 그거야 당연하잖아요? 귀신을 확실히 증명할 수만 있다면 얼마나 많은 궁금증이 풀리겠어요? 적어도 귀신의 세계에 관한 궁금증이 풀리고, 우리 살아 있는 사람들의 세계가 전부가 아니라는 것도 확인할 수 있구요.

제가 직접 만날 수만 있다면 더더욱 좋을 것 같아요. 여러 가지를 물어볼 수 있지 않겠어요? 너희도 태어남과 죽음이 있느냐? 우리가 죽으면 너희 같은 귀신이 되는 거냐? 기타 등등…. 만일 그럴 수만 있다면 우리 삶의 중요한 의문들을 많이 풀 수 있을 것 같지 않나요?

그래서 저는 오래전부터 '귀신 만나기 프로젝트'라고 할까 하는 것을 준비해뒀는데, 아직 실행을 못했어요. 귀신을 직접 만날 수가 없어서요. 그 계획의 일부를 좀 들려드릴까요? 아주 참신한 게 많지만, 놀라시지 않게 조금만 알려 드릴게요.

우선 중요한 점은, 귀신도 우리를 무서워할 것 같다는 사실이에요. 서로 다른 세계에 사는 존재들은, 미리부터 잘 알지 못하면 두려워하기 마련이잖아요? 귀신이 우리 세계에 자주 등장하지 않는 이유는, 그 세계와 우리 세상이 쉽게 통하지 않는다는 증거 아닐까요?

그러니까 첫 만남에서 가장 중요한 일은 그 두려움을 없애주는 것 아닐까요? 귀신을 처음 만나면, "나는 착한 사람이라 귀신을 해치거나 괴롭히지 않는단다. 그러니까 겁내지 말고 우리 대화를 좀…" 하는 식으로 시작해야 할 거예요. 그러면서 "나 같은 존재를 전에도 만난 적이 있느냐?", "너희는 무얼 먹고 사느냐?" 등등 아주 일상적인 물음부터 던지기 시작해서 점차로 심오한 질문으로 차근차근 가는 거죠. 그러다 아주 귀신 친구 하나 만들면 더더욱 좋구요. 이렇게만 된다면 만사형통! 우리 인생의 중요한 의문, 해결되지 않는 문제에 대한 답을 많이 얻을 수 있지 않을까 싶단 말씀이죠.

그럴듯하지 않나요? 나칠계 님, 아까부터 뭐 신기한 물건 바라보듯 저를 바라보시는데…, 혹시 제 이야기에 감명받으신 것은 아니겠지요? 에구, 삼쾌 선생은 완전히 변태라구요? 그 무서운 귀신을 만나고 싶어 안달하는 귀신성애자? 헉! 제가 언제

귀신한테 성적인 호감 느낀다고 했습니까? 이런 억울한 누명을 씌워도 되는 겁니까? 하여튼 나칠계 님 있으면 이 삼쾌 선생이 뭘 뽐낼 수가 없네요.

그런데요, 제 아이디어를 도용한 영화가 있어요, 어쩌다 봤는데 분명 도용당한 것 같아요. 〈디 아더스The Others〉라는 영화입니다. 꽤 오래전 영화인데, 귀신 일가족이 사람을 무서워하는 영화더군요. 그 영화 제작연도보다 제가 '귀신 만나기 프로젝트' 수립한 게 훨씬 앞이니까 도용의 혐의가 짙단 말씀이죠. 찾을 수 있으면 한번 보세요. 삼쾌 선생의 생각에 많이 공감하실 수 있을 겁니다.

어쨌든 문제는 말이죠, 이 계획이 성공한다 해도 정말 마지막 목표가 달성될 수 있을지 모르겠어요. 귀신도 자신들의 세계밖에 몰라서 제 물음에 답할 수 없다면 아무리 대화를 터도 소용없지 않을까요? 요즈음엔 아무래도 이럴 가능성이 많다는 쪽으로 생각이 기우네요. 귀신이라고 다 알겠어요? 그 세계에 갇혀 있으면 역시 그 세계밖에 모르겠지요. 그렇다 하더라도 귀신의 세계가 있다는 사실만은 확인할 수 있으니 전혀 성과가 없다고는 할 수 없지만… 여러모로 좀 시들해진 삼쾌 선생…. 네? 괜히 귀신 만나기 겁나니까 그런 거 아니냐구요? 절대 아니에요!

일단 여기서 잠정적인 결론을 짓자면, 확실히 모르는 것에 대해서 단정하는 태도는 위험하겠지요? 그러니 귀신의 존재 여부는 아직 모르는 것으로 해두자구요. 그렇지만 이럴 때 우리가 의지할 수 있는 곳이 있긴 해요. 바로 성인들의 말씀이지요.

몇천 년 동안 인류의 존경을 받아오신 분들… 그분들은 귀신을 부정하지 않으셨더군요. 그러니까 귀신의 존재를 부정하기보다는 가능성을 열어두는 게 좋겠다는 생각이 듭니다. 부처님도 귀신을 말씀하셨고, 예수님도 말씀하셨고, 소크라테스는 귀신 이야기는 하지 않았지만 사후의 세계에 대한 믿음을 피력했지요. 마지막으로 공자님은 "귀신을 공경하지만 멀리한다"는 말씀을 하셨지요.

이중에 공자님의 태도는 특히 본받을 만한 점이 많은 것 같습니다. 자로子路라는 제자가 귀신 섬기는 일에 관해 묻자, 공자님은 "사람도 못 섬기면서 어찌 귀신을 섬기겠는가?" 하고 대답하지요. 또 죽음에 관해 묻자, "삶도 모르면서 어찌 죽음을 알까?" 하고 대답합니다. 이렇게 삶을 중심에 두는 공자님의 태도가 "귀신을 공경하지만 멀리한다"는 말로 귀결되지요.(이것이 경원敬遠한다는 말의 어원이랍니다.) 귀신을 공경하지만 귀신의 문제를 삶 속으로 끌어들여 신비화한다거나, 우리 삶의 문제를 귀신의 작용으로 설명하려 하는 일을 지양하는 태도라 할 수 있겠습니다.

우리가 취해야 할 바람직한 선도 바로 여기 있지 않을까 싶어요. 귀신이 있다, 없다 같은 문제에 지나치게 몰두할 필요가 있을까요? 없다고 단정할 필요도 없고, 있다 하더라도 귀신에게 우리의 삶을 의존할 필요도 없는데요. 스스로 건강한 삶을 꾸려가는 데 힘을 기울이되, 우리 눈에 보이는 세계가 전부라는 편협한 생각을 버리고 열린 마음으로 귀신의 존재까지도 포용할 수 있다면 충분할 것 같습니다.

여기서 꼭 한마디 해줘야겠네요. 나칠계 님처럼 귀신을 무서워하는 것은 결코 바람직한 태도도 아니고 그럴 이유도 없어요. 위에서 말씀드렸듯이, 반대로 귀신이 우리를 더 무서워할지 어찌 알겠습니까? 알지도 못하면서 무서워한다는 것은 참으로 이상한 일이지요. 아니, 이상한 일이 아니군요. 알지 못하기 때문에 무서워하는 게 당연한데… 그렇지만 알지 못하는데 왜 무서워하죠? 말이 자꾸 꼬인다구요? 아닙니다. 잘 음미해보세요. 알지 못하면서 무서워하는 아이러니, 그 밑바닥에는 근거 없는 두려움이 깔려 있다는 말씀을 드리려는 거니까요.

무슨 귀신 이야기를 그리 길게 하느냐구 나무라시는 분이 있을 것 같아서 조금 변명을 하고 넘어가야 할 것 같아요. 제가 단지 귀신 이야기만 하려고 이렇게 떠들어댄 것은 아닙니다. 종교를 믿을 때도 신비한 일들에 너무 치우치면 건강치 못한 행태가 나타나게 되거든요. 물론 종교는 합리성의 차원에만 머무를 수 없습니다. 믿음이라는 것은 이성理性의 영역을 넘어서는 거잖아요? 그러니까 종교라고 하면 거기엔 어느 정도 신비적인 측면이 있고, 이성의 영역을 뛰어넘는 이야기가 있기 마련입니다. 그렇지만 신비주의를 간판으로 내세우고 영험에만 의존하는 종교는 위험한 것이 사실이에요.

자신이 믿는 종교의 가르침이 자기 삶의 모습을 바꾸는 것이 가장 기본이 되어야 하지요. 그런 적극적이고 실천적인 태도를 기본으로 하고, 거기에다 늘 겸허하게 초월적 존재의 가피를 기원하는 마음을 조화롭게 덧붙이면 됩니다. 내가 아무리 잘났어도, 이 불확실한 세계 속에서 모든 것을 다 알고 잘 해나갈 수는 없는 노릇이니까요. 예기치 못한 재앙이 닥치지 않게 해 주십사 기원하고, 오늘도 무사히 살아가고 있는 것이 불보살님의 가피 덕분이라고 생각하며 감사하고… 그리고 정말로 감당하기 힘든 상황에 부딪히게 되더라도 초월적 존재의 가피를 믿고서 희망을 잃지 않고 더 힘을 내고… 이런 식으로 건강한 실천과 건강한 믿음이 조화를 이루어 건강한 삶을 이뤄낸다면 더 바랄 것이 없겠지요?

그런데 자칫하면 건강한 믿음을 넘어서서 교만한 확신을 내세우고, 신비한 현상들을 과대포장하는 맹신과 광신의 모습을 보일 위험성을 모든 종교가 지니고 있습니다. 그것은 참으로 위험한 태도이지요. 부처님께서는 "이것은 진리이다"라고 말하는 것은 진리를 옹호하는 건전한 태도가 아니라고 말씀하셨습니다. 언제나 "나는 이것이 진리라고 믿는다"라고 겸허히 말하라 가르치셨지요. 이런 부처님! 얼마나 멋있는 분입니까?

그러니까 불자들은 부처님의 가르침에 대해서도 "나는 이것이 진리라고 믿는다"고 말하는 겸허함을 지녀야 하겠습니다. "이것이 바로 진리야!"라고 말하는 순간, 오히려 그 진리성이 없어진다는 점을 명심하자구요. 특히 객관적으로 증명할 수 없는 문제에 대해서는 더더욱 이런 태도를 취해야 옳을 것입니다. 그중에서도 가장 말 많고 탈 많은 것이 귀신 이야기일 테지요.

앞에 나온 나칠계 님 아버지 일화는 저의 실제 체험을 좀 각색한 겁니다. 제가 젊은 시절에 수행한다고 무덤에 가서 지샌 날이 실제로 꽤 많아요. 한밤중 이웃 마을에 다녀오던 분이 기겁을 해서 도망친 일도 사실이구요. 흠~ 삼쾌 선생의 도사 끼가 괜히 있는 것이 아니란 말씀!

아무튼 귀신이 있고 없고를 떠나서, 귀신이라는 것을 이야기하는 데 꼭 들어가는 요소로는 '한'을 꼽을 수 있습니다. 한 맺힌 존재가 죽어서도 죽음의 세계로 가지 못하고 우리 살아 있는 사람들의 세계에 어떤 간섭을 한다는 식이지요. 그러니까 귀신은 '한'이라는 정신적 에너지와 깊은 연관이 있음이 틀림없는 것 같네요.

우리 이야기 줄거리에도 그렇게 한 맺힌 국왕의 귀신이 등장하네요. 얼마나 원통했겠어요? 의형제까지 맺었던 도사한테 배신을 당하고, 나라 빼앗기고, 부인 빼앗기고… 기타 등등 모든 것을 빼앗긴 오계국의 국왕이 눈물로 호소하네요. 그래도 왕의 귀신이라 그런지 물리적인 힘도 좀 쓰는군요. 증거가 될 수 있는 물건까지 남기고 이 억울함을 풀어달라 호소하니, 마음 약한 현장법사가 모르쇠로 버틸 수 있겠어요? 결국 요괴와 귀신 잡는 퇴마 전문가 손오공에게 부탁합니다. 손오공도 이런 일이라면 신바람이 나는 체질이죠. 슬며시 빼는 척하면서도 기꺼이 나서게 되고, 이렇게 국왕의 원한풀이 굿이 한마당 열리게 됩니다.

그런데 이 굿이 그냥 굿으로만 끝나지 않는군요. 굿이란 본디 귀신의 한을 풀어줘서, 그 귀신이 우리 살아 있는 사람들의 삶에 관여하지 않고 잘 떠나가게 하는 것이잖아요? 그런데 여기서는 귀신으로 등장했던 국왕이 완전히 되살아납니다! 그래서 나라 찾고, 부인 찾고, 자식 찾고… 완전한 해피엔드!

그렇게 만드는 손오공의 활약이 또 눈부신데, 그 백미는 저팔계 욕심을 부추겨서 국왕 시체를 우물 속에서 건져내는 장면이에요. 보물 있다는 말에 속아서 우물 속에 들어가 물 줄줄 흐르는 시체 업고 나오는 저팔계의 모습을 머릿속에 그려보세요. 크크크~ 하는 웃음이 저절로 나오지 않습니까? 흠, 나칠계 님도 슬쩍 꼬드겨서 그런 일 한번 시킬 수 없을까요? 그렇다면 삼쾌 선생 정말 유쾌해져서 사쾌 선생이 될 것도 같은데 말이죠. 하하.

저팔계 역시 당하고만 있지는 않아요. 저팔계의 복수가 빛나는 장면이 곧 나옵니다. 시체를 건져내 돌아와보니, 시체가 전혀 손상이 안 돼 있는 겁니다. 용왕이 잘 보관을 했다는 배경 설명이 있죠. 현장법사 외전에서 현장법사의 아버지 시체를 용왕이 잘 보전했던 것과 같은 경우네요. 아무튼 그 시체를 빌미로, 손오공이 목숨을 되살릴 수 있는데 귀찮아서 안 하는 것이라고 슬슬 현장법사를 부추기니 귀 얇은 현장법사가 또 손오공을 닦달하네요. 못한다고 사실대로 말해도 머리테 조여대는 긴 고주까지 외워가면서 닦달을 하니 당해낼 재주가 있나요?

손오공, 결국 천상세계로 올라가 태상노군에게서 구전환혼단을 얻어옵니다. 한 알 안 주면 재미없다는 협박성 멘트를 슬슬 날려서 얻어낸 것이니 거의 갈취라고 해도 좋을 것 같아요. 옛날에 손오공의 행패가 워낙 심했기에 태상노군도 '에잇! 똥이 더러워서 피하지 무서워서 피하나!' 하는 심정으로 줍니다. 하하.

'구전환혼단'이란 이름은 아홉 번의 신비한 제약과정을 거친, 혼백을 되돌리는 단약이라는 뜻이겠네요. 그 단약 얻어다 죽은 국왕의 입에 넣었는데, 시체가 삼킬 수가 없잖아요? 할 수 없이 손오공이 뽀뽀하면서 숨을 불어넣어 환약을 넘겨주지요. 저팔계가 물 뚝뚝 떨어지는 시체 우물 속에서 업고 나오는 장면과 쌍벽을 이루는 멋진 장면! 물 속에서 건진 시체 업은 저팔계, 국왕 시체에 입 맞추는 손오공…. 그림 참 좋죠?

하여간 저팔계를 무시해선 안 되겠어요. 뒤끝이 아주 무섭군요. 갑자기 순자荀子의 말이 생각나네요. 순자는 소인을 두려워해야 한다고 했죠. 소인을 두려워하지 않는 것은 이리나 승냥이를 두려워하지 않는 것과 마찬가지라구요. 좀 잘못을 해도 군자는 군자답게 용서를 해주지만, 소인은 절대 용서가 없대요. 그래서 반드시 보복을 하기 마련이니, 마땅히 소인을 두려워해야 한다는 것입니다.

뭐 저팔계가 꼭 소인이라는 뜻은 아니지만, 멍청해 보이는 저팔계도 앙심을 품으니 정말 기묘한 꾀를 내어 손오공을 골탕 먹이네요. 저도 나칠계 님 함부로 놀려서는 안 되겠다는 생각이 강하게 드는군요. 물론 저팔계와 마찬가지로, 나칠계 님을 소인이라고 생각한다거나 멍청해 보인다고 느끼는 것은 전혀 아니라는 사실을 밝혀두는 바입니다. 하하.

여차저차 국왕 살아나고 왕 노릇 하는 도사 요괴를 물리치는데, 이번에는 문수보살님이 등장하십니다. 도사 요괴의 정체가 바로 문수보살님이 타고 다니는 사자라면서요. 예전에 문수보살님이 스님으로 화현化現하여 이 나라에 들르셨을 때, 좀 싫은 소리 했다고 문수보살님을 물속에 처박아둔 왕이 그 과보를 받느라 이런 사달이 벌어졌고, 사자가 그 역할을 하느라 잠

시 도사 분장하고 나왔던 거랍니다

우~ 문수보살님은 뒤끝작렬 보살님? 그게 아니라네요. 부처님께서 공정하게 인과를 집행하신 거라니… 뭐 할 수 없죠. 과보는 털끝만큼도 속일 수가 없는 것이니까요. 게다가 스님을 학대하고 선지식을 괴롭힌 죄는 죄 가운데서도 가장 큰 죄이겠지요. 3년간 우물 속에 처박힐 만큼이나요.

죄업이 너무 뻥 튀겨진 것 아니냐고요? 삼쾌 선생은 전혀 그렇지 않다고 생각합니다. 훌륭한 인품이나 식견을 가진 사람을 푸대접하거나, 모욕하거나, 위해를 가하거나 하는 짓은 참으로 그 결과가 엄청나요. 단지 개개인의 차원이 아니라 국가적, 사회적으로 아주 불행한 결과를 낳거든요. 반대로 그런 분들을 공경하고 높이 받들면 분위기가 확 바뀌어 사회 전체가 큰 도약을 이룰 수 있구요.

그런데 옳은 말을 하는 스님을 왕이 물속에 처박았다…. 그 결과가 어떻겠습니까? 주위 사람들이 그 본을 보겠지요? 훌륭한 사람일수록 무시당하는 풍조가 일어나 차츰 널리 퍼진다면요? 논어에 이런 말이 있습니다. "군자의 덕은 바람과 같고, 소인의 덕은 풀과 같다. 풀 위로 바람이 불면 풀은 반드시 (바람 부는 방향으로) 눕기 마련이다." 윗사람의 행위는 곧장 백성의 모범이 되지요. 그러니 왕의 그 행위 하나가 그 나라 전체를 우물 속에 처박아버리는 것과 같은 결과를 낳는 셈입니다.

다행히 현장법사라는 덕 높은 스님을 만나 그 잘못을 고쳤으니 나라가 올바른 길로 들어선 것이지, 그런 복된 인연이 없었다면 오계국은 얼마나 더 구렁텅이에 처박혔겠어요? 덕 있는 사람이 지나는 곳은 저절로 그 혜택을 받는 법이니, 현장법사 일행의 수행이 자연스럽게 주변을 밝히는 대목! 정말 온전한 해피엔드! 복연福緣을 누린 이들의 열렬한 환송을 뒤에 두고 다시 힘차게 나아갈 차례입니다.

29. 요괴가 보살의 제자가 되네

오계국 국왕의 성대한 작별에 힘을 얻어 앞으로 앞으로!

일행 앞에 또 기막힌 경치에 험준한 산골이 나오네.

경치야 좋지만, 현장법사 지레 겁이 난다.

무슨 요괴가 또 나올까…

그런데 벌써 수상쩍은 기미~

산마루턱에 붉은 구름이 솟구친다.

손오공 개코, 아니 원숭이 코에 요괴 냄새가 전해온다.

비상, 비상!

손오공의 신호에 저팔계, 사오정,

재빨리 요괴 대응 수비 태세로 전환.

그 숙달된 자세에 현장법사 잡아먹으려 엿보던 요괴,

'이거 쉽지 않겠구나' 하는 생각이 절로 든다.

여기가 어드메더냐.

산 이름은 호산號山,

요괴는 어릴 적 이름이 홍해아紅孩兒,

커서는 성영대왕成嬰大王이라고 부르는 요괴로다.

오래 수행하고 인삼과까지 먹은 현장법사 잡아먹어

불로장생 좀 해보려는데

이렇게 방비가 튼튼하면 어쩌는가?

꾀를 낸다. 뻔한 꾀를 낸다.

산적한테 습격을 당하여 집안 어른 모두 죽은

가없은 어린애로 분장을 하곤

나무에 매달려 살려달라 외쳐댄다.

자비심 넘치는 현장법사, 그냥 지나갈 수가 없다.

손오공을 시켜 업고 따라오게 한다.

손오공, 요괴 냄새 맡는 데는 도가 텄다.

이놈의 요괴를 눈치 봐서 패대기쳐 죽이리라.

요괴 또한 눈치가 백 단.

얼른 술법을 써서 빠져나가

눈을 뜰 수 없는 강풍을 불러일으키곤,

현장법사를 채서 달아나버린다.

놀란 일행 우왕좌왕…

손오공이 토지신과 산신령을 불러서 을러대어

요괴의 신상명세를 밝힌다.

기본 사항은 위에 말한 대로…

거기에 우마왕^{牛魔王}과 나찰녀^{羅刹女}의 아들이라는 추가사항까지…

그런데 손오공은 예전 요괴 놀음 할 때

우마왕과 의형제를 맺은 사이!

손오공 가슴을 탕탕 친다.

으흠, 형님의 아들이라니 내가 가기만 하면 해결되겠군!

과연 그럴까?

3년 동안 찾지 않으면 친척도 친척이 아니라는데~

"조카야! 내가 네 의숙부義叔父란다" 했다가

"이 못된 원숭이 놈! 사기 치지 말아라!"

호된 조롱만 당하고

결국 여의봉 뽑아 들고 한바탕 드잡이질.

그런데 요괴 신통한 재주가 있네.

엄청난 불을 일으키는 수레가 다섯 대.

거기다 코를 툭툭 두드리고는

입에서 엄청난 화염을 뿜어낸다.

이름하여 삼매진화三昧眞火라.

삼매의 힘에서 나온 진짜 정말 참된 불이라네.

저팔계, 사오정은 말할 것도 없고

손오공도 숨이 콱 막혀 거의 질식사에 이른다.

네 바다의 용왕을 응원군으로 청하여

비를 퍼부어보지만

신묘한 삼매의 불이로다.

용왕의 힘으로도 끌 수가 없다.

결국 어쩔 수가 없어

관세음보살님께 도움을 청하기로 하는데

중간에 일도 많다.

관세음보살로 분장한 홍해아에게 저팔계 잡히고

손오공이 홍해아 아빠 우마왕으로 분장하여

홍해아 놀려 먹고…

여차서차 손오공이 관세음보살님 찾아뵌다.

홍해아가 자신의 모습으로 변장했었다는 데

발끈하신 관세음보살님!

정병淨甁에 세상 큰물이란 물의 정수를 모조리 담고

탁탑천왕托塔天王에게 천강도天罡刀 서른여섯 자루 빌려서

신통력으로 연화좌蓮華坐를 꾸민다.

정병을 물을 쏟아부어 삼매진화의 효력을 차단하고

손오공을 시켜 홍해아를 유인한다.

보살님 앞에까지 유인된 홍해아, 보살님에게까지 덤벼드는데

보살님은 얼른 하늘로 날아오르네.

멋진 연화좌만 덩그러니 남았구나.

보살 쫓아낸 기분에 한번 척 앉아서 폼을 내는데

보살님 주문 한마디에 연화대가 원래의 천강도로!

천강도에 꼬치 꿰인 요괴, 항복!

관세음보살님, "너 회개했구나" 하고

쉽게 받아들일 리 없다.

손오공 머리에 씌웠던

부처님이 하사한 테두리 아직 남은 것 있네.

그놈 씌워서 완전히 굴복시키고

마정수계摩頂受戒를 내리시곤, 새로운 이름도 내리신다.

"이제부터 네 이름을 선재동자善財童子라 하리라."

쉰셋의 선지식을 찾아뵌 선재동자가

여기서 탄생하였다네!

물론 서유기에서만… 하핫.

요괴 잡던 손오공 보살 쳐다보기가 한 번 더 반복되지만

그래도 손오공 기분 좋다.

동지가 생겼거든, 머리에 금테 두른~

주문 외우면 조여들어 데굴데굴 구르는~

기분 좋게 떠날 수 있어라!

앞으로 한동안은 힘든 줄도 모를 것 같아라!

이제 서유기에서 가장 재미있는, 바로 홍해아가 등장하는 대목입니다. 우선 그 이름부터 풀어볼까요? 홍해아는 '붉은 아이'라는 뜻이네요. 물론 어릴 적 이름이지만요. 장성해서는 성영대왕이라 하고요. 그 장기는 삼매진화네요.

이 이름들 사이에는 긴밀한 관계가 있어요. 우선 '붉은 아이'라는 어릴 적 이름은 삼매진화라는 불의 색깔과 관계가 있지요. 그리고 성영대왕은 '원영元嬰을 이룬 대왕'이란 뜻이지요. 원영이 무엇이냐고요? 도교 수행의 한 단계를 말하는 겁니다.

앞에서 도교 수행에 대하여 설명을 좀 해드렸지요? 단로에 약재를 넣고 고아서 금단을 만들어 먹던 금단술이 다른 방향으로 발전되었다구요. 그래서 몸을 단로로 삼고, 몸에 있는

정혈精血을 약재로 삼아, 호흡으로 불 때기를 하여 몸속에 금단을 만드는 수행이 기본이 되었는데, 그러한 수련이 일정한 경지에 오르면 원신元神을 단련하여 원영을 이룰 수 있다고 하네요. 근원적인 기운을 정련하여 그것을 사람 모습을 한 어떤 정신적인 봄으로 이뤄내는 것이라고나 할까요? 아니면 순수한 기의 몸이라고 말해도 될 것 같습니다. 그렇게 이루어진 원영은 엄청난 공효功效를 가지고 있다고 하지요.

그러니까 홍해아는 그런 금단대도를 닦아 일정한 경지를 성취한 존재라 할 수 있겠습니다. 그 경지로써 얻은 신통력이 바로 삼매진화인 것이구요. 삼매란 무엇인가요? 불교의 수행을 요약하면 계戒, 정定, 혜慧 삼학이라는 것은 모두 알고 계시지요? 삼학 가운데 정이 바로 삼매입니다. 범어로는 사마디Samādhi인데 음역을 하여 삼매라고 합니다. 그러니까 삼매진화라는 것은 '삼매의 수행을 통해 얻어진 참다운 불'이라는 의미입니다.

어헛? 나칠계 님, 힘차게 손을 드시네요. 무슨 의문이 있으신가요? 아, 네… 삼매라는 것이 불교 수행법인 삼학 가운데 하나이면 당연히 훌륭하고 착한 공부일 텐데, 어찌 홍해아 같은 요괴가 그런 삼매의 힘을 쓰느냐구요? 모처럼 좋은 질문을 하셨네요. 그런데 그 질문에 대한 답은 전에 몇 번 했던 것 같군요. 여러 번 이야기해도 늘 처음 듣는 것처럼 받아들여주시는 나칠계 님께 감사드리며, 다시 한번 살짝 이야기할 수밖에요.

삼매 자체는 가치중립적이라고, 어려운 말로 표현했었지요? 삼매는 쉽게 말하면 차분함과 집중의 상태를 말합니다. 마음이 들뜨지 않고, 한군데 몰입하여 집중하는 것을 삼매라 합니다. 그러니까 삼매는 선악과 무관하게 이룰 수 있습니다. 물론 궁극의 경지에 가서는 절대적인 선을 지향할 때에만 온전한 삼매를 이룰 수 있겠지요. 악한 지향을 지니고 있으면 온전하게 차분한 마음과 집중된 마음을 얻을 수 없을 테니까요.

그렇지만 그만큼 절대적인 경지까진 아닌 경우라면, 여러 종류의 삼매가 있을 수 있고 그로 인한 신통력도 얻을 수 있습니다. 우리말의 쓰임을 보세요. 독서삼매, 연애삼매, 기타 등등… 다 삼매라는 말을 붙이고 있지요? 강한 몰입과 집중이 있으면 다 삼매라 할 수 있고, 그런 몰입과 집중은 큰 힘을 냅니다. 그렇게 나오는 힘을 신통력이라 한다는 말이지요.

그러니까 홍해아는 수행 단계에서 무언가 잘못되어 샛길로 빠진, 그러면서도 큰 힘을 얻은 존재라 할 수 있습니다. 누구나 수행 과정에서 그러한 유혹에 빠질 수 있음을 상징적으로 나타내는 존재이기도 하겠네요. 수행을 통해 얻은 힘을 바탕으로 하는 요괴이기에 퇴치하기가 쉽지 않아 보여요. 여러모로 흥미진진하게 하는 요괴입니다.

그렇게 재미있고도 무서운 요괴 홍해아가 현장법사 일행을 노리네요. 아니, 일행이 아니라 현장법사를 노리는 것이지요. 현장법사는 본신本身이 여러 생에 거쳐 수행을 쌓아온 분이라, 요괴들이 그 고기를 먹기 위해 침을 흘리지요. 거기다 진원대선이 키우던 인삼과 열매를 얻어먹은 덕분에 더더욱 효능(?)이 강화되었구요. 좀 과장해서 말하면, 그 고기를 한 점만 먹어도 불로장생한다나요?

그런데 방어가 만만치 않아요. 하도 요괴한테 당하다 보니 손오공을 중심으로 한 방위체제가 틀이 딱 잡혀 있거든요. 비상 사이렌 웽~ 하고 울리면 순식간에 차량 통제하고 안전한 곳으로 대피하는… 이크, 이건 민방공 훈련이구나. 그게 아니고 현장법사를 가운데 보호하고 손오공, 저팔계, 사오정이 삼면을 에워싸 지키는 틀을 딱 갖춰놨거든요.

할 수 없이 요괴는 현장법사의 자비심에 호소하는, 이미 이전에 나왔던 요괴들이 써먹었던 고전적인 방법을 동원합니다. 나무에 매달려 살려달라고 호소하는 어린아이 작전! 그런데 현장법사는 또 속아 넘어가네요. 눈치챈 손오공이 말려도 소용없어요. 미련한 저팔계가 내부의 적으로 등장하여 오히려 손오공을 공격하고, 현장법사는 구해주지 않으면 머리테 조이는 주문을 외울 태세. 손오공도 이제는 혼자서 우기기보다는 적당히 업고 가는 척하다 뒤처져서 패대기쳐 죽일 궁리를 하지요.

그런데 좀 답답하지 않은가요? 현장법사는 여러 번 속고서도 왜 이렇게 또 쉽게 속는 것인가요? 똑똑한 손오공 말 듣지 않고 미련한 저팔계 말은 왜 이렇게 잘 듣는 것인가요? 그게 그럴 수밖에 없어요. 사람은 모두 저마다 특성을 가지고 있는데, 그 사람의 장점이 있는 곳에 바로 단점이 있기 마련입니다. 현장법사의 자비심은 참으로 뛰어난 덕목이지만, 바로 그 성격 때문에 실수를 범하는 것이지요.

강직한 사람은 그 강직함 때문에 실수를 범합니다. 너그러운 사람은 그 너그러움 때문에 실수를 범하고요. 논어에 이런 말이 있지요. "사람의 허물은 그 사람의 부류에 따라 다르다. 그 사람이 어디에서 허물을 범하는가를 살피면 그 사람을 알 수 있다." 그러니까 현장법사가 허물을 범하고 실수를 하는 곳이 어디인가를 잘 살펴보면 현장법사의 사람됨을 알 수 있습니다. 이런 실수를 자꾸 하는 것으로 보아 현장법사는 자비로운 분이 틀림없습니다.

자, 여러분도 자신을 한번 돌아보실까요? 어떤 곳에서 허물을 범하고 실수를 하시나요? 너무 신중하게 하다가 낭패를 보는 일이 많다구요? 그렇다면 님은 신중한 분이시군요. 너무 곧게 하려고만 하고 융통성을 발휘하지 못해 실수를 하신다구요? 그렇다면 님은 곧은 분이십니다.

이처럼 자신이 실수를 하고 잘못을 하는 곳을 잘 살피면, 자신의 성향을 알 수 있습니다. 그래도 너무 부정적인 방향으로 스스로를 나무라지 말고, 오히려 그것을 자신의 장점으로 살려 낼 수 있도록 보완해가시는 편이 좋겠지요?

어랏, 나칠계 님? 본인은 그런 차원이 아니라구요? 늘 먹을 거 너무 좋아해서 실수하고, 여자 좋아해서 잘못하고, 놀기 좋아해서 낭패를 보신다구요? 허허~ 나칠계 님은 상당히 동물적인 분이시군요. 그것을 어떻게 긍정적으로 바라봐야 할까요? 어떤 보완조치를 하면 그것이 장점으로 부각될까요? 삼쾌 선생도 좀 난감하군요. 두고두고 궁리를 해봐야겠습니다.

흠, 그래도 한 가지 길이 보이긴 하네요. 나칠계 님은 저 팔계를 상당히 닮으셨고, 또 개인적으로도 저팔계를 좋아하신다 했지요? 그렇다면 계속 우리와 함께 가시자구요. 서유기 전체가 수행의 길을 말하고 있으니, 아마 끝부분쯤 가면 저팔계가 어떤 훌륭한 경지에 도달하는지 나오지 않을까요? 그 결과를 보면 나칠계 님이 어떤 공부를 통해 어떤 훌륭한 장점을 부각시킬 수 있을지도 알 수 있을 거예요. 그렇죠?

자신감을 가지세요. 시선詩仙이라 하는 이태백의 시에 이런 구절도 있잖아요? "하늘이 나를 낳았으니 반드시 쓸 데가 있으리."(天生我才必有用) 에? 그런 일로 전혀 자신감 잃은 적 없다구요? 사는 게 그런 건데 왜 자신감을 잃겠냐구요? 와, 이제 발견했습니다. 나칠계 님의 진정한 장점은 바로 이런 무심함, 태평함… 나아가 후안무치厚顏無恥함에 있었군요!

아무튼 현장법사의 자비심은 아직 깨닫지 못한 과정에서는 늘 과잉 자비, 눈먼 자비로 작동하여 요괴의 수단에 속아 넘어가 위기를 불러들입니다. 그런 상태에서는 지혜로운 손오공의 충고보다 미련한 저팔계의 부추김에 더 끌리기 마련이지요. 친구 관계도 보통 그렇잖아요? 무언가 지혜로운 눈으로 따갑게 충고하는 친구에게는 좀 거리감을 느끼고, 감정적으로 접근하는 친구에게는 쉽게 정을 주게 되구요. 우리의 내면도 마찬가지예요. 지혜의 날카로운 판단보다는 정에 이끌리기 쉬운 것이 우리 인간의 모습!

이렇게 되니 손오공 기운이 빠집니다. 자기는 요괴 알아보고 대비를 하는 것인데 현장법사는 "넌 어찌 그리도 자비심이 없냐!"고 야단을 치네요. 저팔계도 옆에서 거들고, 그러다가 또 요괴한테 납치나 당하니….

손오공이 탄식합니다. "우리 이제 흩어져야 할까부다."

저팔계도 맞장구칩니다. "옳은 말씀!"

어라? 이렇게 되면 또 찢어질 위기인가요? 그런데 여기서 뜻밖의 반전이 일어납니다. 삼형제가 오히려 뜻을 함께하는 계기가 되지요. 그 시발점은 굳건한 마음의 상징인 사오정입니다. 사오정이 거의 기절할 정도로 놀라 소리치네요. "그게 무슨 말씀들입니까! 그 만나기 어렵다는 불법의 문중에 들어왔는데, 하루아침에 지금껏 쌓아온 공덕을 날리자는 말입니까?"

손오공이 말하지요. "그 말은 맞아. 그렇지만 요괴가 저렇게 드센데, 마음 약한 사부님은 걸핏하면 내 말 안 듣고, 팔계는 그런 사부님 부추겨 내 뒤통수를 때리니 어쩌면 좋겠니?"

이야기가 여기에 이르렀을 때 기특하게도 저팔계가 반성을 합니다. "내가 좀 생각 없이 굴기는 했네요. 그렇지만 사오정 말대로 우리가 이대로 헤어질 수는 없다 생각해요!"

미련스럽고 철없는 저팔계까지 이렇게 나오니 손오공이 얼마나 기뻤겠어요? 이 대목, 상당히 의미가 있습니다. 늘 말썽을 일으키기만 하던 저팔계, 탐심과 욕망의 상징이던 저팔계가 자신을 돌아보게 되었으니까요. 분열되어 있던 마음이 조금씩 하나로 뭉쳐지는 조짐을 보이는 장면이라 할 수 있겠지요?

아무튼 삼형제, 다시 의기투합하여 현장법사 구할 계책을 짜기 시작합니다. 그 시작으로 손오공이 토지신과 산신령을 소집하여 요괴의 정체를 캐냅니다. 그런데 알고 보니, 이 요괴가 친구의 아들이었어요. 그것도 보통 친구가 아니라 의형제를 맺었던 형님의 아들! 그러니까 조카라고 해야 할, 그런 요괴군요.

그래서 손오공 자신 있게 나서서 "어이! 알고 보니 내가 자네 아저씨 되는구만!" 했다가 창피만 당하지요. 당연한 이야기 아닌가요? 그게 언제 적 이야기인데…. 손오공이 부처님한테 잡혀 오행산에 깔려 지낸 세월이 몇 년이던가요? 자그마치 500년입니다. 홍해아 태어나기도 훨씬 전이죠. 전혀 얼굴도 못 봤던 사람이 아저씨라고 나서면 누가 믿겠어요?

거기다 이제는 진영도 갈렸네요. 홍해아의 아버지 우마왕하고 형님 동생 하던 시절은 요괴 놀음 할 때였고, 이제는 불법 문중에 들어서 수행을 해나가는 스님의 신분이니까요. 공자님이 말씀하셨죠. "도道가 같지 않으면 함께 무엇을 도모할 수 없다."(道不同不相爲謀) 이제 서로 도가 달라요. 한쪽은 요괴도妖怪道, 다른 쪽은 불도佛道이니 한판의 드잡이질은 피할 길이 없네요.

싸움질이야 손오공의 전공 분야이니 꿀릴 리가 없겠지요. 천상세계도 한바탕 휘저은 손오공이니 홍해아한테 실력이 부칠 리도 없구요. 그런데 홍해아에게는 신묘한 술법이 있습니다. 삼매에서 나오는 참된 불(三昧眞火)! 앞서 말했듯, 삼매가 바탕이 되면 상대하기가 쉽지 않아요. 손오공이 태상노군의 단로에서도 견뎠다 하지만, 매운 연기는 질색이거든요. 손오공이 단로 연기 쐰 것 때문에 그때부터 원숭이 눈이 벌겋게 충혈되었다는 설도 있답니다. 원숭이 눈에 대한 사실 확인과 손오공과의 유전 관계는 좀 아리송하지만 말이에요. 하하.

싸움에는 이골이 났다는 손오공도 이 삼매의 불을 이기기 어렵네요. 요괴가 사는 골짜기가 화운동火雲洞인데, '불 구름 골짜기'라는 이름에 걸맞게 가득 메우고 타오르는 불길들! 저팔계는 바로 꽁무니를 빼버리고, 손오공도 혼자는 감당이 안 되어 후퇴합니다.

이렇게 되니 좀 난감하게 되었지요? 어쩌나요? 이럴 때는 원군 요청을 하는 것이 기본이지요. 머리를 굴려보니, 불의 상극은 물이군요. 오행五行의 상생相生과 상극相剋 들어보셨죠? 상생 관계는 이렇습니다. 나무는 불을 낳고, 불은 흙을 낳고, 흙은 쇠를 낳고, 쇠는 물을 낳고, 물은 나무를 낳는다…. 여기서 '낳는다'는 말은 도와준다는 말과 통합니다. 그 반대로, 상대를 이기고 해치는 관계를 상극 관계라 합니다. 나무는 흙을 이기고, 흙은 물은 이기고, 물은 불은 이기고, 불은 쇠를 이기고, 쇠는 나무를 이긴다…. 이렇게 되지요.

그러니 홍해아의 불을 이기려면 물이 필요하겠다, 그런 결론이 나옵니다. 갑자기 강물을 끌어올 수도 없고, 홍해아를 물속으로 끌고 들어갈 수도 없으니…. 이리저리 궁리하던 손오공, 예전부터 좀 부려 먹던 용왕을 떠올리네요. 여의봉도 용궁에서 강탈한 것이었지요? 이번에는 그렇게까지 강제는 아니지만, 어쨌든 사정 이야기를 하고 네 바다의 용왕을 몽땅 끌고 옵니다. 그리고 당당하게 다시 싸움을 거는데~ 이거 참! 용왕이 내리는 소낙비로도 이 불이 안 꺼지는 겁니다. 기름불에 물을 부은 것처럼 더 활활 타오릅니다.

원군까지 있으니 잔뜩 힘주어 덤빈 경우, 그것이 안 통하면 더 나쁜 결과가 나오기 십상입니다. 손오공이 힘을 써서 뚫고 들어가보지만, 홍해아가 손오공 얼굴에 대고 불길을 확 뿜어버리니 당할 수가 없습니다. 뜨거움을 못 견뎌 물로 뛰어갔지요. 이런 상황, 상당히 위험한 거 아시죠? 뜨거움과 차가움이 급격하게 바뀌면 심장마비가 온다구요!

손오공도 바로 그렇게 되어 죽을 뻔합니다. 재미있게도 저팔계가 안마술로 구해주네요. 저팔계가 손오공 구한다고 안마술을 펼치는 대목, 이것도 그림이 좀 나오지요? 인공호흡 한다고 입까지 맞대었으면 더더욱 멋진 그림이 나올 텐데… 히힛. 아쉽게도(?), 다행히(?), 거기까지는 안 갔습니다.

문제는 용왕의 비도 삼매진화를 끌 수 없으니 이제 어찌하느냐입니다. 결론은 뻔하다구요? 보살님께 청하는 것이라구요? 맞습니다. 맞고요. 그런데 보살님 청하기가 이번에는 좀 쉽지 않다는 거죠!

보살님을 모셔오는 데 무슨 문제가 있었을까요? 손오공은 죽다 살아나는 바람에 좀 힘이 빠져 저팔계가 대신 길을 떠나는데, 신통한 요괴가 이를 탐지해내고는 수를 씁니다. 저팔계는 요괴 감지 능력이 없잖아요? 손오공이야 척 보면 알아채지만, 미련퉁이 저팔계는 똥인지 된장인지 꼭 찍어 먹어봐야 안다니까요. 그런 저팔계 앞에 홍해아가 관세음보살로 분장하고 나타나네요. 어느 세월에 관세음보살 계시는 남해까지 가는가 싶던 게으름뱅이 저팔계가 얼마나 반가워했겠어요? "아이고, 보살님! 실은 여차저차…." 그렇게 여차저차 하다가 저팔계마저 요괴의 동굴에 떨어집니다.

아니, 아무리 그래도 요괴가 막 보살로 분장해도 괜찮은 거냐구요? 제한 같은 건 없냐구요? 아무리 요괴라지만 지킬 건 지켜야지, 그런 짓 하다간 큰 벌 받는 거 아니냐구요? 그런 말씀들 마세요. 제한 없어요. 벌도 없어요. 그런 거 가려서 하면 그게 요괴겠어요?

그러니까요, 혹시 기도 열심히 하는 가운데 불보살님이 현신한다 하더라도 그대로 믿어서는 안 되는 거예요. 그게 불보살인지 요괴인지 어찌 알겠어요? 그런 현상이 보이더라도, "내 집중과 몰입의 수준이 꽤 깊어졌구나!" 딱 그 정도로만 생각하시면 됩니다. 그 이상을 넘어가면 병이 되거든요.

불교 문중에는 수행 과정에서 나타나는 이러한 현상들에 대한 친절한 안내가 있습니다. 위험한 현상들에 대한 경고도 있고요. 불교 이전에 인도의 요가 전통이 있었고, 불교는 그것을 기본으로 받아들인 바탕 위에 독특한 수행체계를 세웠습니다. 그러니까 불교는 수행의 방법과 과정에 대해 섬세하고도 친절한 안내를 해줄 수 있는 그런 종교입니다.

그래서 서구에서는 천주교나 개신교의 교역자들도 불교의 명상센터에서 명상을 하는 경우가 많지요. 그만큼 불교의 명상법은 종교를 초월하여 그 효과를 인정받고 있는 측면이 있습니다. 비교적 안전하게 명상을 할 수 있다는 장점도요. 쉽게 말해 전철 같은 데서 좀 풀린 눈, 그러면서도 핏발 선 눈으로 "OOO 안 믿으면 지옥 갑니다!" 하고 외치는 그런 사태는 여간해서 벌어지지 않는다는 말씀!

그분들이 아무런 체험도 없이 그냥 그러는 걸까요? 저는 아니라고 봅니다. 그분들도 그렇게까지 되기에는 엄청나게 강렬한 체험이 있었을 거예요. 천국이 열리고, 천사가 강림하고 하는 그런 체험 말이에요. 그럴 때, 정신 집중이 일으킬 수 있는 여러 현상에 대한 친절한 안내가 있고 지도가 있었다면 저렇게 확 틀어지지는 않았을 거예요. 참 안타깝지요?

아무튼 눈 밝지 못한 저팔계는 요괴의 분장에 속아 잡혀

가고 말았네요. 아무래도 이상하다 싶은 손오공이 나서서, 둔갑
술로 요괴의 소굴을 염탐하여 저팔계가 잡혀갔다는 사실을 알
아냅니다. 그리고 홍해아가 자기 아버지에게 부하를 보내 현장
법사 고기 맛을 보시라 청하는 것도 알고, 홍해아가 저팔계에
게 한 짓 그대로 복수를 하지요. 우마왕으로 변신, 요괴의 부하
를 속여서 요괴의 동굴로 당당하게 들어가는 겁니다. 그리고 요
괴한테 절까지 받아가며 극진한 대접을 받다가, 현장법사 고기
먹자는 것을 이런 핑계 저런 핑계로 미루는 바람에 정체가 드
러나지요.

들켰긴 했지만 그 전까지 우마왕 행세하면서 홍해아 속여
먹은 게 얼마나 통쾌했던지! 죽을 뻔하고 축 처져 있던 손오공,
기운이 되살아납니다. 역시 남의 불행은 나의 행복? 하하, 아직
손오공의 심보가 이렇네요.

어쨌든 기운 차린 손오공이 직접 관세음보살님 청하러 남
해로 휙 날아갑니다. 홍해아가 자신으로 분장하여 저팔계 잡아
갔다는 소리에 발끈 성을 내시는 보살님 모습이 참 인상적이군
요. 성을 내신 보살님, 정병에 사해오호四海五湖의 물을 다 담으시
네요. 너무 무거워 손오공도 들지 못하는데, 그걸 한 손으로 척
들고 계십니다. 앞으로 관세음보살상이나 그림을 보실 때는 주
의 깊게 찾아보세요. 손에 정병을 들고 계신다면, 거기에는 사
해오호의 물이 가득 담겨 있는 거랍니다. 새삼 신심信心, 존경심
이 무럭무럭 피어나지요?

정병뿐만이 아닙니다. 탁탑천왕 — 사천왕四天王 가운데 한
분입니다 — 에게 천강도라는 보배로운 칼 서른여섯 자루를 빌

려 홍해아 잡으러 출발하십니다. 우선 정병에 담긴 물의 정수를 쫙악 깔아 삼매진화에 대한 방비를 마치곤, 보배로운 천강도로 아름다운 연화좌를 만들어냅니다. 물론 신통력으로 모습만 바꾼 것이지요.

겉보기엔 아름다운 연화좌, 알고 보면 무시무시한 천강도! 그리고 손오공을 시켜 홍해아를 유인케 하곤, 홍해아가 와서 덤벼들자 그 연화좌를 버리고 공중으로 피신하시네요. 보살까지 손쉽게 물리친 홍해아, 무서울 게 없겠지요? 세상이 돈짝만 하게 보이겠지요? 그 앞에 장엄하고도 아름다운 연화좌가 있으니 어찌 그냥 넘어갈 수가 있겠어요? "어험! 보살까지 물리친 나 같은 사람이 앉을 만한 자리로구나!" 그런 기분으로 척~ 앉아보는 거죠.

바로 이게 삿된 길로써 신통을 얻은 자들의 말로입니다. 보배로운 자리, 아름다운 자리라고 여겼던 그 자리가, 바로 천강도에 온몸을 꿰뚫리는 자리가 되지요. '내가 이런 경지에 도달했어!' 하고 자만에 빠지는 순간, 얻었던 신통력도 잃어버리고 비참한 처지로 떨어지는 것처럼요.

왜 그러냐구요? 삿된 마음으로도 삼매를 이루고 신통을 얻을 수 있지만, 그 삼매는 결국 삿된 마음이 장애가 되어 흐트러지기 마련이니까요. 그럼 자연히 신통도 사라질 수밖에요. '내가 예전에 이런 사람이었어!' 하는 오만, 내용 없는 껍데기뿐인 형편없는 인간만이 덜렁 남게 되는 것입니다.

현실의 구체적인 이야기도 좀 해볼까요? 세간에는 신점神占을 치는 분들이 있습니다. 기도 등을 통해 얻은 신비한 힘으로 미래를 직관하는 분들이지요. 그런 능력을 얻어 신점을 치기 시작하는 초창기에는 대체로 매우 영험이 있답니다. 그런데 이름을 날리게 되고 돈도 벌게 되면 욕심이 생긴다네요. 그럴수록 자연히 능력도 떨어지고 영험도 없어지고… 그래서 주기적으로 영업을 그만두고 기도에 들어가곤 한다는군요. 그렇지 않으면 정말 사기꾼이 되고 마니까요.

어헛! 나칠계 님. 눈빛이 변하는 것이 좀 위험한 생각을 하시는 듯? 이제 막 개업한 곳만 골라서 점을 치러 다녀야겠다구요? 그럼 백발백중 원하는 일의 답을 얻을 것 같다구요? 아고고, 나칠계 님! 이상한 길로 빠져서 삼쾌 선생의 명쾌한 설명에 초를 치는 일을 그만두실 순 없을까요? 앞으론 나칠계 님을 이상한 시각에서 바라본다든가 하는 일, 하지 않겠다고 약속드릴 테니까요. 휴~ 정말 강적이시네요.

그래도 나칠계 님의 강력한 방해공작을 뚫고 본 줄거리로 돌아온 삼쾌 선생! 천강도 서른여섯 자루에 찔려 꼼짝 못하니 홍해아인들 무슨 수가 있겠습니까? 무조건 항복이죠. 그럼 보살님은 무조건 받아주실까요? 천만에요! 자기로 분장을 하여 사기까지 친 괘씸한 녀석을 그리 쉽게 용서하실 리가… 음, 이건 아니고… 사실 삿된 길에서 성취를 이루었던 존재는 애초에 악한 길로 빠졌던 존재보다도 더 위험하거든요. 그러니까 좀 강한 족쇄를 채워놓지 않으면, 예전에 이루었던 삿된 성취의 유혹을 견디기 힘들어요.

그래서 손오공 머리에 씌웠던 쇠고리를 홍해아에게도 여러 개 채우고서야 제자로 받아들입니다. 그리고 홍해아의 잘못된 업을 바로잡기 위해 남해까지 일보일배一步一拜의 고된 수행을 시키면서 돌아갔답니다. 우와~ 홍해아 무릎도 다 벗겨지고, 이마도 다 깨졌겠네요.

지금도 종종 스님들이 거룩한 뜻을 펴기 위해 삼보일배三步一拜를 하시는데, 그 연원이 바로 홍해아의 불문 귀의歸依 의식이었다는 사실! 이제 아셨지요? 그리고 이 홍해아에게 내린 새로운 이름이 선재동자라는 사실! 그것도 이제 아셨지요? 화엄경에 나오는, 쉰세 명의 선지식을 참방하여 법을 구했던 선재동자가 바로 이 선재동자라는 말입니다.

아고고, 정말 그대로 믿으시는 분들이 있는 것 같네요. 사실은 그게 아니고, 둘 다 서유기의 저자 오승은이 기발하게 꾸민 이야기입니다. 예전에 소크라테스가 즐겨 인용했던 경구인 "너 자신을 알라"를 그리스 말로 하면 "알라, 니 꼬라지!"라고 농담했더니, 그리스 말 철자가 어찌 되느냐고 물었던 분이 있었어요. 그래서 그분과 다시는 말을 섞지 않겠다고 다짐했지요. 일보일배 이야기, 선재동자 이야기를 말 그대로 받아들이시는 분도 그 목록에 포함시킬 겁니다. 하하.

혹시 나칠계 님도 거기에 포함되실 생각은 없으신지요? 아, 그 정도로 순진하지는 않으시다구요? 흠, 그럴 것 같네요. 순진하고 나칠계 님은 거리가 꽤 될 것 같으니까요. 그런데 삼보일배나 일보일배의 수행이 정말 가능하냐구요? 또 그런 수행을 할 필요가 있냐구요? 세 걸음 걷고 한 잔씩 마신다거나, 한 걸음 걷고 한 잔씩 마시면 취해서 도저히 멀리 갈 수 없을 것 같다구요?? 이크! 삼보일배三步一杯, 세 걸음에 한 잔이 아니라,

삼보일배三步一拜, 세 걸음에 절 한 번입니닷!

에효~ 나칠계 님의 방해공작은 늘 알면서도 당할 수밖에 없네요. 그렇다고 제가 강하게 내칠 수도 없는 것이, 바로 이 대목이 홍해아라는 요괴마저도 불문으로 받아들이는 내용이잖아요. 그러니 울며 겨자 먹는 식으로라도 나칠계 님을 인정하고 받아들이는 수밖에 없겠지요? 삼쾌 선생의 바다같이 넓은 마음, 그 진수를 보여주는 대목으로 알고 넘어가자구요.

그렇기에 더더욱 다시 힘주어 이야기할 수밖에 없네요. 아무리 악한 존재라 하더라도 마음 한번 돌리면 부처 땅에 들어올 수 있다는 생각! 선이나 악은 그 존재 자체가 가지고 있는 게 아니라 어디까지나 관계성 속에서 존재한다는 생각! 모든 존재를 평화와 행복으로 아우르는 이 위대한 생각이 홍해아의 이야기에 가득 담겨 있다는 점을 잊지 마시기 바랍니다. 나칠계 같은 분도 너그럽게 인정하는 삼쾌 선생처럼요. 이크, 돌팔매 날아올까 싶어 여기서 그칠게요.

30. 내 종교를 위해 남의 종교를 핍박하면

손오공 일행 천축 가는 길을 서둘지만
서둔다고 빨리 가는 것은 아닐세!
이름도 이상한 거지국車遲國이라는 나라,
거지들이 사는 거지국이 아니라
수레가 늦게 가는 나라, 거지국이니
어찌 빨리 지나갈 수 있겠는가?
그런데 이 나라 많이 이상한 나라…
온 나라가 도교만 받들고 불교는 마구 짓밟아
도사는 귀족이요 스님들은 천민,
아니 천민만도 못한 노예로구나.

큰 가뭄이 들어 온 나라가 허덕일 때,
스님들 기우제엔 비 한 방울 안 내렸는데
웬 도사 셋이 출현하여 큰비를 내리게 했다네.
호력대선虎力大仙, 녹력대선鹿力大仙, 양력대선羊力大仙의
세 신선이라던가?
이 나라 왕이 워낙 줏대가 없어

이 한 사건으로 불교는 영험이 없다 탄압하고
도교만을 받들게 되었다는군.
비참한 노예 생활에 수많은 스님들 죽고 달아나고
이제는 오백 명의 스님만이 남았다네.

이러한 때 나타난 손오공을 보고
모든 스님들이 환호를 한다.
'내가 좀 잘생기기는 했지만
이 정도로 환호를 받을 줄이야!'
손오공 감동을 받았는데
알고 보니 여기에도 사연이 있다.
스님들 꿈에 불교를 옹호하는 신들이 나타나
당나라 성승을 모시고 가는 제천대성이라는 분이
이 비참한 상황에서 구원을 해줄 것이라며
용모까지 알려주셨다나?

이때부터 손오공의 맹활약이 전개된다.
스님들 모두 풀어주어 달아나게 하고
저팔계, 사오정 꼬드겨
세 도사가 제를 올리는 삼청전三清殿에 잠입하여
모든 제사 음식 쓸어 먹는다.(주로 저팔계가!)
삼청 신상神像도 때려 부수고,
삼청으로 변신하여 거짓 위엄을 보인다.
성스러운 물(聖水) 내려달라는 기원에

자기들 오줌을 내려준다.

이상한 오줌 맛 때문에 정체가 발각되자

술법을 부려 탈출한다. 기타 등등…

다음 날 뻔뻔하게 통행증에 도장 받으러

국왕 앞에 나선 손오공 일행.

불교는 싫어하지만 중국과의 외교관계는 무시 못해!

통행증에 도장을 찍으려는 국왕 앞에

호력, 녹력, 양력의 세 도사가 등장하여

손오공 일행이 저지른 일을 고해바치지만

손오공, 증거가 있느냐고 오리발… 오리발… 오리발…

마침 여름 가뭄을 걱정하는 백성들이

기우제를 지내달라는 탄원을 올리니

비를 내리는 것으로 내기가 붙게 되네.

비를 내리게 하면 통행을 허락하겠지만

내리게 하지 못하면 살아남지 못하리라!

그리하야 먼저 도사들이 법력을 보이게 되었는데

이 도사들, 비보통 도사들이다.

호력대선이 단에 올라 부적을 태우고 영패令牌를 울리니

비가 올 듯 바람이 솔솔 불기 시작한다.

놀란 손오공 털을 뽑아 가짜 몸 만들어놓고

급히 올라가 살펴보니 바람의 신 와 있네.

풍파파風婆婆와 손이랑巽二郎이던가?

손오공 여의봉 휘두르며 호통을 친다.

"이 제천대성을 모르느냐!

바람 한 점이라도 불어 도사 수염만 흔들려도

여의봉으로 각각 스무 대씩이다!"

놀란 신들 손오공에게 납작 엎드린디.

일던 바람 사르르 죽어버린다.

그렇게 구름의 신, 벼락의 신,

마지막에 용왕까지 힘을 못 쓰게 만들어버리니

호력대선, 얼굴이 벌게지도록 용을 써도 소용이 없다.

"아마도 용왕이 집에 없나 봅니다."

구차한 변명…

손오공이 약을 올린다.

"내가 보니 집에 있소.

당신 법술이 신통치 못할 뿐이지!"

그러고는 현장법사를 단에 오르게 한다.

"스승님은 그저 염불만 하시면 됩니다."

여의봉으로 신호를 하여

마침 와 있던 여러 신들 차례로

바람 불게 하고, 구름 끼게 하고, 번개 치게 하고…

마지막에 용왕이 비를 쏟아붓는다.

결국 내기는 손오공 팀의 승리!

국왕이 현장법사의 법력에 감탄하여

통행증 도장 찍어주려 하는데

세 도사 끈질기게 또 시비를 건다.

자기들 법력이 부족한 게 아니라

자기가 부른 용왕이 사정이 생겨 늦었는데,

마침 기회가 좋아 현장법사가 비를 내리게 만든 것이라나?

결국 손오공이 용왕을 현신시켜 국왕을 감복시키는데…

정말 끈질긴 도사들, 여전히 포기를 못한다.

"어찌 이번 한 번의 일로 지금까지 저희들 공로를

한 번에 다 깎아내릴 수 있습니까?

저들과 한번 법력을 겨루게 해주소서!"

줏대 없는 국왕, 또다시 마음이 흔들려

법력대결이 벌어진다.

도교 대 불교, 도사 대 스님!

우리 편 이겨라! 저쪽 편도 잘해라?

그런데 승부는 이미 결정되어 있지.

하늘을 평정했던 제천대성을 술법 대결로 누를 수 있을 리가?

결국 세 신선 요괴 정체가 드러나며

비참하게 죽음을 맞으니

이것 또한 인과응보런가?

　　　이번에는 종교 갈등을 보여주는 대목이네요. 도교와 불교가
다투는군요. 본디 두 종교는 약간 비슷한 측면이 있어서, 그 때
문에 서로 경쟁을 하는 경우도 많이 있었지요. 도교에도 출가자

라 할 수 있는 도사道士가 있고, 절에 대응하는 도관道觀이 있고…
여러모로 서로 영향을 주고받으며 발전한 측면도 있습니다.

그런데 거지국에서는 이 두 종교가 비를 내리게 하는 경
쟁을 계기로 완전히 상하관계가 되었군요. 결국 수많은 스님들
이 달아나고 죽고, 500명의 스님들만이 신장들의 가호를 받으
며 손오공 오기를 목 빠지게 기다리는 상황이었네요.

이렇게 종교들이 우열을 다투고 대립구도로 가는 것은 사
회적으로 정말 바람직하지 않은 상황입니다. 종교에도 좋은 종
교, 나쁜 종교가 있을 수 있어요. 사교邪敎도 있고, 사이비도 있
고, 미신도 있고…. 그렇지만 어느 정도 수준 있는 종교들까지
서로 헐뜯고 우열을 따지기 시작하면 정말 큰일이 나거든요. 종
교에 대한 믿음은 모든 것을 쏟아붓게 하는 힘이 있으니까요.

세계가 한 울타리처럼 좁아진 현대의 상황에서는 더더욱
종교 간의 문제가 신중하게 다뤄져야 합니다. 여러 종교가 함께
있을 수밖에 없음을 인정하고, 서로 평화롭게 공존하는 길을 모
색해야 하지요. 이른바 '종교다원주의'라고 하지요? "우리 종교
만이 참되고 다른 종교들은 모두 삿되다. 그러니까 우리 종교만
독야청청 홀로 존재해야 한다!" 만약 이런 주장을 하는 종교가
있다면, 그 사실 하나만으로도 그 진실성을 의심받아야 마땅할
겁니다.

물론 모든 종교는 자신의 종교가 가장 훌륭하다는 전제
위에 서 있습니다. 그리고 그러한 믿음에는 제약이 없습니다.
믿음에는 무한한 자유가 허용되지요. 그렇지만 그것은 개인의
내적 차원에만 해당합니다. 사회적 차원에서는 다른 사람들도

저마다 믿음에 관해 무한한 자유가 있음을 존중해야 하지요. 모두 평등하게요. 내 믿음의 자유가 남의 믿음의 자유보다 우월하거나 클 수는 없어요.

그렇게 평등하다는 것을 인정한다면, 내 믿음을 남에게 강요하거나 남을 불편하게 만들면서까지 전하려 해서는 안 된다는 점도 당연하겠지요? 딱 잘라 말해서, 포교의 자유는 무한한 것이 아닙니다. 포교는 남의 자유를 침해하지 않는 선에서 매우 조심스럽게 행해져야 합니다.

그런데 많은 사람들이 믿음의 자유와 포교의 자유를 혼동해요. 그래서 포교의 자유가 무한하다는 착각에 빠지기도 하고, 남의 믿음을 무시하면서 자기의 믿음을 전하는 것이 마치 자기의 깊은 신앙심을 증명하는 일이라는 잘못된 생각에 빠지기도 합니다. 이런 일들이 자꾸 일어나게 되면 종교 사이의 골이 깊어지고, 결국 커다란 사회 갈등으로 증폭됩니다.

특히 권력자가 종교적 편향을 보이게 되면 거의 틀림없이 비극이 연출됩니다. 지금 우리가 이야기하는 서유기의 이 대목이 딱 그렇지요? 국왕이 줏대가 없고 판단력이 흐려서 도교만을 우대하고 불교는 무자비하게 탄압하고 있으니까요.

최고 권력자 또는 고위 관료들의 종교 편향이 빚어낸 바람직하지 못한 사태는 우리나라에도 무척 많았습니다. 그 때문인지는 몰라도, 비교적 종교 갈등이 적던 우리도 이젠 안심할 수 없는 수준에 이른 것 같아요. 설마 공직에 있는 사람들이 그런 짓을 하겠냐고 말씀하진 않으시겠지요? 시장市長이란 사람들이 그 도시를 성시聖市로 만들겠다거나 하나님께 봉헌하겠다거나 해서 물의를 빚은 장면, 다들 뉴스에서 보신 기억 있으시잖아요?

인도의 대서사시인 《마하바라타》에 의미심장한 이야기가 있어요. 바라타 대왕 가문의 이야기를 그린 서사시인데, 주인공은 바라타 대왕의 후손인 다섯 왕자입니다. 마지막에 다섯 왕자가 모두 신의 나라를 찾아 순례를 떠나는데, 중간에 다 죽고 만이인 유디슈트라만이 그를 따르는 충견과 함께 신의 나라에 도착한답니다.

그런데 신의 나라에 들어가려 하니 개는 못 들어간다는 거예요. 유디슈트라는 "나만을 믿고 따라온 개를 버리고 신의 나라에 들어가느니, 차라리 안 가겠다"며 발길을 돌리지요. 그런데 그것이 바로 시험이었습니다. 개를 버릴 심성을 가진 사람은 신의 나라에 입장할 자격이 없다는 거지요.

그래서 유디슈트라는 신의 나라에 들어가는데… 이게 웬일입니까? 자신의 부모와 형제가 모두 지옥에 있는 거예요. 유디슈트라는 또 지옥행을 자원합니다. 왜냐구요? 자신이 사랑하는 사람들이 모두 지옥에 있는데 혼자 천상으로 간다면, 그곳은 천상이 아니라 지옥일 테니까요. 괴롭더라도 사랑하는 사람들과 함께하겠다는 뜻이었지요. 그리고 이것 또한 시험이었습니다. 자신만을 생각하는 것이 아니라 사랑하는 사람들과 함께하겠다는 그 마음이 바로 천상에 들어갈 수 있는 심성이라는 뜻이지요.

왜 갑자기 이런 이야기를 하냐구요? 자기들만 천상에 갈 자격이 있다고 생각하고, 다른 믿음을 가지고 있는 사람은 모두 지옥으로 가게 된다고 믿는 사람들… 종교 편향적인 형태를 보이는 사람들은 대개 이런 심성을 지니고 있는 것 같습니다. 그런 심성을 가진 사람들이 모여 사는 곳이라면 그곳이 과연 천국일 수 있을까요?

그 실제 사례를 들다 보면 끝이 없을 것 같아서 그만 그치겠습니다. 그리고 그런 분들은 각 종교 안에서도 극히 일부의 몰지각한 부류라고 생각하고 싶은 것이 제 마음이에요. 종교 간의 평화로운 공존을 꾀하시는 분들이 훨씬 더 많을 겁니다. 다만 그런 목소리는 쉽게 묻혀버리니 안타까울 뿐이지요.

그래도 비교적 불교는 이런 종교적 편향이 약한 편이에요. 그래도 그 정도에 만족하고 머물러서는 안 된다는 것이 삼쾌 선생의 생각입니다. 적극적으로 다른 종교에 대한 이해를 넓히고, 그들과 함께하겠다는 의식을 확장한다면 더욱 좋지 않겠어요? 예를 들어, 불자들도 틈틈이 바이블 정도는 한번 읽어보시기를 권합니다. 그래야 그 종교를 믿는 분들과 잘 소통하면서 함께 지낼 수 있지 않을까요? 다른 종교의 경전 읽는 것이 자기 종교의 믿음에 방해가 된다고 여겨서는 안 됩니다. 오히려 자기 믿음을 더 풍요롭게 만드는 계기로 삼을 수 있어요.

개인적인 차원에서 다른 종교를 이해하고 그들과 소통하는 노력을 기울여야 하듯이, 사회적으로도 여러 종교가 평화롭게 공존하는 바탕을 만드는 데 관심을 기울여야 합니다. 불교 역사에 바로 그런 일을 해낸 위대한 선배가 있어요. 아소카 대왕은 최초로 전 인도를 통일한 왕이지요. 그러나 전쟁의 비참함을 깊이 느껴 불교를 독실하게 신앙하면서 비폭력, 도덕적 통치를 실현하고자 했어요. 독실한 불자이면서도 자기 종교만 내세우지 않고, 모든 종교가 평화롭게 공존해야 한다는 칙령을 선포했습니다. 지금도 그 칙령이 바위에 새겨져서 그분의 위대한 정신을 우리에게 전해주고 있습니다.

"누구나 자신의 종교만을 숭상하고 다른 종교를 저주해서는 안 된다. 다른 종교도 존경해야 한다. 자신의 종교를 포교하면서 다른 종교에도 봉사해야 한다. 그러지 않는 것은 자신의 종교에 무덤을 파는 짓이며, 다른 종교에 해를 끼치는 짓이다. 자신의 종교만을 숭상하고 다른 종교를 저주하는 자는 '나는 내 종교를 찬양하고 있다'고 생각한다. 그러나 자신의 종교에만 집착할수록 그것을 더욱 해칠 뿐이다. 그러므로 화해하는 것이 좋다. 경청하라! 다른 종교의 교의나 가르침에도 귀를 기울여라."

얼마나 멋있는 말입니까? 이렇게 멋있는 선배의 뒤를 이어, 오늘날 여러 종교가 평화롭게 공존할 바탕을 만드는 것이 우리의 사명이 아닐까 싶습니다. 그런 점에서 얼마 전에 불교계가 선도적으로 나서서 거의 성사 직전이었다가 무슨 이유인가로 — 삼쾌 선생은 무슨 이유인지 알고 있지만요 — 중단된 '종교평화선언'을 다시 성사시켰으면 좋겠습니다. 그 당시의 상황은 이미 지나갔으니, 문제가 되었던 부분을 조심스럽게 보완한다면 우리 한국사회가 안고 있는 어려운 문제들을 해결하는 쾌거가 될 거라고 감히 주장합니다.

종교 간의 갈등이 점차 심해지는 이때, 한국으로부터 종교평화의 바람이 불어 전 세계가 그 바람에 휩쓸리게 된다면 얼마나 좋겠습니까? 불보살과 모든 신들이 찬탄할 일이요, 온 세계가 찬탄할 일입니다! 삼쾌 선생, 다시 한번 힘차게 외칩니다. "종교평화불사 이룩합시다!"

그런 불사佛事도 있느냐구 갸우뚱하시는 분들은 불사에 대한 인식부터 바꾸셔야 합니다. 부처님이 이 땅에 오시면 가장 서두르실 일, 그것이 바로 불사이지요. 그리고 종교 간의 평화야말로 부처님이 가장 서두르실 일! 그러니 '종교평화불사' 맞습니다. 이룹시다, 종교평화불사!

이크! 나칠계 님은 팔뚝까지 걷으시고 주먹을 힘차게 내뻗으실 태세? 잠깐 정지! 일단 흥분을 좀 가라앉히고 다시 서유기의 무대로 돌아가볼까요?

거지국 임금은 정말 종교에 대한 편향이 너무 심했지요? 최고통치자가 그렇게 줏대 없이 행동하고, 거기에 영합한 종교인들이 극단적인 박해와 대립을 일으켰네요. 세상사 다 눈에 보이는 것만을 중시하기 마련이지만, 오랜 가뭄에 기우제가 영험이 있느냐 없느냐의 문제로 종교를 경쟁시키는 것 자체가 잘못된 일입니다. 그런 신통과 이적에 초점을 맞추게 되면 모든 종교가 사교邪敎화될 위험이 있습니다.

아무튼 영험 경쟁에서 도교가 불교에 패하여 모든 스님들이 도사들의 노예처럼 부려지게 된 상황…. 여기 손오공이 계시된 영웅으로 등장하여 스님들을 해방하고 불교도 복권시키네요. 그 과정이 참으로 재미있는 이야기로 가득 차 있는데, 삼쾌 선생이 압축해둔 글로 때워 넘기기로 하겠습니다.

여차저차 다시 기우제 시합이 이루어지고 결국 불교가 이기는데, 도사들이 도통 승복을 안 해요. 그래서 도술 시합으로 이어지는데, 그 도술 시합도 손오공의 기막힌 술법에 의해 불교가 압승!

그런데 그 귀결이 매우 비참해요. 호력대선, 녹력대선, 양력대선으로 불리던 도사들의 정체가 호랑이, 사슴, 양이 술법으로 변신한 요괴였다는 사실이 밝혀지네요. 그것도 시합 도중에 죽으면서 그 정체가 드러나는 식으로요. 뜨거운 기름 가마에 들어가기 시합에서, 뜨겁지 않게 하는 술법을 손오공이 깨뜨리는 바람에 기름에 삶겨 죽는다나요? 에구구, 조그만 힘을 얻어 그것으로 혹세무민하던 종교인의 말로를 그린 장면이라 해도 비참한 건 사실이군요.

스스로 훌륭한 척 뽐내고 있지만, 알고 보면 요괴와 같은 본질을 가진 종교인이 지금 세상이라고 없을까요? 사교가 일으키는 끔찍한 사건들이 종종 터지는 것을 보면 예나 지금이나 마찬가지인 듯합니다. 건강한 믿음의 중요성을 새삼 절감하게 되네요.

그리고 그런 종교적 비극의 중심에 줏대 없고 식견 없는 국왕이 있었다는 사실도 의미심장합니다. 그러니 권력과 종교가 유착되면 절대 안 된다구요! 지금 여기의 말로 하자면, 공직자의 종교 편향은 절대 용인될 수 없다구요!

31. 금붕어도 신통을 얻어 요괴가 된다니

요괴 도사들 물리쳐 거지국 스님들 구하고

다시 내딛는 구법의 길.

날은 저물어 쉴 곳을 찾는데

팔백 리 폭을 가진 강이 가로막는다.

이름도 거룩한(?) 하늘로 통하는 강,

통천하通天河란다.

아득한 심정으로 강가 마을을 찾으니

제법 큰 마을이 나오고,

마침 제 지내는 소리가 들린다.

반갑게 찾아드니 진가장陳家莊,

융숭한 대접을 받는데 분위기가 이상하다.

제 이름이 '죽을 사람을 위해 미리 지내는 제'란다.

들어보니 사연이 기구하다.

통천하에 수신水神이 있는데,

이름하여 신령스럽게 감응하는 영감대왕靈感大王!

이 신이 해괴하다.

해마다 우순풍조雨順風調하게 도와주는 건 좋은데

또 해마다 동남동녀童男童女 하나씩을 바쳐야 한다네.

떳떳한 신이 아님이 분명하구나.

일행이 머무른 집이 마침 제 지내는 집.

진가상 형제의 사녀들… 형님의 딸, 아우의 아들…

그것도 외동딸 외동아들이 제물로 뽑혔다네.

피할 길 없는 재앙에 피눈물 흘리며

죽음을 앞둔 아이들을 위해 제를 지낸단다.

현장법사의 자비심과 손오공의 영웅심!

가만히 있을 수가 없다.

손오공은 남자아이로 둔갑하고

저팔계는 여자아이로 분장하여,

제물이 되어 사당에 오른다.

밤 늦자 으스스한 찬바람 불고

영감대왕 현신이오!

손오공의 여의봉에 날아가오!

정통으로 맞았으면 죽었으련만, 빗맞았소!

영감대왕 놀라 달아난 뒤, 고기 비늘만 몇 개 남은 걸 보니

물고기 요괴가 분명하다오!

맛있는 동남동녀 기대하고 갔던 영감대왕 분기탱천,

복수를 꿈꾼다.

휘하에 있는 쏘가리 할멈이 꾀를 낸다.

영감대왕 기뻐하며 그 꾀에 따른다.

술법을 부려 휘이익~~~

드라이아이스 확확확!!!

팔백 리 통천하를 두껍게 얼려버린다.

갈 길 바쁜 손오공 일행,

아들딸 살려준 은혜에 기뻐하는 진씨 형제 배웅받으며

얼어붙은 통천하를 건넌다.

당연히 준비된 함정!

중간에 얼음이 좌좌작!

손오공, 저팔계, 사오정, 거기에 용마까지

재주를 부려 벗어나지만

현장법사야 재주 없는 것이 재주!

풍덩 빠져 요괴한테 붙들려 간다.

세 제자가 구하려 여러 번 쳐들어가지만

손오공 무서운 재주를 두려워한 요괴,

물속 궁전 문을 튼튼히 걷어 닫고

진흙으로 성벽까지 쌓고 버티니 수가 없다.

결국 급하면 보살님!

손오공 남해로 날아 관세음보살님 찾는다.

그런데 관세음보살님 거동이 수상타.

손오공 기다리게 해놓고 뒷산 대밭에 가서서

대껍질 벗겨 물고기 바구니를 만들어오신다.

그리고 휘익, 통천하로 함께 돌아와

물고기 바구니를 물속에 던져 넣고는

이상한 게송을 읊조리신다.

"죽은 것은 가고, 산 것은 남아라! 남아라!"

그리고 건져 올린 대바구니에

금빛 찬란한 금붕어 한 마리가 담겨 있다.

바로 요놈이다!

통천하에서 야료를 부린 요괴의 정체가 바로!

원래 관세음보살 거처의 못에 살던 금붕어가

매일 머리 내밀고 경전 읽는 소리 듣더니

수행하여 신통을 얻었단다.

큰비에 물이 넘칠 때 도망쳐

요괴 노릇을 하고 있던 것이었던 것이었던 것이었단다.

어쩐지 관세음보살님, 왜 왔느냐 묻지도 않고,

뭘 잘못해서 그리되었느냐 구박도 않고,

대뜸 대바구니 들고 달려오시더니

지은 죄(?)가 있으셨구나!

아무튼 이리하야 통천하의 어려움은 해결되었는데

그때 금붕어 잡아내시던 보살님 모습을 그린 것이

세간에 전해져서

33 관음 가운데 어람관음魚籃觀音이 되었다나?

전번엔 선재동자의 이력을 만들어내더니

이제는 어람관음의 내력까지!

서유기 한 번 읽으면 불보살님의 경력 이력,
환하게 알게 되겠네!

거지국에서 손오공의 활약은 좀 생략을 했습니다. 술법 대
결이 제법 볼 만했는데, 그런 거 저런 거 다 이야기하다 보면 한
도 끝도 없이 늘어질 것 같아서요. 그 대목의 여차저차는 시간
날 때 꼭 읽어보시고, 손오공 일행 다시 나아가는 길을 이번엔
큰 강이 가로막네요. 강폭이 자그마치 800리나 된다는 통천하!

여기에도 영감대왕이라는 고약한 신이 살고 있습니다. "영
감靈感을 얻었다"고 할 때의 바로 그 영감이에요. 신령스런 감응
을 뜻하는 거죠. 그런데 이 영감대왕이 사람들에게 적당한 이익
을 주면서 무언가 부당한 갈취를 하고 있는 삿된 신 같죠?

신이 신인 이유는 무엇일까요? 존재의 격이 높아서 신인
것이죠. 만약 신이 꼭 우리 인간들의 거래관계처럼 무어 얼마
받으면 거기에 얼마 준다는 식으로 반응한다면, 그것이 신의 격
에 맞겠어요? 그건 장사꾼이지요. 신의 격에 맞으려면, 받지 않
아도 무한히 베푸는 사랑을 보여야 하지 않을까요? 그래서 누
군가는 신의 사랑을 '짝사랑'이라고 표현하기도 했지요. 저쪽의
사랑과 관계없이 무한히 주는 사랑이니까요.

그런데 우리 인간들 하는 모습을 좀 보세요. 신들도 무언
가를 받아야 베푼다고 생각을 하는지, 그저 뭘 바치고 그 대가
로 복을 달라고 빌지 않나요? 그러면서도 신의 격을 높이 보는
건지, 쥐꼬리만큼 바치고는 소꼬리만 한 복이 오기를 바라지요.
하하. 그게 기복적인 신앙의 모습입니다. 그렇게 신의 격을 낮

취 보면서 신의 마음에 들고자 하는 태도는 좀 앞뒤가 안 맞는 것 같아요.

여기 통천하의 신은 정말 격이 낮아도 너무 낮은, 요괴 수준의 신이네요. 풍요를 주는 대가로 사람에게서 가장 소중한 것을 빼앗으니까요. 세상에, 동남동녀라니요? 부모자식 간의 지극한 사랑을 끊는 잔혹함! 그러면 자식을 제물로 바치고 삶의 안락을 얻는 부모는 대체 어떤 존재가 되는 것인가요? 천륜을 끊어 자신의 행복을 얻는, 격으로 따지면 더 이상 내려갈 곳이 없는 최하의 사람이 되지 않겠어요?

신이라고 할 수 없는 낮은 격, 요괴 정도의 격으로 신 행세를 하는 신! 그 신에 얽매어, 그저 생존을 지상명제로 자식들을 바치고 삶을 영위하는 부모들! 차마 눈 뜨고 볼 수 없는 광경이 여기에 펼쳐지고 있습니다.

그런데 그렇게 남의 이야기로만 쉽게 넘길 일이 아니에요. 미신이나 사교에 빠지면 이런 일들이 종종 일어납니다. 사교 집단에서 벌어지는 끔찍한 사건들을 보면, 사람 목숨의 소중함이란 아예 존재하지도 않더라구요. 영생인지 천국인지 몰라도, 그것을 위해 남을 괴롭히고 결국 생명까지 해하는 일을 벌이는 것은 영감대왕에게 자식을 바치는 마을 사람들과 전혀 다를 바가 없겠지요?

신앙에도 격이란 것이 있습니다. 베푼 것보다 더 많은 것을 요구하는 신은 물론이거니와, 이 마을 사람들도 질 낮은 믿음을 지님으로써 스스로 격을 낮추고 있음이 틀림없네요. 그렇지만 세상에서 어찌 이상만을 추구하고 살겠습니까? 정말 이상을 말한다면, "내가 죽으면 죽었지, 온 마을이 망하면 망했지, 나의 아들딸, 마을의 아들딸을 내놓을 수는 없다!"고 거부해야 마땅하지요. 그러나 그랬다가는 모두 굶어 죽게 될지 모르는 것이 또 현실입니다.

이상을 포기하는 순간 우리는 인간이 아닌 존재로 타락하게 됩니다. 하지만 현실적으로 이상만을 내세울 수도 없지요. 에궁…, 이렇게 심각하게 나가자면 끝이 없겠지요? 그러지 않아도 심각한 상황인데요.

마을의 번영을 위해서는 어쩔 수 없이 동남동녀를 바쳐야 하는데, 지금까지는 남의 집 아이들을 바치며 넘겼지만 이번엔 자기 자녀들 차례가 되었다네요. 인간의 도리를 포기하게 하는 비참한 관행을 스스로 용인해왔기에 도망칠 수도 없습니다. 피눈물을 흘리면서 그 업보를 받는 수밖에요.

그런데 이때, 이 잘못된 업의 순환을 끊어내고 새로운 세상을 열 기회가 주어집니다. 손오공 일행이 방문한 것이지요. 영감대왕의 악업이 쌓이고 쌓여 이제 심판을 받게 된 대목이라 할까요? 아니면 마을 사람들의 슬픈 염원이 불보살님께 통하게 된 것일까요?

손오공과 저팔계가 이 마을의 슬픈 운명을 바꾸는 용사가 되어 나섭니다. 손오공은 남자아이로, 저팔계는 여자아이로 변신하여 영감대왕 사당에 들어가지요. 손오공의 여의봉 한 방에 영감대왕 기겁을 해서 도망치네요. 비늘이 떨어져 있었다는 것이 영감대왕의 수상한 정체를 암시하는군요.

손오공과 저팔계의 활약에 현장법사 일행이 극진한 대접

을 받게 된 것은 더 말할 것도 없지요. 그런데 문제는 환대만 받으면서 거기 머물러 살 수는 없는 노릇이라는 거예요. 인도까지 불경을 가지러 가는 머나먼 길, 아직 그 여정이 아득하게 남아 있으니까요. 앞길은 아득한데 통천하를 건널 길은 없고… 손오공 일행도 애가 탈 수밖에 없는 상황!

바로 그 상황을 이용한 영감대왕의 복수극이 시작됩니다. 영감대왕의 부하인 쏘가리 요괴 할멈의 계책이 절묘하네요. 영감대왕의 신통력으로 통천하를 두껍게 얼리고, 급한 마음에 그 위를 건널 때 얼음을 갈라지게 해서 현장법사를 잡아내자는 겁니다. 지나갈 수밖에 없는 길목에 함정을 설치한 것이라 용빼는 재주가 없어요. 그대로 함정에 빠져버렸죠.

이전에 만났던 몇몇 요괴들도 그 근거지에 지리적 이점이 있으면 참으로 퇴치가 힘들었지요? 특히 물속에 사는 요괴들은 더 심했구요. 사오정은 원래 출신이 물귀신이고, 저팔계는 천상계에 있는 때 은하수를 다스리던 관리였기에 그나마 물질에 능숙해요. 문제는 손오공입니다. 변신술로 물속에서도 웬만큼 버틸 수는 있지만, 있는 능력의 반도 발휘가 안 되네요. 제일 센 손오공이 힘을 못 쓰니 싸움이 힘들어질 수밖에요. 저팔계와 사오정이 요괴를 물 밖으로 유인해내서 손오공이 기습을 해보지만, 요괴가 잽싸게 물속으로 달아나곤 하는 바람에 그것도 별 효과를 못 보죠.

결국 급하면 보살님! 손오공이 남해로 관세음보살님을 또 찾아갑니다. 그런데 가보니 전에 왔을 때하고는 영 달라요. 보통은 거처에 조용히 앉아 계신 경우가 많은데, 이상하게도 뒷산

대밭에 가 계신 거예요. 거기서 뭘 하시는고 하니… 대나무 껍질을 벗겨 바구니를 짜고 계시더란 말이죠.

갑자기 웬 대바구니? 연유를 여쭤보니 참 김빠지는 사연이 있었네요. 통천하 요괴는 관세음보살님 거처의 연못에 있던 금붕어였답니다. 이 녀석이 아침저녁으로 염불 소리, 설법하는 소리를 듣다가 신통력이 생겼다네요. 그러다가 큰비에 못물이 넘쳤을 때 밖으로 달아나서는 통천하에서 신 노릇을 하고 있었던 거죠.

에고… 보살님의 권속이 요괴로 변한 셈이랄까요? 보살님도 좀 켕기는 게 있으셨겠지요. 그래서 손오공이 도착하기도 전에 먼저 뒷산 대밭으로 가서 물고기 잡을 바구니를 만드시고, 손오공이 구원을 청하기도 전에 앞장서서 통천하로 달려오시네요. 그러고는 손오공이 그토록 애먹었던 요괴를 단숨에 잡아내십니다. 바구니 물속에 던져 넣고 "죽은 것은 가고 산 것은 남아라! 라! 라!" 이 무슨 이상한 주문? 아무튼 한참 외우시다 대바구니 건져내니 그 속에 잡혀 나오는 금붕어! 이게 바로 영감대왕의 정체였어요.

보살님 계시던 곳의 금붕어가 요괴가 된다! 이건 앞에서 여러 번 나온, 요괴가 보살님 권속으로 되는 이야기가 거꾸로 된 설정이지요? 흑풍요괴, 홍해아의 경우가 바로 그런 예였구요. 흑풍요괴는 보살님 집 지키는 권속이 되었고, 홍해아는 보살님 제자가 되었는데, 이번엔 거꾸로입니다.

그래서 이상한가요? 전혀 이상할 것 없습니다. 요괴가 보살님 권속이 될 수 있다면, 그 반대가 가능한 것도 당연하지 않겠어요? 삼쾌 선생이 계속 강조하지 않았던가요? 요괴는 본디 요괴가 아니라 그 이름이 요괴이니라! 보살 권속은 본디 보살 권속이 아니라 그 이름이 보살 권속이니라! 보살은 본디 보살이 아니라 그 이름이 보살이니라!

엥? 이렇게 말하다 보니 금강경을 좀 표절한 것 같군요. 히히. 그렇지만 이런 표절은 괜찮아요. 금강경에 불보살님이 저작권을 요구하실 리도 없고, 아난존자가 표절 시비를 하실 일도 없으니까요. 오히려 잘 써먹기만 하면 기뻐해주실 겁니다. 그리고 좀 엉뚱하기는 하지만 삼쾌 선생이 써먹은 방식도 꽤 괜찮지 않았나요?

어떤 존재가 꼭 본래적인 자성自性이 있고, 그것이 선과 악으로 고정되어 있을까요? 그렇게 보지 않는 것이 불교의 연기적 사고방식이고 관계론적 시각이라는 말씀, 앞에서 여러 번 드렸습니다. 맞아요, 지금 우리가 가지고 있는 모습은 단지 모습일 뿐입니다. 어떤 관계성 속에서, 어떤 연기관계 속에서 그러한 모습을 띠고 있을 뿐이지요.

그런데 우리는 그 모습에 얽매어서 그것에 집착하고 매달리고… 결국 그것이 괴로움의 윤회를 일으키는 근본원인이 됩니다. 그러니까 우리 다 함께 금강경 말씀을 열심히 표절해봅시다. 그래서 모습에 매달리는 그 병에서 벗어나봅시다.

부처는 본디 부처가 아니라 그 모습이 부처일 뿐이니라!
남자는 본디 남자가 아니라 그 이름이 남자일 뿐이니라!
요괴는 본디 요괴가 아니라 그 이름이 요괴일 뿐이니라!
삼쾌 선생은 본디 삼쾌 선생이 아니라 그 이름이 삼쾌 선생일 뿐이니라!

나칠계 님은 본디 나칠계 님이 아니라 그 이름이 나칠계 님일 뿐이니라!

그래서 삼쾌 선생이 나칠계고 나칠계가 삼쾌 선생이고… 이크! 스톱! 삼쾌 선생과 나칠계 님을 혼동하는 것은 절대 안 됩니다. 모습에 얽매이지 말자는 거지 그렇다고 모습까지 혼동하자는 말은 아니에요. 이 잘생긴 삼쾌 선생과 그저 그렇게 생긴 나칠계 님을 같이 보시는 것은… 절대 안 됩니다!

잠깐 이야기가 딴 길로 들어갔음을 깊이 사과드리면서… 제자리 찾기 하겠습니다. 보살님 거처에서 누릴 수 있는 복연, 설법 듣고 염불 듣고 하는 복연도 자칫 삿된 길로 들어가면 엄청나게 나쁜 결과를 낳을 수가 있다는 이야기로 읽히네요. 아니, 오히려 뛰어난 가르침이야말로 자칫 방향을 잘못 틀게 되면 그 뛰어남 때문에 나쁜 쪽으로 엄청나게 큰 반향을 불러일으킬 수 있지요. 그래서 비인부전非人不傳, 합당한 사람이 아니면 (가르침을) 전하지 않는다는 말이 있는가 봅니다.

영감대왕 노릇 하던 금붕어가 참으로 올바른 구도심을 가지고 설법을 꾸준히 들었다면 그런 짓은 하지 않았을 텐데, 조금의 힘을 얻었을 때 보살님의 거처를 벗어나게 된 업연의 한계가 있었나 봅니다. 그렇다고 관세음보살님의 책임이 전혀 없는 게 아니에요. 자발적으로, 급히 통천하까지 달려와서 잘못된 업연을 수습하시는 걸 보면요.

그 덕분으로 참혹한 괴로움 속에 놓여 있던 통천하 주변 마을들도 질곡을 벗고, 보살님의 거룩한 모습을 친견하는 영광을 누리게 되었습니다. 그때 현신하셔서 금붕어 잡아들이던 보살님 모습이 그려져 어람관음으로 전해졌다는 이야기는, 역시 서유기 저자 오승은의 기발한 상상력입니다요.

그렇다고 웃어넘길 말만은 아니에요. 보살님은 언제 어디시고, 그렇게 우리 주변에 모습을 드러내고 계시니까요. 우리가 깨인 눈이 있다면, 그 수많은 보살님의 모습들을 여기저기서 뵐 수 있겠지요. 어디 어람관음만이겠어요? 삼쾌관음, 나칠계관음… 하하! 여러분도 다 관음! 주변 모든 분들 다 관음! 사바하!

32. 욕망의 소에 코뚜레를 하고

영감대왕에게 자리를 빼앗겼던

통천하의 수신水神이 나타나 감사를 드린다.

집채만 한 자라로다.

그 등이 넉넉히 넓어 일행을 모두 태우고

팔백 리 통천하를 휘익 건넜구나.

그러나 아직도 갈 길은 멀어라.

산천경개 좋은 곳은 요괴도 많아라.

해는 저물어가고 배는 고파오는데

인가는 보이지 않네.

현장법사 손오공에게 먹을 걸 구해오라는데

손오공 눈에 보인다.

요괴의 음산한 기운, 이곳은 매우 위험한 곳!

여의봉으로 큰 원을 그리고

술법을 걸어놓고는 단단히 당부한다.

제가 밥 얻어오는 동안 절대 밖으로 나가지 마세요!

그리고 근두운으로 휘익 날아가 이리저리 밥을 비는데

일행들 과연 꼼짝 않고 원 안에 있을까?

욕심 많고 참을성 없는 저팔계,

절대 못 견딘다.

일행을 충동질해 나선다.

조금 앞으로 가다 보니 훌륭한 집 있다.

들어가보니 주인도 없는 듯한데

좀더 들어가니 방 가운데 웬 해골!

아마도 집주인이었는데 죽었나 보다?

그리고 괜찮은 옷이 세 벌 있구나.

저팔계 들고 나와 이 좋은 옷으로 갈아입자 하네.

현장법사는 남의 물건 손댈 수 없다 거절하니

저팔계, 사오정만 갈아입는다.

그런데 이게 웬일!

입자마자 옷에 꽁꽁 묶여버리네.

꼼짝도 못하고 묶여 쓰러지네.

이것이야말로 요괴의 덫이었네.

거미줄에 먹이가 걸리자 거미가 등장하듯

요괴 등장하여 일행을 소굴로 채가 버린다.

아아!

본디 앉은 자리 없는 데 앉을 자리를 찾았는가?

해말쑥한 마음자리에 무슨 옷을 걸치려는가?

헛된 자리의 함정에 빠지고

거짓된 옷으로 천진면목天眞面目을 가렸으니
스스로 요괴의 굴에 빠져버렸구나!

밥 얻어 돌아온 손오공 두리번두리번…
사부님~ 팔계야~ 오정아!
토지신 나와서 사정을 알린다.
여기 독각시대왕獨角兕大王이란 엄청난 요괴가 있는데
그 요괴 소굴로 떨어졌다고.
다음 순서야 말할 필요 없다.
손오공 쳐들어가고 요괴가 뛰어나오고
짠짠 바라바라바라!
그런데 요괴가 손오공을 알아보는 듯!
"천상세계를 어지럽힐 만한 솜씨로구나!"
그러면서 웬 고리를 획 던지며
"붙어라!" 하는 한마디에
손오공 여의봉이 덜컥 거기 붙어버린다.
무기를 빼앗긴 손오공, 36계 줄행랑…

곰곰 생각해보니 이건 좀 이상하다.
나를 알아보는 것하며, 그 뛰어난 솜씨하며
분명 천상의 선관이나 악성惡星이 내려온 것이로다.
급히 천상계로 올라가 옥황상제에게 청하여
선관들을 점고點考한다.
그런데 이상하게도 결원이 없다.

그래서 옥황상제에게 청하고 원군을 얻어오는데
원군 아무리 많아도 소용없다.
"불어라!", 그 한마디!
모든 천상의 장군들 무기를 빼앗긴다.

이젠 정말 수가 없다.
부처님을 찾아뵙자!
무궁한 불법의 힘에 의지하는 수밖에 없구나.
한달음에 근두운 타고 영취산에 달려간다.
석가여래께서는 빙긋이 웃으신다.
18 나한에게 금단사金丹砂란 보물을 내리시곤
요괴 잡을 계책을 알려주신다.
1차 계책, 금단사로 요괴를 잡는다.
2차 계책, 그게 안 되면 태상노군을 찾아뵙는다.
1차 계책은 안 통하네….
금단사도 "불어라!"에 붙어버리네.

손오공, 태상노군 거처를 찾아간다.
휘휘 둘러보니 태상노군 거처에 있던
푸른 소가 보이지 않네.
소 돌보는 동자는 졸고 있네.
태상노군을 추궁하니 깜짝 놀라신다.
이크, 이놈 푸른 소가 달아났구나.
내 보배로운 금강탁金剛琢을 훔쳐갔구나!

급히 파초선^{芭蕉扇} 들고 나서신다.

아무리 사나운 요괴지만

주인이 나서는 데는 수가 없다.

파초선 한 번 흔드니 신비한 "붙어라!" 고리 떨어지고

두 번 흔드니 흐늘흐늘, 푸른 소의 본모습 드러난다.

"붙어라!" 고리였던 금강탁으로 코를 꿰니

꼼짝도 못한 푸른 소!

이때부터 인간 세상에 소코뚜레가 전해졌다나?

절 법당 벽에 그려진 소 찾기 그림 보셨지?

거기 소 잡아서 길들여 끌고 오는 대목…

거기에 나오는 소코뚜레가 바로 이 금강탁이여!

여러분도 각각 자기 소 찾아서

금강탁 코뚜레로 길들여서~

소 등에 타고 피리 불며 산천경개 유람하세!

　　좋은 일을 하면 보답이 있죠. 눈앞에 그 보답이 왔네요. 통천하의 요괴를 잡아주니, 통천하의 원래 수신이 보답을 하는군요. 커다란 자라 배(?)를 타고, 물의 신이니 배 모는 기술은 또 얼마나 좋겠어요? 멀미도 없이 800리 통천하를 휘익~ 건넜군요.

　　그래도 갈 길은 멀어… 좋은 경치 만날 때면 한편으로 요괴 근심을 안 할 수 없는 형편이지요. 그렇게 한편으로 좋은 산천경개 감상하며, 다른 한편으로 요괴 걱정하며 가는 길, 그게 바로 손오공 일행이 가는 길이지요. 그리고 그것이 바로 우리

수행의 길이기도 하구요. 도고마장^{道高魔長}이라 했지요? 도가 높아질수록 장애도 그만큼 커진다구요. 도가 높아져 삶의 질이 달라지고 기쁨이 커지는 만큼 장애도 늘어난다는 뜻입니다.

자, 이제 무엇이 우리 손오공 일행을 기다리고 있을까요? 이만큼 왔으면 수행의 단계로 따져도 꽤 높아진 것 같은데요. 에궁, 역시나 이번 장애도 만만치 않군요. 앉을 자리 찾는 장애, 자기 위상을 드러내려는 장애가 기다리고 있네요.

손오공만이 살필 수 있는 요괴의 기운, 날은 저무는데 음산한 기운이 있는 동네에 도달했습니다. 그래서 내가 밥 얻어올 테니 꼼짝 말고 기다리라 당부하곤, 그래도 못 미더워 보호의 술법을 건 원을 그려놓고 밥 얻으러 간 사이… 저팔계가 또 일을 일으키지요? 언제나 그놈의 욕망, 탐욕이 문제로군요. 그 부추김에 저항을 못하는 일행도 문제예요. 아직도 욕망의 힘을 누를 만큼의 수행이 쌓이지 않은 모양입니다.

저팔계도 이제 좀 길은 들었는데, 손오공만 없어지면 본성이 튀어나오는군요. 지혜가 잠시 출타한 사이, 탐욕의 부추김을 견디지 못하고 금지선을 슬그머니 넘어서는 거예요. 스스로 떨어진 요괴의 굴! 그 굴이 어떤 굴이냐? 바로 앉을 자리 탐하는 마음, 자신을 드러내려는 마음, 그것이 만드는 덫이자 그물입니다.

손오공이 신신당부하며 벗어나지 말라고 한 곳이야말로 참으로 도를 닦는 사람들이 지켜야 할 안전선이라고 할 수 있어요. 그런데 저팔계는 그것을 견디지 못하고, 그곳을 감옥이라고 생각하며 이렇게 말합니다. "형님이 어디 가서 놀다 오는지도 모르잖아요? 자기가 탁발을 해오겠다고 하면서 우리는 여기서 감옥살이나 하고 있으라니!"

당연히 지켜야 할 도리를 질곡으로 여기고 감옥으로 여기는 마음, 그런 마음이 들면 바른 길로의 수행은 틀린 것이지요. 편안한 자리를 찾아 나서게 되지요. 또 그동안 조금 쌓인 수행력, 신통력을 빌려 자기를 과시하고 싶은 욕망에 줄달음치게 됩니다. 그래서 요괴 굴인지도 모르고 스스로 찾아들어가 천진면목을 가리는 옷을 스스로 걸치는데, 그것이 바로 자기 자신을 꽁꽁 묶는 오랏줄이었네요.

저팔계가 인도해서 찾아간 집, 주인 없는 집에 백골만 누워 있군요. 이미 그런 편안함을 찾아왔던 사람의 백골일까요? 그리고 따듯한 솜옷이 세 벌~. 그동안 추위를 참아왔던 저팔계는 더 견딜 수 없죠. 현장법사는 주인 없는 물건을 탐할 수 없다고 거부하지만, 저팔계와 사오정은 그 유혹을 견디지 못합니다. 그래서 입자마자 꽁꽁 묶여서 쓰러지고, 결국 힘없는 현장법사만 남게 됩니다. 거미줄 치고 기다리는 거미처럼, 함정을 만들고 기다리던 요괴가 달려나오니 저항할 길이 없습니다.

요괴야말로 '이게 웬 떡이냐!'지요. 한 점만 먹어도 불로장생한다는 현장법사 일행을 힘도 안 들이고 잡았으니, 이제 어떻게 맛있게 요리해 먹느냐만 남았는데… 그래도 저팔계의 발악적인 위협이 좀 마음에 걸립니다. "우리 형님이 누구인지 아느냐? 하늘을 뒤흔들었던 제천대성이시다!"

그런데 이 요괴가 좀 비보통非普通 요괴인 게 틀림없어요. 손오공을 아는 걸 보면요. 마음에 좀 걸리기도 하고 겁도 나고 해서, '흐음! 그 녀석까지 잡아서 뒤탈 없게 한 뒤에 성승聖僧 고기를 맛보자'고 결정을 내리지요.

과연 요괴가 뒤탈 없이 성승의 고기를 맛볼 수 있을까요? 우리 슈퍼스타 손오공이 돌아오면 무슨 수를 내든 일행을 구하겠지요? 그런데 이 요괴가 천상의 소식까지 알고 있는 것을 보면 정말 비보통 요괴임이 틀림없고… 앞으로의 한판이 만만치 않을 것 같아요.

이 만만치 않은 요괴와의 싸움 이야기도 기대되지만, 먼저 '앉을 자리' 이야기부터 해볼까요? 앉을 자리가 없는데 앉으려 한 것에 대한 삼쾌 선생의 해석이 좀 과장되지 않느냐고 생각하시는 분도 계신 듯하네요. 그렇지만 서유기에 분명 이러한 해석의 단서가 있습니다. 이런 게송이 나오거든요.

道高一尺魔高丈 도가 한 자 높아지니 장애는 한 길이 높아지고,
性亂情昏錯認家 성정이 어지럽고 어두워지니 머물 곳을 혼동하는구나.
可恨法身無坐位 법신에는 앉을 자리가 없음이 유감이로구나.
當時行動念頭差 그때의 행동이 한 생각 어그러진 것이로세.

법신에 앉을 자리가 없다! 이 한 구절이 천고의 비밀을 드러내주고 있다고나 할까요? 앉을 자리가 없는데 앉을 곳을 찾았으니, 그 행동의 과보를 받을 수밖에요. 그래서 요괴 굴에 떨어졌다는 말입니다.

일단 이렇게 이해하고 나니 옷을 주워 입은 다음 장면도 자연스럽게 해석이 되지요? 앉을 자리 찾아간 곳에 옷까지 놓여 있으니 자연히 그것도 입어보고 싶겠지요. 의식주衣食住 아닙

니까? 지금 손오공은 밥 얻으러 갔지요. 아주 조심스럽게 먹을 것을 찾아간 손오공이 함부로 움직이지 말라고 경고했는데, 그 말을 안 듣고 함부로 주住와 의衣를 찾아나섰군요. 그렇게 머물 곳이 아닌 곳으로 들어가고, 걸치지 말아야 할 것을 걸쳤다가, 꼼짝 못하고 꽁꽁 묶여서 요괴 굴에 떨어지고 말았습니다.

어떻습니까, 이 삼쾌 선생의 해석이? 탁월한 해석이라고 스스로는 생각하고 있지만… 좀 권위를 높이기 위해서 원효 스님의 말씀을 끌어와볼까요?

원효 스님이 말씀하신 일심이문一心二門의 틀에 의하면, 우리가 수행을 한다는 것은 생멸문生滅門에서 진여문眞如門으로 나가는 것이라 합니다. 생멸문과 진여문이 바로 이문二門이지요.

그게 무슨 문이냐구요? 생멸문은 말 그대로 생멸이 있는 현상세계를 가리킨다고 할 수 있습니다. 생기고 소멸함이 있는 세계, 차별이 있는 세계를 뜻합니다. 진여문은 그 반대입니다. 참다운 진리의 세계입니다. 그 특징을 한마디로 말하면 '차별 없음'입니다.

그러니까 불교의 수행이라는 것은, 바로 차별과 집착이 있는 세계에서 모든 차별을 넘어선 세계로 나가는 것이라 할 수 있어요. 그런데 그렇게 해서 진여의 경지에 도달했다 칩시다. 그래서 거기에 안주하려는 순간, 바로 쫓겨날 수밖에 없어요. 왜요? 진여의 특징이 무엇이었던가요? '차별 없음' 아니었던가요? 그런데 '아! 이것이 진여로구나. 나는 진여의 경지에 도달했다!' 한다면 이것은 차별, 분별이 아닌가요? 진여와 생멸을 차별하는 차별, 그것마저 넘어서야 진정한 진여가 아닐까요?

그러니 진여는 앉을 자리가 없습니다. 송곳 꽂을 땅조차 없어요! 그래서 진여에 도달하는 순간, 바로 생멸의 세계로 다시 나올 수밖에 없다네요. 그렇다 해도 진여를 모르고 생멸의 세계에만 머물러 있는 것과, 진여를 거쳐 생멸의 세계로 되돌아온 것은 큰 차이가 있어요. 생멸의 세계에 미물리 짓는 모든 업은 괴로움을 낳는 업이지만, 진여를 거쳐 다시 생멸의 세계에 돌아와 짓는 업은 괴로움을 낳는 업이 아니라 불가사의한 업이라네요. 괴로움을 낳는 업이 아니라 불세계를 건설하는 불가사의한 업, 미묘한 업이라는 겁니다.

그러니 불자들의 지향점은 괴로움의 업을 짓는 존재에서 불세계를 건설하는 불가사의의 업을 짓는 존재로 거듭나는 것이어야 합니다. 수행을 통해서요! 수행의 목표는 이처럼 불가사의한 업을 짓는 것입니다. 진여라는 자리에 가서 털썩 주저앉아 편안히 쉬는 것이 아니라구요. 그것을 서유기의 저자는 "법신은 앉을 자리가 없다!"라는 말로서 표현한 게 아닐까요? 슬쩍 "그래서 유감이다"라는 문학적 표현을 곁들여서요.

앞에서 부처는 그 자리에 안주하는 것이 아니다, 부처답게 행동함에 바로 부처다움이 있다는 말을 했었지요? 그 말과 연관 지어 생각해도 좋을 것 같네요. 끊임없이 불가사의한 업을 지어나가는 존재, 항상 부처답게 행동하는 존재, 그것이 바로 부처입니다. 그것은 법신이라는 자리, 진여라는 자리에 가서 앉을 생각을 하는 순간에 팍 어그러지지요.

궁극의 큰 길을 지향하는 가르침은 언제나 이렇습니다. 편안함을 찾거나, 어디 눌러앉는 것을 용납하지 않습니다. 너무나 피곤한 일 아니냐구요? 그렇지 않습니다. 그렇게 행동하고 그렇게 사는 것이 오히려 편안하고 즐겁습니다. 그것이 바로 부처니까요. '불편하다, 힘들다'는 생각은 편안함을 추구하려는 순간에 생겨나는 법입니다

　불교와는 좀 다르지만, 유교의 조종祖宗인 공자님 말씀도 한번 들어볼까요? 공자님은 이렇게 말합니다. "선비는 뜻이 굳세고 커야 한다. 임무는 무겁고 길은 멀다. 웃짐을 그 임무로 삼으니 무겁지 않은가? 죽은 뒤에야 끝나니 길이 멀지 않은가?" 이걸 불교식으로 바꾸면 어찌 될까요? 웃짐은 자비로 바꾸면 되겠네요. "보살은 뜻이 굳세고 커야 한다. 임무는 무겁고 길은 멀다. 자비를 임무로 삼으니 무겁지 않은가? 죽어도 끝나지 않으니 얼마나 길이 먼가?" 마지막이 달라졌지요? 윤회를 말하지 않는 유교와 달리, 세세생생 보살도를 행해야 하는 보살의 길은 정말 죽어도 끝나지 않는 더 먼 길입니다.

　이렇게 끝이 없는 보살의 길에서 현장법사 일행이 잠시 눌러앉을 곳을 찾아 헤매는 바람에 요괴 굴로 떨어졌지요? 현장법사는 그래도 남의 물건은 손댈 수 없다 하여 옷을 입지 않았지만, 손오공은 밥 구하러 간 사이 저팔계와 사오정이 모두 꽁꽁 묶여버리니 재주 없는 현장법사가 무슨 수가 있겠습니까?

　그렇게 모두 잡혀가고 나서 돌아온 손오공, 좀 황당했겠지요? 그렇지만 어쩌겠어요? 당연한 수순으로 요괴의 소굴 파악하고 쳐들어가서 한바탕 드잡이질을 하는 수밖에요. 그런데 이 요괴도 정말 비보통 요괴네요. 아니, 요괴보다도 그 요괴가 가진 무기가 완전 비보통 무기입니다. 금강탁이라고 하니 다이아

몬드로 만들어진 팔찌인가요? 이것을 던지며 "붙어라!" 하면 모든 무기가 거기 달라붙어 버립니다. 무기를 뺏기면 싸우기 힘들겠지요? 그래서 손오공도 당해내지 못하고, 하늘세상에 가서 여러 원군들을 빌려 오지만 그 원군들도 속수무책입니다. 무시무시한 "붙어라!" 팔찌를 당해낼 도리가 없어요.

결국 부처님의 지혜에 의지하고자 석가여래를 찾아뵙지요. 광대한 부처님의 지혜에 무슨 걸림이 있겠어요? 빙긋 염화시중拈華示衆의 미소를 띠셨을 것 같아요. "흐음, 그렇단 말이지? 그렇다면 이렇게 저렇게 해보거라!" 하시며 금단사라는 귀한 보물과 아라한들을 파견해주시죠. 그것도 "이것이 안 들으면, 다음은 이렇게 해보거라" 하는 자상한 계책과 함께요.

첫 번째 수단이 안 통하니 부처님 말씀대로 태상노군의 거처를 찾아가게 됩니다. 여러 번 나왔으니 이제 태상노군도 낯이 익으시지요? 도교에서 최고 높은 신이라 할 수 있는 존재가 삼청三淸입니다. 옥청玉淸(원시천존), 상청上淸(영보천존), 태청太淸(도덕천존)이 바로 그분들인데, 이 가운데 태청인 도덕천존이 태상노군이랍니다. 불교로 치면 천백억화신千百億化身 석가모니불에 해당한다고 할까요?

태상노군은 손오공하고 인연이 아주 깊습니다. 손오공이 천상계를 어지럽힐 때 태상노군에 의해 잡힌 적도 있고, 잡혀서 태상노군의 단로에 갇혀서 타죽을 뻔도 했고…. 아무튼 그 태상노군의 거처를 휘휘 둘러보니 늘 보이던 푸른 소가 안 보이는 겁니다. 소 돌보는 시동은 졸고 있고요.

그래서 바로 태상노군에게 신고! "영감님! 저기 늘 있던 푸른 소 어디 갔나요?"

태상노군이 깜짝 놀랍니다. "이크, 이놈이 달아났구나! 내 보배 금강탁까지 훔쳐가지고…."

그렇게 소 주인 모시고 오니 그걸로 게임 끝! 아무리 요괴가 용쓰는 재주 있다 해도 원주인이 찾아왔는데 어쩌겠어요? 여기서 아주 이야기가 재미있게 됩니다. 태상노군이 그 "붙어라!" 무기, 즉 금강탁으로 소코뚜레를 해가지고 끌고 가는 거지요. 그리고 서유기 저자는 친절하게도 소코뚜레라는 것이 바로 여기서 유래했다고 설명하고 있구요. 하하! 정말 그런 거냐고 묻는 분들은 상대 안 한다고 여러 차례 경고했지요?

바로 이 대목, 태상노군의 푸른 소와 금강탁 소코뚜레에서 무언가 영감이 떠오르지 않습니까? 바로 소 찾기! 절 법당 벽에 흔히 그려져 있는 소 찾기 열 개의 그림(尋牛十圖)을 자연스레 떠올리게 되지요.

그 심우십도는 순서가 어떻던가요? 맨 처음에는 소를 찾아 나서지요(尋牛). 두 번째는 소 발자국을 발견합니다(見跡). 그리고 소를 찾고(見牛), 그리고 소를 얻고(得牛), 소를 길들이고(牧友), 소를 타고 돌아오지요(騎牛歸家). 그리고 소는 잊고 사람만 남으며(忘牛在人), 다음으로는 사람과 소를 모두 잊고(人牛俱忘), 근원으로 돌아가며(返本還源), 마지막으로 일상적인 삶의 세계에서 나와 중생과 함께합니다.(入廛垂手)

여기서 제가 주목을 하고자 하는 것은 바로 "소를 길들인다"는 대목입니다. 소가 처음엔 말을 안 듣겠지요? 그 소를 제어해서 잘 길들여 집으로 타고 돌아오려면 어찌해야 할까요?

소를 제어할 방편을 마련해야 하지 않을까요? 그리고 코뚜레야 말로 소를 제어하는 데 가장 쉬운 방편 아니겠습니까?

그렇다고 당장 심우십도 찾아서 소코뚜레 확인하려 하진 마세요. 불교가 자비 문중이라서 그런지 소를 길들이는 데 코뚜레를 쓰지 않았거든요. 그냥 소하고 씨름하면서 길들인답니다. 사실 소를 길들이는 데는 코뚜레만 한 것이 없는데도요. 하하.

심우십도에서는 소가 바로 자신의 자성自性을 상징하기에, 자신의 자성에 코뚜레를 한다는 것은 좀 이상하지요. 그렇지만 서유기에서는 앉을 자리를 찾는 잘못된 수행자를 잡아들이는 요괴가 그 대상이죠. 실은 그러한 잘못된 수행으로 빠져들던 잘못된 욕망을 상징하기도 하구요. 그러니까 사정없이 코뚜레를 해야 해요. 그것도 금강탁의 코뚜레를! 절대 깨지지 않는 다이아몬드 코뚜레!

요괴 노릇을 할 때는 모든 공격을 거두었던 신통방통한 "붙어라!" 팔찌가 이제는 모든 유혹을 물리치고 올바른 길을 가도록 제어하는 코뚜레가 되었군요. 다이아몬드 코뚜레니 절대 부서질 염려도 없습니다. 이제 속 썩이던 소 한 마리, 완전하게 통제되겠어요.

참 부럽습니다. 말 안 듣는 욕망에 이런 코뚜레 하나 채울 수 있으면 얼마나 좋겠습니까! 다이아몬드 코뚜레까지는 바라지 않습니다. 그냥 평범한 코뚜레라도 좋습니다. 차츰 좋은 코뚜레로 바꿔가면 되지요.

여러분도 부러우시죠? 얼른 하나 장만하세요. 말 안 듣고 자꾸 샛길로 빠지려는 못된 소! 코뚜레 해가지고 부려 먹으면서, 정말 기분 내키면 등에 올라타 피리 불면서 유유자적할 수 있으면 얼마나 좋겠습니까?

그러기 위해선 우선 작심삼일 하는 방정맞은 마음을 지그시 눌러 앉히고, 불퇴전의 의지를 나날이 키워나가야 하겠지요? 그렇다고 너무 갑자기 의지를 키우려 하시면 안 됩니다. 조그만 일부터 성공해서 자신감을 키우고, 그것이 의지를 강화시키게 해야지요. 처음부터 너무 야심 찬 계획 세웠다가 실패하면 자신감만 없어지고 의지도 약해지니까요.

계획을 세울 때는 일단 쉽게 세워서 반드시 성공시키십시오. 그러면 나날이 자신감과 의지가 강화되어 어느 날 다이아몬드 코뚜레처럼 나를 완전히 통제하는 날이 올 겁니다. 여러분이나 저나 그런 날이 오길 꿈꾸면서, 오늘은 소 타고 노니는 꿈을 꿔볼까요?

33. 남자도 한번 임신을 해봐야!

매일매일 걷는 구도의 길,

그러나 나날이 새로운 길.

그 앞에 나타나는 맑고 큰 강.

어찌 건널까 걱정하는 일행 앞에

나룻배 나타난다.

그런데 나룻배를 젓는 사공이

여자다! 그런데 조금 늙은….

여자 뱃사공이 있을 수야 있지만

참 희귀한 일이다.

건너고 보니 맑은 물에 목마른 생각이 들어

한 바리때 퍼서 현장법사 반쯤 마시고

저팔계가 나머지 훌쩍 마셨는데,

현장법사와 저팔계 뱃속이 이상하다.

참을 수 없을 정도로 아프고

임신한 것처럼 배가 불러온다.

급히 가까이 있는 농가를 찾아드니

농가의 노파가 배를 잡고 웃는다.

이곳은 서량여국西梁女國이라는 여인들만 사는 나라.

현장법사와 저팔계가 마신 물은 자모하子母河의 물.

여인들만 사는 나라에서 애를 낳는 방법은?

바로 자모하의 물을 마시면 애가 생긴단다.

현장법사와 저팔계가 임신을 한 것이로다.

참으로 큰일일세.

스님들이 임신한 것도 말이 안 되지만

산도産道가 없으니 어디로 낳는다냐?

혹시 부처님처럼 옆구리 출생?

그래도 살길이 있다 한다.

조금 가면 해양산解陽山에 파아동破兒洞이 있고

거기 낙태천落胎泉이라는 샘이 있어

그 물을 마시면 낙태가 된다나?

거참! 현대보다 훨씬 더 쉬운 낙태술이 있었구나.

그런데 문제가 또 있다.

언제부터인가 여의진선如意眞仙이라는 도사가

파아동을 점거하고선

큰 선물을 줘야 낙태천 물을 준다.

무조건 돌파왕 손오공,

무조건 파아동으로 달려가

무조건 물을 떠오려 하다

결국 여의진선과 제꺼덕 부딪힌다.

알고 보니 여의진선은 우마왕의 아우요

홍해아의 삼촌이라,

자기 소카를 해쳤나 하여 앙심을 품고

절대로 물을 못 주겠단다.

그러니 한바탕 진검승부…

여의진선도 한 수 한다 하지만

손오공을 당할 수 있나.

사오정까지 동원하여 낙태천 물 뜨기 성공!

현장법사와 저팔계 임신 출산 저지작전 성공!

어찌어찌 출산은 면했는데

이곳이 무슨 나라?

여인국이로다!

여인국에 옥골선풍玉骨仙風 현장법사가 등장하였으니

그 풍파가 작을 리 없다.

풍파도 왕 풍파!

여왕의 연심戀心이 작렬!

현장법사님! 저의 지아비가 되어주소서.

왕이 되어주소서!

그냥 뿌리치고 가면 되는 거 아니냐구?

통행증을 받지 못하면 통과가 안 된다는 사실!

결국 손오공 꾀를 낸다.

현장법사는 결혼하여 남고

제자들은 떠난다는 조건으로 통행증 받고

떠나는 제자들 배웅한다 나온 현장법사,

그대로 제자들과 함께 떠나버린다.

여인들의 애절한 만류는

세 제자의 흉악한 협박으로 뿌리친다.

그런데 현장법사의 여난★難은 끝나지 않았구나.

웬 여자가 길가에서 불쑥 나온다.

"현장법사님, 저랑 놀다가요!"

사오정이 발끈하여

"어디서 요망한 것이!"

항요장降妖杖을 휘두르지만

이 여자 요괴로다, 비보통 요괴로다.

휘익 바람을 일으켜 현장법사를 채가 버린다.

알고 보니 이 요괴, 전갈의 정령이로다.

욕정에 불타 온갖 수단으로 현장법사 유혹하지만

까딱없는 현장법사!

매력남? 비매력남?

손오공 형제들 백방으로 스승 구하러 싸우지만

꼬리 독침에 쏘이면 너무 아파

이겨낼 도리가 없다.

관세음보살이 현신하여 요괴 정체를 알려준다.

석가여래까지 그 독에 당했던 일이 있는

독한 요괴이니 천적을 찾아야 한다네.

천상의 닭의 화신인 묘일성관昴日星官만이 그 천적!

지네나 전갈에는 닭이 친적이라!

그리하여 묘일성관 모셔오니

새벽을 여는 "꼬끼오!" 한 울음에!

전갈 요괴 정체 드러나고 흐물흐물 녹았네!

현장법사의 빛나는 부동심,

여색의 관문을 넘었구나!

범속한 태를 없애고

자연의 몸을 되찾았구나!

　　이번 이야기는 남자와 여자의 이야기, 음욕에 관한 이야기네요. 에궁, 나칠계님! 지금까지 꾸벅꾸벅 조시더니 갑자기 눈빛이 반짝반짝해지네요. 그렇게 밝히시면 안 됩니다. 앞의 글 잘 읽어보세요. 현장법사가 얼마나 의연한지를, 여인의 유혹을 물리치는 그 꿋꿋한 마음을 보세요. 미녀들의 유혹을 "해골에 분 바른 것에 어찌 마음을 기울일 것인가!" 하며 물리치는 그 기상을, 십 분의 일, 아니 백 분의 일이라도 좀 본받으세요.

　　뭐라구요? 그건 다 옛날 고리타분한 이야기라구요? 요즘엔 적당히 밝히는 남자와 여자가 인기가 있다구요? 어흑! 그러고 보니 요즘은 좀 그렇군요. "섹시하다"라는 말이 엄청난 칭찬의 말이 되는 세상이군요. 옛날 같으면 뺨 맞을 소리가 칭찬이 되는 세상이에요.

그렇지만, 여기의 얘기는 좀 차원이 다른 이야기니까 오늘날의 풍조를 잣대로 들이대지는 말자구요. 성적인 것을 무조건 금기로 여기자는 말은 아닙니다만, 그것만을 절대적 가치로 추구하는 것도 문제가 있지 않겠어요? 성이 우리의 행복에 기여하게 해야지, 우리가 성에 얽매여서는 안 되겠지요?

아무튼 남성과 여성, 양성 간의 문제를 먼저 살펴보는 게 좋겠어요. 우리 사람 사는 세상은 남자와 여자의 만남이 그 출발점이라고 할 수 있으니까요. 동양 최고의 고전이라 할 수 있는 주역에도 그러한 관점이 나타나고 있지요.

주역은 상경上經과 하경下經으로 나뉘어 있는데, 상경은 천도天道, 즉 우주 자연을 말하고, 하경은 인도人道, 즉 사람의 도를 말한다 합니다. 그래서 상경은 하늘을 상징하는 괘와 땅을 상징하는 괘가 그 첫머리에 나옵니다. 그리고 하경은 택산함澤山咸 괘로 시작하는데, 이 괘는 젊은 남자와 젊은 여자의 감응을 상징하는 괘이지요. 사람 일의 출발점은 남녀의 만남, 그것도 성적인 에너지가 가장 왕성한 젊은 남녀의 만남으로부터 시작한다는 의미를 담고 있는 겁니다. 그만큼 그 남녀의 만남과 감응이 제대로 이뤄지는 것은 중요한 일입니다. 그리고 그 첫 번째 조건은 양성의 평등한 관계라 할 수 있겠구요.

그런데 역사적으로 오랫동안 남성우월주의, 남성에 의한 여성의 지배가 계속돼왔지요. 결코 바람직한 일이라고 말할 수 없겠지요? 문제는 불교 안에서도 남성과 여성이 불평등이 심각하다는 거예요. 무엇보다도 비구와 비구니의 위계가 엄격하게 규정되어 있지요. 그런데 계율이라는 것이 종교에서 엄청난 권위를 지니고 있고, 또 그것에 대해 함부로 말하는 것은 종교의 근본을 뒤흔들 위험이 있기에, 이 불평등한 관계에 대한 근본적인 문세 세기는 참으로 힘든 부분이 많습니다.

그렇다고 언제까지 이 불평등을 그대로 두고 봐야 할까요? 그럴 거면 차라리 "불교는 남녀 불평등을 기본으로 한다. 적어도 수행 사제에 있어서는 남녀 불평등이다!"라고 대놓고 선언을 하든지요. 그게 아니라면 계율에 대한 근본적인 고찰을 통해 현대적인 가치관과 조화를 이루는, 새로운 해석의 가능성을 모색할 필요가 있을 겁니다.

삼쾌 선생은 그러한 시도의 실마리를 유마경에서 이미 발견했습니다. 아니, 실마리 정도가 아니라 핵폭탄급의 혁명적 관점이라고 생각해요. 한번 읽어볼까요?

유마거사의 방에 천녀天女, 즉 하늘 여인이 있습니다. 지혜와 말재주가 너무도 뛰어납니다. 그런 천녀에 대해 사리불이 이렇게 묻습니다. "그대는 (그렇게 뛰어난 지혜를 갖추고 있으면서) 어찌하여 여인의 몸을 (남자의 몸으로) 바꾸지 않는가?"

이런 사리불의 물음은 남성 우월주의를 바탕으로 한 것이지요. 남자만 부처가 될 수 있다는 사상 말입니다. 그에 대한 천녀의 대답 속에 잠복해 있는 핵폭탄 한번 터뜨려볼까요?

천녀는 이렇게 말합니다. 요술로 어떤 여인을 만들어놓고, 왜 그 몸을 바꾸지 않느냐고 하면 말이 되겠느냐고요. 사리불은 당연히 그건 말이 안 된다 하지요. 그러자 천녀는 말합니다. 모든 법도 (요술과 같이) 일정한 모습이 없는 것인데 어찌 여인의 모습이라는 것에 집착하느냐구요. 그러면서 신통력으로 사리불을 여인으로 바꿔버립니다. 자신은 사리불로 바꾸고요. 그리고 말하죠. "사리불, 당신이 여인의 몸을 (남자의 몸으로) 바꾼다면 이 세상의 모든 여인도 몸을 바꿀 것입니다." 또 말합니다. "사리불께서 본디 여인이 아닌데 지금 여인의 몸을 나타내고 있듯이, 세상의 모든 여인도 여인의 몸을 가졌지만 본디 여인이 아닙니다."

결국 모든 법은 남자도 아니고 여자도 아닌데, 인연 따라 남자로 나타나기도 여자로 나타나기도 한다는 것이지요. 그것은 마치 요술로 만들어진 거짓 몸과 같은데 거기에 무슨 차별과 집착을 두느냐는 말입니다.

어떠세요? 정말 남자라는 것과 여자라는 것에 매달리는 우리의 분별을 한방에 깨뜨려버리는 소식 아닌가요? 정말 남녀평등문제에 대해 역사를 뛰어넘어 새로운 지평을 보이는 말씀 아닌가요?

사실 이 대목을 두고 남녀문제에 대한 '핵폭탄급' 견해라는 말을 처음 한 것은 제가 아닙니다. 저와 함께 유마경을 강독하던 팀이 있었거든요. 그 가운데 한 대학원생이 이 대목에 너무나 놀라워하면서 했던 말입니다.

그때 삼쾌 선생은 무어라 말했을까요? "응, 그런데 그게 불발탄이 되었어!" 말은 우스개로 했지만 속으로는 참으로 부끄럽고 안타까웠습니다. 부처님이 이렇게 간절하게, 시대와 역사를 앞서서 말씀해주신 것을 우리 불자들이 불발탄으로 만들어버렸다는 탄식이었지요. 단지 관념적인 차원에서만 부처님의 말씀을 이해하고, 우리의 삶과 우리가 사는 세계를 바르게 세워 나가는 데 힘쓰지 않았던 불교의 역사와 불자들의 행태를 반성 해야 한다는 생각이 들었습니다.

일단 이 지점을 출발점으로 삼는 것이 좋겠습니다. ─ 남 자와 여자는 평등하다. 당신은 남자로, 나는 여자로 있지만 성 별은 절대적인 것이 아니요 단지 겉모습일 뿐이다. 그 모습에 맞는 역할을 연출할 필요야 있겠지만, 그 실답지 않은 모습에 집착하고 차별하는 데서는 벗어나야 한다!

그래야만 한쪽이 다른 한쪽을 소유하고 지배한다는 잘못 된 방식을 벗어나, 서로 다른 두 존재의 원만한 조화를 통해 아 름답고 이상적인 세상을 추구해나갈 수 있겠지요. 그런 바탕 위 에서만 건강한 성에 대한 담론도 가능해질 테구요.

이처럼 부처님의 이곳저곳에 심어놓으신 수많은 지혜 폭 탄! 불발탄으로 울고 있는 이것들을 지금이라도 터지게 만들어 야 하지 않을까요? 기독교계에선 가끔 '성령 폭발'이라는 슬로 건을 걸고 행사를 벌이던데… 불교도 '지혜 폭발'을 구호로 내 걸고서 말입니다. 이크, 이러다 보니 제가 무슨 폭탄테러범 같 네요. 하하.

'남녀유별男女有別', 좋은 말입니다. 남과 여가 구별돼야죠. 그게 혼동되면 큰일 아니겠습니까? 그렇지만 단지 구별에 그쳐 야지, 그것이 차별로 나아가면 안 됩니다. 서로 다름을 인정하 되, 거기에 우열은 없다 ─ 어디까지나 이러한 선에서 머물러야 한다는 말이지요.

그런데 남녀의 구별과 역할 중에서 가장 두드러지게 드러나고, 도저히 서로 바꿔서는 할 수 없는 것이 있지요. 바로 임신과 출산입니다. 여성만이 할 수 있는 거! 남자들은 절대 모르는 거! 그리고 임신과 출산 때문에 활동이 제약되어 여성들의 무대가 좁아졌고, 대외적인 활동을 남성들이 도맡아 하게 되면서 불평등이 시작되기도 했습니다. 새로운 지식은 남성에게만 축적되고, 그것을 무기로 하여 다시 여성을 지배하고… 그런 악순환이 나온 겁니다. 모든 남자들이 여성에게서 태어난다는 사실을 망각하고 배은망덕하게도!

그러한 남성들에게 "너희도 맛 좀 봐라!" 하는 차원에서 서유기는 현장법사와 저팔계의 임신 사건을 만들어낸 것일까요? 여성들만 있는 나라에 들어간 이 둘에게 남성의 업보를 대표로 짊어지게 함으로써, 남성과 여성에 대한 새로운 고찰을 하게끔 하려는 깊은 뜻? 하하! 그건 아닌 듯합니다요. 서유기에 나오는 다음과 같은 시구가 현장법사와 저팔계가 임신하게 된 의미를 드러내주고 있어요.

"구업을 씻어내니 몸이 깨끗해지고, 범태를 녹여 없애니 자연을 몸으로 하는구나."(洗淨口業身乾淨 消化凡胎體自然)

그러니까 두 사람의 임신은 구업口業의 결과물이요, 성태聖胎가 아닌 범태凡胎라는 겁니다. 여기서 성태라는 것은 진정한 도를 닦아 성인의 경지로 들어가는 과정의 산물을 말합니다. 범속한 욕망도 강화되고 또 강화되면 어떤 결과물을 낳기 마련입니다. 삿된 도를 닦아도 신통을 얻을 수 있는 것과 마찬가지지요. 전에 들은 이야기인데, 도둑질을 열심히 하면 도사리盜舍利,

성적인 것을 열심히 추구하면 색사리^{色舍利}가 나온다 하더군요. 흐흐… 혹시 나칠계 님도 무슨 사리 하나 나오지 않을까요?

도교적으로 말하자면, 성태란 금단^{金丹}을 연성하는 것에 해당합니다. 그런데 현장법사와 저팔계 뱃속에 생긴 것은 음양의 조화로운 화합에 의해 이루어진 싱스러운 태, 진정한 불로장생을 이루게 하는 금단이 아니라 욕망의 결과물인 범속한 태라고 하네요.

여성, 즉 음^陰만 있는 나라에 양기를 주어 임신하게 하는 자모하의 물은 양기의 정수겠지요. 그런데 양^陽에 해당하는 현장과 저팔계가 또 양을 취하여 임신을 했으니 정상적인 임신이 아니지요. 그러니 그 부당하게 들어와 유사임신(?)을 일으키고 있는 양기를 없애서 낙태를 해야 맞겠지요? 그래서인지 낙태천이 있다는 곳의 지명도 해양산^{解陽山}, 즉 '양을 풀어 없애는 산'이네요.

그런데 그 낙태천 골짜기를 여의진선이란 도사가 점거하고 있습니다. 앞에 나왔던 요괴 홍해아의 삼촌인데, 홍해아를 굴복시켜 결국 관세음보살 문하로 들어가게 한 일에 대해 원한을 품고 있네요. 우리 생각엔 홍해아가 부처님 문중으로 들어왔으니 참으로 경사스럽고도 경사스러운 일일 텐데, 그걸 원망하다니…. 참으로 무엇을 추구하느냐에 따라, 보는 눈이 이리도 달라질 수 있음을 절감하게 되는군요.

그래도 여의진군 물리치는 건 그리 힘들지 않아서 다행이에요. 우선 여의진군 싸움 실력이 손오공에 못 미치는 데다, 사오정까지 가세하니 무슨 수가 있겠어요? 그저 극성스럽게 물

못 떠가게 방해를 해댔지만, 손오공이 싸우는 사이 사오정이 물을 떠버리니…. 그래서 임신이라는 좀 망측한 사건치고는 쉽게 난관을 돌파했네요.

그렇지만 여기가 어디였지요? 여인국이에요, 여인국! 여자들만 있는 동네에 남자들 일행이 이렇게 들어왔는데 그렇게 쉽게 통과가 되겠어요? "남자다!" 하면서 여인네들이 밀고 끌고… 그러지 않았을까요?

여기서 서유기의 표현을 직접 볼까요? "길에 가득한 아리따운 여인들 씨 줄 남자 부르고, 거리를 메운 젊은 여인들 고운 낭군 맞이하려 하네."

나칠계 님이 정말 가고 싶어할 만한 곳이지요. 그런데 정작 이곳에서는 나칠계 님이 좋아하는 저팔계의 흉측한 용모가 여인들의 접근을 차단하네요. 아마 저팔계가 없었으면 길거리에서도 무사치 못했을 것 같은데…. 나칠계 님도 그냥 밝히지만 말고, 여성분들에게 어필할 요소를 좀 많이 만드셔야 하지 않을까 싶어요.

저팔계 덕분(?)에 길거리에서는 번거로움을 덜었는데, 일이 결국 크게 벌어집니다. 통행증 도장 받으러 간 곳의 관리가 현장법사의 내력과 비범한 풍모를 윗선에 아뢰면서 결국 여왕이 청혼을 하는 사태가 벌어져요. 제자들은 요괴 같다 하니, 제자들만 경 구하러 가라 보내고 현장법사는 여기 남겨 천생연분이 내 몸과 백년해로를 하고 지고!

여왕이 이런 강렬한 뜻을 전해오니 현장법사 참으로 난감하지요. 최고실권자의 구애를 매몰차게 거절했다가는 통행이 될 것 같지 않고요. 저팔계가 슬그머니 "우리 스승님은 꼭 서천에 불경 가지러 가야 하니, 내가 대신 남아 결혼을 하면 안 되겠소?"하며 자원을 하지만 그게 될 말이겠어요? 이럴 때는 소크라테스가 즐겨 썼던 말을 해주고 싶어지죠. "알라! 니 꼬라지!"

그런데 이게 웬일? 혼인을 청하는 사신이 왔는데, 손오공이 나서서 적극 혼인을 추진하네요. 현장법사 은근히 좋아서… 이크, 그게 아니라 기겁을 하여 "이 무슨 짓거리냐!"하고 호통을 치지요. 손오공은 사신을 보내고서 계책을 내놓습니다. 이름하여 "친한 척하여 그물을 벗어나고(假親脫網), 매미가 허물을 벗듯이(金蟬脫殼)" 쏘옥 빠져나가는 계책이라네요. "스승님, 거짓 혼인을 허락하신 후에 저희를 배웅한다는 핑계로 성 밖으로 나오셔서 그대로 달아나면 됩니다요."

그리하여… 그 계책대로 시행이 되는데… 참으로 아쉬운 대목이 많아요. 현장법사에 반한 여왕의 애틋한 정과, 그저 인도로 경 구하러 갈 생각만 하는 현장법사를 묘사한 대목 한번 보고 넘어가지요.

"하얀 손 맞잡고 함께 수레에 오르네.
저 여왕은 기쁘게 부부가 되려 하는데,
저 현장법사는 부처님 뵐 마음만 급하구나.
한쪽은 동방화촉洞房華燭 밝혀 원앙의 즐거움 바라는데,
다른 쪽은 서쪽 영취산으로 가서 세존 뵙고자 하네."

에고, 짠하네요, 이렇게 엇갈리다니. 애초에 추구하는 방향이 다르면 결국 갈라설 수밖에 없어요. 공자님 말씀을 빌리면, "추구하는 길이 다르면 더불어 무엇을 꾀할 수 없다"(道不同, 不相爲謀)는 거지요. 배웅 나와서 그대로 달아나려는 현장법사를 잡고 만류하는 대목에 저팔계가 한소리 하는데, 그 말이 거칠지만 이런 뜻을 잘 담고 있군요. "우리 승려들이 당신처럼 해골에 분 바른 족속과 무슨 부부가 되겠소?"

그런데 가만 생각해보면, 저팔계가 좀 심통이 나서 한 소리 아닐까요? 자기는 자원해도 싫다 하고 현장법사만 붙잡으니 말이지요. 아무래도 좀 그런 것 같아요. 말이 너무 심하잖아요? 아무리 그래도 '해골에 분 바른 족속'이라니? 그런 식으로 이성을 매도한다면, 특히 여성을 매도한다면, 남자는 뭐라고 매도당해야 할까요? 여성이건 남성이건 예쁘게 보이려 애쓰는 것이 나쁜 짓인가요? 그리고 그렇게 거칠게 매도할 만큼 성적인 추구가 죄악인 것일까요?

삼쾌 선생은 조금 생각이 다릅니다. 물론 출가한 스님의 입장에선 철저히 금해야 할 것이 색욕이겠지만, 색욕 자체가 나쁜 것은 아니니까요. 모든 사람이 색욕을 떠나게 되면 어찌 될지는 말씀드렸죠? 인류 멸종!

다 앞서 했었던 이야기들 같네요. 물론 나칠계 님은 전혀 처음 듣는 이야기라고 하셔서 저에게 또 보람을 느끼게 해주시지만… 하하. 아무튼 성性에 대한 부정적인 태도를 불교의 근본 태도로 여겨서는 안 된다는 얘기였어요. 그리고 출가자라는 조건에 맞게 주어진 가르침이 재가자들에게도 똑같이 적용돼서는 안 된다는 얘기도 했구요.

이미 다룬 주제니까 이만큼만 이야기하고 다시 서유기 줄거리로 돌아갈까요? 물론 서유기에서는 삼쾌 선생이 말하는 것과 같은 진보적인(!) 성 이야기는 없습니다. 그저 색욕에 불타는 전갈 요괴와 수행의 길에서 한 치도 벗어나지 않고자 하는 현장법사의 대립구도가 있지요. 다른 한편으로는 현장법사의 양기를 빼앗아 자기의 음기를 북돋우려는 전갈 요괴와 "어찌 분 바른 해골에게 나의 귀한 양기(眞陽)을 뺏길 것인가?" 하는 도교수행자의 대립으로 비치기도 합니다.

요괴는 온갖 방법으로 현장법사 유혹하여 운우지정雲雨之情을 누리고자 하는데, 현장법사는 정말 일편단심으로 불법의 길에 서서 스님의 계행을 지키는 대목! 서유기의 멋있는 표현을 직접 읽어보지요.

"저 요괴는 육욕의 불길 활활 타오르고 춘정春情이 무럭무럭 솟아나는데, 이 스님은 송장처럼 뻣뻣하게 오직 선禪을 닦을 마음만 굳다. (중략) 저편은 가슴 서로 비비고 넓적다리 올리면서 난봉鸞鳳처럼 놀자 하는데, 이편은 면벽 수도하는 달마스님처럼 산으로 돌아갈 생각뿐이다."

현장법사의 굳은 불심을 묘사한 글이겠지요? 그런데 이어지는 대화에서는 도교적인 관점도 드러나고 있습니다.

요괴가 말합니다. "꽃 아래서 죽으면, 죽더라도 풍류 귀신이 된다는 말 못 들으셨어요?"

현장법사가 말합니다. "나의 진양眞陽은 지극한 보배요. 어찌 그대와 같은 분 바른 해골에게 넘겨주겠소?"

불교적이건 도교적이건, 현장법사는 전혀 흔들림이 없습니다. 서유기의 처음부터 끝까지 현장법사의 가장 뛰어난 점은 바로 이 흔들림 없는 마음입니다. 불법 수행의 바탕이 되는 다섯 가지 힘(五力) 가운데 현장법사는 바로 믿음(信)을 상징하는 존재거든요.

이렇게 흔들림 없는 현장법사와 요괴가 부딪쳤으니 결과가 어찌 될지 뻔하지요? 결국 심통이 난 요괴가 현장법사를 내쳐서 감금하고, 손오공 삼총사는 현장법사 구하려 요괴와 싸우게 됩니다.

그런데 이 요괴가 또, 또, 또 비보통 요괴네요. 하긴 서유기에 나오는 요괴치고 보통 요괴가 있겠어요? 손오공을 힘들게 하는 요괴라면 다 비보통이지요. 그저 그런 요괴라면 이야깃거리가 안 되니 서유기에 등장하지도 못했을 거구요.

이 요괴가 어떤 점에서 비보통이냐 하면, 처음 손오공과 드잡이질을 할 때 갑자기 도마독장倒馬毒椿이라는 무기로 손오공 머리를 찌르는데, 이 한 방에 손오공이 견디지 못하고 달아날 정도입니다. 손오공 머리가 보통 머리예요? 원래 돌원숭이인데다, 온갖 수행을 해서 쇳덩이보다 더 단단해졌다 하고, 태상노군의 단로에서도 버텨냈던 슈퍼 돌머리지요. 그런데 그런 손오공이 "아이구, 아파라! 못 견디겠다!" 하고 달아날 정도로 아프게 하는 이상한 무기입니다.

무기 이름 자체가 '말도 거꾸러뜨리는 독을 가진 몽둥이'라는 뜻인데, 정말 엄청난 몽둥이네요. 저팔계도 주둥이를 얻어맞고는 줄행랑을 쳤지요. 그냥 팍 죽을 정도로 치명적인 것은 아닌데, 도저히 견딜 수 없이 아프고 이상하게 피할 새도 없이 얻어맞게 되는 몽둥이라네요. 그러니 싸움이 힘들어지는 거죠.

이 힘든 상황에서 역시 구원투수, 관세음보살님 등장하십니다. 그런데 관세음보살님 말씀이 좀 이상해요. 웬만하면 직접 해결해주실 만도 한데 당신께서도 힘들다네요. 아니, 부처님도 그 요괴의 이상한 독에 쏘여서 고생을 하셨대요.

원래 그 요괴는 전갈의 요정인데 수행을 해서 큰 힘을 지니게 되었다나요? 인도 뇌음사雷音寺 부처님 회상에서 경을 듣기도 했대요. 그때 부처님께서 가볍게 밀치셨는데, 그 꼬리로 부처님 엄지를 쏘는 바람에 부처님도 아픔을 참지 못하셨다네요. 그래서 금강역사金剛力士에게 잡으라 하였는데 잘도 도망쳐서 여기 숨어 있는, 정말 비보통 요괴였답니다.

하지만 천상의 묘일성관이라면 이 요괴를 쉽게 잡을 수 있다는 귀띔! 그래서 당장 손오공이 천상세계 올라가서 묘일성관을 청해옵니다. 그런데 이 묘일성관의 본신本身은 바로 엄청난 비보통 수탉입니다. 하하. 손오공이 요괴를 유인해오고, 그 앞에 묘일성관 수탉이 나타나 "꼬끼요!" 한번 울어재끼니, 요괴의 정체가 드러나고 전혀 맥을 못 춥니다. 흐물흐물~ 그리고 까무룩! 죽어버렸어요. 저팔계는 분을 못 이겨 그 시체를 난도질하지요.

이 대목에도 몇 가지 숨겨진 뜻이 있어 보입니다. 우선 욕정으로 현장법사를 타락시키려 한 요괴의 정체를 전갈로 설정한 것이 매우 상징적이지요. 수행 과정에서 성적인 유혹이 얼마나 치명적인지를 비유한 듯하네요. 독을 가진 동물 중에 가장 대표적인 것이 뱀과 전갈이잖아요? 뱀은 독 없는 종류도 있지만 전갈은 다 독이 있다 하더라구요.

또한 그 독이, 말도 거꾸러뜨린다는 독이라네요. 색욕의 무서움을 극적으로 표현한 설정이겠지요? 《금병매金瓶梅》라는 소설의 첫머리에 이런 말이 있지요. "예쁜 여자들이 허리 아래 보이지 않는 칼을 차고, 어리석은 사내들의 목을 벤다." 여색의 관문을 쉽게 넘는 남자들이 별로 없다는 이야기입니다. 물론 남성중심 사회의 표현입니다만, 남녀를 불문하고 성욕의 관문을 넘기는 정말 어려운 것 같습니다.

손오공의 돌머리도 그 독에 쏘이면 견디지 못한다고 한 것이 바로 그 어려움을 표현한 듯해요. 그러니 저팔계야 더 말할 것도 없구요. 심지어는 부처님까지도 그 독에 쏘여 아픔을 견디지 못하였다고 하니… 정말 무서운 독이지요?

부처님의 깨달음을 설할 때 마왕 파순波旬이 세 딸을 보내어 부처님을 유혹했다는 설화가 있지요? 그것도 깨달음으로 나가는 데 가장 어려운 관문이 바로 색의 관문임을 상징하는 이야기 아닐까요? 그래서 관세음보살도 "나도 힘들다" 하면서 슬며시 뒤로 빠지시고, 대신 묘일성관을 추천하신 것 같아요.

그에 비해 뒷이야기가 너무 싱겁다구요? 닭과 전갈이 천적관계라는 것을 슬쩍 이용하여 너무 쉽게 마무리한 것 아니냐구요? (우리나라에는 전갈이 없어 보통 지네와 닭을 천적이라 말하지요.) 제가 보기에도 좀 그래요. 그렇지만 여기에도 그냥 지나치기 쉬운, 숨은 설정이 하나 깔려 있다는 말씀! 바로 수탉에 대한 중국인들의 관념이 좀 유별나다는 점이에요.

수탉은 어떤 존재인가요? 새벽을 깨뜨리는 "꼬끼오!" 소리로 어둠을 몰아내고 밝음을 이 세계에 들여오는 존재입니다. 같은 닭이라고 해도 암탉은 제외입니다. 시대에 뒤처진 얘기지만, "암탉이 울면 집안 망한다!" 하잖아요? 새벽에 "꼬끼오!" 하고 어둠을 몰아내는 것은 수탉이지요. 음기가 가득하던 세계에 양기를 불러일으키는 존재, 비유적으로 말하자면 삿된 기운을 깨뜨리고 바름을 드러내는 상징이라고 할 수 있겠네요.

반면 전갈 요괴는 삿된 존재이며, 암컷이고 음에 해당합니다. 현장법사의 참된 양기를 갈취하여 자신의 음기를 북돋우려는 존재입니다. 전문적(?) 용어로 말하자면 채양보음採陽補陰 하려는 삿된 요괴지요. 그런 요괴를 물리치는 수탉의 신이 바로 묘일성관입니다.

이렇게 서유기를 읽으면 이 대목이 매우 싱싱한 의미로 다가옵니다. 이제 현장법사는 색욕의 관문을 벗어나게 된 것이지요. 참된 본성을 회복하는 데 한 걸음 더 가까이 간 셈입니다. 서유기에서도 이 대목의 마무리를, 현장법사가 세속의 번뇌와 색욕을 극복하고 선심禪心을 깨우친 것으로 묘사하고 있습니다.

아! 우리의 번뇌 가득한 고달픈 삶에는 언제 새벽을 여는 "꼬끼오!" 소리가 들려올까요? 그날이 올 때까지 현장법사처럼 흔들리지 않는 믿음으로 정진해야겠지요? 그런데 나칠게 님, 무언가 불만이 있으신 듯? 음… 처음에는 성적인 것을 부정적으로 보면 안 된다고 하더니, 마무리는 삿된 것으로 몰아가다니 앞뒤가 안 맞는 거 아니냐구요?

우와, 모처럼 날카로운 질문! 잘 물으셨습니다. 자칫하면 오해가 있을 수 있는 대목이거든요. 성을 부정적으로 보는 것은 아니지만, 불교의 궁극적인 목표인 온전한 대자유, 즉 해탈에 이르기 위해선 결국 그것으로부터도 자유로워야 한다는 것 또한 틀림없어요. 부정적으로 보지 않는다는 것과 그것으로부터 자유로워진다는 것은 또 다른 문제입니다. 자유로워져야 그것을 옳게 쓸 수도 있으니까요.

성에 지배받지 않고 그것을 옳게 쓰려면 먼저 벗어남의 과정이 필요하지 않을까요? 그리고 옳게 쓴다고 말하는 이상, 부정적으로 보는 것은 아니라는 뜻도 되지요? 이 두 가지 사이에서 잘 생각해봐야 할 것 같네요. 좀 어려운 이야기니까 나중에 다시 이어가기로 하고 지금은 삼쾌 선생도 슬그머니… 결코 나칠계 님의 질문에 답을 못해서는 아닙니다요!

34. 마음 둘로 쪼개지고, 또다시 하나가 되고

여색의 관문 헤치고 다시 나선 불퇴전의 길!

이번엔 겁 없는 산적님들 등장이오!

앞서 날뛰던 산적 두목들,

손오공의 여의봉에 간뇌도지肝腦塗地…

간과 뇌를 땅에 바른다던가?

현장법사, 그 끔찍한 모습에 질색하지만

손오공은 슬슬 웃어넘기고 길 재촉.

인심 좋은 노인 부부가 있는 집에 묵게 된다.

그런데 아뿔싸!

이 집 손주가 산적 무리 가운데 하나였구나.

두목 잃고 뿔뿔이 흩어졌던 졸개 무리

밤늦게 이 집에 찾아들고,

현장법사 일행의 말 매인 것을 보곤

두목 원수 갚을 겸 덮치기로 모의한다.

착한 노인 부부,

현장법사 일행을 뒷문으로 달아나게 한다.

그런데 두목 닮아 겁 없는 졸개 무리가

겁 없이 쫓아오네.

역시 두목과 마찬가지로 간과 뇌를……!

손오공은 주인집 손자 목까지 베어 들고

현장법사 앞에서 시위를 한다.

현장법사도 이제는 참을 수 없다.

당장 파문이다!

손오공 뒤늦게 사죄를 하지만

선을 넘었다, 선을 넘었어!

긴고주를 줄곧 외워 머리테를 조여대니

손오공도 하릴없이 눈물 흘리며 하직을 한다.

수렴동으로 돌아가 원숭이 왕 노릇 하려니

그것도 좀 부끄럽고 겸연쩍고…

할 수 없이 관세음보살께 가서

눈물겨운 하소연을 한다.

관세음보살님, 손오공을 한차례 꾸짖고선

현장법사 일행이 곧 재앙을 당할 것 같고

그때 되면 너를 찾을 테니,

그때까지 여기 머물러 있으라 하신다.

한편 손오공 내쫓아버린 현장법사 일행,

저팔계와 사오정이 배고프고 목마른 현장법사 위해

물 뜨러 간 사이

짜잔~ 손오공이 등장하신다.

"스승님, 제가 없으니 얼마나 힘드십니까?"

"일 없다! 이 잔인한 원숭이 놈아!"

(중간 생략)

"이 매정한 중놈이! 업신여겨도 분수가 있지!"

손오공 폭언, 폭행을 하곤 짐 빼앗아 사라진다.

저팔계와 사오정, 어찌어찌하여

밥 빌고 물 떠서 돌아오니

으악! 이것이 무슨 사태냐!

다행히 현장법사가 숨은 붙어 있어

인가를 찾아 일단 급한 불을 끄곤,

사오정이 손오공 달래려고

화과산 수렴동으로 찾아간다.

찾아가보니 참으로 가관이다.

손오공이 현장법사 제치고

스스로 경 가지러 가겠다며,

원숭이들을 둔갑시켜 현장법사랑 백마랑

다 만들어놓고 준비 중이다.

홀로 경을 가져온 공로를 차지하여

남섬부주의 교조가 되고

천추만대千秋萬代 이름을 떨칠 예정이라나?

격분한 사오정, 멋진 사오정,

현장법사로 둔갑한 원숭이를 단매에 때려죽이고

씩씩거리며 관세음보살님을 찾아뵌다.

그런데 손오공이 뻔뻔하게 관세음보살 처소에!

"야! 이 나쁜 원숭이 새끼야!"로부터 시작하여

여차저차, 저차여차…

이쪽저쪽의 사정이 밝혀진다.

손오공도 있는 대로 화가 나서

사오정과 함께 화과산 수렴동으로 쳐들어가니

정말 자기와 똑같은 손오공이 왕 노릇 하고 있네!

또 어찌 되었을까?

두 손오공 있는 재주를 다해 다루지만

승부가 나지 않네.

관세음보살님께 함께 찾아가지만

관세음보살님도 알 수가 없어

긴고주 외워 머리테를 조여봐도

두 손오공 다 데굴데굴…

천상세계로 달려가봐도

모든 신장들도 절레절레…

옥황상제도 갸우뚱~

저승세계 가서 염라전 명부를 뒤져봐도 안 되네.

결국 부처님 찾아 영취산 뇌음사로…

부처님, 대중들에게 미묘법微妙法을 설하고 계시네.

두 손오공 싸우며 오는구나.

부처님 대중들에게 이르시네.

"너희들은 모두 한 마음이로구나. 그런데 보아라!

두 마음이 서로 싸우며 오는구나."

관세음보살과 대중들에게

세상의 여러 신기한 요괴들을 설명하시곤

그 가운데 정말 이상한 네 가지 원숭이를 말씀하신다.

석후石猴, 마후馬猴, 원후猿猴, 미후獮猴가 그것인데

지금 손오공으로 둔갑한 것은 바로, 바로, 바로…

여섯 귀를 가진 미후로다!

정체 드러난 미후, 급히 벌로 둔갑하여 날아오르네.

부처님, 바리때를 휙~ 던지시네.

손오공은 부처님 손바닥을 못 벗어나더니,

미후는 부처님 밥그릇에 갇혔구나!

손오공 참지 못하고 여의봉 휘두르니

미후란 존재가 이 세상에서 사라지고 말았도다.

부처님 법력으로 쪼개졌던 두 마음 합해지니

자연히 일행의 알력도 사라지고

다시 함께 큰 길을 가는구나! 오늘도 힘차게!

　　이번에는 앞서도 잠깐 나왔던 자기 분열 이야기의 심화편
입니다. 나라고 하는 존재가 참으로 내 말 안 듣는다는 이야기,
그렇다 하여 함부로 야단치거나 하면 내가 나에게 반항한다는
이야기, 그러니까 진실로 자기를 사랑하는 길은 참다운 친구를

사귀어가듯 자신을 잘 이해하고 다독이는 것이라는 이야기… 다들 기억나시지요? 그렇지 않으면 자기와 자기가 쪼개지는 비극적인 사태가 올 수도 있다구요.

그 일이 여기서 정말 극적으로 벌어지네요. 우선 현장법사와 손오공의 분열이 일어나지요? 진실하게 도를 구하지만 지혜를 갖추지 못한 신심과, 제법 눈은 밝지만 진정한 자비심과 실천이 부족한 지혜가 갈등을 일으킨다고나 할까요?

물론 이런 일들이 하루아침에 일어난 것은 아닐 거예요. 주역에는 "서리를 밟다 보면 단단한 얼음에 이른다"는 구절이 있고, 그것을 "신하가 임금을 죽이고, 자식이 어버이를 죽이는 일은 하루아침에 일어나는 일이 아니다. 그 유래가 차츰차츰 이루어진 것이다. 그것을 일찍이 판별하지 못하여 그렇게 되는 것이다"라고 풀이한답니다.

현장법사와 손오공의 갈등도 그렇게 차츰 쌓여왔을 거예요. "저 원숭이 녀석, 재주 좀 있다고 제멋대로야!" 하는 현장법사, "에이, 스승은 너무 맘이 여려가지고… 자비심은 뭐 자기만 있나?" 하는 손오공. 그 둘 사이에 알게 모르게 틈이 벌어졌겠지요. 그리고 꼭 둘 사이만 아니라 일행 전부가 힘든 여정을 함께하며 은근히 멀어졌던 것 같아요.

서유기에서는 이렇게 말하고 있지요. "삼장법사는 속으로 노여움이 가시지 않은 채 말에 올랐고, 제천대성은 마음이 틀어져 있었으며, 저팔계와 사오정도 한편으로 질투하는 마음이 있었다. 스승과 제자는 모두 얼굴은 웃고 있지만 속으론 불만을 품었다."

여러 사람이 함께 여행을 하면 심각한 싸움이 나는 경우가 많지요? 아무래도 집 떠나면 고생이라고, 여행 중에 피곤해지면 조그만 일로도 마음을 다치는 일이 많고, 그것이 짜증으로 표출되기 시작하면 사태가 걷잡을 수 없게 됩니다. 지금 손오공 일행이 딱 그런 상태 아닌가 싶어요. 그래서 먼저 현장법사와 손오공이 쪼개지고, 다음에는 손오공 자신이 분열하게 되는 것이지요. 나중에 부처님이 "마음과 마음이 싸우며 온다"고 표현했듯이, 이는 다 마음의 분열이라고 할 수 있습니다.

좀더 자세하게 말하면, 마음 가운데서도 지혜에 해당하는 부분에서 분열이 일어난 것입니다. 앎이라는 것 자체는 어디로 향할지 알 수 없어요. 앎은 욕망에 부려질 수도 있고, 참된 열정이나 서원에 부려질 수도 있습니다. 얼마든지 욕망에 부려져서, 지혜의 본분이라 할 수 있는 밝은 견해가 흐려질 수 있거든요. 그런 잘못된 방향성을 가진 앎, 삿된 지혜가 바로 가짜 손오공의 등장으로 표현되는 겁니다.

요즘 소설 장르 가운데 판타지 소설이라는 것이 있지요? 그 소재를 보면 '도플갱어'라는 것이 종종 등장해요. 나와 똑같은 존재가 다른 어딘가에 있다는 설정이지요. 그것을 '도플갱어'라 부르는데, 그 둘이 만나게 되면 소멸해버린다거나 어느 한 명이 죽어야 한다네요.

지금 손오공이 자신의 도플갱어를 만난 셈인가요? 그런 설정에 따른다면 적어도 어느 하나가 죽거나 없어져야 하겠지요? 있어서는 안 될 분열! 그것을 대체 어찌 극복할지….

아무튼 똘똘 뭉쳐도 힘든 긴 여정인데, 일행의 마음이 갈

라져서 근본적인 위기를 맞게 되었습니다. 현장법사와 손오공의 갈등이 표면으로 드러났지만, 살짝 말씀드렸듯이 단지 둘만의 문제는 아니었어요. 왜 아니겠어요? 명목상으로야 거룩한 목적을 위해 함께 나아간다 하고, 또 스승과 제자와 사형제라는 명분에 묶여 있지만, 얼마나 각각의 취향이 다르던가요?

앞뒤 돌아보지 않고 오로지 한 길만을 고집하는 현장법사, 재주는 뛰어나지만 촐싹거리는 병이 있는 손오공, 힘은 좋지만 늘 욕심에 휘둘리는 저팔계, 두 형의 뜻에 따르지만 물귀신처럼(?) 집요한 고집이 있는 사오정…. 지금쯤이면 알게 모르게 쌓여온 불만들이 폭발할 때가 되긴 했지요.

먼저 손오공과 현장법사의 갈등부터 살펴볼까요? 한참 앞에서도 손오공이 요괴를 잔인하게 죽여서 쫓겨난 적이 있었지요. 이번엔 요괴가 아닌 사람, 산적을 잔인하게 죽여서 문제가 되었네요. 아무리 나쁜 짓을 하는 사람이라도 그 생명은 소중하다는 현장법사의 생각과, 눈앞에 방해가 되는 것이라면 자기 힘을 믿고 쉽게 치워버리려는 손오공이 또 부딪혔습니다.

전에는 그래도 손오공이 요괴의 장난을 미리 알아채고 손을 쓴 것을 현장법사가 몰라서 내친 것이니, 현장법사의 밝지 못한 눈을 탓할 수가 있었습니다. 그런데 이번에는 좀 문제가 달라요. 요괴도 아닌 사람을, 단지 산적질을 한다는 이유로 죽여버렸으니까요. 사실 손오공이 갑자기 왜 이리 흉포해졌는지 좀 의아하기도 해요. 긴 여정에 피곤도 하고, 너무 고지식하게 원칙만 고집하는 현장법사에 대한 반발도 있지 않았나 싶습니다. '내가 무엇 때문에 힘을 죽이고 살아야 하는데?' 하는 마음이 불쑥 들었을까요? 어떻든 여기서는 손오공이 먼저 잘못한 것이 분명합니다.

아, 나칠계 님. 손오공을 탓할 필요가 없는 것 같다구요? 어차피 도둑놈이니 나쁜 놈들이고, 이쪽을 해치려고 하는 존재들을 이쪽에서 먼저 해친다고 해서 무슨 잘못이 있느냐구요? 날 죽이려는 놈들을 내가 죽이는 것은 괜찮은 것 아니냐구요? 올바른 세상을 위해서는 그런 작은 희생들은 감수해야 한다구요?

에궁… 그렇게 쉽게 말할 수 있는 일이 아닙니다. 좋은 목적을 위해서는 어떤 수단을 써도 좋다는 생각은 무척 위험해요. "개같이 벌어서 정승같이 쓰면 된다"는 말은 반은 맞고 반은 틀렸답니다. "개같이 번다"라는 말이 천한 일이 아니라 비도덕적인 일은 뜻한다면요? 그렇게 개같이 벌면 그냥 개처럼 살게 될 뿐이에요.

목적과 수단은 따로 떼어서 생각할 수 없습니다. 현장법사와 손오공의 경우도 마찬가지예요. 불법의 목적은 자비실천에 있다고도 할 수 있습니다. 인도로 경을 구하러 가는 것은 불법을 널리 펴기 위해서이고, 그 불법을 널리 펴는 목적은 자비의 실현이라 할 수 있지요. 그런데 그 목적을 위해 가는 길에 자비심을 저버린 짓을 한다? 목적과 수단이 어그러졌지요. 그런 짓을 하면 생명을 중히 여기지 않는 업이 생기고, 그것이 습을 이루게 되면 성불의 길과는 영영 멀어집니다. 사회적으로도, 원래의 목적인 자비가 실종된 세상을 만들어내게 되지요. 그러니까 현장법사가 너무 고지식하고 고리타분하다고 나무라서는 안 됩니다.

　최근 필리핀에서 두테르테 대통령이 벌이는 '마약과의 전쟁'을 두고 말들이 많습니다. 남의 나라 상황을 정확히 알지 못하는 상황에서 시시비비를 논하고 싶은 생각은 없지만요, "속이 다 시원하다", "우리도 그렇게 강력한 정책을 시행해야 한다" 하는 말을 쉽게 하시는 분들에게 그럴 일이 아니라는 말씀만은 드리고 싶네요. 그런 결과로, 어떤 목적을 위해서는 사람의 생명을 좀 가볍게 다뤄도 된다는 풍조가 널리 퍼진다면요? 또한 그 목적을 이미 이뤘는데도 지금껏 손쉽게 써왔던 비민주적인 수단을 내려놓지 못한다면요?

　서유기의 위기는, 이제 현장법사와 손오공의 이런 갈등이 "너 그러면 안 돼!", "예, 제가 잘못했습니다" 하는 식으로 가볍게 넘어갈 수 없는 지경에 이르렀다는 겁니다. 말려야 할 저팔계, 사오정도 은근히 속으로 꼬여 있다 보니 점점 더 극단으로 치닫게 되는군요. 우리 세상에서 분열이 일어나는 것도 대체로 이런 식이지요?

　이 사건을 다른 시각에서 보자면, 한 인격 안에서의 분열로 이해할 수도 있어요. 내 안에서 여러 마음이 다투고 있는 상황인 것이죠. 유학에서는 "개인적인 사사로움을 꾀하는 마음(人心)과 도를 추구하는 마음(道心)이 사방 한 치 되는 마음속에 뒤섞여 나온다"고 말합니다. 지금은 원칙을 고수하려는 마음, 계율을 지키려는 마음, 근본인 자비를 수호하려는 마음이 한편이라 할까요? 다른 한편에는 목적을 향해 좀 쉽게 쉽게 나가려는 마음, 자기 능력을 뽐내고 싶고 '내가 왜 이렇게 참기만 해야 해?' 하고 들썩거리는 마음이 있겠구요. 결국 그 두 마음이 다투는데, 마음의 주체라 할 수 있는 현장법사를 내쫓을 수는 없으니 그 인격의 한 측면을 상징화한 손오공이 쫓겨나는 수밖에요.

그런데 여기서 분열이 한 번 더 일어나네요. 내쫓긴 손오공의 집착과 분함이 그만큼 깊었던 모양! 그것이 새로운 하나의 분신을 만들어냈군요. '꼭 현장법사 당신만 인도로 가서 경 가져오란 법 있어? 내가 가서 가져와버리지!' 하는 마음이 구체화된 모습이랄까요?

"그렇게 되면 내가 바로 이 동방세계의 불교 교주가 될 테고, 대대손손 우러름을 받을 것 아니냐!" 사오정이 찾아갔을 때 가짜 손오공이 했던 말입니다. 이렇게 손오공 자신의 분열이 일어났으니, 둘이 싸우면 누가 이길까요? 자기와 자기가 싸우는데 한쪽이 이길 수 있나요? 가짜와 진짜, 그것을 누가 가릴까요? 관세음보살도 못 가리죠. 옥황상제도 못 가리죠. 염라대왕도 못 가리죠. 당연한 이야기네요. 원래 한 몸인데 어찌 가리겠어요? 그래서 결국 석가모니 부처님 처소에까지 그 싸움이 이어집니다. 부처님의 밝은 지혜에 호소하는 길밖에 없다는 뜻 아니겠습니까?

두 손오공이 다투며 오는 것을 보고 부처님이 하신 말씀, 그 말씀이 바로 이번 사태의 본질을 정확하게 말해주네요. 다시 한번 되돌이표! "너희들은 모두 한 마음이로구나. 그런데 보아라! 두 마음이 서로 싸우며 오는구나."

바로 이것입니다. 본래는 한 마음이어야 할 마음이 두 마음이 되었고, 그 두 마음이 싸우고 있는 것이지요. 물론 서유기에선 부처님께서 진짜 마음과 가짜 마음을 가리십니다. 원숭이들 가운데 여섯 귀를 가진 요망한 미후가 둔갑한 것이라고요. 그렇지만 그 속뜻은 아마도 원숭이 같은 마음 가운데서 정말 요망한 원숭이 마음, 그것이 진짜처럼 분장하고 나타났음을 지적하신 게 아닐까 싶어요.

한 마음의 나뉨이지만 거기에 옳음과 그름, 바름과 삿됨의 구분이 없을 수 없으니, 오직 바름으로써 삿됨을 극복해야 하겠지요. 그리고 그 바름과 삿됨을 구별하는 궁극적인 눈은 부처님의 지혜일 뿐이구요. 그래서 불쌍한 미후는 부처님 바리때에 갇혔다가 분기 치민 손오공의 여의봉 세례에 극락왕생하시니… 잠시 분열을 일으켰던 마음이 부처님 지혜 앞에서 올바른 길로 들어섰군요.

서유기에서는 미후를 때려죽였지만, 부처님 지혜가 작용했는데 그렇게 잔인하게 행동했을 리가 있겠어요? 올바른 지혜의 눈이 뜨이니 삿된 마음은 스르르 자취를 감추고, 뚜렷한 바른 마음이 올곧게 드러났을 뿐이로다! 번뇌가 곧 보리일지니, 꼭 무찌르고 죽이려는 적대심으로 번뇌를 대하지 말지어다! 고상한 삼쾌 선생은 이렇게 고상하게 해석하고 싶답니다.

35. 아! 뜨겁고 뜨거운 화염산!

색욕의 유혹을 물리치고 떠난 길,

색욕보다 더 뜨거운 것이 길을 막는다.

팔백 리에 걸쳐 타오르는 화염산火焰山!

무쇠 몸에 구리 머리를 가진 이라 해도 넘지 못한단다.

돌아갈 수도 없는 막다른 길,

한참 떨어진 곳도 숨이 턱턱 막히게 뜨겁다.

다행히 수가 전혀 없는 것은 아니다.

천 리 넘어 떨어진 곳에 취운산翠雲山이란 산이 있고

거기에 파초동芭蕉洞이란 골짜기가 있다네.

그 골짜기에 쇠부채 신선이 사는데

그 신선의 파초선芭蕉扇이란 쇠부채가 불길을 잡을 수 있다네.

손오공에게 천 리 길이야 산책 거리도 안 되지.

급히 근두운 타고 파초동을 찾아가는데

참으로 인연이 얽히고 얽혔네.

파초동 주인은 나찰녀, 또는 쇠부채 공주라 불리는데

손오공 요괴 놀음 시절의 의형인 우마왕의 아내요,

손오공 애먹이다 관세음보살 문하로 이적한

홍해아의 어머니로다.

시간을 줄이기 위해 상황을 좀 요약해볼까?

우마왕은 본부인 나찰녀를 돌보지 않고

옥면공주玉面公主란 요괴에게 새장가를 들어

마운동摩雲洞이란 곳에 가서 알콩달콩 살고 있단다.

나찰녀는 독수공방의 설움 속에 홀로 살고 있고….

이런 나찰녀에게 손오공은 아들 뺏어간 원수!

그래서 한바탕 대판 싸움이 벌어질밖에.

그런데 나찰녀가 가진 신묘한 부채가 문제일세.

휘익~ 부채질을 하니

손오공 휘휘휘휘휙~~ 날려가, 날려가, 날려가~~

오만 리를 날려가버리네.

날려가 떨어진 곳이 마침 황풍요괴 잡을 때 도움받았던

영길보살의 거처일세.

안성맞춤이라고 해야 할까?

영길보살이 바람을 이겨내는 정풍단定風丹을 주시네.

손오공 정풍단 빌려 다시 나찰녀에게 도전!

나찰녀, 아무리 부채질해도 소용없고

싸움 실력으론 안 되니 파초동으로 달아나 문 걸어 잠금.

손오공 벌레로 변하여 파초동 잠입.

나찰녀가 차 마실 때 다시 나찰녀 뱃속으로 잠입(?).

뱃속에서 널뛰기를 하니 나찰녀 항복, 항복!

그래서 파초선 빌려 나와 의기양양 일행 이끌고

화염산 화염에 대고 휘익~ 부채질.

그린데 이게 웬일?

불길이 사그라지기는커녕 더욱 거세게 타오르네!

알고 보니 가짜부채, 나찰녀에게 속았구나.

난감해 있는 일행 앞에 화염산 토지신이 나타난다.

화염산의 유래를 말해주는데, 손오공의 업보로다.

예전 손오공이 천상세계를 소란케 할 때

태상노군의 단로를 엎었는데,

그때 불기운 머금은 벽돌 한 장이 하계로 떨어져

지금의 화염산이 되었다 하네.

과거야 어쨌든, 누구의 업이든

이곳을 지나야 하는 것은 피할 수 없는 일.

나찰녀는 꼼짝도 않으니

그 남편인 우마왕 공략으로 돌아선다.

옥면공주가 사는 마운동이란 곳 찾아가

여차저차 우마왕을 만난다.

"형님! 그간 기체후일향만강하시옵나이까…

사연이 이렇고 저렇고 하니

형수님 설득하여 파초선 빌려줍셔~"

부부는 한마음이라 했던가?

씨알도 안 먹힌다.

"내 아들 괴롭히고, 내 마누라도 괴롭힌 이 나쁜 놈아!"

그래서 또 한바탕…

애초에 형 동생 하던 사이,

쉽게 승부가 날 리 없다.

우마왕이 초대받은 곳이 있어 휴전하고 간 틈에

손오공이 우마왕으로 변신하고 나찰녀 찾아간다.

오! 날 버리셨던 님이 오셨구나.

나찰녀 기쁨에 차서 간도 빼주고 쓸개도 빼주고…

결국 파초선도 빼주고…

낌새가 이상해서 급히 뒤쫓아온 우마왕,

나찰녀한테 사연을 듣고 분노에 치를 떤다.

이놈의 원숭이 녀석!

이에는 이! 눈에는 눈!

우마왕이 저팔계로 변신을 하여 손오공을 속이곤

파초선 도로 찾아가버리네.

그리고 다시 한바탕…

자기로 변신했다고 화난 저팔계까지 힘껏 거드는데,

그뿐인가? 천신들 총출동이다.

금강역사, 탁탑천왕, 나타태자, 기타 등등…

왜 이러냐구?

우마왕은 그냥 요괴가 아니란 말씀!

진리 아닌 것을 진리로 믿고 집착하는 고집을 상징하는

정말 위험한 요괴거든!

가장 무서운 것은 비슷한데 잘못된 것,

바로 사이비似而非 아니겠어?

바로 사이비 진리의 상징 요괴 우마왕!

그래서 온갖 천신들 와르르 소몰이꾼으로 나서니

아무리 대단한 우마왕이라도 당할 길이 없다.

"살려주십시오.

모든 걸 뉘우치고 불문에 귀의하겠습니다."

남편에 대한 일편단심 변함없는 나찰녀,

파초선 가지고 나와 애끓는 하소연…

"저희 부부를 살려주소서…."

그러니 어쩌겠나.

본디 형님, 형수님이었던 데다

신선의 길에서 잠시 길을 잘못 들었을 뿐인걸!

파초선 빌려 화염산 불 완전히 끈다.

주변의 모든 이들에게 은혜를 베풀고

다시 올바른 길 찾아 힘차게 나선다.

정도正道를 걷는 이에게 돌아가는 길은 없나니,

아무리 힘든 난관도 샛길 찾지 않고

당당히 뚫고 나가는 그 모습!

역시 정도로 돌아선 우마왕, 나찰녀 부부가 배웅하누나.

엄청 복잡한 뒷이야기를 정리하고 요약했는데도 길긴 길군요. 서유기에서 특히 유명한 대목, 화염산과 우마왕 이야기입니다. 실크로드 중간에 실제로 화염산이란 지역이 있어서 더욱 친숙하게 느껴질 수도 있겠어요.

화염산 다녀오신 분들도 계시지요? 정말 엄청나게 뜨거운 곳입니다. 자동차 보닛에 계란 깨어 올리면 금방 계란프라이가 되어버려요! 그곳이 바로 화염산입니다. 앞서 등장한 유사하, 통천하 같은 곳들도 당시의 지리적인 장애물과 연관되어 있겠지만, 특히 이 화염산은 실존하고 있는 이 뜨거운 지역을 배경으로 해서 쓰인 것이 분명합니다.

1년 평균 강수량이 30밀리미터가 안 되고 기온은 섭씨 40도를 훌쩍 넘어서는 곳… 가만히 있어도 숨이 턱턱 막히는 이곳을 무거운 등짐 지고 허위허위 넘었을 현장법사를 생각하면 참으로 가슴이 뭉클해지지요. 그분의 서원과 열정 덕분에 우리가 부처님의 은택을 입고 있다는 감사의 마음이 새록새록 우러납니다.

삼쾌 선생도 이 화염산 지역에 참으로 잊지 못할 추억이 있답니다. 실크로드 여행을 나서 우루무치로 가는 길에 화염산을 지나게 되었지요. 40도가 넘는 뜨거운 날에 그 메마른 화염산 계곡을 이리저리 헤매 돌고 또 헤매 돌다… 다시 나와서 원주민들이 불어주는 토속 악기 소리에 맞춰 흥겹게 춤도 한바탕 추고… 그건 다 좋은데 정말 더워도 너무 더웠어요.

그래서 다들 축축 늘어져 집결 장소에 모였는데… 아, 글쎄! 거기에 커다란 수박 덩어리가 딱! 럭비공 모양의 길쭉한 수박, 우리나라 수박보다는 훨씬 더 큰 수박, 그것을 시원하게 냉장했다가 꺼내 썰어놓고 있더란 말씀이지요.

비 거의 안 오고 햇살은 뜨겁디뜨거운 곳이니 과일이 얼마나 달겠어요? 거의 탈진 상태로 비틀거리며 돌아온 우리에게 정말 천국과 같은 맛이었겠죠? 제 평생 그렇게 달고 시원한 수박은 처음 먹었다고 주저 없이 말할 수 있습니다. 그때도 그렇게 말했더니 일행 모두가 자기도 그렇다고 하더군요. 제 평생 가장 맛있는 수박을 먹었던 곳, 그곳이 바로 화염산이라는 말씀입니다.

그런데 현장법사는 그 맛있는 수박도 못 드셨겠지요? 그때는 아마도 수박이라는 것이 아예 없었을 거예요. 중국에서는 수박을 서과西瓜라 하는데, '서양 오이'라는 의미지요. 아마도 오이가 일찍 들어오고 그다음에 수박이 들어와서 이런 이름이 붙지 않았을까요? 수박이 우리나라에는 대개 고려시대에 들어왔다고 하니, 중국이 그보다 좀 빨랐을지는 몰라도 당대唐代에는 없었을 가능성이 많아요. 에구, 수박도 못 드시고 고생하며 그 험하고 뜨거운 길을 걸으셨을 현장법사님을 생각하며 모두 묵념! 이크, 말이 잘못 나왔습니다요. 묵념까지는 말고 그냥 한 번 더 감사의 마음을 가지면 되겠지요?

자, 본래 이야기로 돌아갑니다. 손오공 일행이 마주친 뜨거운 화염산! 그런데 이것이 다 손오공이 저지른 업보라네요. 천상세계를 한바탕 소란케 할 때 손오공이 태상노군의 단로를 둘러엎은 일이 있었지요. 그때 불기 머금은 벽돌 하나가 하계로 떨어져 화염산이 되었다는군요.

올바른 수행에 들기 전, 바른 길로 들어서기 전의 삿된 길에서 저지른 일의 업보가 이제 큰 장애로 등장한 셈이에요. 업이라는 것은 털끝만큼도 속일 수가 없는 것이니…. 그러나 업보를 받는 태도에 따라 그게 나쁘게 증폭되느냐, 선업으로 전환되느냐가 정해지겠지요? 지금 손오공이 마주한 난관도 적당히 피해가려고 하면 또다시 삿된 길로 접어들 위험성이 있어요. 정면승부! 올바른 길로의 물러서지 않는 꿋꿋한 정진만이 답입니다.

서유기도 분명 이런 점을 강조하고 있습니다. 여러 계책을 써도 자꾸 실패하여 화염산 불을 끄기가 어려워졌을 때, 힘이 빠지고 짜증이 난 저팔계가 말하지요. "그냥 돌아서 갑시다. 딴 길로 돌아서 가자구요!"

그때 토지신이 나서서 말립니다. "딴 길로 돌아가면 바로 이단의 문으로 들어가는 것입니다. 수행하는 이가 취할 길이 아니지요. 옛말에도 '샛길로 다니지 않는다'고 하지 않았나요? 당신들의 사부는 올바른 길(正路)에서 여러분이 난관을 돌파하고 돌아오길 기다리고 있습니다."

그렇습니다. 올바른 길을 가는 데 편법을 취하려 해서는 안 됩니다. 힘들더라도 정면으로 난관을 돌파할 때 힘이 생기고, 그 힘이 다시 앞으로 나아갈 수 있게 해주지요. 한번 꾀를 내어 편법을 찾게 되면 그것이 또 업이 됩니다. 그렇게 자꾸 샛길 찾는 업이 생기고, 올바른 길로부터 점점 멀어지고 마는 것입니다.

지금 손오공이 마주친 난관은 불의 난관입니다. 지리적 험난함을 바탕으로 설정한 난관이지만, 그런 요소를 제외하고도 여러 가지 의미가 있어요. 도교 수행의 중요한 요건이 바로 물과 불의 기운을 제대로 다스리는 데 있거든요. 그러니까 화염산은 물과 불의 기운이 조화를 이루지 못해 겪는 장애를 상징하고 있지요. 불교에서도 선 수행하는 과정에 흔히 겪는 장애가 바로 상기병上氣病이구요. 이 증세가 심해지면 정말 무서운 결과가 옵니다. 거의 폐인이 되다시피 하는… 제가 실제로 그런 분을 봤거든요.

건강한 사람의 몸을 물과 불로 설명하자면 보통 수승화강水昇火降, 즉 물기운은 위로 올라가고 불기운은 아래로 내려가 있는 상태라고 합니다. 다시 말해 머리는 물기운이 자리하여 맑고 시원해야 하고, 배는 불기운이 자리 잡아 따뜻해야 한다는 뜻입니다. 그런데 이것이 반대로 되면 큰 난리가 나요. 머리는 뜨끈뜨끈하고 배는 차디차고, 그래서 머리는 어지럽고 아프고 배는 싸늘하여 설사를 찍찍 해대고… 사람이 살 수가 없습니다.

왜 이런 일이 생길까요?? 급한 마음에 서두르고 너무 무리해서 용을 쓰기 때문입니다. 차분하게 한 걸음 한 걸음 나가려는 자세를 잃었기 때문이죠. 정도正道가 아닌 수행에서는 이처럼 빠른 효과가 나는 수행법을 흔히 택하는데, 어떤 술수를 배워 쉽게 힘을 쓰고자 할 때는 그게 효과가 있을 수도 있겠지요. 그러나 진리를 추구하는, 완전한 깨달음을 추구하는 수행에 이런 방식이 사용되면 오히려 큰 장애를 불러일으킵니다.

손오공이 술법을 배우고, 여러 요괴들과 사귀던 당시에는 그러한 수행법이 통할 수 있었겠지요. 그렇지만 지금은 아닙니다. "아아~ 이 길은 끝이 없는 길~~ ♪♬" 하는 노래가 생각나는, 지고의 목적을 향해 묵묵히 나가야 하는 길이지요. 그러한 길에서는 속성을 바라는 마음이야말로 가장 큰 장애입니다. 조급한 마음으로 용을 쓰면 기운이 몰리고, 그것이 불기운이 되어 위로 쏠리는 것이지요. 불기운이 위로 치밀면 자연히 물기운은 아래로 쏠리구요. 수승화강이 아니라 화승수강火昇水降이 되는 셈이군요.

지금 현장법사 일행이 만난 화염산의 불도 수행상의 이런 장애를 나타낸다고 볼 수 있겠습니다. 결국은 물기운과 불기운의 조화를 찾아야 하는데… 그러려면 이 드센 불기운을 잠재울 필요가 있는데… 그걸 해결해줄 도구가 바로 나찰녀가 가진 파초선입니다. 바람기운을 통해 물기운을 돋우는 신묘한 보배지요.

이단의 수행, 삿된 수행을 할 때의 업이 불기운을 기승氣勝하게 만드는 결과를 낳았는데, 그 난관을 돌파할 방도가 바로 그 삿된 길에서 사귀었던 우마왕과 그 아내 나찰녀에게 있다는 점이 상당히 의미심장하네요. 한쪽으로 치우쳤던 삿된 수행을 바로잡는 길이 또 삿된 길에 있다니… 어쨌든 이 물기운을 돋우는 파초선을 얻어내기가 그리 만만치 않으니 문제입니다.

여전히 요괴 문중에 몸을 두고 있는 나찰녀나 우마왕에게 손오공이 곱게 보일 리가 없어요. 잘 지내던 내 아들을 별로 생기는 것 없고 고생스럽게만 보이는 보살 문중으로 빼앗기게 만든 고약한 놈이니까요. 그러니까 우선은 나찰녀와, 다음으로 우마왕과도 한판의 드잡이질이 있을 수밖에요.

그런데 물기운을 일으키는 파초선의 첫 번째 무시무시한 힘은, 바로 바람을 일으키는 데 있습니다. 바람기운을 먼저 일으키고, 그것을 통해 물기운을 일으키는 식이거든요. 그 바람이 어찌나 대단한지 손오공이 한 번에 5만 리를 날아가버리지요.

다행히 떨어진 곳이 일전에 도움받았던 영길보살의 거처였고, 마침 영길보살이 부처님에게서 받아둔 보배로운 약이 있었네요, 징풍단定風丹, 즉 바람에 저항하는 단약이지요. 이 단약 덕분에 파초선 바람을 피하고, 꾀를 써서 나찰녀 뱃속으로 들어가서 한바탕 난리를 치고… 여차저차 일단 파초선을 갈취하지요.

그런데 이 바람이라는 것도 한번 생각해보아야 할 것 같아요. 우리가 수행을 해나갈 때 참으로 어려운 관문이 또 하나 있습니다. 팔풍八風, 즉 여덟 가지 바람의 관문 말입니다. 팔풍이 뭐냐구요? 이익과 손해(利衰), 명예를 얻음과 손상당함(毁譽), 남의 칭찬과 비난(稱譏), 괴로움과 즐거움(苦樂)… 이 여덟 가지 바람에 흔들리지 않는 것이 모든 수행의 기초요 참된 공덕이지요. 반대로 이 여덟 가지 바람에 날리게 되면, 시비판단이 흐려지고 마음이 갈피를 잡지 못하여 날뛰게 되구요.

손오공이 바람에 날려갔다? 이 바람은 무슨 바람인고? 여러 가지 해석이 있을 수 있겠지만 결국 여덟 가지 바람의 한 갈래가 아닐까요? 이 바람에 흔들림이 없어야 하는데, 아직 손오공은 이 바람을 이겨내지 못하고 있음을 말해주는 대목 아닐까요?

그래도 보통 사람이면 8만 리 이상을 날아가는데 5만 리에 그쳤다니, 그동안 수행한 공덕의 덕을 보긴 보았네요. 이 팔풍에 흔들리지 않는 힘을 상징하는 것이 바로 정풍단입니다. 부처님이 하사하신 정풍단, 부처님의 지혜로써 삿된 바람을 이겨낸다는 뜻으로 보아도 틀림없겠지요?

그 정풍단을 먹어 팔풍부동八風不動, 즉 팔풍에 흔들리지 않는 힘을 지니게 된 손오공이 벌레로 변해 나찰녀 뱃속으로 들어가 난리를 피워서 결국 파초선을 얻어냅니다. 그런데 그 파초선이 가짜였어요. 자랑스럽게 부쳐댔다가 오히려 불길이 거세지는 바람에 털만 홀랑 태워 먹은 손오공…. 결국 의형이었던 우마왕까지 찾아가게 됩니다.

우마왕이 어떤 상황에 있는지는 요약 글에서 말씀드렸지요? 나찰녀 버리고 새장가 들어서 알콩달콩, 새 요괴 마누라 옥면공주와 재미있게 살고 있었지요. 손오공이 우마왕을 찾아간 이유는, 이런 상황을 미리 알고서 그걸 이용하여 파초선을 빌릴 궁리가 이미 서 있었기 때문이에요. 나찰녀는 우마왕이 자기를 버리고 다른 여자한테 갔지만 여전히 그를 그리워하고 있단 말씀이지요. 그럴 때 우마왕을 잘 설득하여 나찰녀한테 데려다주면 나찰녀가 얼마나 고마워하겠어요?

그래서 우마왕을 어떻게든 달래보려고 갔는데, 일이 꼬이느라 그랬던지 우마왕이 새살림 차렸다는 적뇌산積雷山 마운동摩雲洞에 도착해서 문제의 옥면공주를 만나버립니다. 그 옥면공주 — 나중에 알고 보니 '줄머리 사향 살쾡이'란 이상한 이름을 지닌 짐승의 요정이었지요 — 는 참으로 절세미녀였어요. 서유기에 나오는 그 형용을 한번 옮겨볼까요?

"나라를 망칠 만한 아리따운 여인,
천천히 발걸음을 옮기고 있네.
외모는 왕소군王昭君 같고

얼굴은 초나라 여인,

말할 줄 아는 꽃이런가?

옥돌이 향기를 토하는 듯…

굳이 무산^{巫山}의 운우^{雲雨}를 말할 필요가 있을까?…

탁문군^{卓文君}보다 설도^{薛濤}보다 아름답구나.”

    미녀와 관련된 여러 이야기와 대표적인 미녀들 이름이 많이 등장하는군요. 경국지색^{傾國之色}, 왕소군, 무산신녀^{巫山神女}, 탁문군, 설도 등등. 그동안 딱딱한 이야기를 많이 해왔는데, 이참에 좀 쉬어도 갈 겸 삼쾌 선생의 해박한 지식도 펼쳐볼 겸, 잠시 샛길로 떠나볼까요? 오호, 오랫동안 조용하던 나칠계 님이 눈을 반짝이시네요!

    서유기는 철저히 남성 중심적인 책이라고 말할 수 있어요. 아니, 서유기뿐만 아니라 그 당시에 지어진 모든 문학작품이 남성 중심적 가부장 사회의 한계를 벗어나지 못한다고 봐도 틀림없겠지요. 게다가 서유기는 불교 수행을 중심축으로 해서 엮어진 이야기지요. 불교는 출가자인 스님들을 중심축에 놓고 있고, 스님들의 중심축은 확실하게 남자 출가자인 비구들에게 있고… 그래서 서유기에서도 여성이 성적인 대상, 아니면 성적인 유혹을 하는 장애물로 주로 묘사되는데, 이 점을 만천하의 여성 여러분들이 너그럽게 이해해주시옵기 앙망하옵나이다. 삼쾌 선생이 여성을 낮춰 보는 관점을 지니고 있다던가 하는 것은 결코 아니라는 점도 거듭 말씀드리나이다.

    이런 변명 아닌 변명을 미리 깔아두고서, 남성 중심적 사회에서 미녀로 이름을 떨쳤지만 삶이 고단했던 분들의 이야기를 좀 들려드릴까 합니다. 일반적으로 중국의 사대미인이라 하면 서시西施, 왕소군, 초선貂蟬, 양귀비楊貴妃를 꼽습니다. 그 가운데 초선은 실존 인물이 아니라《삼국지연의》라는 소설에 등장하는, 즉 삼국지의 저자 나관중에 만들어진 인물이지요. 그런데도 "침어낙안沈魚落雁, 폐월수화閉月羞花"라는 미녀를 형용하는 말에 각각 네 명이 대응하기 때문에, 가공의 인물인 초선도 한 자리 끼게 된 것 같아요.

맨 처음의 침어, 즉 물고기가 그 미모에 홀려 물속으로 가라앉는다는 것은 서시의 이야기입니다. 낙안, 즉 기러기가 날갯짓을 잃고 떨어진다는 것은 왕소군의 이야기구요. 왕소군이 오랑캐 땅에서 비파에 맞춰 고향 그리는 노래를 하니 기러기가 그 노래에 취해 떨어졌다 하네요. 폐월, 즉 달이 구름 속에 숨는다는 것은 초선의 이야기랍니다. 왕윤王允이라는 사람이 그의 양녀인 초선의 미모에 달이 구름 속으로 숨는다며 찬탄했다고 하지요. 마지막 수화, 즉 꽃을 부끄럽게 한다는 것은 당 현종이 양귀비의 미모를 찬탄하며 한 말이랍니다.

그 밖에 조비연趙飛燕이라는 여성이 손꼽히기도 하는데, 이 비연은 얼마나 날씬했던지 손바닥 위에서 춤을 출 수 있었다 하네요. 반면 양귀비는 아주 풍만한 미녀였죠. 이 둘을 대조하여 연수환비燕瘦環肥, 즉 "비연은 말랐고 양귀비는 살이 쪘다"고 말하기도 한답니다. (양귀비의 이름이 옥환玉環이어서 '환비'라고 표현한 것입니다.)

이 둘과 달리, 서시는 가슴앓이 같은 병을 앓았던 것 같아요. 그래서 가슴을 문지르는 자태를 그린 그림도 있고, 또 서시가 얼굴 찌푸리는 모습마저 아름답게 여긴 못난이가 그 흉내를 내다 아주 망신을 당했다는 이야기가 장자 책에 실려 있기도 합니다.

그런데 중요한 사실은, 이들이 모두 불행한 삶을 살았다는 점이에요. 서시는 월왕越王 구천勾踐에 의해 정략적으로 오왕吳王 부차夫差에게 바쳐진 여자입니다. 정략적 목적을 달성한 뒤에는 비참한 죽음을 맞았다는 설이 유력하지요.

왕소군은 한漢나라의 궁녀였는데, 화공畵工에게 뇌물을 바치지 않아 그 모습이 밉게 그려졌지요. 한나라는 오랑캐 흉노에게 궁녀 가운데 뽑은 여자를 정기적으로 보냈는데, 그림만 보고 선택을 하는 바람에 천하의 절색인 왕소군이 뽑히게 되었답니다. 왕소군은 결국 돌아오지 못하고 오랑캐 땅에서 죽었지요. 중국인들의 자존심에도 상처를 주고, 그 기구한 삶으로 인해 더더욱 애틋한 동정심을 자아내는 인물이 바로 왕소군입니다.

시인 이태백이 왕소군이 오랑캐 땅으로 떠나는 모습을 그린 시가 있습니다.

昭君拂玉鞍　소군 옥 안장에 올라앉았네.
上馬涕紅顔　말 위에서 고운 얼굴 눈물에 젖는구나.
今日漢宮人　오늘은 한나라 궁전 사람이지만
明朝胡地妾　내일 아침이면 오랑캐 땅의 첩妾.

초선 역시 정략적으로 동탁董卓과 여포呂布 사이를 오락가

락하는 불행한 삶을 살았다고 하지요. 양귀비는 애초에는 당 현
종의 며느리였다가 현종의 비가 되었고, 그 뒤 안녹산安祿山의 난
으로 비명에 죽게 되는 파란만장한 삶을 살았지요.

한때는 왕의 총애를 한몸에 받았다지만, 그게 과연 행복한
삶이었을까요? 그래서인지 사람들의 마음을 흔드는 면이 있어
당 현종과 양귀비의 사랑을 소재로 한 작품이 여럿 만들어지기
도 했습니다. 그중 대표적인 것이 백락천白樂天의 장한가長恨歌인
데, 그 마지막 구절이 생각나는군요.

在天願作比翼鳥　하늘에 있다면 비익조 되어 함께 나르고
在地願爲連理枝　땅에서라면 연리지가 되어 함께 이어지리.
天長地久有時盡　하늘땅이 비록 오래간다 하여도 다할 날이 있지만
此恨綿綿無絶期　우리의 사랑하는 그리움은 끊어지는 날 없으리라.

시인의 눈으로 다시 해석되고 미화된, 참으로 사랑의 그리
움을 절절하게 표현한 절구라고 할 수 있겠지요?

아무튼 이 미녀들은 남성들에 의해 운명이 결정되었고,
그 미모 때문에 기구한 삶을 살아갔습니다. 그게 그들의 죄일까
요? 결코 아닙니다. 여성을 자신의 종속물로 여기고, 그들의 미
모를 정략적 도구로 이용하고, 또 인격적으로 대등한 관계가 아
니라 성적인 쾌락을 위한 도구로 본 남성들 때문에 그리된 것
이겠지요.

그런 점에서 남성 중심의 역사에 대한 엄한 반성이 있어
야 하겠고, 지금도 그런 불평등이 있지는 않은지 수시로 돌아봐

야 할 것 같습니다. 그런 점에서 남성 일동 묵념! 이크, 삼쾌 선생은 묵념 타령을 하는 병이 있었군요. 반성하는 의미에서 묵념! 에고, 또!

조금 쉬어간다는 것이 많이 길어졌지요? 아직도 못다 한 이야기가 많아요. 이미 언급된 무산운우와 탁문군, 설도 이야기는 꺼내지도 못했네요. 아무튼 옆으로 더 빠졌다가는 길을 잃을 것 같으니 궁금하신 분들은 직접 찾아보시길 권하며, 우마왕 이야기로 얼른 돌아가겠습니다.

여기서 우마왕은 완공頑空에 매달리고 있는 집착을 상징합니다. 완공이 뭐냐구요? 갑자기 어려운 말이 불쑥 나왔는데, 완공은 공空에 대한 참다운 이해인 진공眞空의 반대말이랍니다. 공이란 정말 아무것도 없는 텅 빔이 아니라 연기緣起적인 세계의 참모습을 말하는 것이지요. 그런데 공을 말뜻 그대로 '아무것도 없는 것'으로 굳게 믿어서 연기적 세계의 참모습을 제대로 보지 못한다면요? 잘못된 진리에 대한 집착이라는 정말 무서운 병에 걸리지 않겠어요?

불교는 자칫하면 이러한 완공병 같은 것에 걸리기 쉬운 측면이 있습니다. 얼마나 부정적인 표현들이 많아요? 버젓이 있는 눈, 귀, 코, 혀를 없다고 하잖아요? 게다가 이 병은 참으로 치료하기 힘들어요. 이 병에 걸린 사람들이 상당한 지성을 가진 확신범(?)인 경우가 많거든요. 나름대로 사상적인 무장이 잘 되어 있어 설득이 잘 안 돼요. 고집이 아주 황소고집이에요. 말을 해도 해도 벅벅 자기 생각이 옳다고 이런저런 근거까지 들이대면 참으로 감당이 안 되지요. 그럴 땐 비 오는 날 먼지 나도록 패주고 싶은 생각이 든다고나 할까요? 하하.

아무튼 이런 완고한 집착, 그 황소고집 같은 집착을 우마왕으로 상징화했다고 할 수 있습니다. 서유기의 표현을 직접 보시지요.

우마왕은 본디 마음 원숭이(心猿)가 변한 것…

시원한 곳으로 나아가 화염을 쉬게 하고

공空에 대한 잘못된 이해를 깨뜨리고 부처님 모습을 뵈어야지!

그렇습니다. 참된 부처님 뵈려면 너무 성급하게 용쓰다 걸리는 불의 병도 물리치고, 공과 같은 진리에 대한 잘못된 집착도 깨뜨려야 합니다. 그런데 진리에 대한 잘못된 이해는 다른 병들보다 더 위험하지요. 사이비가 제일 위험한 것입니다. 비슷하기 때문에 속기도 쉽고, 빨리 빠져나오기도 어렵습니다. 그래서인지 이 우마왕 잡는 데 수많은 신장들이, 청하지도 않았는데 달려와 힘을 합하네요. 완전히 소몰이! 소몰이꾼 신장님들! 결국 단번에 우마왕을 항복시키지요. 그렇게 안 하면 참으로 위험하다니까요!

우마왕과 싸우는 대목에도 참으로 재미있는 도술 대결, 권모술수 대결 장면들이 많지만 지면 관계상 건너뛸 수밖에 없네요. 그렇지만 난관을 슬그머니 피해 가고 싶어하는 저팔계에게 토지신이 해준 이야기는 꼭 한 번 더 음미하고 싶어요.

"꾀부릴 생각 마십시오. 딴 길로 돌아가면 바로 그게 이단의 문입니다. 여러분의 사부는 올바른 길에서 여러분을 기다리고 있습니다."

그렇습니다. 어떤 난관도 정면으로 돌파해야 합니다. 특히 수행에는 지름길, 샛길이 없지요. 그래서 손오공 일행, 당당하게 화염의 난관, 완공의 장애 물리치고 오늘도 올바른 길로 나삽니다. 여러분, 모두 함께 묵념…이 아니고, 이 당당한 행보에 박수!

36. 큰 난관과 작은 난관, 큰 공덕과 작은 공덕

물과 불의 기운 조화를 이루게 하고

공ᅕᅩ에 대한 잘못된 이해도 바로잡으니,

이제 큰 고비는 넘긴 셈이로구나.

그 앞길에 작은 장애는 있을지언정

참으로 넘기 힘든 고개는 없을 것이로다.

지금까지 왔던 길이 오르막길이라면

이제 슬슬 내려가는 길로 접어들었다고나 할까?

그렇지만 내리막길에 사고 없다는 보장 없다.

오르막길은 참으로 깔딱깔딱 숨넘어가는

깔딱 고개가 많아 힘들지만

도리어 큰 사고는 없는 법이지.

하산 길에 방심하다 큰 사고 치르는 일이 더 많아!

이제 천축국도 웬만큼 가까워져

조금 편해지는 여정이지만

그 편함이 재앙을 불러오기도 하는 법이거든.

자, 그럼 조금 편해진 여정에 어떤 일들이 일어나는지

주욱 한번 살펴볼까나?

우마왕 물리치고 도착한 나라는 제새국祭賽國,

스님들이 노예 상태로 학대를 당하고 있네.

신앙심 깊은 현장법사, 그냥 지나갈 수 있니?

사정을 알아보니 억울하기 짝이 없다.

제새국이 이웃 나라들의 존중을 받게 하던 보배,

금광사라는 절의 보배가 도난당한 책임을

스님들이 뒤집어쓰고

이리 학대를 당한다네.

원인 조사에 나선 손오공 일행~

만성용왕萬聖龍王이라는 용왕 패거리와

그의 사위 머리 아홉 달린 요괴, 구두귀九頭鬼 물리쳐

스님들의 고난 해결하고 국가의 위상도 회복시키니,

현장법사 일행의 초상까지 그려서 그들을 기렸다네.

큰 덕을 쌓고 찬양을 받으며 나아가는 길 앞에

뇌음사雷音寺라는 현판이 걸려 있네.

현장법사, 부처님 계신 영취산 대大뇌음사로 알고

환희작약歡喜雀躍 기뻐하는데

자세히 보니 작을 소小 자가 붙어 있어

소小뇌음사라네.

이름 비슷하여 사람을 홀리는 데 그치지 않고

여기 황미대왕黃眉大王이란 아주 고약한 요괴 있어

손오공 죽을 고생을 한다.

신묘한 법기法器, 금으로 만든 바라啞哱가 있어

그 속에 모든 존재를 가두는데,

손오공도 한 번 갇히면 빠져나오기 힘들고⋯

어디 그것만 있나?

이상한 주머니도 있어 휙 하고 하늘에 던지면

모두를 그 속에 삼켜버린다.

도와주러 왔던 천신들도 감당을 못하는데

결국 미륵부처님이 오셔서 잡아주신다.

알고 보니 미륵부처님 곁에서 종 치던 시종!

이상한 바라나 주머니, 모두 미륵부처님의 보배들!

왜 불보살님들은 집안 단속을 잘 못하여

매번 이렇게 일행을 고생시키시나!

다 전생의 업연이거나

현장 일행을 올바르게 단련시키기 위한 시련이란다!

에고고! 불보살님이 갑甲이니

을乙의 비애를 어디 하소연할까나.

겨우 잡아놓은 요괴 다시 풀어주기 몇 번이런가!

그래도 이런 공덕이 쌓이고 쌓여야

불경을 가져올 자격이 생긴다니

그때에서야 을의 비애를 벗어날까?

장탄식하는 것과 갈 길 가는 것은 별개?

주자국朱紫國이라는 나라에 도착했구나.

통행증에 도장 받으러 간 현장법사,

불법을 숭상하는 왕이 융숭히 대접하는데

그 왕의 신색이 매우 좋지 않다.

병색이 완연하여 며칠 못 살 사람 같네.

국왕의 병을 고칠 명의를 구한다는 방이 내걸려 있어

손오공이 의원으로 나선다.

알고 보니 국왕의 병은 상사병이라…

요괴에게 사랑하던 왕비를 빼앗겨 얻은 상사병!

병의 원인을 밝혔으니 치료까지 해줘야지.

손오공이 요괴 잡이에 나서는데

이 요괴도 비보통 요괴.

기린산麒麟山 해시동獬豸洞의 새태세賽太歲라는 요괴란다.

이 요괴, 신기한 금방울 세 개가 있어

불과 연기와 모래바람을 일으켜 손오공을 고생시키지만,

잡혀가 있던 왕비와 내통하여 방울을 훔쳐

요괴를 물리치고 여의봉 한 방으로 보내버리려는 참에!

역시나… 이번엔 관세음보살님 등장~

손오공! 잠깐 참아라!

그 녀석 내가 타던 금모후金毛犼니라!

국왕이 공작대명왕보살孔雀大明王菩薩의

새끼 한 마리를 해쳐 보살 마음을 아프게 한 업보로

왕비를 잃어 3년간 상사병을 앓게 된 것이니라!

"에고고! 업보를 받은 것이라니 어쩌겠소!"

"너무 탄식하지 말거라.

그 업보를 풀어준 것은 다 공덕이 되어

생활기록부, 아니 수행기록부에 등재되느니라!"

이런 이야기가 보살님과 손오공 사이에 오갔다는 것이

삼쾌 선생이 쓴 《서유기 뒷이야기》에만 있다 하지?

아무튼 공덕 쌓는 일을 계속하며 나가는 길!

작다면 작고 크다면 큰 장애가 또 나타난다.

일곱 거미 요괴, 그것도 암놈 거미 요괴!

수거미 잡아먹는 암거미 요괴!

예쁜 여자로 분장하고 나타나 삼장법사 홀려

불로장생 만고의 영약 성승^{聖僧}의 고기 맛보려 하네.

손오공의 활약이야 늘 있는 일이지만

이번엔 저팔계가 맹활약!

여섯 미녀 목욕하는 온천에 난입하여

메기로 변신! 물속에서 미녀들 다리 사이로!

(어헛! 검열 삭제됨)

거미 요괴들 동문사형인 지네 요괴에게 구원요청~

저팔계의 음행 고발! 지네 요괴 등장!

지네 독에 모두들 죽을 지경에 처했는데

비람파^{毗藍婆}보살님이 도와주시네.

알고 보니 수탉의 현신인 묘일성관의 어머니!

아들이 준 보배로운 침으로 지네를 제압하시네.

역시 벌레의 천적은 닭이려니!

어둠을 깨뜨리는 "꼬끼오!" 소리로

미망迷妄을 깨뜨리고 진리의 길로 힘차게 나가누나!

앞의 요약 글에서 밀씀드렸듯이, 화염산에서 우마왕 물리치는 대목이 서유기에서는 가장 험난한 장애에 해당하는 것 같습니다. 물기운과 불기운의 작용을 바르게 하여 수승화강을 이루는 게 그만큼 중요하다는 의미겠지요?

머릿속이 명경지수明鏡止水처럼 맑고 시원하고, 아랫배에는 따뜻한 불기운이 자리 잡으면 그 뒤의 공부과정은 일사천리로 나간답니다. 이런 바탕 위에서, 불교의 핵심적인 진리인 공空에 대한 잘못된 집착마저 깨뜨렸다면, 앞으로 슝 달려나가는 일밖에 더 남겠어요?

그렇지만 그럴 때 더 위험할 수도 있다는 경고! 무언가 알았다고 날뛸 때, 잘 된다고 방심하고 태만할 때, 그 틈을 타고 마군이 날뛰게 되는 것이 사실입니다. 평탄한 길에는 또 그 길에 걸맞은 장애들이 있어요.

그중 가장 큰 장애는 게을러진 마음, 풀어진 마음이지요. 사람의 습성이라는 것이, 좀 쉽다 싶으면 바로 늘어지잖아요? 그리고 경지가 높아질수록 '이만하면 다 온 것 아닌가' 하는 자만심의 장애도 나타납니다. 슬슬 아래가 내려다보이고, 그 경치도 좋고… 그러다 보면 '이만큼 왔으니 좀 쉬어볼까?' 하는 생각이 드는 거지요. 좀 쉬는 거야 뭐 나쁠 게 있겠어요? 문제는 좀 쉰다는 게 아주 푹 눌러앉고 싶은 마음으로까지 발전할 수도 있다는 겁니다. 궁극적인 깨달음에 도달하기 전에는 결코 물러서지 않으리라는 큰 서원은 슬며시 자취를 감추게 되구요.

앞으로 나타날 장애들은 대략 이런 종류에 해당하겠지요? 다만 색色의 장애는 끝까지 계속된답니다. 현장법사를 성적으로 유혹하고 핍박하는 요괴들이 정말 줄기차게 등장해요. 아마도 무엇보다 끈질기고 무서운 장애가 성과 관련된 것임을 강조해서 알려주려는 의도겠지요?

요약 글에서 큰 줄거리를 보셨으니, 그 안에 숨어 있는 의미들을 한번 캐볼까요? 우선 제새국에서 고통받는 스님들을 구하고 나라의 보배를 되찾아주는 큰 공덕을 쌓았습니다. 일행의 초상까지 그려서 기렸다 하니 얼마나 큰 은혜를 베푼 것이겠어요? 이제 현장법사 일행의 힘이 그만큼 커져서 중생을 이익되게 하는 일에 크게 쓰이네요. 물론 지금까지도 요괴들 물리치며 알게 모르게 공덕을 쌓았지만, 그 공덕 쌓기가 좀더 수월해졌다고나 할까요?

수행을 통해 힘을 얻으면 그것을 올바르게 써서 공덕을 쌓는 일도 그만큼 중요해진다고 합니다. 단순히 지적인 성취만으로 부처 되는 것은 아니거든요. 자비의 실천, 그것이야말로 부처 되는 데 가장 중요한 요소입니다. 불교를 왜 지혜와 자비의 종교라고 하겠습니까? 지혜와 자비 중에 지혜 쪽으로 더 치우치는 듯 보이는 오늘날의 불교계를 생각할 때, 더 눈여겨보고 음미해야 할 대목인 것 같습니다.

다음으로는 '소뇌음사'의 황미대왕이라는 요괴가 나왔습니다. 미륵부처님 회상에서 종 치던 동자가 분장하고 나온 사

건이죠? 그 무대인 소뇌음사를 한번 상상해보세요. 부처님이
계신 영취산의 대뇌음사를 모방한 소뇌음사! 현장법사가 앞에
'소' 자를 못 보고 대뇌음사라고 착각하여 얼마나 기뻐했게요?

그것이 바로 이 사건을 이해하는 열쇠입니다. 현장법사의
급한 마음, 빨리 도달하고자 하는 마음이 바로 소뇌음사를 니티
나게 한 범인임을, 이 삼쾌 선생은 지혜의 눈으로 진즉 간파했
답니다. 우리 인간의 마음이 그렇지요. 좀 빨리 도달하여 쉬고
싶고, 이 길은 언제 끝이 나려나 조바심내고… 그러한 마음 앞
에 사이비가 떡 하니 나타나니 홀릴 수밖에요.

게다가 그곳에서 주인 노릇 하는 요괴도 비보통 요괴잖아
요? 미륵부처님 회상에 있던 존재이니 진리의 한 자락은 파악
하고 있답니다. 그러니 가짜 소뇌음사도 만들 수 있었겠지요.
그렇지만 결국 진리의 화신, 진리로부터 나온 존재, 진리 그 자
체라 할 수 있는 미륵부처님께서 거두어가시지요.

"그렇게 조바심내는 마음을 쉬게 하거라!" 하는 경계를 내
리고는, 본래 가문인 부처님 가문으로 돌아가는 황미대왕! 그
뒤에 손오공의 안 보이는 주먹질이 몇 개 날아갔다는 건 여러
분도 짐작하시지요? 하하.

그다음으로 주자국에 가서도 역시 큰 공덕을 쌓는군요. 현
장법사가 비록 자신은 여색과 담쌓고 살지만, 국왕과 왕비의 사
랑을 다시 이어주는 공덕을 쌓네요. 물론 활약이야 손오공이 대
표로 하지만요.

그런데 이 국왕이 3년 동안 왕비를 요괴에게 빼앗기고 상
사병을 앓게 된 사연이 재미있어요. 왕이 사냥을 좋아하여 '공

작대명왕보살'의 새끼 한 마리를 해쳤고, 그렇게 하여 보살의 마음을 아프게 한 과보를 받게 하느라 관세음보살이 타는 금모후가 요괴로 분장하고 나타난 것이라는… '요괴 쫓던 손오공 보살 쳐다보기'가 재연되게 하는 전형적인 인연 설화!

왕비는 비록 요괴한테 잡혀갔지만, 전혀 요괴에게 마음을 주지 않고 몸의 정절도 더럽히지 않았답니다. 마침 지나가던 자양진인紫陽眞人이라는 분이 사연을 알고는 종려나무를 재료로 옷을 만들어 왕비에게 입게 했는데, 그것을 입자마자 몸에 가시가 돋아나 손을 댈 수가 없게 되었다는군요. 그래서 왕비는 정절을 유지할 수 있었고, 요괴한테 3년이나 잡혀 있었음에도 변함없이 온전하게 돌아올 수 있었던 것이었던 것이었다… 그래서 또한 변함없이 사랑을 지킨 왕과 재결합하여 행복하게 살았다더라… 캅니다.

이 이야기의 중심에 있는 황미대왕은 불과 연기와 모래를 내뿜는 신기한 보배 방울을 가지고 있었어요. 손오공은 변신술로 요괴 소굴에 잠입하여 가짜 방울을 만들어놓고 진짜 방울은 훔쳐냅니다. 그리고 요괴와 싸움이 벌어질 때 똑같은 방울을 꺼내 들지요. 요괴가 놀라서 "어찌 네가 나와 같은 방울을 가지고 있느냐?" 물으니, 손오공이 "네 것은 수방울이고 내 것은 암방울이다" 하고 사기를 칩니다. 그리고 둘 다 방울을 흔드는데, 당연히 요괴의 방울은 불과 연기를 내뿜지 못하지요. 그때 요괴가 말하지요. "이상하구나! 이 방울도 마누라를 무서워하나 보다. 수놈이 암놈을 보고는 나오지 않네."

하하. 요괴 동네나 사람 동네나 가장 무서운 존재는 마누

라인가 봅니다. 에헹? 나칠게 님? 왜 그렇게 헤벌쭉 웃고 계세
요? 삼쾌 선생이 공처가라는 사실을 지금 확실히 알았다구요?
그렇지 않으면 이 대목에서 그렇게 말할 리가 없다구요?

무슨 말씀을! 저야말로 집안에서 가장의 권위를 가장 확
실하게 세우는 대표직이고 확고한 당당 남편! 제 아내는 제 말
이라면 그저 꼼짝을… (두리번두리번…) 여러분이 저를 보는 시
선에 무언가 얕잡아보는 듯한 느낌이… 힘, 힘! 집안이 평화로
워지는 지름길은 무조건 남편이 마누라에게 지고 사는 것이라
는 사실을 모르는 분들이 아직 많나 봅니다. 모르셨으면 지금부
터라도 알아가도록 하세요! 이야기 계속 나갑니다!

상사병 치료라는 큰 공덕을 쌓은 현장법사 일행이 다음에
만나는 난관은 거미 요괴와 지네 요괴, 한마디로 벌레 난관이로
군요. 이 일곱 마리의 거미 요괴들이 모두 절세의 미녀로 등장
하네요. 그들은 탁구천濯垢泉, 즉 '때를 씻어낸다'는 아름다운 이
름을 가진 온천을 차지하고 앉아서 요괴 짓을 벌이고 있었죠.
그리고 마침 탁발을 나왔던 현장법사를 잡아채서, 그 고기 먹고
불로장생하려는 꿈에 부풀게 됩니다.

아니나 다를까 손오공이 구하러 갔는데, 마침 요괴들이 온
천에서 목욕을 하는 장면이라 점잖은 손오공은 옷을 훔쳐 요괴
들이 온천에서 못 나오게만 하고(와! 부끄럼 타는 요괴들, 체면 차
리는 요괴들!) 저팔계가 대신 나서게 됩니다. 사정을 듣고는 환
희에 차서 달려가지요. 그리고 하는 수작을 보세요. "보살님들
께서 목욕을 하고 계셨군요. 이 중도 함께 씻으면 어떻겠소?"
하고는 메기로 변신하여 풍덩! 앞에 요약 글에서 말했듯이 서

유기에서 나오는 이야기 가운데 아마 최고로 외설적인 대목이 아닐까 싶어요.

그러니 참지 못한 거미 요괴들이 배꼽에서 실을 뿜어내고… 결국 달아나서 동문인 지네 요괴에게 하소연을 하네요. 겉으로는 도사로 변신해 있던 지네 요괴가 저팔계의 이 음란한 행태에 분개하여(?) 손오공 일행과 싸우게 되고, 도사가 독을 탄 차를 먹이는 바람에 손오공 빼놓고는 일행 모두 중독이 되어 죽을 지경이 되고 맙니다.

이런 상황에서 여산노모驪山老母라는 신선이 해결책을 주십니다. 비람파보살을 찾아가게 하는데, 알고 보니 이분이 바로 앞에 나왔던 수탉의 화신 묘일성관의 어머니라네요. 지네나 벌레의 천적은 바로 닭! 게다가 이 보살님은 아들이 만들어준 작은 침을 가지고 계신데, 이 침 하나로 모든 벌레를 다 잡아낼 수 있어요.

획 하고 던진 침에, 도사로 변신해 있던 지네 요괴도 꼼짝 못하고 잡히지요. 보살님은 해독제까지 주셔서 일행 모두 살리시고… 당신도 뭐 하나 건져가십니다. 지네 요괴를 문지기로 쓰겠다면서 잡아가시네요. 수탉의 화신인 묘일성관의 어머니라면 암탉이 틀림없는 것 같은데, 암탉의 집 문지기가 지네라니… 하아, 뭔가 좀 이상하네요.

이 이야기에서는 저팔계의 음란한 행태가 눈에 띕니다. 현장법사는 전혀 흔들림 없는데, 그 제자 저팔계가 음심을 못 이겨 장난을 치는 바람에 일이 좀 복잡해지지요. 그렇지만 결국 수탉의 울음에 모든 어둠 가시고 새벽이 오듯이, 일행의 헛된 욕망도 어느 틈엔가 사라지고 다시 밝은 길을 향해 힘차게 나가게 되네요.

그런데 이번에 새벽을 열어준 닭의 울음은 암탉의 울음인가요? 아니면 묘일성관이 만들어준 바늘의 힘을 썼으니 여전히 수탉의 울음인가요?

37. 우환 속에서는 살고, 안락 속에서는 죽나니

"청천^{靑天} 하늘엔 잔별도 많고

경 구하러 가는 길엔 요괴도 많다."

이게 실크로드 아리랑 노래 가사던가?

사타동^{獅駝洞}이란 골짜기에서 또 세 요괴가 기다린다.

사자 요괴, 코끼리 요괴, 거기에 대붕^{大鵬} 금시조^{金翅鳥} 요괴~

이 요괴들은 정말 초특급 비보통 요괴들이라

손오공도 죽을 고생을 하네.

현장법사가 요괴에게 잡아먹힌 줄 알고

대성통곡하고 포기까지 하는 험한 꼴 겪는데,

결국 석가모니 부처님이 요괴를 거두신다.

알고 보니 석가모니 부처님과 오묘한 인연이라…

또 무슨 오묘한 인연이냐구?

그건 따로 찾아보셔야 할 것이로다.

그리고 다시 나간 곳은 비구국^{比邱國}.

요괴 도사가 국왕의 마음을 흘려

불교를 천시하고 도교를 높이며

아이들을 재료로 하여

정력과 불로장생에 좋은 영약을 만든다는!

수많은 아이가 죽음에 처할 위기를

손오공이 나서 해결한다.

잘못된 신앙, 사이비 종교의 폐단은 참으로 무서우니…

한 요괴 도사가 요망한 가르침을 펴고

최고통치자가 그에 현혹되니 이런 끔찍한 일이 벌어지누나.

초시공超時空 통합통신이 전하는 소식에 의하면

남섬부주 대한민국이라는 나라에도

이와 비슷한 일이 벌어졌다는 소식이 들리던데,

세상일이 예나 지금이나

동쪽이나 서쪽이나 다 마찬가지로구나.

아무튼 죽을 아이들 모두 구해주는 큰 공덕 세우니

그 나라에서 공덕비까지 세우고 전송을 하네.

이렇게 공덕이 높아지고 수양이 깊어질수록

현장법사의 인기는 더욱 치솟는데

요괴들에게 인기가 치솟는 게 문제로다.

특히 미녀 요괴들에게 인기가 더더욱 높아

열렬한 구애를 하는 미녀 요괴에 잡혀

동정 잃을 위기에 처하네.

참으로 색色의 관문은 벗어나기 힘들구나.

이 요괴도 참으로 비보통 요괴라서

손오공 일행 고전을 하지만,

알고 보니 천상의 탁탑천왕과 인연 있는 것이 밝혀져

결국 탁탑천왕 이끌고 와서 잡아낸다.

역시 세상살이에 인맥관리를 잘해야 하니

자칫하면 탁탑천왕, 요괴의 배후로 지목되어

큰 곤욕을 치를 뻔했네.

이렇게 또 한 번 여색의 관문을 넘고 나니

이상한 나라에 도착하였다.

승려라면 무조건 잡아 죽이는 나라!

이름하여 멸법국滅法國,

불법을 소멸시키는 나라란다.

왕이 무도하여 스님 만 명을 죽인다 맹세했는데

지금까지 9,996명을 죽였단다.

현장법사 일행을 죽이면 딱 만 명을 채울 판일세.

이건 요괴의 어려움이 아니라 사람의 어려움…

손오공 원숭이 꾀로서 벗어난다.

술법을 써서 궁궐에 잠입하여

여의봉을 날카로운 머리 깎는 칼로 바꾼 다음,

왕을 비롯한 모든 사람 머리를 사사삭삭삭삭…

하룻밤 사이 모든 사람이 스님이 돼버렸네.

여차저차 결국 왕이 회개하고

모든 이들이 불법에 귀의하니

국호도 바뀌었다.

불법을 흠모하는 흠법국欽法國으로!

이렇게 공덕비 또 하나 세우고….

그다음 등장하는 요괴들… 요괴들…

남산대왕南山大王도 물리치고…

구령원성九靈元聖도 제압하고…

이러는 사이 이미 발을 디딘 곳이 인도 땅!

비록 변두리지만 드디어 부처님 계신 나라에 왔네!

불법을 숭상하는 곳은 다르네.

중국에서 온 현장법사 일행을 융숭히 대접한다.

마침 시절도 좋은 시절,

큰 명절인 원소절元宵節 즈음이라

곳곳마다 아름다운 등불 공양이 한창일세!

그런데 이 고장 풍습이 특이하다.

큰 항아리에 향기로운 양젖 기름을 채우고

심지를 박아서 향기를 풍기는 등으로 올리는데,

하룻밤 지나면 부처님께서 친히 오시고

부처님 다녀가시면 기름이 모두 사라진단다.

무슨 기름만 잡수시는 부처님인가?

그 부처님께 올리는 기름을 추렴하느라

백성들이 세금으로 고통을 받는단다.

부처님이라면 껌벅 죽는 현장법사,

부처님이 친림하신다 하니 이 기회 놓칠 수 없다.

부처님 오신다는 조짐,

휙휙 몸을 가누기 힘든 바람이 불어

다른 사람들은 다 피하는데

현장법사 모든 걸 참아내며 친견하려 한다.

한참을 견디다 보니 과연!

세 부처님이 나타나셨네.

현장법사 허둥지둥 다리 위로 올라

부처님께 예배를 드리는데

에고고! 손오공 밝은 눈으로 보니

이건 부처가 아니라 요괴로구나!

손오공 놀라서 "스승님! 부처가 아니라 요괴…"

하고 채 말리기도 전에

요괴들 동작도 빠르게 현장법사 채서 사라진다.

즐거움이 극에 달하면 슬픔이 생긴다 했던가?

인도 땅에 도착하여 환대까지 받으니

풀어진 마음에, 태만한 마음에

요괴를 부처님으로 착각하였으니

고통을 받음이 당연하도다.

결국 청룡산靑龍山 현영동玄英洞이라는 골짜기의

세 외뿔소 요괴로 밝혀지는데,

특히 양젖 기름을 좋아하여

부처로 위장하여 양젖 기름을 갈취해왔단다.

태백금성太白金星의 조언으로 하늘 신장들 청해

세 요괴를 토벌하긴 했다만,

이를 경계 삼아 다시 마음을 다잡아야지!

아홉 길 산을 만들 때도

마지막 한 삼태기 흙이 모자라

공을 이루지 못한다 하지 않았던가?

이제 인도로 가는 여정이 거의 막바지입니다. 중국을 벗어나 인도로 접어든 것이지요. 아직 부처님 계신 영취산까지는 거리가 좀 있지만, 거의 다 왔다고 봐도 좋을 정도입니다.

그런데 이런 때가 오히려 위험하다는 거, 여러 번 이야기했지요? 거의 다 됐다고 마음 턱 놓고 있다가 엉뚱한 사고가 터지는 경우가 참 많거든요. 그렇기에 막바지일수록 더더욱 마음을 다잡아야 한다는 말씀이지요.

이번 이야기는 인도 땅으로 접어드는 현장법사 일행이 겪는 마지막 난관들입니다. 한편으로는 그동안의 긴 수행으로써 이룩된 힘을 통해 공덕을 쌓는 이야기이기도 하구요. 공덕 쌓는 일이 참으로 중요하다고 전번에 말씀드린 것, 역시 잊지 않으셨지요?

첫 번째는 사타동이란 곳의 요괴들입니다. 전형적인 요괴 이야기인데, 그래도 그중 석가모니 부처님과 특별한 인연이 있다는 대붕새 요괴가 좀 눈에 띄는군요.

다음은 비구국에서 사이비 도사가 벌이는, 정말 어처구니없는 사이비 행태를 물리치는 이야기입니다. 아이들을 약재로 해서 불로장생의 영약을 만든다니! 다시 생각해도 끔찍하죠? 그 사태의 원흉이라 할 수 있는 요괴 도사, 즉 국왕을 홀려서 아이들을 재료로 한 영약을 만들게 한 그 도사의 말을 좀 들어볼까요?

"사계절에 맞추어 약재를 채취하고, 아홉 번 뜨거운 불에 정련하여 단약을 만든다. 푸른 난새 타고 옥황상제 계신 곳에 오르고, 흰 학을 타고 신선의 세상에 노닌다. 고요히 참선하라는 석가의 가르침에 따르고 적멸寂滅 속에서 음신陰身을 키워, 열반해도 냄새나는 껍데기나 남기고 속세에서 벗어나지 못하는 너희들 불교에 비할쏘냐! 유불도儒佛道 삼교三敎 가운데 위 없는 품격을 가진 것, 예로부터 오직 도교만이 홀로 높았더라."

불로장생이라는 실제적인 효과를 내세우면서 은근히 불교를 깎아내리고 있지요? 그럴듯한 목적 내세우면서 혹세무민하여 엄청난 해악을 끼치는 것이 바로 사이비 종교의 일반적인 행태입니다. 그리고 그런 사이비 종교에 국가의 최고지도자가 현혹되면 그 비극이 엄청난 규모로 증폭되구요. 그러니 소름이 끼치는 결과가 나올 수밖에요. 다행히도 현장법사 일행이 때맞춰 도착하는 바람에 더는 끔찍한 사태로 발전하지 않고, 삿된 짓을 물리칠 수가 있게 되었습니다.

어쨌든 손오공이 요괴를 항복시켜 죽이려 하는 대목에서 태백금성이 나타나네요. "죽이지 마세요. 사실 그 요괴는…." 이쯤이면 여러분도 알아채셨겠지요? 에고, 그렇습니다. 태백금성이 기르던 사슴이었다네요. 웬만큼 선도를 닦은 바탕이 있는 요괴이다 보니 그만큼 도사 노릇도 했겠지요.

그리고 이 요괴 도사가 왕을 홀리기 위해 바쳤던 미녀는 불쌍하게도 저팔계의 쇠스랑 아래 외로운 혼이 되었는데, 알고 보니 흰 얼굴 가진 여우 요괴였습니다. 그래서 손오공이 태백금성

데리고 왕궁으로 돌아가 자초지종을 왕에게 알리고 여우 시체를 보여주며 이렇게 말하지요. "이게 당신이 사랑하던 아름다운 여인이오! 같이 좀 놀아보시겠소??" 또 온갖 대접 받고 떠나면서도 한 번 더 이렇게 말해줍니다. "여색에 대한 욕심을 줄이고 남몰래 공덕을 쌓으세요. 모든 일을 처리할 때, 남는 것은 덜고 부족한 것을 보충하세요. 그러면 만병을 물리치고 충분히 장수하실 수 있습니다." 건강에 좋다면, 정력에 좋다면 못하는 짓이 없는 오늘의 세태에도 꼭 맞는 따끔한 가르침 아닐까 싶습니다.

이렇게 큰 공덕 세우고 떠난 현장법사 일행. 다음엔 어떤 요괴가 기다릴까요? 이제는 요괴가 나타나도 좀 쉽게 물리치고, 그 김에 공덕도 쌓고… 뭐 그런 느낌이 있지요? 사실입니다. 어려운 고비는 웬만큼 넘었다고 할 수 있거든요. 다만 요괴들 사이에서도 현장법사 몸값이 자꾸 오른다는 것이 문제예요. 무슨 몸값이냐구요? 도가 높아지면 질수록 그 몸을 잡아먹으면 불로장생의 약효 또한 더해지니… 하하, 정말 말뜻 그대로 몸값이네요.

그런데 그 몸값을 따지지 않고 진심으로 현장법사를 사모하여 반드시 결혼하고 말겠다는 요괴가 나타났네요. 지극하게 현장법사 모시면서 "스님 오빠! 저랑 합환주合歡酒 같이 들고 부부 의식을 올려요!" 하고 달라붙는데… 현장법사 정말 죽을 맛? 어떤 의미에서 죽을 맛?

농담 아니고 정말 곤경에 처합니다. 그 지극한 발원과 신심을 깨뜨리려 하니 얼마나 힘들겠어요? 저팔계라면 부러워했을지 모르지만, 현장법사로서는 곤욕이지요. 그래서 손오공이

낸 꾀대로 요괴와 손잡고 동산을 사이좋게 걸으면서 손오공이 둔갑해 있는 복숭아를 요괴에게 권하기도 하고, 그래서 손오공이 요괴 뱃속에 들어가 한바탕 서커스를 하게 만들기도 하지요. 이거 고지식한 현장법사로서는 참 힘든 일이었거든요. 그래도 그렇게까지 한 것을 보면 현장법사가 얼마나 이 곤경을 벗어나고 싶어했는지 짐작이 되지요.

그렇게 싸움을 어렵게 이어나가는데, 우연히 이 요괴가 탁탑천왕을 아버지로 모시고 제사를 지낸 흔적을 발견하게 됩니다. "옳다! 되었다!" 잔머리 잘 돌아가는 손오공, 이것을 증거로 하여 천상세계의 탁탑천왕을 핍박하지요. 탁탑천왕은 "그런 딸 없다! 모함이다! 유언비어다! 중상모략이다!" 하며 되레 큰소리치지만, 그게 그렇게 발뺌할 일이 아니라는 증거가 나옵니다. 먼 옛날 늙은 암컷 쥐 요정을 잡아 죽이려다가 애걸복걸하기에 살려줬더니, 그 쥐 요정이 탁탑천왕을 양아버지로 모시게 되었던 것이었던 것이었다… 뭐 이런 사연입니다요.

그래서 정말 굴욕스럽게도 손오공에게 사과하고, 사정하고, 거의 싹싹 빌다시피 하여 옥황상제에게 고해바치는 일을 막고, 쥐 요정 잡으러 직접 출동하게 됩니다. 양아버지로 모시던 천왕이 직접 오니 쥐 요정인들 무얼 어쩌겠어요? 결국 붙잡히고 나서, 그동안 오라비로 섬겨온 탁탑천왕의 아들 나타태자에게 사정하니 나타태자가 이렇게 말하지요. "네가 제사 지내며 올린 향을 받은 탓에 우리 부자가 애꿎게 봉변을 당하지 않았느냐!"

정말 무서운 말입니다. 그냥 혼자 양아버지, 양오라비로 모시며 향을 올렸을 뿐이고, 그게 뭐 그리 나쁜 일은 아니잖아

요? 그런데 그 때문에 탁탑천왕과 나타태자가 곤경에 빠졌거든
요. 사람의 처신이라는 것은 이래서 어렵습니다. 자신이 고의로
하지 않았다 하더라도 책임을 완전히 면할 수가 없으니까요.

어쨌든 탁탑천왕 부자가 출동하여 흰 쥐 요괴 퇴치하고,
현장법사를 여난에서 구하고, 또다시 박바시 깔딱 고개 넘어갑
니다. 이번에는 아이들을 죽이는 나라가 아니라 스님들을 죽이
는 나라에 도착했지요? 만 명 죽이기로 서원하고 9,996명의 스
님을 죽인 나라! 그래서 현장법사, 손오공, 저팔계, 사오정만 죽
이면 드디어 만 명이 채워지는 나라!

손오공의 활약과 재치가 더욱 돋보이는 대목입니다. 국왕을
비롯한 모든 사람 머리를 다 깎아 스님처럼 만들어서 그들을 회
개시키는… 장면을 생생히 떠올리니 웃음이 나네요. 왕부터 시작
하여 왕비, 조정대신들 모두 반짝반짝 빛나는 까까머리~ 그 앞에
나타난 후줄근한 현장법사 일행 넷도 까까머리~ 우후후후, 크크
크크.

아무튼 손오공의 재기로 난관을 쉽게 넘겼습니다. 그렇지
만 그 공덕만큼은 말할 수 없이 크겠지요. 갑자기 금강경에 나
오는 구절이 생각나네요. "동방의 허공을 헤아릴 수 있겠느냐?
사방과 상하의 허공을 헤아릴 수 있겠느냐? 무주상보시^{無住相布施}
의 공덕이 그보다 크나니…." 이런 무주상보시의 공덕에 비하지
는 못하겠지만, 불법을 멸한다는 멸법국에서 불법을 흠모하는
흠법국으로 국호까지 바꾸게 한 공덕 또한 참으로 헤아릴 수
없어 보입니다요. 그런 공덕이 뒤를 받쳐주니 앞으로 나가는 길
이 더더욱 순탄해지겠지요?

비슷한 이야기가 계속 나와서 좀 과감하게 생략하며 가고 있으니 이해해주시기 바랍니다.

이제는 정말로 인도 땅에 발을 들였네요. 인도 땅이라는 표를 내려 했던지, 요괴도 하필 부처님을 가장한 요괴를 만나게 되네요. 양젖으로 만든 향기로운 기름을 유난히 좋아하는 요괴, 그래서 부처님으로 분장하고 나타나 양젖 기름을 갈취해가는 요괴!

그 부처님 분장에 신앙심 두터운 현장법사가 걸려들어 잡혀가지요. 그래서 큰 고생을 하게 되는데… 이 대목에서 서유기의 저자는 나태해지고 산만해진 마음을 경계하게 합니다. 그런 조짐이 전부터 조금씩 보이고 있었거든요.

맹자님이 하신 말씀이 있습니다. "우환 속에서 살아남고, 안락 속에서 죽어간다." 참으로 귀 기울일 만한 말입니다. 힘든 상황에서 경계를 하고 단속을 하면 오히려 성장할 수 있고 좋은 결과도 볼 수 있지만, 편안함과 즐거움 속에서 나태해지면 스스로 퇴보함은 물론이요 큰 위기를 맞게 되지요.

드디어 인도에 도착하여 안심하고 즐거워하는 마음에 요괴와 부처를 제대로 가리지 못한 현장법사! 변방이지만 인도 땅이라 그런지 아주 환대를 받습니다. 거기에 정월 대보름이라는 명절을 만나 흥까지 잔뜩 나네요.

그래서 연등놀이를 구경하면서 편하게 쉬는데, 이 고장 풍습이 좀 특이합니다. 축제에 아주 향기로운 냄새가 나는 특별한 양젖 기름을 쓴다는데, 그 양이 보통이 아니에요. 서유기에 나오는 대로 옮기면, 큰 항아리 세 개를 가득 채우는데 양으로는 천오백 근이요, 돈으로는 오만 냥 가까이 든다 합니다. 이렇게 큰 항아리 세 개에 기름을 가득 채우고 심지를 박아서 태우는데, 밤에 부처님이 다녀가시고 나면 그 많은 기름이 다 없어진대요. 참 신기한 이야기죠?

그런데 정말 신기하기만 한가요? 이상하지 않아요? 무슨 부처님이 기름 잡수시는 부처님인가요? 기름 귀신 부처님? 이런 생각 들지 않으세요? 당연히 의심하셔야 합니다. '와! 신기하구나. 부처님의 영험이로구나!' 이런 식으로 그냥 넘어가니까 미신에 빠지게 되는 거라구요.

진짜 부처님이라면 무슨 기름을 그렇게 거둬가겠어요? 이 기름 대느라고 백성들은 또 얼마나 고생하고 있는데요? 그런데 우리 현장법사, 부처님 오신다는 말에 마냥 좋아서, 다른 사람들은 다 부처님 오실 때 일어나는 조짐이라는 거센 바람을 피해 숨는데도 꿋꿋하게 부처님 친견하겠다며 버팁니다. 참으로 장한 현장법사! 하지만 장하다고 칭찬만 하기에는 좀 어리석은 신심을 지닌 현장법사!

과연 바람 속에 세 분의 부처가 나타나고 현장법사는 허둥지둥 참배를 드리는데, 이 부처님들이 현장법사를 칭찬하기는커녕 획 낚아채서 사라지네요. 그 전에 손오공만은 그들이 진정한 부처가 아닌 줄을 알아채고 저지하려 하지만 이미 늦어버렸지요.

깜짝 놀란 저팔계와 사오정이 사방을 헤매면서 현장법사를 찾는데, 그때 손오공이 하는 말에 뼈가 있습니다. "얘들아, 여기서 부르며 찾아도 소용없다. 사부님은 '즐거움이 극에 달하면 슬픔이 생긴다'(樂極生悲)는 말대로 요괴에게 잡혀가버렸다."
요괴에게 당한 이유가 편안할 때 방비하지 않고 나태해졌기 때
문임을 슬그머니 내비치고 있는 거지요.

　　사고가 터졌을 때 나타난 수호 신장들도 아주 대놓고 이
야기합니다. "삼장법사는 선을 닦는 마음이 늘어지고 지금 이
고을에서 노는 데 빠지셨지요. 길한 태泰괘가 넘어가면 불길한
비否괘가 옵니다. 즐거움이 지나치면 슬픔이 생기고요. 그래서
요괴에게 잡혀간 것입니다."

　　나칠계 님? 앞에 태괘니, 비괘니 하는 말이 무슨 말이냐구
요? 에고, 그거 설명하려면 또 길어지는데… 최대한 짧게 해볼
게요. 주역의 괘 이름들입니다. 태괘는 땅이 위에 있고 하늘이
밑에 있는 괘지요. 비괘는 하늘이 위에 있고 땅이 밑에 있는 괘
입니다.

　　그런데 태괘는 통한다는 뜻이 있고, 비괘는 막힌다는 뜻이
있습니다. 이상하다구요? 왜 하늘땅의 위치가 뒤바뀐 괘가 통
한다는 의미를 가지고, 정상적인 것이 막힌다는 의미를 가지냐
구요?

　　그것이 바로 주역의 깊은 뜻입니다. 높은 이가 낮은 이 아
래로 자신을 숙이고, 낮은 이는 높은 이를 받들어, 이 둘이 서
로 교감하고 소통하는 모습이 태괘이지요. 그러니까 사람 사는
세상은 태괘처럼 되어야 한대요. 비괘는 그와 반대입니다. 높은
자들이 자신은 본디 높은 자로 태어났다 생각하여 위에서 뻐기
고, 낮은 자들은 윗사람의 어려움 같은 것은 전혀 헤아리지 않
고 뒷담화만 하고….

그런데 여기서 삼쾌 선생이 하나 보탤 말이 있어요. 단지 마음이 나태해지고 노는 데 빠져서 이런 재앙을 만났다는 점에만 초점을 맞춰서는 안 될 것 같아요. 참 부처와 가짜 부처를 제대로 구별하지 못한 무지함이 이 재앙의 주된 원인 아니겠어요?

앞에서 몇 번이나 물음을 던졌지요? "부처님이 무슨 기름 귀신이냐?" 하는 불경한 표현까지 써가면서요. 그런 물음을 던질 줄 아는 바른 안목, 그것이 없어서 이런 위태로움을 당했다고 봐야 하지 않을까요?

현장법사는 참으로 믿음으로 충만한 분입니다. 그런데 그 충만한 믿음에 걸맞은 안목은 여전히 갖추지 못했네요. 삼쾌 선생도 자연스럽게 품은 의문을 놓쳤다니… 정말 문제군요. 그런 의문을 갖긴 했지만 지나친 신심이 그 의문을 눌러버렸다면, 그것 또한 문제구요.

요괴 물리치는 이야기는 앞에서 많이 했고, 이번에도 비슷한 대목이 많아서 간단히 요약하고 넘어가겠습니다. 이번 요괴는 외뿔소 요괴들입니다. 각각 벽한辟寒 대왕, 벽서辟暑 대왕, 벽진辟塵 대왕이라는 이름을 가졌지요. 추위를 물리친다, 더위를 물리친다, 더러움을 물리친다는 멋진 의미네요. 오랜 수행을 통해 신통력을 갖게 되었는데, 본디 양젖 기름을 좋아하여 그 욕심을 채우기 위해 부처님 노릇을 하며 기름을 갈취해왔다네요.

상당한 신통력을 가진 요괴라서 손오공도 쉽사리 이겨내지 못하고, 결국 태백금성의 조언을 받아 하늘의 신장들을 원군으로 청합니다. 그때 원군으로 온 신장들이 하늘의 별자리 이십팔수 가운데 목木과 연관된 네 별자리의 신입니다. 각성角木, 두

성^{斗星}, 규성^{奎星}, 정성^{井星}이지요. 이 이십팔수의 별자리들에 대해서는… 하하, 자습과제로 남겨두겠습니다. 그 이야기 하려면 또 한참 헤매야 할 것 같으니까요.

여차저차 네 신장의 도움으로 요괴들을 토벌하는데, 이번에는 요괴 가문에서 보살 가문으로 이적한다거나 하는 일이 일어나지 않습니다. 그냥 모두 죽어버리네요. 한 요괴는 토벌 과정에서, 나머지 두 요괴도 결국 화가 치민 저팔계의 손에 죽고 말았습니다. 자비를 근본으로 하는 불교라 하지만, 어떤 때는 악을 척결하는 데 용서가 없기도 하군요!

또 그리고! 이즈음부터 현장법사가 변해요. 저팔계에 대한 태도가 변한다구요. 저팔계가 식탐을 부리며 투정을 하자 "이 밥만 축내는 멍청아!… 오공이한테 여의봉으로 엉덩이를 때려주라고 할까부다!" 하며 야단을 치네요.

저팔계에서 손오공으로 마음이 조금 기울었다고나 할까요? 탐욕의 상징인 저팔계, 좀 날뛰기는 하지만 눈 밝고 재주 많은 손오공, 둘 중에 손오공에게 마음이 더 끌리게 된 것이 어떤 의미가 있는지… 이 또한 생각해볼 만한 일 아니겠습니까? 이것 역시 자습과제입니다. 하하.

공부의 궁극, 자습! 그 속에 여러분의 무한한 발전이 있습니다. 절대 삼쾌 선생이 게으름피우는 것이 아님을 새삼 강조하는 바입니다.

38. 밑바닥 없는 배를 타고 마지막 강을 건너니

외뿔소 요괴 물리치고

한 걸음 더 인도 땅 깊숙이 들어서니

사위국舍衛國 기수급고독원祇樹給孤獨園이 나오네.

감회도 새로워라, 금강경이 설해졌던 곳 아닌가?

환대 속에 하루를 머무르고

다음 날 인도 왕성에 들어갔는데

아직 여난女難이 끝나지 않았구나, 여자 요괴 한 마리 있다.

달나라 옥토끼가 하계로 내려와

진짜 공주 쫓아내고 공주로 변신했네.

현장법사 가로채어 그 원양元陽을 채취해서

불로장생의 신선이 되려고 호시탐탐~

공 던져 신랑 고르는 풍습을 빙자하여

일부러 현장법사를 겨누어 맞히고는

왕의 위엄을 빌려 강제로 혼사를 이루려 한다.

손오공이 그런 요괴의 정체를 모를 리가 있나?

한바탕 드잡이질에 요괴를 때려죽이려 하는데

"제천대성, 잠깐 참으세요!"

광한궁廣寒宮의 태음성군太陰星君 등장하여

옥토끼 구해가는구나.

음陰을 상징하는 달의 요괴 물리쳤으니

이제 원양을 도둑질하려는 요괴는 진짜로 끝!

요괴에게 자리 빼앗기고 갇혀 있던 공주 자리 찾아주니

현장법사의 공덕이 하나 더해졌구나!

가는 길에 구원외寇員外라는 신앙심 깊은 불자 집에서

극진한 환대를 받기도 하고….

이제 정말 부처님 계신 곳,

영취산靈鷲山 뇌음사雷音寺에 도착하였네.

하늘 중간에 성스러운 오색 빛을 띠고

상서로운 안개가 겹겹이 둘러싸인 곳,

바로 저기가 거기로구나!

감격에 겨운 현장법사,

일보일배를 하는 공경한 자세로 앞으로 나가는데

괄괄 흐르는 강, 너비가 팔구 리는 되는 강이 가로막네.

어찌 건너나 걱정을 하며 찾아보니

능운도凌雲渡라는 나루가 보이고

그 팔구 리를 가로지른 통나무 외다리가 있구나.

만 길 무지개가 옆으로 누운 듯~

천 길 비단이 하늘 끝에 닿은 듯~

도저히 사람이 건널 수 있는 다리가 아닐세.

현장법사 벌벌 떤다.

"나는 못 건넌다, 못 건너!"

손오공이야 휘적휘적 건너서 어서 오라고 손짓하지만

저팔계도 벌벌 떨며 주저앉는다.

이 다리를 건너야 부처가 될 수 있다지만

부처가 못 돼도 그만, 절대 못 건넌단다.

그때 물결 속에서 부르는 소리…

"이걸 타시면 돼요! 타세요!"

누군가 삿대로 배를 몰고 나타난다.

손오공 밝은 눈으로 보니

접인조사接引祖師, 보당광왕불寶幢光王佛일세.

그런데 배가 해괴하기 짝이 없다.

뱃전만 있고 바닥이 없는 배로구나.

접인조사님 말씀하신다.

"티끌세상에 물들지 않아 하나의 근원으로 돌아가니

억만 겁토록 편안하고 자유롭게 가는 배라오."

겁내는 현장법사 억지로 태우고 강 가운데로 나가는데

물살 위로 시체 하나 떠내려온다.

알고 보니 현장법사 시체!

손오공이 말한다.

"사부님, 겁내지 마세요! 저건 사부님의 껍데기입니다."

접인조사가 축하한다.

"저건 당신이오. 육체의 구속을 벗었군요!"

이제 현장법사도 세속의 때를 벗고

구름 탈 수 있는 몸이 되었구나!

차례로 여러 성중聖衆의 환대를 받으며

석가모니불 계신 곳으로 나가니

부처님 참으로 기뻐하시네.

그 기나긴 길의 노고를 치하하시네.

그리고 아난존자, 가섭존자 불러 분부하신다.

삼장三藏의 경전 가운데 골고루 뽑아서 저들에게 주거라!

동토東土에 전하여 불법이 흥할 수 있도록 해라!

그래서 아난, 가섭 두 존자를 따라갔는데

이게 웬일? 두 존자가 손을 벌린다.

"저희에게 무슨 선물을 가져오셨나요?

설마 맨손으로 오신 건 아니겠지요?"

발끈한 손오공, 석가모니 부처님께 달려가려 하니

두 존자 마지못해 경전을 내려준다.

석가모니 부처님께 작별을 아뢰곤

모든 보살님, 부처님께 일일이 절 드리며

분주히 중국으로 가는 길을 내달리네.

그런데 연등고불燃燈古佛께서 가만히 신통으로 살피시니

아뿔싸! 현장법사가 얻은 경전은 무자경無字經!

글자가 없는 경전이로다.

본디 깊은 진리가 담긴 경이지만

동녘 땅의 중생들은 알아보지 못할 경이로다.

백웅존자白雄尊者에게 명하여 급히 뒤를 잡아

글자 없는 경전을 빼앗게 하는데,

영문 모르는 손오공 일행이 저항하니

경전늘 티끌세상 속으로 던져버리고 달아났네.

몇 권 다시 주워서 살펴보니 글자 없는 경전!

선물? 뇌물? 그거 안 주었다고

아난과 가섭이 가짜 경전을 준 것인가?

하마터면 헛수고할 뻔했구나!

급히 돌아와 부처님께 하소연을 하니

부처님 허허 웃으신다.

너희가 빈손으로 와 경전을 얻어가니

빈 책을 준 것뿐이로다.

빈 책이란 본디 '글자 없는 참된 경전'이지만

너희 동녘 백성은 알 수가 없을 것이로다.

다시 아난과 가섭 불러

글자 있는 경전 주라고 명하신다.

그런데 두 존자 여전히 선물을 요구하니

당태종이 하사한 자금紫金 바리때를 선물로 바친다.

그리하야 그리하야…

참으로 글자 있는 경전을 얻었구나.

이제는 현장법사도 범속한 몸을 벗어

구름 타고 중국으로 돌아간다.

팔대금강八代金剛의 호위까지 받으며 돌아간다.

정해진 난관의 수를 채우느라 통천하에 빠지기도 하지만

구름을 탈 수 있는데 큰 문제 있으랴.

휘익~ 한달음에 중국 돌아와 당태종 알현한다.

떠났던 때는 정관貞觀 13년 9월 12일,

돌아온 지금은 정관 27년이니

14년 걸린 긴 여정일세.

지극한 환대로 지친 심신을 달래기 며칠~

돌아온 기념으로 안탑사雁塔寺라는 절에서

가져온 불경을 황제에게 강론하는 자리를 연다.

막 경전을 펴드는 현장법사 앞에

팔대금강 현신現身을 한다.

"현장법사님, 저희와 서천으로 가셔야 합니다."

그래서 일행 모두 휘익~ 서천으로 돌아가니

부처님, 일행의 공덕을 칭찬하고

각각에게 올바른 과위果位를 내리신다.

현장법사는 전단공덕불旃檀功德不~

손오공은 요괴 잘 잡아 투전승불鬪戰勝佛~

저팔계는 아직 덜떨어져 정단사자淨壇使者~

사오정은 부동의 마음으로 금신나한金身羅漢~

용마는 변함없는 뜻을 높이 사 팔부천룡八部天龍~

저팔계가 나만 왜 급이 떨어지느냐 투덜대지만

제단 정리하면 먹을 것 많다는 말에 헤벌쭉~

역시 덜떨어진 저팔계?

아무튼 모두 정과正果를 이루어 불보살의 지위에 올랐으니

동토에 경전 전한 그 공덕 찬란하여라!

그들이 이룬 수행의 공덕 높고도 높아라!

그 은혜 지금까지 이어지니

날이 갈수록 더더욱 사람들의 칭송 이어지리!

이렇게 삼쾌 선생의 이야기가 이어짐도

그 큰 공덕에 바치는 조그만 찬탄이로다!

나무 마하반야바라밀!

　인도로 들어선 길, 그렇지만 시련이 완전히 끝난 것은 아닙니다. 마지막의 여난이 남아 있지요. 달나라 옥토끼가 현장법사의 원정元精을 탐하여… 아주 계획적으로 하계로 내려옵니다. 인도의 공주로 내려오는데, 진짜 공주는 술법으로 다른 곳으로 보내버려요.

　그런데 그 공주를 쫓아낸 곳이 사위국 기수급고독원이네요. 금강경에 나오는 그곳 맞습니다. 원래 기타태자祇陀太子라는 분이 소유한 땅이었는데, 급고독給孤獨 장자長者가 승원을 지어 부처님께 바치고자 그곳을 팔라고 했지요. 태자가 "이 땅을 금으로 덮는다면 몰라도 절대 팔 수 없다"고 거절하자, 장자는 정말로 수레에 금을 싣고 가서 땅을 덮기 시작했다네요. 그에 감동한 태자도 승원 짓는 일을 돕게 되었구요. 그래서

그곳에 '금으로 깔았다'는 의미의 포금선사^{布金禪寺}가 자리하고 있었다는군요.

바로 거기에 현장법사 일행이 머물게 되고, 또 거기에서 요괴에 의해 추방당한 공주를 알게 되고… 그런저런 인연이 겹쳐 달나라 옥토끼 요괴를 물리치고 공주 구하는 이야기가 전개됩니다.

이 요괴를 끝으로 현장법사의 원정 탐하는 요괴도 진짜 끝입니다. 물론 서유기 전체가 거의 끝나가고 있긴 하지만요.

마지막으로 달나라 옥토끼가 요괴로 나온 데는 아마도 이런 의미가 담겨 있는 것 같아요. 양^陽의 상징은 바로 해, 즉 태양^{太陽}이지요. 음^陰의 상징은 바로 달, 즉 태음^{太陰}입니다. 음력을 태음력이라고 하지요? 그 태음이 바로 달을 가리키는 거랍니다.

달나라 토끼가 요괴로 등장했으니, 음의 대표라고 할 수 있는 태음의 요괴가 양을 탐하려 한 셈이군요. 그리고 그것을 물리침으로써 현장법사는 완전히 색^色의 관문을 벗어나게 되었구요. 알고 보니 불행을 당했던 진짜 공주도 옛날엔 달의 선녀였는데, 토끼를 함부로 때린 죄업을 받느라 그리되었다는 인연담까지 깔고 있는 이야기였네요.

그 이야기를 뒤로 하고 현장법사 일행, 드디어 부처님 계신 영취산 뇌음사에 도착했습니다. 그런데 뇌음사 안이라고 해도 넓고 넓네요. 그 속에 너비가 팔구 리나 되는 강이 흐른대요. 에고, 깨달음의 땅은 송곳 꽂을 자리도 없다던데, 다른 한편으로는 넓고도 넓은 것이 깨달음의 땅이로군요.

거기에 그 넓은 강을 가로지르는 외나무다리! 낡은 통나무다리! 하늘 끝까지 뻗은 것 같은 아찔한 다리가 걸려 있네요. 현장법사와 저팔계, 한목소리로 외칩니다. "죽으면 죽었지, 저건 못 건너!" 바꿔 말하면 "못 깨달아도 좋아! 저 다리는 못 건너!"가 되겠지요?

다행히 그 다리 말고 선택지가 하나 더 나오는데, 그것도 좀 황당합니다. 밑바닥 없는 배(無底船)라네요. 낡은 통나무로 된 외나무다리에, 밑바닥 없는 배라… 이건 무엇을 말하는 것일까요? 그렇게 고생스럽게 도달한 현장법사 일행을 끝까지 괴롭히기 위한 시험? 그건 아닌 것 같습니다. 시험이라면 다시 요괴를 등장시키거나 했겠지요.

우선 아득한 외나무다리는 깨달음에 이르는 마지막 외길을 상징하는 듯합니다. 수만 갈래의 길이 있지만 결국 마지막은 외길일 뿐이라는 말이 있어요. 수천수만 가지 방편으로 깨달음을 지향하지만, 결국은 단 하나의 방편이 있을 뿐이라는 뜻이지요. 곧바로 사람의 마음을 가리켜 그 본성을 깨달아 부처가 되게 하는 방편 말이에요. 아니면 수만 갈래의 길을 통해서 오지만 결국 하나의 부처 되는 길로 다 합해진다는 뜻으로 볼 수도 있구요. 법화경法華經에도 성문승聲聞乘, 연각승緣覺乘, 보살승菩薩乘이 결국 하나의 부처 되는 길로 귀일한다는 말이 있으니까요.

그러니까 외나무다리가 그 하나뿐인 길을 상징한다고 보면 일단은 될 것 같은데… 문제는 이 다리가 너무 높고도 아득하다는 데 있겠네요. 현장법사는 물론이고 저팔계마저 벌벌 떨면서 "죽어도 저 다리는 못 건너!" 하니까요. 신심 하나만은 누구에게도 빠지지 않는 현장법사마저 죽어도 못 건넌다는데, 우리 같은 평범한 중생은 대체 어쩌라구요?

좀 편하게 건널 수 있는 다리로 놔주면 어때서, 부처님이 마지막까지 심술을 부리시는 거냐구 생각하는 분도 계실 것 같아요. 특히 나칠계 님, 고개를 끄덕끄덕하시는 것이 제 말에 전적으로 공감한다는 표정이시군요. 흠… 사실 삼쾌 선생도 그 생각에 동의한답니다. 부처님이 이왕 세상에 나오셨으면 좀 쉽게 중생을 인도하시지, 왜 굳이 그렇게 아찔한 다리로 이끄시는가 싶단 말씀이지요.

그래서 곰곰이 생각해봤는데, 아무리 마지막 고비가 힘든 게 당연하다고 해도 이 정도로 아득하다면 건널 중생이 거의 없으리라는 점에서 앞뒤가 좀 안 맞는 것 같아요. 이에 삼쾌 선생은 과감하게 다른 해석을 내놓습니다. 제가 불교계에서는 무식한 도깨비라는 말씀 드렸나요? 무식한 도깨비는 부적도 안 통한답니다. 무식해서 그게 뭔지도 모르니까요. 그만큼 무식한 도깨비인 삼쾌 선생, 다른 데서는 들어본 적 없는 과감한 주장을 감히 해보렵니다.

이 아득하고 아찔한 외나무다리는 부처님이 나오시기 이전, 즉 친절한 안내가 없던 시절에만 건너던 옛길 같습니다. 그러니까 그 아찔하고도 아득한 외나무다리를 건넌 마지막 분이 바로 석가모니 부처님이라는 거지요. 너무 어려워서 이제는 건너는 사람이 없는 길이고, 우리에게는 먼저 그 길을 건너 목적지에 도착하신 부처님께서 닦아주신 편안한 새 길이 있구요. 하하, 어떻습니까? 삼쾌 선생의 참신하고도 발랄한 생각이!

에구구, 참신한지도 발랄한지도 모르겠다구요? 발랄이라는 말을 어디다 갖다붙이냐구요? 죄송합니다. 제가 제멋에 취해버렸군요. 생각해보니 참신한 생각 전혀 아닙니다. 이미 부처님이 말씀하셨고, 수많은 조사께서도 말씀하신 이야기입니다. 부처님이 깨달으시고 수많은 방편을 마련해주셨으니 우리는 그 방편을 취하기만 하면 아주 쉽게 부처 되는 길로 나갈 수 있다는 말씀, 이미 귀에 못이 박이게 들어온 바지요.

부처님이야 홀로 그 길을 여시노라 참으로 고생을 하셨지요. 그렇게 고생을 해서 깨달음에 이르신 부처님께서, '내가 이렇게 고생했으니 너희도 마찬가지로 고생 좀 해보거라' 하는 마음이시겠습니까? 그렇다면 '자비로우신 부처님'이라는 칭호에 어울리지 않지요. 당연히 자비로우신 부처님께서는 당신께서 하신 고생을 중생이 거듭 겪지 않도록 수많은 탈것을 마련해두셨습니다.

대승이다 소승이다 할 때의 승乘이 무슨 뜻인가요? 험하고 먼 길을 쉽고 빨리 갈 수 있게 해주는 탈것이라는 의미 아닙니까? 크게 대승, 소승 하지만 그 속에 얼마나 많은 다양한 탈것이 있습니까? 자신의 근기와 취향에 맞는 탈것을 잘 골라 타기만 하면 우리는 편하게 부처 되는 길을 갈 수가 있어요. 그것이 바로 부처님 오신 의미이고, 우리가 부처님 기리고 높이는 이유 아니겠어요?

그런데 가만히 생각해보니, 삼쾌 선생이 이렇게 뻔한 이야기를 하면서 스스로 참신하다느니 발랄하다느니 으쓱했던 것도 다 이유가 있는 것 같아요. 오늘날 불교계가 부처님이 마련해준 그 많은 좋은 방편들을 제대로 쓰지 못하고 있으니까 말이에요.

첫째로, 부처님이 만들어놓으신 그 많은 탈것을 팽개치고서 "나는 부처님처럼 고생 고생해서 깨달을 거야!"라고 외치는 분들이 꽤 많은 것 같아요. 부처님이 양극단을 다 겪으시고 그것을 지양한 중도의 길을 보여주셨는데, 그러시느라고 엄청 고생하셨는데, 그 중도의 길을 걸으려 하지 않고 부처님 하셨듯 온갖 시행착오 다 겪으며 아찔한 외나무다리에 목숨 걸고 도전하려 하시는 분들, 많이 보지 않으셨나요?

둘째로, 명색이 부처님 문중에 있다고 하면서도 부처님이 마련해주신 탈것은 아예 쳐다도 안 보고, 그저 일상적인 안락에 탐닉하고 오욕락五欲樂의 삶에 몰입하면서 가피만을 바라는 불자들도 참 많지 않은가요? 이런 불자들은 아찔한 다리든 편한 다리든 간에 아예 찾으려 들지 않지요.

오늘날 불교에는 이런 두 부류의 불자들이 너무 많지 않은가 하는 것이 삼쾌 선생의 걱정입니다. 그런 걱정이 늘 있다 보니, 부처님과 조사님들이 자상하게도 말씀해주셨던 것을 마치 참신하고도 발랄한 제 생각이라고 내세웠던 것 같아요. 그러니까요… 삼쾌 선생 헛소리하지 말라고 나무라셨던 분들은 제 충정을 이해하시고 너그럽게 용서해주세유~ 그리고 모든 중생이 부처님이 마련해놓으신 수많은 탈것에 올라타서 부처 되는 길을 질주하는, 신명 나는 불교를 이룩하는 데 너도나도 함께 나서주세유~

삼쾌 선생의 무식한 도깨비 해석을 밑받침해주듯이, 서유기에도 곧바로 쉬운 탈것이 등장하는군요. 바로 '밑바닥 없는 배'입니다. 밑바닥이 없다는 점에서는 황당하지만, 그래도 아득하고 아찔한 외나무다리보다는 한결 나아 보이네요.

이 배를 모는 사공의 정체가 접인조사입니다. 중생을 부처님 나라로 맞아들이는 조사님이지요. 이 또한 부처님의 화신이니, 부처님의 가피에 힘입어 마지막 강을 건너는 셈입니다.

그런데 '밑바닥 없는 배'가 과연 무엇을 말하는 것인가 하는 문제가 남아 있어요. 여기서 삼쾌 선생이 유식함을 또 자랑하자면… 어험, 여러분 '구멍 없는 피리', '줄 없는 거문고', '바닥 없는 바리때' 같은 말 들어보셨지요? '밑바닥 없는 배'라는 것은 바로 그와 비슷한 계열의 비유입니다.

모든 현상은 근원적인 진리에 바탕하여 나타나겠지요? 그렇지만 그 근원적인 진리는 말로 표현되기 어렵지요? 말로 표현되는 순간, 말의 제한성 때문에 오히려 가려지기 마련입니다. 그래서 그냥 '그것'이라고 불리기도 하지요.

모든 것이 '그것'에 의존한다는 측면과, '그것'이 언어나 기타 방편으로는 표현되기 어렵다는 측면을 동시에 담고 있는 말이 바로 위의 비유들입니다. 피리로부터 소리가 나오는데, 구멍이 정해져 있으면 소리도 정해진 대로만 나올 수밖에 없지요. 거문고의 줄도 마찬가지입니다. 줄이 정해져 있으면, 그 정해진 소리밖에 안 나옵니다. 중생을 이익되게 해주는 밥을 담는 밥그릇에도 바닥이 있으면 그 이익됨이 한정되지요. 구멍 없음, 줄 없음, 바닥 없음… 다 언어적 표현을 뛰어넘는 궁극적 진리를 비유적으로 나타낸 말들입니다.

지금 이 대목은 부처님의 땅으로 건너가는 방편을 말하고 있지요? 그래서 배라는 상징이 등장했습니다. 이 '밑바닥 없는 배'는 한정된 방편의 제약을 넘어서는, 모든 중생을 건네줄 수 있는 궁극적이고 자재로운 방편을 뜻한다고 볼 수 있겠네요. 우리 모두가 부처님 땅에 가기 위해서 타는 마지막 배, 이 지혜의 배를 함께 타고 부처님 나라 유람해보실까요? 예약받습니다. 일찍 하시는 분은 할인 혜택도 있습니다!

이크, 헤매니즘 중지! 빨리 제자리 찾겠습니다. 현장법사 일행부터 배로 건네드려야지요. 건너는 중간에도 조금 이야깃거리가 있네요. 강물에 시체가 떠내려오는데, 자세히 살펴보니 이목구비 뚜렷한 현장법사 시체로군요.

그런데 "에구, 끔찍해라!"가 아닙니다. 요즘 말투, 아니 조금 철 지난 말투로 "감축드리옵니다!"입니다. 손오공 대사로는 "스승님, 축하드립니다. 드디어 육체를 벗어나셨군요!"입니다. 현장법사가 육체적 구속을 완전히 벗어던졌음을 보여주는 장면이거든요.

지금까지 현장법사는 속된 몸을 벗지 못해 구름도 못 탔지요. 이제 구름 탈 수 있습니다. 구름 부르는 도술은 못 익혔지만 탈 수는 있다는 사실, 얼마나 중요합니까? 이미 코앞이지만 뇌음사까지 구름 타고 쌩~ 달려볼까요?

헤헤, 구름 타고 가고 말 것도 없네요. 영취산의 뛰어난 경치 감상하며 조금 오르니 바로 정상이요, 꿈에도 그리던 뇌음사가 있습니다. 우리 모두 현장법사 따라 들어가 부처님 뵙는 거지요?

첫 번째, 두 번째, 세 번째 산문山門을 지날 때마다 "당나라 성승이 경전을 구하러 이곳에 왔습니다"라는 사대금강의 알림이 부처님 앞에 전해지고, 드디어 일행 모두 부처님 앞에 오체투지五體投地의 예를 표합니다. 지극한 공경과 찬탄의 마음을 담아 아룁니다. "세자 현장 왔습니다. 동쪽 나라 황제의 뜻을 받들어 경전을 구하러 왔습니다. 중생을 구제하려는 뜻 어여삐 여기시어, 큰 은혜를 베푸소서!"

부처님 만면에 웃음을 띠시고 이르십니다. "참으로 큰 고생을 하였구나. 그리하여 여기까지 왔구나. ⋯ 내 그대들의 노고를 찬탄하며 오묘한 가르침을 담은 경전을 내리노니 그것을 가지고 가서 중생을 구하는 큰일을 펼치도록 하거라. 다만 그 땅의 중생들이 어리석고 고집이 세어 이 위대한 가르침을 쉽게 알아보지 못할까 걱정이로다."

그리고 아난과 가섭에게 경전을 주라 이르시니 두 존자가 일행을 경전을 보관하는 전각으로 안내합니다. 그런데 결정적인 순간에 손을 내미네요. "설마 맨손으로 오신 것은 아니지요? 저희에게 줄 선물을 좀 내놓아보십시오. 그래야 경전을 드리지요." 참으로 당황스러운 순간입니다. 그 고생하며 오는 여정에 무슨 선물까지 준비했겠습니까?

두 존자는 집요하게 선물을 요구하며 이죽거리네요. "오호? 그렇게 빈손으로 경전을 전한다면 후인後人들은 굶어 죽을 겁니다." 이런 작태에 손오공 분기가 치밀어 바로 석가여래한테 가서 직접 받아가자고 하니 그제야 마지못해 경전을 내어주네요. 그래서 봇짐으로 짊어지고 나와 말에 싣고, 석가여래께 감사인사 여쭙고 돌아가는 길을 힘차게 출발합니다.

서유기 저자가 아난과 가섭 두 존자에게 무슨 억하심정이 있었던 것일까요? 마지막에 초를 치듯이 선물을 요구하고, 선물 안 준다고 심통을 부리다니요?

이건 두 가지의 의미로 해석할 수 있겠어요. 첫째로, 중국인은 사람과 사람의 만남에 반드시 예禮가 따르는데, 그 예가 단지 마음으로서의 예에 그치면 안 된다는 사고방식이 있습니다. 비록 작더라도 마음을 표하는 형식이 있어야 한다는 말이지요.

논어에는 공자의 이런 말이 전해집니다. "가장 가벼운 예물인 말린 포 묶음 이상을 예물로 올린 이를 내가 가르치지 않은 적이 없다." 가르침을 펴는 데 인색하지 않았다는 말도 되지만, 가장 가벼운 예물이라도 바쳐야 가르쳤다는 말도 되지요. 그래서 공자가 최초로 수업료 받고 사람을 가르친 직업적 교사라는 말을 하기도 합니다만, 그건 좀 확대해석인 것 같구요. 사람과 사람의 만남에는 마음을 담을 일정한 형식이 있어야 하고, 그런 기본을 갖추지 않으면 스승과 제자로 맺어질 수 없음을 말한 것이겠지요. 그러니 그 귀하디귀한 경전을 받아가는 마당에도 적절한 예물이 있어야 한다는 생각은 어찌 보면 당연한 것인지도 모르겠습니다.

두 번째 이유는, 꼭 두 번째라고 할 필요도 없을지 모르겠습니다만, 맨손으로 가볍게 경전을 받아가면 그 마음도 가볍기에 경전을 후세에 전하는 공효功效 또한 가벼워질 수 있기 때문일 겁니다. 두 존자가 "후인들은 굶어 죽을 겁니다"라고 한 말이 단순한 비아냥만은 아니지요. 응당 이 일을 무겁게 여기는 태도를 요구하는 것이니까요. 물론 서유기의 묘사를 보면 스님네들에 대한 약간의 유감이 아예 없다고도 할 순 없겠네요. 가르침을 베풀면서 무언가를 요구하는 세속적인 스님들의 작태를 비꼰 듯한 냄새가 솔솔~ 나기는 합니다요. 하하.

그런데 정말 큰일이군요. 두 존자가 내어준 경전은 글자 없는 경전(無字之經)이었어요. 선물을 안 주어서 심통을 부린 것인지는 몰라도… 연등고불께서 이 사태를 알아채시고 웃으며 말씀하십니다. "동녘 땅의 중생들이 우매하여 글자 없는 경전을 알아보지 못하면, 성승이 헛걸음한 셈이 되고 마는 것 아닌가?"

그래서 백웅존자라는 분을 시켜 글자 없는 경전을 회수하게 합니다. 백웅존자가 잽싸게 구름 타고 달려가 경전을 탈취하여 달아나니, 손오공과 저팔계과 사오정이 기겁을 하여 추격하지요. 급해진 백웅존자는 경전을 쌌던 보자기를 찢어버리고 경전을 티끌세상으로 던져버리구요.

손오공 일행이 땅에 떨어진 경전을 주워들고 보니 글자 없는 경전이네요. 그래서 아난과 가섭 두 존자를 욕하며 석가모니 부처님께 돌아와 하소연하며 새롭게 경전을 내려주십사 청합니다. 이때 석가모니 부처님의 말씀에도 많은 뜻이 담겨 있습니다. "경전은 가벼이 전할 수도 없고 또 공짜로 얻을 수도 없는 것이니라. … 너희가 빈손으로 와서 가져가려 하니 빈 책을 준 것이다. 빈 책이란 '글자 없는 참된 경전'이니 도리어 참으로 훌륭한 것이다. 그렇지만 너희 동토 중생들이 우매하여 깨닫지 못할 터이니, 이제 이것(글자 있는 경전)으로 전할 따름이니라."

그렇습니다. 글자 없는 경전은 단순히 가짜 경전이 아닙니다. 연등고불이 말씀하셨고 석가모니 부처님이 다시 말씀하셨듯이, 단지 우리 중생이 알아보지 못하는 것이 문제일 뿐 본디 참된 경전이 바로 글자 없는 경전입니다.

최상의 진리가 어디 글자로 표현될 수 있는 것이던가요? 모든 가르침은 달은 가리키는 손가락일 뿐이라는 말, 많이 들어보셨지요? 경전의 문자들은 단지 손가락일 뿐입니다. 달은 손가락을 넘어서 있지요. 마찬가지로 진리는 문자를 넘어서 있습니다.

어쨌든 삼쾌 선생의 눈에는 이 대목이 좀 밋밋해 보여요. 삼쾌 선생이 서유기를 쓴다면 이 대목을 이렇게 더 극적으로 바꾸어보고 싶군요. "백웅존자가 글자 없는 경전을 탈취하니 손오공 삼형제가 추격한다. 백웅존자는 보란 듯이 구름 위에서 글자 없는 경전을 산산이 부수어서 하계로 뿌려버린다. 그리고 유유히 사라진다. 손오공 삼형제, 떨어지는 경전 조각을 보고 글자 없는 것을 알아채곤 다시 돌아와 경전을 바꾸어간다."

뭐가 다르냐구요? 백웅존자가 글자 없는 경전을 '부수어 하계로 뿌리는' 모습을 강조하고 싶은 거예요. 지금 제가 가지고 있는 서유기 판본에는 "보자기를 찢어 경전들을 티끌 속으로 던져버렸다"고 간단히 묘사되어 있거든요. 삼쾌 선생 식으로 고쳐 쓴다면, 글자 없는 참된 경전이 우리 이 세상 속으로 부서져 들어와 있다는 의미가 두드러지지 않겠어요? 그러면 우리가 사는 이 세상이 단지 오탁악세五濁惡世에 그치는 것이 아니라, 글자를 넘어선 참된 가르침이 담겨 있는 곳이 되는 셈이지요! 실은 삼쾌 선생이 대학 재학시절에 읽었던 서유기에는 이런 묘사가 있었다고 기억하는데, 지금은 그 판본을 찾지 못하고 있답니다.

아무튼 이제는 정말 정말 끝났습니다. 글자 있는 경전으로 바꿔가지고, 예정된 재난의 숫자를 채우기 위한 마지막 재난도 가볍세 넘기고, 팔대금강의 인도로 바람 타고 구름 타고 당나라로 돌아옵니다. 정말 금의환향인 셈인가요? 당태종의 융숭한 환대 속에 경전을 안탑사라는 절에 봉안하고, 필사본도 만들어 널리 배포하게 되지요.

이런 큰 공덕을 읊은 서유기의 시구를 직접 음미해보시지요.

서쪽 끝 인도에서 자비의 구름 끌어와
동쪽 끝 중화대국에 불법의 비를 내려주었네.
성스러운 가르침 빠진 부분 있던 것 온전해지고
중생들 죄업을 지었으나 다시 복을 받게 되었구나.
…….
이 경전 널리 유포되어, 해와 달과 같이 다함 없고
큰 복 멀리 전해져, 하늘땅과 같이 크고 영원하기를!

그 큰 복이 멀리 전해져 지금 우리가 그 복을 누리고 있다는 감동, 저와 여러분 함께 느끼고 있는 것 맞죠? 나칠계 님까지도 느끼고 있는 거 맞죠? 우리 모두 만세를 부르고 싶은 마음이죠? 현장법사 만세! 손오공 만세! 저팔계 만세! 사오정 만세! 용마도 만세!

역사적 사실로 말하면 이야기가 여기서 끝나야 하겠지만,

서유기는 역사적 사실만 담은 이야기가 아니라 한편의 가상 수행기지요. 수많은 요괴들은 수행 과정의 장애를 상징했구요. 그런 모든 장애 물리치고, 육체마저 넘어서는 그 험한 과정을 모두 겪은 손오공 일행이 경을 전하는 마지막 임무까지 마쳤다 함은? 수행의 궁극에 도달했다는 의미겠지요? 그렇다면 그 궁극은 무엇일까요? 답은 다 알고 계시는 것! 바로 부처가 되는 것입니다!

그리하야 서유기의 이야기는 좀더 이어집니다. 중국에서 황제에게 경을 강설하려던 현장법사를 팔대금강이 영취산 뇌음사의 부처님 앞으로 다시 모셔갑니다. 부처님은 현장법사 일행을 공로를 다시 치하하시곤 그에 걸맞는 정보正報를 내려 주십니다.

우선 현장법사. "그대는 원래 전생에 내 제자였는데 나의 큰 가르침을 소홀히 하여 그 죄로 동녘 땅에 태어났도다… 내 가르침을 잘 지키고 불경을 전하는 큰 공덕을 세웠으니… 그대를 전단공덕불로 삼노라!"

다음은 손오공. "… 늘 변함없이 요괴들을 물리쳐 공을 세웠으니… 그 정과를 인정하고 투전승불로 삼노라!"

다음 저팔계. "… 기특하게 불교에 귀의하고 삼장법사를 잘 보호하였다. 그렇지만 아직 어리석은 마음이 남아 있고 욕정도 끊지 못하였다. 너를 정단사자로 삼노라!

다음 사오정. "… 네 정과를 인정하고 금신나한으로 삼노라!"

마지막으로 용마. "너의 직책을 올려 정과를 인정하고 팔부천룡으로 삼노라!"

이리하야, 이리하야… 현장 일행이 모두 공적을 인정받고 부처님 가문의 중요한 자리에 오르는군요. 그 가운데 저팔계가 "왜 저만 격이 낮은 사자使者입니까?" 하고 불만을 표하지만, 부처님 한 말씀에 헤벌쭉하지요. "네가 입만 살고 몸은 게으른 데나 밥통만 크지 않으냐? 정단사지는 불사佛事가 있을 때마다 제단을 정돈하니 마음껏 먹을 수 있는 관직 아니냐?" 하하. 저팔계의 약점을 그대로 찔러버리시는 부처님!

아무튼 다시 이리하야, 사람 마음의 삼독심三毒心이 부처 되는 길을 돕는 삼학三學으로 완성되었습니다. 모두 부처님 가문의 일꾼으로 등록되었습니다. 그러니까 단순히 현장법사 일행이 정과를 받는 데서 그치는 것이 아니라, 우리 마음의 모든 요소가 성불의 도우미로 인정받게 되었음을 뜻하는 대목입니다.

여기서 우리는 다시 한번 크게 외쳐야 합니다. 탐심貪心보살 마하살! 진심瞋心보살 마하살! 치심癡心보살 마하살! 나무 계행戒行불! 나무 정행定行불! 나무 혜행慧行불!

삼독심 돌이켜 삼학을 이루는 그 길, 그 길이 바로 머나먼 서유기의 여정이었음을 여기서 다시 확인하네요. 이 커다란 전환 과정을 이끌고 가는 것이 현장법사로 상징되는 믿음의 힘과 용마로 상징되는 정진의 힘이지요. 그러니 이제 여러분도 여러분 마음속의 여러 요소들을 부처 되는 도우미로 삼아 큰 길로 나갈 준비를 이루신 셈이에요. 그리고 그 시작에 이미 원만한 성취를 보여주시는 부처님의 가피 아래 원만히 불도를 성취하실 수기受記도 받으셨을 겁니다.

그러니 서유기 여정의 큰 성취에 우리 모두 함께 만만세를 또 한번 외쳐야 할 것 같습니다. 그동안 함께 해주신 여러분께 그 "만만세!"를 회향하면서, 삼쾌 선생 여기서 스윽~ 물러납니다. 아주 품위 있게!

39. 아! 길고도 먼 길, 그러나 영광스러운 길이여!

애초에 말씀드린 대로 이 책의 의도는 서유기에 담긴 의미를 자유분방하게 이야기하듯 써나가는 것이었습니다. 물론 서유기가 그리 만만한 책이 아니고 뜯어보면 볼수록 깊은 의미가 담겨 있기에, 마냥 웃고 떠드는 식으로만 일관할 수는 없었지요. 그래도 나름대로 쉽게 풀어보려는 노력을 기울였고, 어느 정도 성공했다고 생각합니다. 재밌지만 때론 길고, 복잡하고, 낯설기까지 한 서유기 줄거리를 끝까지 술술 풀어온 것은 뭐니 뭐니 해도 삼쾌 선생의 입담 덕분 아니겠습니까? 하하.

죽 읽어 오신 분들은 이미 다 아실 내용이지만, 우리가 이야기한 것들 중에서 가장 중요하게 반복된 내용들만 한 번 더 정리해볼까 합니다. 워낙 헤매니즘으로 사방팔방 헤매지 않았냐구요? 그래도 그 가운데 가장 많이 헤매고 더 오래 헤맨 데를 좀 짚어보자는 말씀이에요.

첫째로 가장 많이 나온 이야기는 수행, 좀더 일반적인 말로 한다면 인간의 완성을 위한 노력에 대한 것이었습니다. 서유기 전체가 그런 구도로 짜여 있고 손오공이 인간의 마음을 상징하는 존재이기도 하니까, 무엇보다 마음 닦는 이야기가 중심이 될 수밖에 없었지요.

자칫 손오공이 근두운 타고 여의봉 휘두르는 이야기로만 여겨질 수 있는 서유기에 담긴 깊은 의미, 진짜 의미는 이렇게 수행이라는 것에 초점에 맞출 때 바르게 드러난다고 저는 믿습니다. 그런 눈으로 보면 서유기의 주된 배역들이 어떤 역할을 하고 어떤 상징을 담고 있는지가 분명해지지요. 탐진치貪嗔痴 삼독三毒과 그것을 돌이켜 이루어내는 계정혜戒定慧 삼학三學, 그리고 불도를 이루어가는 다섯 가지 힘(五力)의 관계 속에서 서유기를 다시 읽게 되는 것만큼 유익하고 재밌는 일이 또 없습니다.

둘째로, 마음을 닦는 가장 올바른 길은 무엇이고 잘못된 길과 위험한 길은 또 무엇인가에 대해 이야기하다 보니 자연스레 여러 종교들의 사이비적인 행태와 그것을 극복하고 올바르게 고칠 방법으로 빠지곤 했지요? 불교뿐만 아니라 우리 현실의 종교 일반에 대한 진단과 비판인 셈인데, 삼쾌 선생이 이 방면에 워낙 관심이 많다 보니 무식한 도깨비를 자처하며 힘차게(?) 비판의 칼을 휘둘렀습니다. 죄송스러운 마음도 있지만, 이 시대의 여러 종교가 다 잘 되기를 바라는 충정에서 나온 것이니 너그럽게 봐주시기를 바랄 뿐입니다.

마지막으로, 이 모든 이야기의 바탕에 놓여 있는 근본적인 시각으로서 많은 지면을 할애한 내용이 있었습니다. 바로 불교를 실제 불국토를 건설하는 적극적인 가르침으로 전환해야 한다는 것이지요. 더 이상 소극적이고 퇴행적인 모습에 머물러서는 안 됩니다.

삼쾌 선생이 이런 이야기를 힘주어 할 수밖에 없는 까닭이 있습니다. 삼쾌 선생은 언제나 '지금', '여기'가 가장 중요하다고 생각합니다. 내세를 이야기하고, 천당을 이야기하고, 극락을 이야기하고… 아무리 그렇게 다른 세상을 이야기한다 하더라도 그것은 언제나 지금 여기의 올바른 삶, 지금 여기의 올바른 행복을 전제로 한다고 믿지요. 그것을 벗어나면 미래를 미끼로 현실을 어그러뜨리거나, 과거를 빌미로 현실의 부조리를 합리화하는 종교가 되거든요.

"삶의 현장이 수행의 장이 되어야 한다!"는 큰 원칙을 세워야 합니다. 출가자는 출가자답게, 재가자는 재가자답게, 지금 여기에서 부처님의 가르침을 실천하고 부처 되는 길을 걷기로 다짐해야 합니다. 핑계 대며 미루면 안 돼요. 미루면 그 미룬 것이 업이 되어 계속 미루기만 하게 됩니다. 삶의 현장을 수행의 장으로 삼는 방편을 개발해야 합니다. 그리고 바로 지금 여기에서 불국토, 불교적 이념에 맞는 이상적인 세계를 건설하는 힘찬 움직임을 일으켜야 합니다.

욕망을 좋지 않은 것으로 보고, 그것을 벗어나야 한다는 가르침만 되뇌어서는 재가자의 불교가 제대로 설 수 없습니다. 욕망을 부정적으로만 보지 말고, 그것을 돌이켜 서원으로 바로 세우는 전기를 발견해야 합니다. 욕망과 서원의 힘이 본디 둘이 아니라는 것을 연기적緣起的으로 바로 보아야 합니다.

생사가 열반이요, 번뇌가 보리이니라! 욕망이 바로 서원이니라! 얼핏 이상하게 들리지만 다 같은 말입니다. 그리고 이 말이 더 이상 이상하게 들리지 않을 때, 불교가 현실을 힘 있게 이끌어가는 종교가 될 수 있다고 생각합니다.

그리고 진짜 마지막으로! 불교, 더 나아가 여러 종교를 막론하여 제가 계속 강조한 이야기가 또 있었지요? "보살이나 요괴나 결국 한 생각일 뿐이지!" 하는 관점 말입니다.

선한 존재와 악한 존재가 따로 있는 것이 아니고, 관계 맺음에 따라 선으로도 드러나고 악으로도 나타날 수 있습니다. 삼쾌 선생은 우리 세상이 마주하고 있는 가장 큰 문제는 양극화의 문제이고, 그 양극화의 밑바탕에는 나와 다른 존재를 용납하지 못하는 사고방식이 자리 잡고 있다고 생각합니다. 그리고 그것을 극복하게 해줄 중요한 관점이 서유기에 담겨 있다고 믿지요. 요괴가 보살 제자가 되고, 어떤 경우는 천상의 존재가 요괴로 분장하고 나오기도 하는 세계! 절대악이라고 하는 것이 원천적으로 부정되지 않습니까?

그러니까 서유기의 관점, 요괴와 보살이 본디 뿌리가 같다는 관점을 잘 살려 우리 모두 평화롭게 함께하는 세상을 만들어가자구요. 그렇게 하기 위해서는 우선 이 삼쾌 선생이 새롭게 해석한 서유기를 모든 사람이 읽어야 하고… 또 서유기를 재미있는 게임으로 만들어 우리 젊은 세대들이 그 게임을 하게 하고… 그런 게임 만드는 데 삼쾌 선생이 주역이 되고… 그래서 돈도 좀 벌고… 에고, 마지막에 이상한 주책이! 지금까지 잡아왔던 분위기가 갑자기 썰렁해지는군요. 죄송죄송.

분위기를 정돈하고 진짜 정말 마지막으로! 서유기의 주인공들과 인사하면서 우리의 이 긴 이야기를 마무리해보기로 하지요.

현장법사: 독자 여러분! 너무 고지식하기만 한 저 때문에 갑갑한 적 많으셨지요? 그렇지만 어떤 상황에서도 흔들리지 않는 저의 믿음이야말로 모든 것을 이겨내는 원동력이라는 것에도 동의하시죠? 저는 고지식 빼면 시체입니다만, 그 시체마저 버렸으니 — 제 시체가 떠내려오던 마지막 대목 보셨죠? — 이제는 좀 화통하고 융통성 있어지지 않을까요? 그렇지만 영원히 여러분의 벗이라는 점에서는 계속 융통성 없고 완고하고 싶은 저 현장법사! 언제나 수행의 길에서 함께해요!

손오공: 헤헷! 좀 촐싹거리는 거 빼곤 거의 완벽하다 할 수 있는 손오공! 바로 접니다. 저는 서유기를 원숭이가 사람 되는 이야기라고 생각해요. 바로 이 원숭이, 손오공이 사람 되는 이야기라구요. 여러분이 부처 되는 것이나 원숭이인 제가 사람 되는 것이나 다 같은 이야기죠! 사람이라고 해서 다 사람 아니거든요. 참사람이 되어야지요. 그러기 전에는 원숭이인 저나 여러분이나 똑같아요. 그런데 '원숭이 사람 되기', 서유기를 통해 성공했지요. 아니, 원숭이가 부처까지 되었잖아요? 그러니 여러분도 이 '참사람 되기', 꼭 성공하세요!

저팔계: 늘 여러분과 가장 가까이 있는 것은 저였지유? 저의 미욱하고 욕심 많은 모습에서 여러분 위안 많이 받으셨지유? 그렇지만 제가 사오정보다 형님이고 힘도 더 세다는 것도 아시지유? 올바르게 작동만 하면 누구보다 큰 힘을 낼 수 있는 게 저랍니다. 마지막에 삼쾌 선생이 저에게도 부처 자리를 주고

싶다 하셔서 정말 힘이 났어유. 그렇지만 정단사자는 계속 겸직으로 해서 늘 배불리 먹는 부처 되고 싶은 저팔계~ 히히. 여러분, 사랑해유!

사오정: 저 말귀 어둡지 않다는 것은 삼쾌 선생이 밝혀주셔서 이제 모두 아실 거구요, 가장 말 없는 사내가 저라는 것도 새롭게 밝혀진 사실 같네요. 침잠된 마음, 가라앉은 마음에는 말이 필요 없어요. 그저 묵묵한 가운데 서로 통할 뿐이지요. 전혀 흔들림 없는 제가 있었기에 서유기의 여정이 잘 끝났다는 것은 두말할 필요 없는 사실! 말 없는 사나이 사오정을 성원해주신 여러분께 조용히 감사!

용마: 저 잊지 않으셨지요? 딱 한 번 요괴한테 덤벼들었던 기억이 있지만, 역시나 저의 역할은 불퇴전의 정진! 오로지 앞을 보고 묵묵히 나가는 저, 모든 짐 지고 가는 저, 그런 제가 없으면 아무 일도 안 되지요. 정진, 정진! 올바른 정진만이 모든 것의 원동력입니다. 여러분도 향상일로向上一路! 언제나 그 길 위에 있으셔야 해요.

마지막으로 삼쾌 선생도 한마디 해야겠지요? 여기서 어쭙잖게 유마일묵維摩一默 흉내를 내서 입 닫았다가는 돌팔매 날아오려나요? 그래서 피치 못하게 한마디 남깁니다.

삼쾌 선생: 이야기꾼 삼쾌 선생, 목이 메어 말이 안 나오네

요. 여러분과 함께했던 시간이 새삼스럽네요. 부처님 계신 땅, 참사람이 되는 길로 모두 함께 나가는 시간이었다고 믿어요. 그리고 서로가 길동무 되어 지혜와 자비의 길을 걷는 이 여정, 서유기의 이 길은 아직도 끝나지 않았다고 생각합니다. 언제나 여러분과 제가 그 길 위에 함께하기를!